ANNE RADEMACHER (HRSG.)

Schwestern

Als Goldmann-Lesebücher sind u. a. bereits erschienen:

Im Strandkorb. Hrsg. von Frauke Brodd und Claudia Negele. Das große Sommerlesebuch. Geschichten von Mary Higgins Clark, Tanja Kinkel, David Guterson, Amelie Fried, Ruth Rendell, Sara Paretsky u. v. a. (44366)

Das große Böse-Mädchen-Lesebuch. Hrsg. von Melissa Andersson. 20 Stories von Kathy Lette, Simone Borowiak, Binnie Kirschenbaum, Doris Dörrie u. v. a. (43689)

Das neue große Goldmann Lesefest. Hrsg. von Andrea Best und Frauke Brodd. Mit den schönsten Stories von Martha Grimes, David Guterson, Maeve Haran, Claudia Keller, Ruth Rendell u. v. a. (44078)

Zärtliche Blüten der Lust. Hrsg. von Carolin Keiser. Erotische Erzählungen von Erica Jong, Joyce Carol Oates, Henry Miller, Anaïs Nin, Milan Kundera, Doris Lessing u. v. a. (42127)

Das große Lesebuch des englischen Krimis. Hrsg. von Ulrich Genzler. Agatha Christie, Liza Cody, Elizabeth George, P. D. James, Ruth Rendell, Dorothy L. Sayers u. v. a. (42642)

LiebesTod. Hrsg. von Otto Penzler. Mit Stories von Mary Higgins Clark, Joyce Carol Oates, Sara Paretsky, Anne Perry, Donna Tartt u. v. a. (43453)

RacheEngel. Hrsg. von Otto Penzler. Das große Krimi-Lesebuch. Mit Original-Stories von Mary Higgins Clark, Ruth Rendell, Anne Perry, Sara Paretsky, Faye Kellerman u. v. a. (43935)

Lesebuch der Schreibtischtäter. Hrsg. von Akif Pirinçci. Der Bestsellerautor als Herausgeber einer spannenden Anthologie zum Thema »Die Nöte des Schriftstellers« (42736)

Akif Pirinçcis großes Katzenlesebuch (42735)

Das große Lesebuch der Fantasy. Hrsg. von Melissa Andersson. Stories von Terry Pratchett, Marion Zimmer Bradley, Angela Carter, Tad Williams, Michael Moorcock, Jennifer Roberson u. v. a. (24665)

Das große Katzen-Lesebuch der Fantasy. Hrsg. von Jack Dann und Gardner Dozois. 18 phantastische Stories von Stephen King, Gary Jennings, Ursula K. LeGuin u. v. a . (42244)

Anne Rademacher (Hrsg.)

Schwestern

Ein Frauenlesebuch

GOLDMANN

Die Quellennachweise zu den einzelnen Texten finden sich am Ende des Bandes auf S. 340 ff.

Umwelthinweis:
Alle bedruckten Materialien dieses Taschenbuches sind chlorfrei und umweltschonend.

Originalausgabe 10/99

Umschlaggestaltung: Design Team München
Umschlagfoto: G + J/Bokelberg
Satz: deutsch-türkischer fotosatz, Berlin
Druck: Elsnerdruck, Berlin
Verlagsnummer: 44405
JE · Herstellung: Heidrun Nawrot
Made in Germany
ISBN 3-442-44405-5

1 3 5 7 9 10 8 6 4 2

Inhalt

Vorwort

Wer kennt sie nicht: Goldmarie und Pechmarie, Schneeweißchen und Rosenrot, Aschenputtel und ihre bösen Stiefschwestern. Oder die gute Cordelia und ihre treulosen, habgierigen Schwestern Goneril und Regan in Shakespeares »König Lear«. Wenn über Schwestern geschrieben wird, geht es fast immer um Gegensätze. Da gibt es die Böse und die Gute, die Blonde und die Schwarzhaarige, die Schöne und die Kluge, die Angepaßte und die Rebellin, das Heimchen am Herd und die Femme fatale. So extrem wie die Gegensätze sind auch die Gefühle, die Schwestern verbinden. Sie lieben und hassen einander, streiten, intrigieren und versöhnen sich wieder, sind Rivalinnen oder Verbündete, einander fremd und doch ganz nah.

Schwestern entkommen einander nicht, es gibt ein Band zwischen ihnen, das weder Gegensätze, Rivalität, Entfremdung noch offene Feindschaft jemals ganz durchtrennen können. Wer sonst teilt so viele gemeinsame Erinnerungen und Erfahrungen? Freunde kommen und gehen, und auch Partnerschaften währen nicht immer ein Leben lang, doch Schwestern bleiben sich bis zum Tod erhalten. Gewollt oder nicht. In guten und in bösen Tagen. Als Freundinnen oder als Feindinnen.

Die schillernde Symbolkraft und Vielseitigkeit des Schwesternmotivs hat viele Autoren und insbesondere Autorinnen der Weltliteratur zu großen Romanen und Erzählungen angeregt. Die vorliegende Sammlung ist ein Streifzug durch den weiten Kosmos der schwesterlichen Beziehungen. Er führt zurück bis ins 18. Jahrhundert, als Jane Austen über drei Schwestern schrieb, deren beschaulicher Alltag durch die arrangierte Heirat der Ältesten aus den Fugen gerät, und macht auf seinem Weg zur Literatur der Gegenwart Station bei Autorinnen aus Indien, Italien, Neuseeland, England, Kanada, Amerika und Deutschland. Aufgespürt werden dabei die unterschiedlichsten Konstellationen. Schwesternpaare, aber auch drei oder mehr Schwestern, deren lebenslanges Miteinander oft von komplizierten Beziehungsmustern geprägt ist. Die Schwestern in diesen Erzählungen begegnen einander mit großer Liebe, gemischten Gefühlen oder erbitterter Feindschaft. Sie sind sich Spiegel und Gegenpol, Schülerin und Lehrerin, Stütze und Stolperstein, Tochter und Mutter. Nur eins sind sie sich nie – gleichgültig.

Anne Rademacher

Doris Dörrie

Der Mann im Supermarkt

Meine Schwester sieht müde aus. Das habe ich erwartet. Nicht darauf gefaßt war ich, daß es sie so viel attraktiver aussehen läßt. Die leicht dunklen Ringe unter ihren Augen machen sie weicher, verletzlicher und sexy zugleich. Ich bin neidisch.

»Gut siehst du aus«, sage ich zu ihr. Charlotte winkt ab und führt mich ins Haus. Ich war noch nie hier. Sie hat mir ein Foto geschickt, als sie einzogen. Von dem Haus war auf dem Foto wenig zu sehen, Fichtenholz im Hintergrund und weiße Wände, bereits behängt mit Charlottes gräßlichen Kunstdrucken, daran kann ich mich noch erinnern. Robert hatte den einen Arm um Charlotte gelegt, im anderen hielt er die vier Monate alte Lena. Er sah stolz und glücklich aus, Charlotte angespannt und sehr müde. Ich habe seitdem auf Fotos geachtet von jungen Paaren mit Kind. Fast immer hält der Vater stolz lächelnd das Kind, und die Mutter sieht müde und ein bißchen leidend aus. Genauso, wie ich es mir immer vorstelle.

»Abends wird es langweilig werden für dich«, sagt Charlotte. Ich trotte hinter ihr her durch das Haus, das mich an die Seiten »Für die junge Familie« in den Werbebeilagen der Einrichtungshäuser erinnert.

»Wir gehen nämlich mit Lena um neun ins Bett«, sagt Charlotte lachend. Ich überlege entsetzt, was ich das ganze Wochenende hier nur anstellen soll, bevor ich am Montag nach Frankfurt weiterfahre zu meiner Hörspieltagung. Bei der Vorstellung, die

Abende hier allein vor dem Fernseher zu verbringen, das einzige Bier, das Robert freundlicherweise herausgerückt hat, in der Hand, und das Fenster weit auf, damit mein Zigarettenqualm abziehen kann, fällt mir jetzt schon die Decke auf den Kopf.

»Kann ich rauchen?« frage ich. Charlotte nickt. Ich beobachte sie, wie sie in ihrer funkelnagelneuen Küche auf- und abgeht, Tassen aus dem Schrank holt, Löffel aus der Schublade, Kaffeewasser aufsetzt, sorgfältig den Kaffee mit dem Meßlöffel abmißt. Kein Körnchen Kaffee geht daneben, die Löffel liegen gerade neben den Tassen, wie es sich gehört, sie knifft sogar den Kaffeefilter unten am Falz um, bevor sie ihn in den Filterbecher setzt. Sie ist die Ordentliche von uns beiden, sie hat das Leben im Griff. Als sie schwanger war, wurde sie noch ein bißchen ordentlicher. Sie ging mir in der Zeit auf die Nerven, wir sahen uns nur selten. Einmal, ganz am Anfang, zeigte sie mir stolz das erste Ultraschallfoto von ihrem Kind. Ich sah nur einen diffusen, weißen Fleck wie Zigarettenrauch im Dunkeln. Sie erzählte mir von ihrem jungen, überaus progressiven Frauenarzt, der Robert aufgefordert hatte, doch bei der Untersuchung dabeizusein, und wie sie es nicht fertiggebracht hatte, beiden zu sagen, daß sie das nicht wolle. Ich erinnere mich noch genau daran, wie sie es mir beschrieben hat.

»Ich dachte, daß Robert mich danach nie mehr so ansehen kann wie vorher«, sagte sie, »so wie man kein Fleisch mehr essen mag, wenn man mal in einem Schlachthof war.« Sie ist so ordentlich, spießig und verklemmt, und dann sagt sie plötzlich so was.

Sie stellt einen Teller mit Löffelbiskuits auf den Tisch.

»Die ißt Lena so gern«, sagt sie und sieht auf die Uhr.

»Sie wacht bald auf«, sagt sie und setzt sich mir gegenüber. Sie nimmt mir die Zigarette aus der Hand und zieht daran. Wir sehen uns an, dann wenden wir gleichzeitig die Köpfe und sehen aus dem Fenster. Neben einem aufgeschütteten Berg Kies liegen Bretter und Betonfliesen.

»Der Garten ist immer noch nicht fertig«, sagt Charlotte.

»Na ja«, sage ich.

»Ich hätte gern einen größeren gehabt«, sagt sie, »aber die Grundstückspreise sind hier so schnell gestiegen ...« Ich muß an ein Foto denken, das ich einmal in einer Ausstellung gesehen habe: ein Ehepaar in Badehose und Bikini liegt mit geschlossenen Augen auf zwei Liegestühlen im Garten, und vor ihnen spielt ein kleines Kind. Die Szene hat nichts Idyllisches oder Friedliches, nein, sie beschreibt eine Hölle, in die ich nicht geraten möchte. Charlotte sieht schon wieder auf die Uhr.

»Meistens kann ich es gar nicht erwarten, daß Lena endlich ins Bett geht, und dann sitze ich da und warte drauf, daß sie endlich wieder aufwacht«, sagt sie kopfschüttelnd.

Als Lena vor einem Jahr und drei Monaten auf die Welt kam und ich meine Schwester im Krankenhaus besuchte, sah ich Charlotte mit Lena im Arm im Bett sitzen, und ich dachte: »Meine Schwester spielt mit einer Puppe«, denn genauso sah es aus. Wie früher, wenn sie ihre Puppe auf den Knien hielt und ihr Wasser mit Fliederblüten zu essen gab. Ich konnte nicht verstehen, daß meine kleine Schwester jetzt Mutter war. Sie war auch gar nicht mehr meine Schwester. Sie sah mich an und sagte in einem ganz neuen, fremden Ton: »Hallo, Fanny«, so wie es Leute zu mir sagen, die mich nicht besonders gut kennen. Lena fuchtelte mit ihren winzigen Ärmchen, und Charlotte knöpfte ihr Nachthemd auf. Ich erschrak über ihre riesigen Brüste. Sie waren rund und groß wie Fußbälle, weiß und von blauen Adern durchzogen. Wie ein kleines Tier sperrte Lena den Mund auf und warf den Kopf hin und her. Charlotte schob ihr immer wieder die große, bräunliche Brustwarze in den Mund. Es dauerte eine Weile, bis Lena begriff. Sie piepste wie ein Vogel, dann verstummte sie plötzlich, Charlotte kniff die Augen zusammen und zog scharf die Luft ein vor Schmerz.

»Guckst du auf die Uhr?« fragte sie mich, »sieben Minuten auf jeder Seite.« Ich wußte nicht recht, ob ich am liebsten das Zimmer sofort verlassen oder mich zu Lena und Charlotte ins Bett legen wollte. Schließlich setzte ich mich auf die Bettkante und aß den Rest von Charlottes Reispudding auf.

»Wie findest du ihren Namen, Lena?« fragte mich Charlotte.

Modisch, dachte ich. »Schön«, sagte ich.

»Siehst du auch wirklich auf die Uhr?« fragte Charlotte.

»Ja«, sagte ich, »noch vier Minuten.«

Charlotte schiebt mir die Löffelbiskuits über den Tisch. Ich schüttle den Kopf.

»Ach du«, sagt Charlotte, »du kannst es dir doch leisten.« Sie klopft sich auf die Hüften. »Ich war noch nie so dick wie jetzt«, stöhnt sie. Es stimmt. Ich sehe, wie der BH ihr ins Fleisch schneidet und wie der Speck über ihren Hosenbund quillt. Aber all das steht ihr gut, und ich frage mich, wieso. Wir schweigen. Ich nehme mir doch einen Biskuit.

»Was macht Xaver?« fragt Charlotte. Ich zucke die Achseln. »Er hat's an der Bandscheibe, und wir vögeln nicht mehr so oft«, sage ich. Ich weiß gar nicht, warum ich das gesagt habe. Es ist nicht wahr. Ich wollte wahrscheinlich nur Charlotte ein bißchen aus der Fassung bringen, aber sie grinst.

»Dann hast du bestimmt schon einen anderen«, sagt sie.

»Nein«, antworte ich, »zu faul.«

Das sollte ein Witz sein, aber plötzlich fühlt es sich wahr an.

»Ich hatte vor zwei Wochen eine Affäre«, sagt Charlotte und sieht weiter aus dem Fenster. »Ich weiß gar nicht, ob man das eine Affäre nennen kann. Wir haben uns im Megamarkt kennengelernt. Er stand hinter mir in der Schlange bei der Wurstabteilung. Kennengelernt stimmt eigentlich auch nicht. Wir haben uns angesehen, dann sind wir zur Kasse gegangen und dann zu seinem Auto. Es war ein alter Ford. Sehr geräumig. Wir haben nicht gesprochen. Seinen Namen weiß ich auch nicht.« Charlotte sieht mich an. »Am hellichten Tag, auf dem Parkplatz vom Megamarkt«, sagt sie. Ihr Blick ist erstaunt. Sie nimmt sich eine von meinen Zigaretten. Ich gebe ihr Feuer.

»Ich rauche sonst überhaupt nicht mehr im Haus«, sagt sie und wedelt den Rauch von sich weg. »Robert kann den Gestank nicht ausstehen.« Natürlich nicht, der Herr Saubermann, denke ich.

»Ich weiß, was du jetzt denkst«, sagt sie, »aber so ist es nicht.« Was glaubt sie, was ich gedacht habe? Sie inhaliert nicht, pafft nur, es sieht sehr ungeübt aus.

»Mit einem Kind denkt man plötzlich viel mehr über den Tod nach«, sagt sie zusammenhanglos.

»Wieso?« frage ich.

»Es kann einem alles so schnell wieder weggenommen werden«, sagt sie schnell, »deshalb.« Sie steht auf und schenkt uns Kaffee nach.

»Hilft Robert dir wenigstens mit Lena?« frage ich.

»Wie du das sagst«, sagt Charlotte, »als wäre es eine Qual, ein Kind zu haben.« Sie hat recht, so hat es geklungen. So habe ich es wahrscheinlich auch gemeint.

»Das habe ich nicht gemeint«, sage ich. Charlotte sieht mich mißtrauisch an. Aus dem Kinderzimmer am Ende des Flurs ertönt lautes Gebrüll. Charlotte lächelt und geht aus dem Zimmer, um Lena zu holen. Ich bleibe in der Küche sitzen. Ich kann mich erinnern, daß Kinder, die gerade aufgewacht sind, meist schlecht gelaunt sind. Ich versuche mir Charlotte mit dem fremden Mann im Auto auf dem Parkplatz vor dem Supermarkt vorzustellen. Es gelingt mir nicht. Wie kann sie nur? denke ich. Im Zeitalter von AIDS. Und überhaupt. Charlotte, ausgerechnet sie. Ich spüre Neid auf der Zunge wie einen schlechten Geschmack.

Charlotte kommt mit Lena auf dem Arm zurück in die Küche. Lena sieht mich kurz an, dann wendet sie sich ab und versteckt sich an der Brust ihrer Mutter. Sie hat Charlottes Mund und Roberts Augen. Charlotte gibt ihr ein Fläschchen mit Saft. Lena hält es mit einer Hand an den Mund wie ein Biertrinker. Ihre Backen sind vom Schlaf gerötet, ihre dünnen Flaumhärchen kleben verschwitzt an ihrem Kopf. Während sie auf Charlottes Schoß trinkt, schlenkert sie mit den Füßen und beobachtet mich aus den Augenwinkeln.

Charlotte holt einen Ball. Wir rollen den Ball durchs Wohnzimmer, und Lena wackelt hinter ihm her. Sie lacht und wirft den Kopf in den Nacken. Dabei verliert sie das Gleichgewicht und setzt sich auf den Po. Unsicher sieht sie uns an. Ihre Mundwinkel ziehen sich langsam nach unten. Sie öffnet den Mund. Erst nach ein paar Sekunden kommt der Schrei. Charlotte nimmt sie und spielt mit ihr »Kommt die Maus die Treppe rauf«. Lena fängt an zu lachen, während ihr noch die Tränen aus den Augen quellen. Wir spielen weiter Ball. Ich rolle den Ball zu Charlotte. Charlotte rollt ihn zu Lena, und Lena rollt ihn manchmal zu mir. Charlotte redet mit hoher Stimme ein seltsames Kauderwelsch mit Lena. Ich sehe auf die Uhr. Es ist sieben Minuten nach vier. Wie hält Charlotte das nur den ganzen Tag aus, denke ich.

Wir gehen mit Lena spazieren. Charlotte zeigt mir die Kleinstadt, in der sie wohnt. Es gibt nichts zu sehen. Ein blitzblank restaurierter Marktplatz mit einem Supermarkt, einem verschlafenen Schreibwarenladen, einer italienischen Eisdiele, einem düsteren, deutschen Restaurant, einer Apotheke, einem Blumenladen und zwei, drei Boutiquen. Ein alter Mann lehnt auf einem Kissen aus dem Fenster. Das habe ich lange nicht mehr gesehen. Früher lehnten überall alte Leute auf Kissen aus den Fenstern.

Wir gehen mit Lena zum Spielplatz. Sie nimmt anderen Kindern das Spielzeug weg und wirft mit Sand. Charlotte entschuldigt sich bei den Müttern der anderen Kinder. Immer wieder sagt sie: »Nein, Lena, nicht mit Sand werfen. Das macht Aua. Hörst du? Aua.« Wie eine Platte mit Kratzer wiederholt sie immer wieder diesen Satz. Ich habe plötzlich das dringende Bedürfnis, mir die Lippen zu schminken. Ich setze mich auf eine Bank, hole Lippenstift und Puderdose aus der Tasche und ziehe mir mehrmals die Lippen nach. Als ich die Puderdose zuklappe, sehe ich, wie Charlotte mich beobachtet. Sie sitzt mitten im Sandkasten und starrt mich feindselig an. Gleichzeitig breitet sie die Arme aus. Lena wirft sich aufjauchzend an ihre Brust. Ich sehe weg und denke an Montag, an Frankfurt und die Hörspieltagung. Ich bin gern allein unterwegs. Es schärft die Sinne. Überall lauern Gefahren. Und es gibt nur mich allein, auf die ich mich verlassen kann. Ich fühle mich dann immer besonders lebendig, so als wäre ich gerade dabei, etwas Außerordentliches zu leisten.

Lena heult. Sie ist mit dem Gesicht in den Sand gefallen. Charlotte klemmt sie unter den Arm und kommt zu mir. Zusammen kratzen wir Lena den Sand aus dem Mund, der Nase und den Ohren. Sie schreit wie am Spieß. Ich nehme meine Kette mit den großen Silberkugeln ab und hänge sie ihr um den Hals. Sie verstummt mitten in einem wütenden Schrei. Dicke Tränen sitzen zitternd auf ihren Backen. Sie befühlt meine Kette, hebt sie in die Höhe und sieht mich an.

»Hättä puti«, sagt sie lächelnd. Ich spüre erstaunt, wie sich etwas in meiner Brust auftut wie eine im Zeitraffer aufblühende Blume. Kaum zwei Minuten später ist die Blume schon verblüht. Lena wird von einer Ameise gebissen und kreischt hysterisch. Wütend schlägt sie nach meiner Kette, als ich sie ihr abermals zum Trost anbieten will. Ich sehne mich danach, allein zu sein.

Später schiebe ich den Buggy, während Lena mit winzigen Schritten nebenher trippelt.

»Ißt du noch Schweinefleisch?« fragt mich Charlotte.

»Ich esse alles, weißt du doch«, sage ich.

»Nee«, sagt sie, »weiß ich nicht. Du machst doch sonst jede Welle mit.« Ich bin wütend, sage aber nichts.

»Heute abend gibt es Schweinebraten«, verkündet Charlotte, und Lena sagt begeistert »hama hama hama«.

Als wir nach Hause kommen, öffnet uns Robert die Tür. Wir geben uns förmlich die Hand. Er hat sich verändert, ist dünner geworden, sein Gesicht härter. Er sieht gut aus. Er nimmt Lena und wirbelt sie durch die Luft. Charlotte verschwindet in der Küche. Ich stehe herum und weiß nicht, wohin mit mir. Ich bin plötzlich so schüchtern wie bei fremden Leuten.

»Na, was macht das Geschäft?« fragt Robert, Lena auf dem Arm.

»Geht so«, sage ich.

»Du wirst ja jetzt berühmt«, sagt Robert, »ich habe in der Frankfurter Rundschau eine lange, sehr gute Kritik über dein letztes Hörspiel gelesen.«

Ich kenne die Kritik fast auswendig, so oft habe ich sie gelesen. »Na ja«, sage ich mit gespielter Bescheidenheit, »der Kritiker ist ein ziemlicher Idiot. Es war ja eigentlich auch gar kein richtiges Hörspiel.«

»Ich habe es leider nicht gehört«, sagt Robert, »aber Charlotte.«

»Ach ja?« sage ich erstaunt. »Sie hat es gar nicht erwähnt.« Wahrscheinlich hat sie es nicht gemocht. Es war eine Collage aus Interviews mit Nutten und Zuhältern.

»Robert?« ruft Charlotte aus der Küche, »könntest du Lena eine neue Windel verpassen? Sie stinkt!« Robert dreht Lena in seinen Armen herum und riecht an ihrem dicken Windelpo. »Lena stinkt, Lena stinkt!« ruft er. Lena kichert. Robert wiehert wie ein Pferd und galoppiert mit ihr ins Kinderzimmer. Ich sehe ihm fassungslos nach. Der steife, fantasielose, stumme Robert. Wer hätte das gedacht? Ich schlendere im Wohnzimmer herum, zupfe an den Grünpflanzen, verdrehe den Kopf, um die Titel im Bücherregal lesen zu können: »Marketing und Vertrieb japanischer Produkte in Europa«, »Der Schlüssel zum Industriebetrieb«, »Einführung in die Statistik«, »Entscheidungen im Produktionsbereich«, »Führen – mit leichter Hand«. Ich wandere weiter und entdecke ein Regal, das Charlotte gehören muß: Sylvia Plath, Ann Tyler, Ingeborg Bachmann, Marie-Louise Kaschnitz, »Hundert Jahre Einsamkeit« von García Márquez. Das habe ich ihr irgendwann zum

Geburtstag geschenkt. Ich ziehe das Buch heraus und klappe es auf. Die Seiten kleben noch aneinander. Sie hat es nicht gelesen.

Ich setze mich auf das schwarze Ledersofa und starre auf das Teppichmuster. Es ist der alte Teppich von zu Hause. Immer wieder bin ich als Kind das Muster mit dem Finger abgefahren, als wäre es ein geheimnisvolles Labyrinth, in dem man sich verirren konnte. Während ich auf den Teppich starre und Robert und Charlotte mit Lena in der Küche albern höre, habe ich plötzlich das unangenehme Gefühl, daß ich mein Leben für originell und anders halte, während ich in Wirklichkeit nur einem abgezirkelten Muster folge.

Ich gehe in die Küche. Lena sitzt vor einem Teller mit kleinen Wurstbrotstücken auf dem Boden. Charlotte und Robert streiten.

»Dann mach halt den Mund auf«, sagt Charlotte.

»Ich habe es ja mehrmals gesagt, du hast bloß nicht zugehört«, sagt Robert.

»Meine Güte«, schreit Charlotte plötzlich, »dann sagst du es jetzt eben noch mal! Ich kann dir nicht immer jeden Wunsch von den Augen ablesen!«

»Ich habe es aber laut und deutlich mehrmals gesagt«, insistiert Robert. Charlotte knallt die Schöpfkelle, mit der sie den Schweinebraten begossen hat, in die Spüle. Ich hebe Lena hoch und will sie aus der Küche tragen. Sie fängt an zu kreischen.

»Laß nur, Fanny«, sagt Charlotte, »sie soll ruhig lernen, daß man sich auch manchmal streitet.« Ich setze Lena wieder auf den Boden. Robert geht aus der Küche. Charlotte seufzt.

»Willst du ’ne Zigarette?« frage ich sie. Sie schüttelt den Kopf. Lena kippt ihren Teller aus und zermanscht die Brotstückchen auf dem Fußboden.

Der Schweinebraten schmeckt besser, als ich gedacht habe. Robert erzählt eine wirklich komische Geschichte von seinen japanischen Geschäftspartnern. Charlotte hat vom Wein gerötete

Wangen und glänzende Augen. Sie sieht hübsch aus. Hübscher als ich. Plötzlich kann ich sie mir vorstellen mit dem fremden Mann im Auto auf dem Parkplatz vorm Supermarkt. Sie legt ihre Hand auf Roberts Arm. Robert nimmt sie und streichelt sie.

»Was machen die Männer?« fragt er mich.

»Es ist immer noch derselbe«, sagt Charlotte.

»Was?« sagt Robert und spielt erstaunt, »drei Jahre derselbe Mann, wird das nicht schrecklich langweilig?«

»Ja«, sage ich, »schrecklich langweilig, aber es ist gesünder.« Charlotte gähnt.

»Entschuldige, Fanny«, sagt sie, »ich muß ins Bett.«

Ich räume mit Robert das Geschirr in die Geschirrspülmaschine. Wir sprechen kaum dabei und vermeiden es, uns anzusehen. Ohne Charlotte oder Lena sind wir so steif miteinander wie zwei Fremde, die in der Straßenbahn zufällig nebeneinander sitzen. Ich würde gern die Salatsoße austrinken, aber vor ihm traue ich es mich nicht. Ich schütte die Soße in den Ausguß und reiche ihm die Schüssel. Während er sie in die Maschine packt, sagt er: »Charlotte leidet sehr darunter, daß du unser Leben so spießig und kleinbürgerlich findest.« Er sagt das in demselben beiläufigen Ton, wie er mich zuvor gebeten hat, die Gläser nicht in die Maschine, sondern in die Spüle zu stellen.

»Aber das tue ich doch gar nicht«, stottere ich, »wirklich nicht.« Er hebt kurz den Kopf und sieht mich an.

»Das sage ich ihr auch. Aber sie denkt nun mal, daß du das denkst«, sagt er.

»Blödsinn«, sage ich. Er stellt die Maschine an. Das Wasser gurgelt durch den Schlauch. Wir stehen einen Moment lang so da, dann schlenkert er unbeholfen mit den Armen und sagt: »Na, dann gute Nacht.« Er geht aus der Küche und läßt mich mit der tobenden Geschirrspülmaschine allein zurück.

Charlotte hat mir das Bett im Gästezimmer bezogen und zwei Handtücher aufs Kopfkissen gelegt. Genauso, wie es unsere

Mutter macht: die Handtücher nicht übereinander, sondern leicht versetzt und die Bettdecke an einer Ecke aufgeschlagen. Ich lösche das Licht und rauche im Dunkeln. Die kahlen, weißen Wände des Gästezimmers leuchten bläulich im Schein der Straßenlaterne. Mit einem Mal fühle ich mich so einsam wie als Kind, wenn meine Eltern ausgegangen waren. Ich bin die einzige im Haus, die noch wach ist. Ich würde gern Lena wecken und ihren Babygeruch einatmen. Ich möchte sie jetzt, in diesem Moment, gern kichern hören. Ich versuche zu schlafen, aber ich bin es nicht gewöhnt, so früh ins Bett zu gehen. Mein ganzer Körper läuft noch auf Hochtouren. Früher, als ich klein war, nannten meine Schwester und ich das »Ameisen in den Beinen«. Meine Gedanken haken sich an unsinnigen Bildern fest. Ich denke an meinen Kühlschrank in meiner Wohnung in München, den ich vergessen habe auszuräumen, bevor ich fuhr. Ich sehe den Joghurt ganz hinten im zweiten Fach in der Ecke, die offene Butter, die Mohrrüben im unteren Schubfach, eingewickelte Wurst, ein paar Tomaten, ein Glas mit süßem Senf. Und dann verrottet alles vor meinen Augen, der Joghurt überzieht sich mit dichtem Schimmel, die Tomaten platzen auf, die Butter wird ranzig, die Wurst vergammelt.

Ich versuche, meine Gedanken in eine andere Richtung zu lenken, aber sie sind störrisch, sie wollen nicht. Tapp, tapp, tapp macht es auf dem Flur. Ich mache die Augen auf. Ganz langsam öffnet sich meine Tür. Charlotte kommt in einem langen, weißen T-Shirt ins Zimmer und setzt sich auf mein Bett. Ich kann nur ihre Umrisse erkennen. Sie sagt: »Du mußt nicht denken, daß ich das getan habe, weil ich mit Robert unglücklich bin … Im Gegenteil.« Ich weiß sofort, wovon sie spricht. Von dem Mann aus dem Supermarkt. Ich warte. Sie macht eine lange Pause. »Ich habe es getan, weil es mir gutgeht. Weil ich vielleicht zum ersten Mal in meinem Leben so richtig mit mir zufrieden bin. So glücklich, daß mich der Hafer sticht. Kannst du das verstehen?« Ich überlege.

»Ich weiß nicht«, sage ich, »vielleicht bin ich dazu zu spießig.«

Ich sehe ihre Zähne aufleuchten. Ich weiß, daß sie grinst. Wir rauchen zusammen eine Zigarette.

»Weißt du noch, wie wir das früher genannt haben, wenn wir nicht schlafen konnten?« frage ich sie.

»Ja, Ameisen in den Beinen«, sagt sie prompt. Ich erinnere mich jetzt genau, wie es war, wenn man »Ameisen in den Beinen« hatte und sie vor Aufregung so juckten, daß man sie immer wieder in die Höhe schleudern mußte. Die Beine flogen ganz von allein durch die Luft und wollten keine Ruhe geben. Manchmal, wenn es ganz schlimm war, durften Charlotte und ich noch einmal aufstehen und im Nachthemd laut quiekend wie die Ferkel durchs ganze Haus rennen.

»Fanny«, sagt Charlotte, »weißt du, woran ich gedacht habe, als ich mit dem Mann im Auto lag?«

»An Robert«, sage ich. Das würde zu ihr passen, den Ehemann betrügen und währenddessen an ihn denken. Sie schüttelt den Kopf und lacht.

»Ich habe dran gedacht, daß ich nicht vergessen darf, das tiefgefrorene Huhn, das ich gerade gekauft hatte und das in der Plastiktüte neben meinem Kopf lag, sofort, wenn ich nach Hause komme, in die Gefriertruhe zu tun.«

»Muß ja ein prima Liebhaber gewesen sein«, sage ich.

»Er war wunderbar«, sagt sie lächelnd, ohne meine Ironie verstanden zu haben, »aber es war völlig nebensächlich. Wie eine Zigarette nach dem Essen. Einfach nur Sex. Ohne den ganzen anderen Mist.« Sie macht ihre Zigarette aus. Dann steht sie auf und beugt sich über mich und gibt mir einen Kuß. Wie früher meine Mutter. Als sie schon an der Tür ist, sagt sie beiläufig: »Du solltest das nicht verpassen, ein Kind und alles, was dazu gehört.«

»Charlie, hör mir auf damit«, sage ich, »du weißt genau, daß das nichts für mich ist.« Sie schnalzt mit der Zunge. »Das habe ich von mir auch gedacht«, sagt sie, bevor sie aus der Tür geht.

Ich liege noch lange wach. Und je länger ich nicht einschlafen kann, um so mehr fürchte ich mich bereits davor, um sechs Uhr früh von Lenas Geschrei geweckt zu werden. Und tatsächlich wache ich von einem spitzen Kinderschrei auf wie von einem Messer, das man mir ins Hirn rennt. Ich schiele mit einem Auge auf meine Uhr. Es ist zehn Minuten vor sechs. Ich lege mir das Kissen über den Kopf, aber ich kann Lena durch das Kissen hindurch brüllen hören. Ich halte mir die Ohren zu und versuche, in dieser Haltung weiterzuschlafen. Nach wenigen Minuten werden mir die Arme lahm. Ich mache die Augen auf. Meine Augenlider sind ganz geschwollen vor Müdigkeit. Mein Kopf tut mir weh, meine Glieder schmerzen, ich bin müde wie ein Hund. Ich will nicht aufwachen. Niemals möchte ich Kinder haben. Ich höre Lena den Flur entlangtapsen. Ich sehe aus den Augenwinkeln, wie sie die Türklinke herunterdrückt. Ich drehe mich zur Wand. Taps, taps, taps macht es neben meinem Bett. Dann ist es still. Vollkommen still. Ich halte den Atem an. Nichts rührt sich. Ich drehe mich langsam um. Lena steht neben meinem Bett und sieht mich mit ihren riesigen, braunen Augen ruhig an. Sie sieht mich an, ohne sich zu bewegen, und ich stürze in ihre Augen wie in einen großen See.

Amy Tan

Das Mädchen mit den Yin-Augen

Meine Schwester Kwan meint, sie hat Yin-Augen. Sie kann all die Verstorbenen sehen, die jetzt in der Yin-Welt sind – Geister, die hin und wieder ihr Schattenreich verlassen, um Kwan in ihrer Küche an der Balboa Street in San Francisco zu besuchen.

»Libby-ah«, sagt sie dann zu mir. »Rate mal, wen ich gestern wieder gesehen habe, na?« Und ohne jede Raterei weiß ich gleich, daß sie irgendeinen ihrer Toten meint.

Eigentlich ist Kwan ja nur meine Halbschwester, aber das darf ich nicht so laut herausposaunen. Es wäre eine Beleidigung, als wollte man damit sagen, daß sie nur halb soviel Liebe von unserer Familie verdiente. Die Sache ist nämlich so: Kwan und ich haben einen gemeinsamen Vater, mehr nicht. Sie ist in China geboren. Meine Brüder Kevin und Tommy und ich in San Francisco – und zwar nachdem mein Vater, Jack Yee, hierher ausgewandert war und unsere Mutter, Louise Kenfield, geheiratet hatte.

Mom bezeichnet sich als »American mixed grill – gut durchwachsen, zäh und hartgesotten«. Sie stammt aus Moscow, Idaho, wo sie als stramme Majorette bei allen möglichen Paraden glänzte. Doch als junges Mädchen, sagte sie, hätte sie sich immer nur danach gesehnt, eines Tages so exotisch und ätherisch auszusehen wie Luise Rainer, die einen Oscar für die Rolle der O-Lan in dem Film *Die gute Erde* gewann. Und als Mom dann schließlich nach San Francisco zog, versuchte sie ihre Träume halbwegs zu verwirklichen, indem sie unseren Vater heiratete. Sie kommt sich sehr liberal vor, weil sie sich jemanden ausgesucht hat, der nicht angelsächsischer Abstammung war. »Als Jack und ich uns kennenlernten«, erzählt sie heute noch gern, »waren Mischehen nämlich verboten. Aus Liebe haben wir gegen das Gesetz verstoßen.« Wobei sie allerdings unerwähnt läßt, daß dieses Gesetz in Kalifornien sowieso nicht galt.

Keiner von uns, auch meine Mutter nicht, hatte Kwan je getroffen, ehe sie achtzehn war. Bis kurz vor dem Tod meines Vaters hat Mom ja nicht einmal gewußt, daß Kwan überhaupt *existierte*. Mein Vater starb an Nierenversagen, als ich knapp vier war. Aber bestimmte Momente mit ihm habe ich noch gut in Erinnerung. Wie ich eine lange, kurvige Rutschbahn hinab in seine Arme sauste. Wie wir das Planschbecken nach Pennies absuchten, die er hineingeworfen hatte. Wie ich ihn das letzte Mal im Krankenhaus sah und ihn etwas sagen hörte, was mir noch jahrelang angst machte.

Kevin, der ein Jahr älter ist als ich, war auch dabei. Tommy war noch ein Baby, darum hatte man ihn im Wartezimmer gelassen, in der Obhut von Moms Kusine, Betty Dupree – wir mußten sie Tante Betty nennen –, die ebenfalls aus Idaho hergezogen war. Ich saß auf einem Plastikstuhl und löffelte die rote Grütze, die mein Vater mir von seinem Mittagstablett aufgehoben hatte. Er lehnte in den Kissen und atmete schwer. Mom brach immer wieder in Tränen aus und gab sich zwischendurch bemüht heiter. Ich versuchte zu begreifen, was eigentlich los war. Ich erinnere mich noch, wie mein Vater ihr etwas zuflüsterte und sie sich dicht zu ihm hinunterbeugte. Plötzlich klappte ihr das Kinn herab, und sie wandte sich abrupt zu mir um, das Gesicht ganz verzerrt vor Entsetzen. Ich bekam einen fürchterlichen Schreck. Woher wußte er es? Woher wußte Daddy, daß ich meine beiden Schildkröten Speedy und Jeeves heute morgen die Toilette runtergespült hatte? Ich wollte herausfinden, wie sie ohne Panzer aussahen, und vor lauter Eifer hatte ich ihnen die Köpfe abgerissen.

»Deine Tochter?« hörte ich Mom sagen. »Holen lassen?« Und

ich war überzeugt, er hätte ihr aufgetragen, mich ins Tierheim zu schaffen, so wie unseren Hund Buttons, nachdem er uns das Sofa zerfetzt hatte. Alles weitere verschwimmt in meiner Erinnerung zu einem einzigen Wirbel: die Schale rote Grütze, die klirrend zu Boden fiel, Mom, die wie gebannt auf ein Foto starrte, und Kevin, der lachend danach grapschte – ein kleiner schwarzweißer Schnappschuß von einem schmächtigen Baby mit schwarzen Stoppelhaaren. Irgendwann hörte ich meine Mutter schreien: »Keine Widerrede, Olivia, wir müssen jetzt gehen.« Und ich heulte: »Aber ich will auch ganz brav sein.«

Bald darauf hieß es dann: »Daddy ist von uns gegangen.« Und sie eröffnete uns, daß sie Daddys anderes kleines Mädchen aus China bei uns aufnehmen wollte. Vom Tierheim war nicht die Rede, aber ich weinte trotzdem. Ich hatte das Gefühl, daß all diese Katastrophen irgendwie zusammenhingen – die kopflosen Schildkröten, die in der Klospülung hinabstrudelten, mein Vater, der uns im Stich gelassen hatte, das andere Mädchen, das bald herkommen würde, um meinen Platz einzunehmen. Ich hatte schon Angst vor Kwan, ehe ich sie überhaupt kennenlernte.

Als ich zehn war, erfuhr ich, daß mein Vater an Nierenversagen gestorben war. Statt der üblichen zwei, sagte Mom, habe er vier Nieren gehabt, die nicht richtig funktionierten. Tante Betty hatte ihre eigene Theorie darüber. Zu allem und jedem hatte sie ihre Theorie, meist aus irgendeiner Illustrierten. Sie meinte, er hätte eigentlich ein siamesischer Zwilling werden sollen, als der Stärkere habe er den anderen aber im Mutterleib verschlungen und sich dabei das Extrapaar Nieren zugelegt. »Wer weiß, vielleicht hatte er ja auch zwei Herzen und zwei Mägen?« Mit diesem Irrwitz kam sie uns etwa um die Zeit, als das *Life*-Magazin gerade eine Bildreportage über siamesische Zwillinge aus Rußland brachte. Ich hatte sie auch gesehen: zwei Mädchen, Tasha und Sasha, an der Hüfte zusammengewachsen, von ergreifender Anmut, viel zu schön für Mißgeburten. Das muß so gegen Mitte der sechziger Jahre gewesen sein, als ich gerade Bruchrechnen lernte.

Ich weiß noch, daß ich wünschte, ich könnte Kwan gegen diese siamesischen Zwillinge austauschen. Auf die Weise hätte ich zwei Halbschwestern, die so gut wie eine ganze wären, und ich stellte mir vor, wie alle Kinder in unserer Straße darauf brennen würden, sich mit uns anzufreunden, um uns beim Seilspringen oder Gummibandhüpfen zuzugucken. Dann wären wir eine echte Sensation.

Tante Betty plauderte auch die Geschichte von Kwans Geburt aus, die leider nicht so ergreifend war, eher etwas peinlich. Während des Krieges, erzählte sie, sei mein Vater Student in Guilin gewesen. Auf dem Bauernmarkt pflegte er sich lebende Frösche zum Abendessen zu kaufen, bei einer jungen Frau namens Li Chen, die er später heiratete. 1944 schenkte sie ihm eine Tochter, Kwan, das schmächtige Baby auf dem Foto.

Über diese Ehe hatte Tante Betty natürlich auch ihre Theorie. »Dein Daddy sah recht gut aus, für einen Chinesen. Er hatte eine gute Schulbildung. Und er sprach Englisch wie ich und deine Mutter. Warum hätte er da ein Bauernmädchen heiraten sollen? Klarer Fall, weil er *mußte*.« Ich war inzwischen alt genug, um zu wissen, was *mußte* in dem Zusammenhang bedeutete.

Wie auch immer, jedenfalls starb die erste Frau meines Vaters 1948 an einer Lungenkrankheit, wahrscheinlich Tb. Mein Vater suchte sich Arbeit in Hongkong. Kwan ließ er in der Obhut der jüngeren Schwester seiner Frau zurück, Li Bin-bin, die in einem kleinen Bergdorf wohnte, Changmian. Natürlich schickte er immer noch Geld für ihren Unterhalt – welcher Vater hätte das nicht getan? Aber 1949 übernahmen die Kommunisten in China die Macht, und mein Vater konnte nun nicht mehr zu seiner fünfjährigen Tochter zurück. Was hätte er da machen sollen? Schweren Herzens wanderte er nach Amerika aus, um ein neues Leben zu beginnen und all den Kummer zu vergessen, den er in der Heimat zurückließ. Elf Jahre danach, als er im Sterben lag, erschien ihm der Geist seiner ersten Frau am Klinikbett. »Hol deine Tochter zurück«, warnte sie ihn, »sonst wirst du es nach deinem Tod büßen!« So stellte mein Vater es jedenfalls dar, kurz bevor er starb – zumindest in Tante Bettys Version, einige Jahre später.

Rückblickend kann ich mir denken, wie meiner Mutter zumute war, als sie das hörte. Eine andere Ehefrau? Eine Tochter in China? Wir waren eine moderne amerikanische Familie. Wir sprachen englisch. Sicher, wir aßen hin und wieder chinesisch, aber bloß Fertiggerichte, wie alle anderen auch. Und wir wohnten in einem ganz normalen Einfamilienhaus in Daly City. Mein Vater arbeitete beim Finanzamt. Meine Mutter nahm an Elternbeiratsversammlungen teil. Sie hatte meinen Vater nie von chinesischem Aberglauben reden hören; statt dessen gingen sie regelmäßig in die Kirche und zahlten in ihre Lebensversicherung ein.

Nachdem mein Vater gestorben war, erzählte meine Mutter ständig, er habe sie auf Händen getragen »wie eine chinesische Kaiserin«. Tante Betty zufolge gelobte sie hoch und heilig, nie wieder zu heiraten. Sie gelobte, uns Kinder so zu erziehen, daß wir den Namen der Familie Yee in Ehren halten würden. Und sie gelobte, die erstgeborene Tochter meines Vaters, Kwan, zu finden und nach Amerika zu holen.

Dieses letzte Versprechen war das einzige, das sie hielt.

Meine Mutter hat immer ein weiches Herz gehabt, was sich in regelmäßig wiederkehrenden Anfällen von Mildtätigkeit niederschlug. Einen Sommer lang zog sie herrenlose Welpen auf; das Haus stinkt heute noch nach Hundepisse. An Weihnachten teilte sie bei der kirchlichen Wohlfahrtsstelle Essen an Obdachlose aus; heutzutage fliegt sie mit ihrem jeweiligen Lover lieber nach Hawaii. Aber was hat sie nicht schon alles für einen guten Zweck unternommen: Hilfsanträge verschickt, Fördergelder gesammelt, im Vorstand von alternativen Gesundheitsorganisationen mitgewirkt. So echt ihr Enthusiasmus auch jedesmal ist, verläuft er schließlich doch im Sande, und schon verlegt sie sich wieder auf was Neues. In Kwan hatte sie wohl so etwas wie eine bedürftige Austauschstudentin gesehen, die sie für ein Jahr unter ihre Fittiche nehmen würde, eine chinesische Cinderella, die dank ihrer Starthilfe dann bald den Weg in ein eigenständiges amerikanisches Leben finden würde.

In der Zeit, ehe Kwan bei uns eintraf, tat Mom ihr möglichstes, um meine Brüder und mich mit ihrer Begeisterung anzustecken. Tommy war noch so klein, daß er immer bereitwillig nickte, wenn Mom uns fragte: »Na, freut ihr euch auf eure neue große Schwester?« Kevin zuckte bloß die Achseln und tat unbeteiligt. Nur ich vollführte regelrechte Luftsprünge, allein schon vor Erleichterung, daß Kwan *zusätzlich* zu mir und nicht als *Ersatz* für mich dasein würde.

Obwohl ich mich einsam fühlte, hätte ich viel lieber eine neue Schildkröte oder auch nur eine Puppe gehabt, anstatt jemanden, der mit mir um die ohnehin spärliche Zuwendung meiner Mutter wetteifern würde. Nicht, daß Mom mich nicht geliebt hätte – aber eben nicht ausschließlich. Verglichen mit der Zeit und Energie, die sie für andere aufbrachte – sogar für wildfremde Leute –, fühlte ich mich in der Wertskala ihrer Interessen immer weiter zurückgestuft, was den einen oder anderen Kratzer auf meiner Seele hinterließ. So beschäftigt sie auch war, für Verabredungen mit Männern oder Kaffeekränzchen mit ihren Freundinnen fand sie immer Zeit. Doch was mich betraf, war sie unzuverlässig. Ihre Zusagen, mich ins Kino oder ins Schwimmbad mitzunehmen, wurden gerne vergessen oder mit Ausreden weggewischt, oder schlimmer noch, durch Doppeldeutigkeiten verdreht: »Nun laß schon das dumme Schmollen, Olivia. Ich hab dir doch nicht *versprochen*, schwimmen zu gehen. Ich hab nur gesagt, ich fänd's schön, wenn's klappt.« Wie konnte ich meine Bedürfnisse gegen ihre gutgemeinten Vorsätze geltend machen?

So lernte ich denn, mich abzufinden, meine Hoffnungen vor mir selbst zu verleugnen. Ich redete mir ein, all diese Hoffnungen seien doch sowieso nutzlos, bis ich mich gegen die Wunden der Enttäuschung abgestumpft hatte. Es tat kaum noch weh, nicht mehr als der kurze Piekser beim Impfen. Und doch schmerzt es jetzt wieder, daran zu denken: Wie konnte ich als Kind schon wissen, daß ich mehr Liebe gebraucht hätte? Kommt jeder von uns mit einem so unergründlichen Reservoir an Sehnsucht zur Welt?

Natürlich wollte ich Kwan nicht als Schwester; weshalb ich mir vor meiner Mutter jedoch alle Mühe gab, Begeisterung vorzutäuschen. Es war eine verquere Art von Logik: Wenn Hoffnungen sowieso nicht in Erfüllung gehen, sollte man besser auf das hoffen, was man nicht will.

Mom hatte mir die fremde Schwester so geschildert, als sei sie eine größere Ausgabe meiner selbst, lieb und hübsch, nur eben chinesischer, und gewiß ein idealer Spielkamerad. Also stellte ich mir erst gar keine Schwester vor, sondern ein zweites, älteres Ich, das tanzen konnte und enganliegende Kleider trug und das ein trauriges, aber faszinierendes Leben führte, ein bißchen wie eine schlitzäugige Natalie Wood in der *Westside Story*. Erst jetzt fällt mir auf, daß meine Mutter und ich uns alle beide ausgerechnet solche Schauspielerinnen zum Vorbild nahmen, die mit einem vorgetäuschten Akzent sprachen.

Eines Abends, als meine Mutter mich zu Bett brachte, fragte sie, ob ich beten wolle. Ich wußte, daß man dann irgendwelche netten Sachen sagen mußte, die andere Leute hören wollten, denn so machte meine Mutter es immer. Also betete ich zu Gott und Jesus, sie mögen mir helfen, brav zu sein. Und dann setzte ich noch hinzu, ich hoffe, meine große Schwester würde bald zu uns kommen. Als ich »amen« sagte, sah ich, daß Mom Tränen in den Augen hatte. Demonstrativ begann ich, Willkommensgeschenke für Kwan zu sammeln. Den Schal, den ich von Tante Betty zum Geburtstag bekommen hatte, das Orangenblütenparfüm, das ich zu Weihnachten bekam, klebrige Süßigkeiten, die noch von Halloween übrig waren – liebevoll verstaute ich all diese kratzigen, miefigen, pappigen Sachen in einer Schachtel, auf die meine Mutter »für Olivias große Schwester« geschrieben hatte. Ich fand, da ich nun so brav geworden war, müßte Mom doch allmählich einsehen, daß wir gar keine Schwester mehr nötig hatten.

Später erzählte meine Mutter uns, wie schwierig es gewesen sei, Kwan ausfindig zu machen. »So, wie die Zeiten damals waren«, sagte sie, »konnte man nicht einfach einen Brief schreiben, eine Marke draufkleben und den Brief nach Changmian schicken. Ihr könnt euch nicht vorstellen, was das für ein zäher Papierkrieg war! Und die meisten Leute waren sowieso nicht bereit, für jemand aus einem kommunistischen Land auch nur einen Finger zu krümmen. Tante Betty fand mich total verrückt. ›Wie kannst du ein fast erwachsenes Mädchen bei dir aufnehmen, das kein Wort Englisch spricht?‹ hat sie gesagt. ›Die kennt sich doch vorne und hinten nicht aus!‹«

Der Berg an Formularen war nicht die einzige Hürde, die Kwan ohne ihr Wissen überwinden mußte. Zwei Jahre nachdem mein Vater gestorben war, heiratete Mom einen gewissen Bob Laguni, »den einzigen Glückstreffer in ihrer Exotensammlung«, wie Kevin ihn heute nennt – »und das auch nur, weil sie meinte, Laguni sei Mexikaner statt Italiener.« Mom nahm Bobs Familiennamen an, und so hießen meine Brüder und ich dann ebenfalls Laguni, was ich mit Freuden gegen Bishop austauschte, als ich Simon später heiratete. Dieser Bob jedenfalls war von vorneherein dagegen, Kwan zu uns zu holen. Und im Prinzip hatten seine Wünsche bei Mom immer Vorrang. Nach ihrer Scheidung – ich ging mittlerweile schon aufs College – erzählte sie mir, was Bob ihr für Druck gemacht hatte, damit sie den Einreiseantrag zurückzog. Wahrscheinlich hatte sie das auch tun wollen und es bloß wieder vergessen. Zu mir aber sagte sie: »Ich habe dich beten sehen, und das war so rührend, wie du dir von Gott gewünscht hast: ›Bitte schick mir meine große Schwester aus China.‹«

Ich war fast sechs Jahre alt, als Kwan bei uns eintraf. Wir erwarteten sie an der Zollschranke des Flughafens von San Francisco. Tante Betty war auch mitgekommen. Meine Mutter war ganz aufgeregt und schnatterte ununterbrochen. »Hört mal, Kinder, sie wird bestimmt sehr schüchtern sein, also stürmt nicht gleich so auf sie los ... Und wahrscheinlich ist sie dünn wie ein Spargel, die Ärmste, also macht euch bitte nicht über sie lustig ...«

Als der Zollbeamte Kwan schließlich in den Abholbereich hinausführte, zeigte Tante Betty sofort auf sie: »Das ist sie. Ich sag euch, das ist sie.« Mom schüttelte den Kopf. Die Person, die da auf uns zukam, sah wie ein komisches altes Weiblein aus, kurz und stämmig, nicht gerade das halbverhungerte Waisenkind, das Mom sich vorstellte, oder die bildhübsche große Schwester, die ich mir ausgemalt hatte. Sie trug einen lappigen grauen Pyjama, und ihr breites braunes Gesicht war von zwei dicken Zöpfen eingerahmt.

Kwan war alles andere als schüchtern. Sie ließ ihre Tasche fallen, wedelte mit den Armen und trompetete: »Hall-oo! Hall-oo!« Sie lachte übers ganze Gesicht, hüpfte und quietschte vor Freude wie unser neuer Hund, wenn wir ihn aus der Garage herausließen. Ohne jedes Zögern warf dieses wildfremde Mädchen sich meiner Mutter in die Arme, dann in die von Daddy Bob. Grienend packte sie Kevin und Tommy bei den Schultern und schüttelte sie. Als sie mich sah, wurde sie ganz still, ging in die Hocke und breitete die Arme aus. Ich zupfte Mom am Rock. »Ist *das* meine große Schwester?«

Mom sagte: »Sieh doch, sie hat das gleiche dicke schwarze Haar wie dein Vater.«

Ich habe noch das Foto, das Tante Betty bei der Gelegenheit geknipst hatte: Mom, frisch onduliert und im Mohairkostüm, mit einem leicht verkrampften Lächeln; unser italo-amerikanischer Stiefvater Bob, der ziemlich benommen dreinschaut; Kevin und Tommy, die unter ihren Cowboyhüten einen Flunsch ziehen; und ich im gerüschten Sonntagskleid, den Finger im Mund, plärrend.

Ich heulte über das Geschenk, das Kwan mir eben überreicht hatte. Es war ein kleiner Käfig aus geflochtenem Stroh, den sie mit feierlicher Miene aus ihrem weiten Jackenärmel gezogen hatte. Als ich ihn mir vor die Augen hielt und hineinspähte, sah ich ein sechsbeiniges Monster, grasgrün, mit Sägezähnen, Glotzaugen und langen, wippenden Peitschenbrauen. Ich kreischte auf und schleuderte den Käfig in hohem Bogen von mir weg.

Zu Hause, in dem Schlafzimmer, das wir fortan teilten, hängte Kwan den Käfig mit dem Grashüpfer auf, dem jetzt ein Bein fehlte. Sobald es dunkel wurde, begann er so laut zu zirpen wie eine Fahrradklingel.

Von diesem Tag an war mein Leben wie umgekrempelt. Für Mom kam Kwan gerade recht als stets verfügbares Kindermädchen. Ehe meine Mutter am Nachmittag zu ihrer Kosmetikerin oder zu einem Einkaufsbummel mit ihren »Mädels« abschwirrte, schärfte sie mir ein, Kwan nicht von der Seite zu weichen. »Sei eine brave kleine Schwester und erklär ihr alles, was sie nicht versteht. Versprichst du mir das?« Also heftete Kwan sich jeden Tag an meine Fersen, sobald ich aus der Schule kam, und ob ich wollte oder nicht, mußte ich sie überallhin mitschleppen. Schon von der ersten Klasse an waren mir Schimpf und Schande nicht fremd. Kwan stellte so viele bescheuerte Fragen, daß alle Kinder aus der Nachbarschaft meinten, sie käme wohl vom Mars. »Was ist M & M?« fragte sie zum Beispiel. »Was ist Chinggum?« oder »Wer ist dieser Popeye? Warum bloß ein Auge? Ist er Bandit?« Selbst Kevin und Tommy lachten über sie.

Nachdem Kwan ja nun zum Aufpassen fur uns da war, konnte meine Mutter sich ohne schlechtes Gewissen ihrem neuen Eheglück widmen. Als meine Lehrerin Mom anrief, weil ich in der Schule plötzlich Fieber bekommen hatte, war es Kwan, die im Krankenraum aufkreuzte, um mich heimzubringen. Als ich beim Rollschuhlaufen hinfiel, verpflasterte Kwan mir die Knie und Ellbogen. Sie flocht mir die Haare. Sie machte uns dreien die Pausenbrote zurecht. Sie versuchte mir chinesische Kinderlieder beizubringen. Sie tröstete mich, als mir ein Milchzahn ausfiel. Sie seifte mir den Rücken ein, wenn ich in der Badewanne saß.

Ich hätte ihr dankbar sein sollen. Ich konnte mich immer auf sie verlassen. Nichts war ihr lieber, als mit mir zusammenzusein.

Doch statt dessen nahm ich es ihr die meiste Zeit übel, daß sie den Platz meiner Mutter eingenommen hatte.

Ich erinnere mich noch an den Tag, als es mir zum ersten Mal in den Sinn kam, Kwan loszuwerden. Es war im Sommer, ein paar Monate nach ihrer Ankunft. Kwan, Kevin, Tommy und ich hockten müßig im Vorgarten herum. Ein paar von Kevins Freunden schlichen sich von der Seite her ans Haus heran und drehten heimlich den Rasensprenger auf. Meine Brüder und ich hörten das verräterische Zischen und Gurgeln in der Leitung und rannten gerade noch rechtzeitig weg, ehe die Wasserfontänen lossprühten. Kwan dagegen blieb einfach sitzen und ließ sich bis auf die Haut durchnässen, völlig verblüfft, daß so viele Springbrunnen auf einmal aus dem Boden hervorgeschossen kamen. Kevin und seine Freunde brüllten vor Lachen. Ich schrie: »Das ist gemein von euch!«

Einer von Kevins Freunden, ein reichlich angeberischer Zweitkläßler, den alle kleinen Mädchen anhimmelten, fragte mich spöttisch: »Ist die doofe Chinesin da deine Schwester? He, Olivia, bist du etwa auch eine doofe Chinesin?«

Außer mir vor Zorn, brüllte ich zurück: »Das ist nicht meine Schwester! Ich hasse sie! Von mir aus kann sie gleich wieder nach China verschwinden!« Das petzte Tommy dann prompt unserem Stiefvater, und Daddy Bob brummte: »Louise, ich glaube, du solltest mit deiner Tochter mal ein ernstes Wort reden.« Meine Mutter schüttelte nur betrübt den Kopf. »Olivia«, sagte sie, »wir hassen niemanden. ›Hassen‹ ist ein schreckliches Wort. Es verletzt einen selbst genauso wie den, der damit gemeint ist.« Natürlich haßte ich Kwan daraufhin erst recht.

Das schlimmste war, daß ich mein Zimmer mit ihr teilen mußte. Abends zog sie nie die Vorhänge zu, so daß die Straßenlaterne vor dem Fenster direkt auf unsere Betten schien. Unter diesem »schönen amerikanischen Mond«, wie sie es nannte, schwatzte Kwan dann auf chinesisch vor sich hin, während ich mich schlafend stellte. Wenn ich dann aufwachte, war sie immer noch am Brabbeln. So war ich auf die Dauer die einzige in der Familie, die Chinesisch lernte. Kwan steckte mich regelrecht damit an. Ich nahm ihre Sprache im Schlaf durch die Poren auf, wurde nach und nach mit ihren chinesischen Geheimnissen infiltriert, so daß mein Weltbild sich unbewußt dem ihren anglich. Bald wurde ich dann sogar von ihren chinesischen Alpträumen heimgesucht.

Zum Ausgleich schnappte Kwan ihr Englisch von mir auf – vielleicht liegt es daran, daß es nie so besonders gut wurde. Ich war keine begeisterte Lehrerin. Ich erinnere mich, wie ich sie als Siebenjährige mal bös auf den Arm nahm. Wie üblich lagen wir zur Schlafenszeit nebeneinander in unseren Betten.

»Libby-ah!« sagte Kwan. Und dann fragte sie mich auf chinesisch: »Diese leckere Birne, die wir heute abend gegessen haben, wie heißt das amerikanische Wort dafür?«

»Barf«, antwortete ich und hielt mir den Mund zu, damit sie mich nicht kichern hörte.

Sie ahmte den neuen Laut unbeholfen nach – »bar-a-fa, bar-a-fa« – und beschwerte sich dann: »Wah! Was für ein plumpes Wort für so einen köstlichen Geschmack. So gutes Obst hab ich noch nie gegessen. Libby-ah, du weißt ja gar nicht, wie gut du's hast. Wenn doch nur meine Mutter nicht gestorben wäre.« Von praktisch jedem Thema konnte sie unversehens zu den Tragödien ihrer Vergangenheit überwechseln, die sie mir allesamt in unserer chinesischen Geheimsprache erzählte.

Ein anderes Mal kam sie gerade ins Zimmer, als ich einen Haufen Glückwunschkarten zum Valentinstag auf meinem Bett sortierte. Sie beugte sich über mich und hob eine Karte hoch. »Was soll das sein?«

»Das ist ein Herz. Es bedeutet Liebe. Siehst du, auf all den Karten ist ein Herz drauf. Jedes Kind in meiner Klasse kriegt eine von mir geschenkt. Das heißt aber nicht, daß ich sie alle liebe.«

Sie ließ sich auf ihr Bett fallen. »Libby-ah«, sagte sie. »Wenn doch nur meine Mutter nicht an ihrem kranken Herzen gestorben wäre.« Ich seufzte. Schon wieder diese alte Leier. Sie schwieg einen Augenblick, ehe sie fortfuhr: »Weißt du, was das heißt, ein krankes Herz zu haben?«

»Was denn?«

»Das ist so, wie wenn du dich am heimischen Herd bei deiner Familie wärmst, und auf einmal fliegt das Strohdach über dir fort und reißt dich mit.«

»Aha.«

»Jawohl, so war das, daran ist sie gestorben, und nicht an irgendeiner Lungenkrankheit, o nein, ganz und gar nicht.«

Und dann erzählte mir Kwan, wie unser Vater damals in China an zu viel schönen Träumen erkrankt war. Er konnte es nicht mehr lassen, an Reichtum und an ein besseres Leben zu denken, also ging er schließlich verloren. Es zog ihn fort aus ihrem Leben, und dabei zerrann ihm die Erinnerung an Frau und Kind, die er zurückgelassen hatte.

»Ich will nicht behaupten, unser Vater wäre ein schlechter Mensch gewesen«, wisperte Kwan mit heiserer Stimme. »Das gewiß nicht. Aber es mangelte ihm an Loyalität. Libby-ah, weißt du, was Loyalität ist?«

»Was denn?«

»Das geht so: Wenn du jemanden bittest, sich die Hand abzuhacken, damit du nicht zusammen mit dem Dach weggerissen wirst, dann hackt er sich auf der Stelle beide Hände ab, um dir zu zeigen, daß er mehr als bereit ist, dir zu helfen.«

»Aha.«

»Ja. Aber unser Vater hat das nicht getan. Er hat uns verlassen, als meine Mutter kurz davor war, ein zweites Kind zu bekommen. Ich erzähl dir keine Lügengeschichten, Libby-ah, das ist die reine Wahrheit. Als es passierte, war ich vier Jahre alt, nach dem chinesischen Kalender. Ich werde nie vergessen, wie ich neben meiner Mutter lag und ihren dicken Bauch gestreichelt habe. Wie eine Wassermelone, so prall war ihr Bauch.«

Sie streckte die Arme so weit vor sich, wie sie konnte. »Dann lief alles Wasser in ihrem Bauch aus ihr heraus wie die Tränen aus ihren Augen, so traurig war sie.« Kwan ließ abrupt die Arme sinken. »Und das arme verhungerte Baby in ihrem Bauch hat ihr Herz ausgesaugt, und so sind sie dann beide gestorben.«

Sicher hatte Kwan das meiste davon bildlich gemeint. Doch als Kind faßte ich die ganze Schauergeschichte wortwörtlich auf: abgehackte Hände, die zum Dach herausfliegen, mein Vater, der verloren auf dem Chinesischen Meer herumtreibt, das Baby, das am Herzen seiner Mutter saugt. Die Bilder wurden zu Zwangsvorstellungen. Ich war abgestoßen und zugleich fasziniert, wie ein Kind, das sich bei einem Horrorfilm die Augen zuhält und doch zwischen den Fingern hindurchschielt. Ich war Kwans williges Opfer, und sie war immer meine Beschützerin.

Am Ende ihrer Geschichten sagte Kwan jedesmal: »Du bist die einzige, die davon erfahren hat. Sag's niemandem weiter. Niemals. Versprichst du mir das, Libby-ah?«

Ich schüttelte jedesmal den Kopf und nickte dann doch ergeben, aus Angst, aber auch, weil ich mich auserwählt fühlte, zum Gehorsam genötigt.

Eines Nachts, als mir vor Müdigkeit schon die Augen zufielen, begann sie wieder einmal ihre chinesische Litanei: »Libby-ah, ich muß dir noch was erzählen, etwas schrecklich Geheimes. Es liegt mir so schwer auf der Seele, ich kann's nicht mehr länger für mich behalten.«

Ich gähnte herzhaft, in der Hoffnung, daß sie den Wink verstehen würde.

»Ich habe Yin-Augen.«

»Was für Augen?«

»Echt. Ich habe Yin-Augen. Ich kann Yin-Leute sehen.«

»Was für Leute?«

»Paß auf. Ich erklär's dir. Aber du mußt mir versprechen, es niemals irgendwem zu verraten. Großes Ehrenwort, ja?«

»Okay. Versprochen.«

»Yin-Leute, das sind diejenigen, die schon gestorben sind.«

Ich riß vor Schreck die Augen auf. »Was? Du kannst Tote sehen? … Du meinst *Geister*?«

»Sag's bloß nicht weiter. Niemals, hörst du, Libby-ah?«

Mir blieb die Luft weg. »Sind hier bei uns jetzt auch Geister im Zimmer?«

»Aber ja, eine Menge. Viele liebe alte Freunde.«

Ich zog mir die Decke über den Kopf. »Sag ihnen, sie sollen weggehen«, flehte ich.

»Hab keine Angst, Libby-ah, du kannst ruhig wieder hinter der Decke vorkommen. Sie sind auch deine Freunde. Sieh mal, jetzt lachen sie dich aus, weil du so ein Angsthase bist.«

Ich fing an zu schluchzen. Nach einer Weile sagte Kwan seufzend: »Na, hör schon auf zu weinen, du Dummchen. Sie sind weg.«

So ging die Geschichte mit den Geistern los. Als ich mich schließlich wieder unter der Decke hervorwagte, sah ich Kwan aufrecht im Bett sitzen, von ihrem amerikanischen Mond beschienen, und aus dem Fenster starren, als blickte sie sehnsüchtig ihren nächtlichen Besuchern nach.

Am nächsten Morgen ging ich zu meiner Mutter und tat genau das, was ich versprochen hatte, nicht zu tun: Ich erzählte ihr von Kwans Yin-Augen.

Jetzt, als Erwachsene, ist mir natürlich klar, daß ich nicht schuld an Kwans Einlieferung in die Nervenheilanstalt war. Letzten Endes hat sie es sich ja selbst eingebrockt. Ich war damals erst sieben Jahre alt, ein verängstigtes kleines Mädchen. Ich mußte es meiner Mutter einfach erzählen. Ich dachte, Mom würde ihr nur sagen, daß sie aufhören solle, mir angst zu machen. Als Daddy Bob dann aber von Kwans Geistern erfuhr, riß ihm der Geduldsfaden. Mom war dafür, sie erst mal nach Old St. Mary's mitzunehmen, zu einer Unterredung mit dem Gemeindepfarrer. Doch Daddy Bob meinte, eine simple Beichte würde in dem Fall nicht ausreichen. Also ließ er Kwan statt dessen in die psychiatrische Abteilung von Mary's Help einweisen.

Als ich sie die Woche darauf besuchte, wisperte Kwan mir zu: »Hör mal, Libby-ah, ich habe Geheimnis. Aber niemand sagen, okay?« Dann wechselte sie ins Chinesische über. »Wenn die Ärzte und Schwestern mich Sachen fragen, behandle ich sie wie amerikanische Geister – ich sehe sie nicht, ich höre sie nicht, ich rede nicht mit ihnen. Bald werden sie merken, daß sie mich nicht ändern können, und dann müssen sie mich rauslassen.« Ich weiß noch, wie sie dabei aussah, so unbeweglich wie ein steinerner Palasthund.

Leider kehrte sich ihre chinesische Schweigetaktik gegen sie. Die Ärzte meinten, Kwan befände sich in einer katatonischen Phase. Und so, wie der Stand der Psychiatrie Anfang der sechziger Jahre nun einmal war, hielten die Ärzte Kwans chinesische Geister für einen klaren Fall von Schizophrenie. Folglich rückte man ihr dann kurzerhand mit Elektroschocktherapie zu Leibe, nicht nur einmal, sondern viele, viele Male, wie sie sich unter Tränen beklagte. Selbst heute noch tut es mir weh, daran zu denken.

Das nächste Mal, daß ich sie in der Heilanstalt besuchte, vertraute sie sich mir wieder an. »Diese ganzen Stromstöße haben mir die Zunge gelockert, so daß ich nicht länger stumm wie ein Fisch bleiben konnte. Ich bin zu einer Ente geworden, dauernd am Schnattern – *gwa – gwa – gwa* ! –, und so hab ich alles über die Yin-Welt ausgeplaudert. Das haben vier böse Geister mir fürchterlich übelgenommen. ›Wie kannst du denen unsere Geheimnisse verraten?‹ haben sie geschrien und mich zur Strafe mit einem *yinyang tou* belegt – sie haben mich gezwungen, mir die Hälfte meiner Haare auszureißen. Darum haben die Krankenschwestern mich so kahlgeschoren. Ich konnte nicht mehr aufhören zu rupfen, bis mein Kopf auf der einen Seite kahl wie eine Wassermelone war und auf der anderen Seite haarig wie eine Kokosnuß. Die Geister haben mich dafür gebrandmarkt, daß ich zwei Gesichter hatte: das eine loyal, das andere verräterisch. Aber ich bin doch keine Verräterin! Schau mich an, Libby-ah. Bin ich loyal, oder nicht? Was siehst du?«

Was ich sah, lähmte mich vor Entsetzen. Sie sah aus, als hätte man ihr einen Haarschnitt mit dem Rasenmäher verpaßt. Ein Anblick, so schlimm wie bei einem überfahrenen Tier, wo man sich unwillkürlich fragt, was es wohl mal gewesen sein mag. Nur daß ich ja wußte, wie Kwans Haar davor ausgesehen hatte – es floß ihr den Rücken herab, in schimmernden blau-schwarzen Wellen, in denen ich genußvoll die Finger vergrub. Wie oft hatte ich ihr in die üppige Mähne gegriffen, dran gezerrt wie an einem Maultierzügel und gerufen: »Auf, auf, Kwan, na los, schrei I-aa!«

Sie ergriff meine Hand und rubbelte damit über den sandpapierrauhen Schädel, während sie irgendwas über Freunde und Feinde in China vor sich hin schwatzte, ohne Punkt und Komma, als hätte die Schocktherapie ihr die Kiefergelenke ausgeleiert. Ich hatte schreckliche Angst, sie könnte mich mit ihrer verrückten Quasselkrankheit anstecken.

Bis heute weiß ich nicht, weshalb Kwan mir nie die Schuld an ihrem Unglück gab. Sie muß doch genau gewußt haben, daß ich es war, die ihr das eingebrockt hatte. Als sie aus Mary's Help zurückkam, schenkte sie mir das Plastikarmband mit ihrem Namen drauf als Andenken. Fröhlich erzählte sie von den Sonntagsschülern, die in die Anstalt gekommen waren, um »Stille Nacht« zu singen, und wie sie vor Angst aufgeschrien hatten, als ein alter Mann »Maul halten!« brüllte. Einige der Patienten dort, berichtete sie, seien auch von Geistern besessen gewesen, aber nicht von so harmlosen wie ihren Yin-Leuten, und darum hätten sie ihr leid getan. Doch kein einziges Mal sagte sie: »Libby-ah, warum hast du mein Geheimnis verraten?«

Trotzdem ist es mir immer so vorgekommen, als hätte ich sie verraten und als hätte sie darum den Verstand verloren. Auch wegen der Elektroschockbehandlung fühlte ich mich schuldig. Die hatte ihre sämtlichen Geister erst freigesetzt.

All das ist nun schon über dreißig Jahre her, und Kwan trauert immer noch um ihr Haar. »Sooo schön, schimmerte wie Wasserfall, so glatt und glänzend wie schwimmende Aale. Schau mich jetzt an. Diese Schocktherapie, sie hat gewirkt wie schlechte selbstgemachte Dauerwelle, billiges Zeug zu lange draufgelassen. Ganze rabenschwarze Pracht – ausgebrannt zu Asche. War so schön seidig – jetzt alles kraus. Haare jetzt wie harter Draht, bohren Warnung in Hirn: Kein Yin-Reden mehr! Haben alles das mit mir gemacht, ha, bin aber nicht anders geworden. Siehst du? Trotzdem stark geblieben.«

Kwan hatte recht. Als ihr Haar nachwuchs, war es drahtig wie ein Terrierfell. Und wenn sie es bürstete, stand es widerspenstig hoch, mit statischer Elektrizität aufgeladen, und knisterte wie durchbrennende Glühfäden. Kwan erklärte mir: »Das ganze Strom, was Doktor da in meine Hirn gedrückt, saust jetzt in meinem Körper rum wie wilde Pferd auf Rennbahn.« Sie behauptet, sie könne keinem Fernseher in die Nähe kommen, ohne daß er sie anfaucht. Den Walkman, den sie von ihrem Mann George bekommen hat, kann sie nicht benutzen; und wenn sie Radio hören will, muß sie es über Körperkontakt erden, sonst kommt auf allen Kanälen »bloß gräßliche Krach, wum-pah-pah, wum-pahpah«. Uhren kann sie auch keine tragen. Beim Bingo hat sie mal eine Digitaluhr gewonnen, und kaum hatte sie sie sich umgebunden, fingen die Zahlen an, sich von selbst zu verstellen. Nach zwei Stunden blieb die Uhr dann stehen. »Ist Glückszahl«, verkündete Kwan. »Acht-acht-acht-acht-acht. Gutes Zahl, schlechtes Uhr.«

Obwohl sie keinerlei technische Vorbildung hat, kann sie innerhalb von Sekunden die Fehlerquelle in jedem defekten Stromkreis orten, ob es nun eine Steckdose ist oder ein Blitzgerät. Das Talent hat sie schon bei allen möglichen Bestandteilen meiner Fotoausrüstung zum Einsatz gebracht. Zwar bin *ich* Berufsfotografin, und *sie* kann kaum mit einer idiotensicheren Kamera umgehen, aber noch jedesmal, wenn ich ein kaputtes Gerät zur Reparatur gebracht habe, hat sich ihr Tip als goldrichtig erwiesen. Sogar ein schnurloses Telefon, das sich entladen hatte, habe ich sie kurzfristig wieder reaktivieren sehen, indem sie einfach unten auf die Batteriekontakte drückte. Woher sie diese seltsame Begabung hat, weiß sie selbst nicht, und auch ich finde keine Erklärung dafür. Ich kann nur sagen, daß ich das Phänomen mit eigenen Augen beobachtet habe.

Am unheimlichsten aber ist ihr diagnostisches Gespür für Krankheiten und Gebrechen. Selbst bei Leuten, die ihr gänzlich unbekannt sind, kann sie aufgrund eines simplen Händedrucks feststellen, ob sie irgendwann mal einen Knochenbruch hatten, auch wenn er schon längst ausgeheilt ist. Sie weiß intuitiv, ob jemand an Arthritis, Ischias, Sehnenscheiden- oder Schleimbeutelentzündung leidet – in allem, was die Skelettmuskulatur betrifft, ist sie schlechthin unfehlbar. Doch in ihrem Sprachgebrauch heißen diese Erkrankungen »Knochenbrennen«, »Knickebein«, »Fieberarme«, »Gelenkreißen«, und ihrer Meinung nach zieht man sie sich unvermeidlich zu, wenn man gleichzeitig heiße und kalte Speisen zu sich nimmt, ständig seine Enttäuschungen an den Fingern abzählt, zu häufig bedauernd den Kopf schüttelt oder seine Sorgen in sich hineinfrißt. Wunderheilungen kann sie nicht bewirken; sie ist ja keine wandelnde Grotte von Lourdes. Aber viele Leute sind überzeugt, sie hätte heilende Hände. In Spencer's Drugstore, wo sie arbeitet, hat sich das besonders unter der homosexuellen Kundschaft herumgesprochen – den »Junggesellen«, wie Kwan sie nennt. In den letzten zwanzig Jahren hat sie viele von ihren Stammkunden an Aids erkranken sehen. Wenn sie mit ihren Rezepten kommen, massiert sie ihnen ein bißchen die Schultern und erteilt ihnen medizinische Ratschläge: »Trinken immer noch Bier und essen dazu heiße Sachen? Alles beides zusammen, *gleichzeitig* Wah! Was ich Ihnen so oft gesagt? Tss, tss! Wie wollen da gesund werden, ah?« Sie tut ganz so, als wären es kleine Kinder, die mütterlich umsorgt werden müßten. Manche von ihren Kunden kommen jeden Tag vorbei, obwohl sie ihre Medikamente auch frei Haus geliefert kriegen könnten. Ich kann mir denken, warum. Wenn sie einem die Hände dort auflegt, wo der Schmerz sitzt, fängt es an zu kribbeln, als tanzten tausend Feen einem über das Rückgrat, und danach fühlt es sich an wie eine warme Welle, die einem durch die Adern fließt. Man ist zwar nicht geheilt, aber zeitweilig von seinen Sorgen befreit, als ließe man sich entspannt auf einem ruhigen Meer dahintreiben.

Kwan hat mir einmal erzählt: »Wenn sie gestorben sind, kommen meine Junggesellen mich immer noch besuchen. Sie nennen mich *Doktor* Kwan. Nur zum Scherz, natürlich.« Dann setzte sie augenzwinkernd hinzu: »Wer weiß, vielleicht aber auch aus Respekt, was meinst du, Libby-ah?« Immer fragt sie mich: »Was meinst du?«

In unserer Familie wird von Kwans ungewöhnlichen Talenten kein Aufheben gemacht. Damit würde man nur unnötig betonen, was wir ohnehin alle wissen, daß sie nämlich nicht so ganz richtig im Kopf ist, selbst nach chinesischen Maßstäben – ja, selbst nach den notorisch toleranten Maßstäben San Franciscos. Vieles von dem, was sie so von sich gibt, ist mit dem gesunden Menschenverstand einfach nicht mehr vereinbar.

Dennoch halte ich meine Schwester inzwischen nicht mehr für geistesgestört. Wie auch immer, sie ist jedenfalls harmlos, solange man sie nicht allzu ernst nimmt. Sie psalmodiert ja nicht in der Öffentlichkeit herum wie der Verrückte auf der Market Street, der dauernd brüllt, Kalifornien würde demnächst wie ein Teller Muscheln in den Ozean rutschen. Sie hat auch nichts mit der Profitgier der New-Age-Bewegung im Sinn; man braucht ihr nicht hundertfünfzig Dollar pro Stunde zu bezahlen, damit sie einem erklärt, was man in seinem Vorleben alles versäumt hat. Sie steckt es einem gratis, ob man's wissen will oder nicht.

Die meiste Zeit verhält Kwan sich genauso wie alle anderen, stellt sich brav in der Schlange an, geht eifrig auf Schnäppchenjagd und verbucht es als Erfolg, wenn sie etwas billig ergattert hat. »Libby-ah«, sprudelte es heute morgen am Telefon auf chinesisch aus ihr heraus, »gestern hab ich zwei Paar Schuhe zum Preis von einem gekriegt, im Ausverkauf bei Capwell. Jetzt rate mal, wieviel ich *nicht* bezahlt habe, na?«

Aber Kwan ist schon reichlich sonderbar, das läßt sich nicht bestreiten. Manchmal macht es mir Spaß, ab und zu geht es mir auf die Nerven. Oft genug muß ich mich auch ärgern – nicht so sehr über Kwan, mehr darüber, daß die Dinge sich nie so entwickeln, wie man es sich erhofft. Warum habe ich ausgerechnet Kwan als Schwester bekommen? Und sie mich?

Hin und wieder frage ich mich, wie das Verhältnis zwischen Kwan und mir sich entwickelt hätte, wenn sie normaler gewesen wäre. Aber was heißt schon normal? Anderswo würde man Kwan vielleicht gar nicht so verwunderlich finden. In manchen Gegenden von China und Taiwan würde man sie vielleicht sogar verehren. Vielleicht gibt es einen Ort auf der Welt, wo jeder eine Schwester mit Yin-Augen hat.

Kwan ist nun schon fast fünfzig, und ich bin gut zwölf Jahre jünger, was sie jedesmal voller Stolz betont, wenn jemand höflich fragt, wer von uns beiden die ältere ist. Bei solchen Gelegenheiten kneift sie mich dann neckisch in die Wange und behauptet, meine Haut würde »faltig«, weil ich rauche und zuviel Wein und Kaffee trinke – lauter Laster, die sie nicht hat. »Wer nicht anfängt, braucht nicht aufzuhören«, sagt sie gern. Kwan ist weder tiefgründig noch subtil; bei ihr ist alles an der Oberfläche sichtbar, offen und unverblümt. Kurz und gut, keiner würde von sich aus auf die Idee kommen, daß wir Schwestern sind.

Kwan hat einmal im Scherz gesagt, daß die Kommunisten uns vielleicht das falsche Kind geschickt hätten, weil sie meinten, für Amerikaner sähen sowieso alle Chinesen gleich aus. Daraufhin stellte ich mir immer wieder vor, wie es wäre, wenn wir eines Tages einen Brief aus China bekämen, in dem stände: »Tut uns leid, Leute, wir haben uns geirrt.« Denn eigentlich hat Kwan ja nie in unsere Familie gepaßt. Unsere Weihnachtsfotos sahen Jahr für Jahr wie diese Bilderrätsel aus, bei denen gefragt wird: »Was stimmt hier nicht?« Immer stand Kwan breit grinsend vorne in der Mitte, in grellbunten Sommerkleidern, mit schleifengeschmückten Plastikhaarspangen über den Ohren. Schließlich besorgte Mom ihr einen Job als Aushilfskellnerin in einem chinesisch-amerikanischen Restaurant. Kwan brauchte Wochen, bis ihr aufging, daß das Essen dort als chinesisch gelten sollte. Seitdem sie bei uns lebte, war sie keine Spur amerikanisch geworden, und es war schwer, irgendeine Ähnlichkeit mit unserem Vater in ihr zu erkennen.

Allerdings heißt es auch, ich sei von allen Geschwistern am meisten nach ihm geschlagen, sowohl vom Aussehen als auch vom Charakter her. »Seht nur, wieviel Olivia essen kann, ohne ein Gramm zuzunehmen«, staunt Tante Betty oft, »genau wie Jack!« Und meine Mutter sagte einmal: »Olivia muß immer alles bis zum Gehtnichtmehr erörtern. Sie hat die pingelige Buchhaltermentalität von ihrem Vater geerbt. Kein Wunder, daß sie Fotografin geworden ist.« Solche Kommentare lassen mich dann grübeln, was wohl noch alles durch die Gene meines Vaters auf mich übertragen worden sein mag. Habe ich vielleicht auch meine düsteren Stimmungen von ihm geerbt, meine Vorliebe dafür, Salz aufs Obst zu streuen, und meine übertriebene Angst vor Bazillen?

Kwan dagegen ist mit ihren eins fünfzig ein kompakter, kleiner Dynamo, ein Minielefant im Porzellanladen. Alles an ihr ist laut und knallig. Sie trägt eine lila karierte Jacke zur türkisfarbenen Hose. Sie wispert mit durchdringender, heiserer Stimme, als hätte sie eine chronische Halsentzündung, obwohl sie nie in ihrem Leben krank gewesen ist. Ständig drängt sie einem ihre Gesundheitsratschläge, Hausmittelchen und Patentrezepte auf, mit denen sich ihrer Meinung nach alles kitten läßt, von kaputten Tassen bis hin zu kaputten Ehen. Sie springt permanent von einem Thema zum nächsten und streut zwischendurch großzügig Tips ein, wo dies und jenes gerade im Sonderangebot zu kriegen sei. Wie Tommy einmal ganz richtig bemerkte, glaubt Kwan vor allen Dingen an freie Meinungsäußerung, freie Assoziation und freien Konsumgeist. Ihr holpriges Englisch hat sich in den letzten dreißig Jahren nur hinsichtlich der Geschwindigkeit geändert, mit der sie redet. Kwan hält sich viel auf ihre Sprachbeherrschung zugute. Häufig findet sie Gelegenheit, ihren Ehemann zu verbessern. »Das heißt doch nicht *gestehlt*, Georgie«, sagt sie dann zum Beispiel, »*gestehlen* heißt das.«

All unseren offensichtlichen Verschiedenheiten zum Trotz bildet Kwan sich ein, sie und ich wären genau gleich. In ihren Augen sind wir durch eine kosmische chinesische Nabelschnur verbunden, die uns die gleichen Wesensmerkmale und Beweggründe verleiht, und mithin auch das gleiche Schicksal. »Ich und Libby-ah«, erzählt sie allen neuen Bekannten, »wir beide uns hier drinnen gleich.« Sie klopft mir an die Schläfe. »Beide im Jahr von Affen geboren. Und welche wohl älter? Na? Raten mal!« Und dann preßt sie ihre Wange an die meine.

Meinen Namen, Olivia, hat sie nie richtig aussprechen können. Für sie werde ich immer Libby-ah sein. Folglich nennen ihr Mann, George Lew, und seine beiden Söhne aus erster Ehe, sowie deren ganze Verwandtschaft mich ebenfalls Libby-ah. Besonders dieses »ah« geht mir gegen den Strich. Auf chinesisch heißt das soviel wie: he, du da. Ich habe Kwan mal gefragt, ob es ihr gefallen würde, wenn ich sie allen Leuten als »He, Kwan« vorstellen würde. Sie gab mir einen Klaps auf den Arm und japste vor Lachen: »Aber ja, gefallt mir wunderbar!« Soweit ist es mit den kulturellen Parallelen also doch nicht her; ich muß mich damit abfinden, auf immer und ewig Libby-ah zu bleiben.

Ich will damit nicht sagen, daß ich Kwan nicht leiden mag. Wie könnte ich meine eigene Schwester nicht gern haben? In vieler Hinsicht war sie wie eine Mutter zu mir, mehr als meine wirkliche Mutter. Aber es belastet mich oft, daß ich mich ihr nicht richtig nahe fühle. Ich meine, irgendwie sind wir uns natürlich schon sehr vertraut; schließlich haben wir zwölf Jahre lang denselben Kleiderschrank geteilt, dieselbe Zahnpasta, dieselbe Packung Cornflakes, diesen ganzen familiären Alltagskram. Und Kwan ist ja auch ein guter Mensch, so treu, so ungeheuer loyal. Sie würde jedem an die Gurgel fahren, der etwas Abfälliges über mich sagt. Das rechne ich ihr hoch an. Nur würde ich ihr eben nicht gern noch näherkommen, nicht so wie manche Schwestern, die richtig gute Freundinnen sind. Ich vertraue ihr längst nicht alles an, während sie ihr Privatleben in allen Einzelheiten vor mir auszubreiten pflegt – wie neulich erst wieder diese Sache mit ihrem Mann:

»Libby-ah«, sagte sie ganz aufgeregt, »ich hab Leberfleck gefunden, groß wie mein Nasenloch, auf – wie nennt man das da zwischen Beine von Mann, *yinnang* wir sagen auf chinesisch, rund und krumpelig wie Walnüsse?«

»Hoden.«

»Ja,ja, Leberfleck auf Hoden! Jetzt ich muß Georgie-ah jeden Tag untersuchen, muß aufpassen, ob diese Leberfleck nicht größer wird.«

Für Kwan gibt es keinerlei Schamgrenzen innerhalb der Familie. Alles wird gnadenlos bis ins letzte peinliche Detail erörtert – wieviel man für seinen Urlaub ausgegeben hat, wieso man nicht besser auf seinen Teint achtet, wie es kommt, daß man so trübselig wirkt wie ein Fisch in einem Restaurantaquarium. Und da wundert sie sich noch, warum ich sie in meiner Freizeit nicht so oft um mich haben will. Sie dagegen lädt mich jede Woche zum Abendessen ein, und erst recht zu jeder langweiligen Familienfeier – letzte Woche zum Beispiel auf eine Party, die sie für Georges Tante gab, weil diese nach fünfzig Jahren nun endlich die amerikanische Staatsbürgerschaft erhalten hatte. Kwan ist überzeugt, daß nur eine ernstliche Katastrophe mich von solchen Zusammenkünften fernhalten kann. Was mir dann prompt ein verschärftes Kreuzverhör beschert: »Wieso du gestern nicht hergekommen? Ist irgendwas los?«

»Aber nein, gar nichts.«

»Fühlst dich nicht gut?«

»Doch, doch, keine Sorge.«

»Vielleicht ich gleich mal rüberkommen, Orangen bringen? Ich hab extra gute, extra billig, sechs für ein Dollar.«

»Nein, wirklich, mir geht's *bestens*.«

Sie ist wie eine verwaiste Katze, die sich bei mir einschmeichelt. So geht das schon mein ganzes Leben lang, immer hat sie mir Orangen geschält, Süßigkeiten gekauft, meine Schulzeugnisse bewundert und mir vorgeschwärmt, wie klug ich sei, viel klüger, als sie jemals werden könnte. Und dabei habe ich nie das geringste getan, um mich bei ihr beliebt zu machen. Als Kind habe ich mich oft geweigert, mit ihr zu spielen, habe sie angeschrien, daß ich mich wegen ihr vor den anderen Kindern genierte. Was habe ich über die Jahre nicht alles an Lügenmärchen erfunden, um nicht zu einem dieser Treffen gehen zu müssen!

Trotz alledem hat sie meine Ausbrüche immer nur als hilfreiche Ratschläge gedeutet, meine faulen Ausreden als gute Absichten, meine dürftigen Zuneigungsgesten als schwesterliche Verbundenheit. Wenn mir vor so viel hündischer Ergebenheit mal der Kragen platzt, sage ich ihr brutal ins Gesicht, sie sei verrückt. Und noch ehe ich die harschen Worte zurücknehmen kann, tätschelt sie mir lachend den Arm. Ihre Verwundung ist im Nu wieder geheilt, während ich mich ewig schuldig fühle.

In letzter Zeit fällt Kwan mir mit ihrer Penetranz immer mehr auf die Nerven. Bisher gab sie wenigstens Ruhe, wenn ich zum drittenmal nein gesagt hatte. Aber jetzt ist es, als wäre durch irgendeine Fehlschaltung in ihrem Hirn ständig die Wiederholungstaste gedrückt. Wenn ich mich nicht gerade mal wieder über sie ärgere, mache ich mir Sorgen, ob sie nicht etwa kurz vor einem erneuten Nervenzusammenbruch steht. Kevin meint, es läge sicher an den Wechseljahren, daß sie so sonderbar ist. Doch ich weiß genau, daß mehr dahintersteckt. Sie ist nicht nur sonderbar, sondern geradezu besessen. Sie redet jetzt immer öfter von ihren Geistern, und bei jeder Gelegenheit fängt sie wieder davon an, daß sie unbedingt nach China fahren müsse, bevor sich dort alles geändert habe, bevor es zu spät sei. Zu spät wofür? Sie weiß es selber nicht.

Ein weiteres Dauerthema ist meine Ehe. Sie kann es einfach nicht akzeptieren, daß Simon und ich uns trennen. Sie legt es geradezu darauf an, die Scheidung zu sabotieren. Letzte Woche habe ich eine Geburtstagsparty für Kevin gegeben und dazu auch meinen neuen Freund Ben Apfelbaum eingeladen. Als er Kwan erzählte, er habe sich gerade an einem Talentwettbewerb für Rundfunksprecher beteiligt, sagte sie nur: »Ah, Libby-ah und ich, wir haben auch Talent zum aus knifflige Situation Rauskommen, und besonders Talent zum Dickkopf Durchsetzen. Stimmt's, Libby-ah?« Sie zwinkerte mir boshaft zu. »Dein Mann, Simon, ich glaube, denkt auch so?«

»Mein baldiger Exmann«, sah ich mich genötigt, Ben zu erklären. »Unsere Scheidung wird in fünf Monaten rechtskräftig, am fünfzehnten Dezember.«

»Wer weiß, wer weiß«, lachte Kwan und kniff mich in den Arm. Sie wandte sich wieder zu Ben um: »Sie kennen Simon?«

Ben schüttelte den Kopf. »Olivia und ich haben uns erst kürzlich kennengelernt, bei ...« Weiter kam er nicht.

»Oh, sehr gutaussehender Mann«, flötete Kwan dazwischen. Sie hielt die Hand wie eine Flüstertüte an den Mund und raunte bedeutungsvoll: »Simon sieht aus wie Zwillingsbruder von Olivia. Halbchinese.«

»Halbhawaiianer«, sagte ich hastig. »Und wir sehen uns überhaupt nicht ähnlich.«

»Was Ihr Vater und Mutter tun?« Kwan beäugte Bens Kaschmirjackett.

»Sie sind beide schon im Ruhestand und leben in Missouri«, erklärte Ben.

»Wie schrecklich! Tss, tss!« Kwan warf mir einen schnellen Seitenblick zu. »Das aber doch zu traurig.«

Jedesmal, wenn Kwan die Rede auf Simon bringt, habe ich das Gefühl, als würde mir der Kopf explodieren, so sehr muß ich mich zusammenreißen, um nicht laut herauszuschreien. Sie glaubt, nur weil ich die Scheidung beantragt habe, könnte ich sie jederzeit auch wieder rückgängig machen.

»Warum nicht einfach vergeben und vergessen?« fragte sie

mich nach der Party. Sie zupfte an den vertrockneten Blüten einer Orchidee herum. »Trotz und Ärger zusammen sehr ungesund.« Als ich darauf nicht einging, versuchte sie es mit einer anderen Taktik. »Ich glaube, du hast noch starkes Gefühl für ihn – hm! Sehr, sehr stark. Ah – sieh mal! Dein Gesicht, auf einmal ganz rot! Das ist Gefühl von Liebe, steigt auf direkt von Herz. Stimmt, was ich sage, ja?«

Und ich blätterte weiter die Post durch, kritzelte VERZOGEN auf jeden Umschlag, der Simon Bishop zum Adressaten hatte. Bislang habe ich es tunlichst vermieden, mit Kwan über die Gründe für unsere Trennung zu sprechen. Sie würde es sowieso nicht verstehen. Es ist zu vertrackt für sie. Da war kein besonderer Vorfall, geschweige denn ein größerer Krach, den ich als Ursache für das Scheitern unserer Ehe bezeichnen könnte. Zu vieles hat daran mitgewirkt: Zu vieles, was gleich von Anfang an falsch lief, falsches Timing, jahrelang beibehaltene Denkmuster, zu viel gegenseitiges Anschweigen unter dem Deckmantel der Eheroutine, die einen nach und nach in falsche Geborgenheit hüllt. Als ich nach siebzehn gemeinsamen Jahren endlich begriff, daß ich mehr Zuwendung brauchte, schien Simon eher noch weniger zu wollen. Gewiß, ich liebte ihn – zu sehr. Und er liebte mich, nur eben nicht genug. Ich will einen Mann, für den ich mehr zähle als alles andere. Mit emotionalen Überbleibseln mag ich mich nicht länger zufriedengeben.

Aber Kwan würde das alles nicht verstehen. Sie hat keinen Begriff von nicht wiedergutzumachenden Verletzungen. Sie glaubt jedem aufs Wort, der sagt, daß es ihm leid tut. Sie ist der naive, vertrauensselige Typ, der jeden Spruch im Werbefernsehen für die reine, lautere Wahrheit hält. Man braucht sich bloß in ihrem Haus umzusehen, das bis unters Dach mit allen erdenklichen Geräten vollgestopft ist – elektrischen Bratenmessern, Gemüsehobeln, Entsaftern, Friteusen und so weiter, lauter großartige Gelegenheitskäufe nach dem Motto: »Nur neunzehn fünfundneunzig, bestellen Sie gleich, das Angebot gilt bis Mitternacht.«

»Libby-ah«, sagte Kwan heute am Telefon. »Ich hab wichtige Nachricht für dich. Heute ich gesprochen mit Lao Lu. Wir beschließen: Du und Simon dürfen euch nicht scheiden lassen.«

»Wie nett«, sagte ich. »Das habt ihr also beschlossen.« Ich war dabei, mein Scheckbuch durchzusehen, und fuhr mit meiner Bilanzprüfung fort, während ich so tat, als hörte ich zu.

»Ja, ich und Lao Lu, du erinnerst doch, wer das ist.«

»Ja, ich weiß, ein Vetter von George.« Mein Schwager scheint mit praktisch jedem Chinesen in San Francisco auf irgendeine Weise verwandt zu sein.

»Nein, nein! Lao Lu nicht Vetter. Wie kannst du vergessen? So viel Mal ich dir schon von ihm erzählt. Alte Mann, kahle Kopf. Starke Arm, starke Bein, starke Wille. Einmal Beherrschung verloren, gleich Kopf verloren! Zack, abgeschlagen. Lao Lu sagt…«

»Moment mal. Jemand ohne Kopf will *mir* vorschreiben, wie ich meine Eheprobleme regeln soll?«

»Tss! Kopf schon vor über hundert Jahren abgeschlagen. Jetzt wieder alles beisammen, kein Problem. Lao Lu meint, du, ich, Simon, wir drei reisen nach China, dann alles wieder gut. O.k., Libby-ah?«

Ich seufzte. »Kwan, ich hab jetzt wirklich keine Zeit, das mit dir zu besprechen. Ich bin mitten in einer wichtigen Arbeit.«

»Lao Lu sagt, man kann nicht nur Bilanz in Scheckbuch machen, schauen, was noch übrigbleibt. Muß auch Bilanz in Leben machen.«

Wie zum Teufel konnte Kwan wissen, daß ich gerade über meinem Scheckbuch saß?

So läuft es immer zwischen uns. Wenn sie merkt, daß ich sie nicht für voll nehme, landet sie einen Treffer, der mich aus dem Gleichgewicht bringt, und schon hat sie mich wieder unter ihrer Fuchtel. Solange sie sich in mein Leben einmischt, werde ich nie mein eigener Herr sein. Sie wird immer auf ihren Anteil pochen.

Warum hält sie immer noch so große Stücke auf mich? Warum bin ich nach wie vor die wichtigste Person in ihrem Leben? Warum betont sie immer wieder, daß sie das gleiche für mich empfinden würde, selbst wenn ich nicht ihre Schwester wäre? »Libby-ah«, sagt sie immer, »ich werde dich nie verlassen.«

Nein! möchte ich schreien, ich hab doch gar nichts getan, sag das nicht mehr. Denn jedesmal verwandelt sie meinen Verrat damit in Liebe, die ihren Tribut fordert. Auf immer und ewig wird es heißen: Sie war mir gegenüber loyal, und eines Tages werde ich es auch sein müssen.

Doch selbst wenn ich mir beide Hände für sie abhackte, würde es nichts nützen. Wie sie selbst oft genug gesagt hat, wird sie mich doch nie freigeben. Eines Tages wird der Orkan toben, und sie wird sich an das Strohdach klammern, ehe sie in die Yin-Welt fortgerissen wird.

»Schnell, schnell, komm mit!« wird sie mit ihrem Flüstern den Sturmwind übertönen. »Aber sag niemand was! Versprichst du's, Libby-ah?«

Deutsch von Sabine Lohmann

Melanie Rae Thon

Schwestern

Bis heute glauben die Leute, meine Schwester hätte einen umgebracht. Auf Partys stecken Frauen die Köpfe zusammen und nicken in meine Richtung. Geflüstert klingen Lügen noch mal so wahr. Männer, die ich kaum kenne, lassen mich den ganzen Abend nicht aus den Augen, suchen die fliegende Röte von Graces Fieber auch auf meinen Wangen. Von der schaurigen Verheißung der Blutsbande überwältigt, erliegen sie mir – fast. Aber Angst ist ein Verführer, ein Imitator der Lust. Erkühnt sich dann einer zu fragen, ob er mich nach Hause fahren kann, bleibt die Enttäuschung nicht aus. Weder die Neugier noch die Lust kann ich befriedigen. Die Geschichte der Nacht, als Grace in der Kampfzone von Boston auf einen Mann einstach, übt nur so lange Macht aus, wie ich schweige. Bei mir sind die Sommerstürme meiner Schwester zu nieselndem Winterregen herabtemperiert.

Selbst in der Verwandtschaft verleitet Grace zu Lügen. Tante Dee behauptet seit Jahren, sie habe Grace auf Vaters Beerdigung ins Grab spucken sehen. Das ist absolut unwahr, was stimmt, ist, daß Gracie bei der Beerdigung nicht geweint hat.

Ich selbst vergoß nur wenige Tränen, aber die waren echt, auch wenn Grace unterstellt, ich hätte sie mir durch angestrengtes Blinzeln abgequetscht. Die Trauerfeier hatte Grace schon verpaßt, und ich rechnete nicht mehr damit, daß sie zur Beisetzung erscheinen würde, aber mit einmal war sie da, dünner, als ich sie je zuvor gesehen hatte, in einem schwarzen Ledermini und schwarzen Netzstrümpfen, auf dem Kopf eine Pillbox, die bestimmt aus irgendeinem muffigen Secondhandladen stammte, mit Schleier, der ihre Augen bedeckte. Sie trug ein ärmelloses schwarzes T-Shirt und keinen BH. Gracie als Hinterbliebene, in Trauerkleidung.

Während der Geistliche seinen Asche-zu-Asche-Sermon hersagte, merkte ich, wie unruhig Gracie in meinem Rücken war; sie bückte sich in einem fort, und jedesmal hörte ich ihr kaputtes Knie krachen. Das vertraute Knacken der Knochen meiner Schwester fand ich auf seltsame Weise tröstlich. Im Geiste sah ich sie ihr Taschentuch wringen und in stummer Verzweiflung immerzu fallen lassen. Als aber der Geistliche seinen Ausführungen nichts mehr hinzuzufügen hatte und ich mich umdrehte, erkannte ich Graces Beweggrund: Sie hatte eine Faust Löwenzahn zusammengerupft, und den hielt sie umklammert, als könnte er sich ihr jeden Augenblick wieder entwinden.

Mom blickte über die Schulter zurück und strahlte Gracie mit der Gesichtshälfte an, die ihr noch gehorchte. »Schön, daß du kommen konntest«, sagte sie und wartete gar nicht auf Antwort.

»Schon gut. Mein Beileid auch, Mutter«, sprudelte Grace dicht an meinem Ohr.

Mom warf eine weiße Rose ins offene Grab; sie klatschte auf den Kasten wie ein kleiner, lebloser Körper. Onkel Eddie schob Grannys Rollstuhl bis an den Rand, und sie schleuderte eine Handvoll violette Stiefmütterchen aus ihrem eigenen Garten von sich. Aber sie traf daneben, und Onkel Eddie mußte auf alle viere runter, um die Stiefmütterchen wieder aufzusammeln und in die Grube zu befördern. Seine Langsamkeit machte Großmutter rasend; wenn sie die Kraft gehabt hätte, würde sie ihm einen Tritt versetzt haben. So schlug sie sich mit den knotigen Händen gegen die fleischlosen Schenkel, ihr Mund ein grimmiger Strich, ein knittriges rotes *hach* vollkommener Verachtung. Sie war dreiundachtzig, schwer arthritisch, ihre Knochen so morsch, daß ein heftiger Regen schon gereicht hätte, sie wegzuschwemmen, aber ihr

Verstand war glücklicherweise – oder unglücklicherweise – so scharf wie eh und je. »Ich verschwende doch kein Blut auf die Beine«, hatte sie mir mal erklärt. »Wer muß in meinem Alter schon zu Fuß gehen? Eine Frau mit einem unverheirateten 42jährigen Sohn jedenfalls nicht. Wozu soll so ein Bursche denn gut sein, wenn er eine alte Frau nicht mal hinbringen kann, wo sie hin will?« Sie sagte es in Onkel Eddies Beisein, aber er muckte nicht auf, er schaute bloß runter und wackelte in seinen Sandalen mit den dicken weißen Zehen.

Daddys ältere Schwester, meine Tante Dee, übergab dem Grab ein Dutzend Lilien, eine nach der anderen. »Angeberin!« zischte hinter mir Gracie. »Ich wette, sie ist sauer, daß er im Sommer abgenippelt ist. Im Juli kann man so schlecht Nerz tragen.« Aber Tante Dee schien ihren Pelz entbehren zu können. An ihrer Hand blitzte ein neuer Klunker, ein Silberhochzeitsgeschenk von meinem nicht erschienenen Onkel Philip. »Phil wollte sich wohl nicht unters gemeine Volk mischen«, meinte Grace. »Gibt doch nichts Schlimmeres, als bei der falschen Beerdigung aufzulaufen.« Ein Sonnenstrahl traf Tante Dees Brillant, und er sprühte gelbes Feuer.

Der Geistliche wollte gerade den ersten Erdklumpen werfen, als Gracie vortrat und ihren Löwenzahn ins flache Grab schnickte. Ich hoffe, ich stand als einzige nahe genug, um sie murmeln zu hören: »Da hast du was Süßes zu schnüffeln, Daddy.«

Im Wagen saß ich zwischen Grace und meiner Mutter. Wir waren noch nicht einmal den Hang hinuntergerollt, als Gracie ein Röhrchen mit weißem Pulver aus ihrer Handtasche fischte. Im Verschluß saß ein winziger, herausklappbarer Löffel. Sie tauchte ihn in das schneeige Zeug, hob ihn an das eine, dann an das andere Nasenloch und zog hoch. Mom fing an zu weinen. »Hast du denn gar keinen Respekt?«

»Daddy macht das nichts mehr.«

»Aber mir.«

»Ich bin gramgebeugt, Mutter, vor Schmerz wie betäubt. Darf

ich mir vielleicht auf meine Art Trost und Linderung verschaffen?«

Ich legte meiner Mutter den Arm um die Schulter. Da Grace ja doch tun und sagen würde, was sie wollte, wäre jeder Versuch, sie zu bremsen, zwecklos; ich ließ es. Aber ich fand schon, daß sie ihre Worte mit mehr Bedacht hätte wählen können, und der Anblick des nutzlosen rechten Arms meiner Mutter, der lahm am Körper anlag wie ein verkümmerter Flügel, machte mich traurig. Ich hätte sie ja geküßt, aber ich saß auf der falschen Seite, und das brachte ich nicht über mich, meine Lippen an die labberige Haut ihrer tauben Wange zu drücken.

»Es ist ungerecht«, sagte Mom. »Er hat sich so zusammengerissen.«

»Zwei Jahre trocken; die wiegen zwanzig in der Gosse auch nicht auf.«

»Gosse! Dein Vater war kein Penner.«

»Nein, das stimmt«, sagte Grace in einem Ton, der scharf war wie der gezackte Rand einer zerschlagenen Fensterscheibe. »Nein, ein Rumtreiber, eine Kanalratte war er nicht. Er hat immer hübsch daheim getrunken, damit wir gefälligst auch was davon haben!«

Mom sagte: »Zuletzt war er der reinste Engel. Du hast ja keine Ahnung.«

»Ohne Leber lebt sich's eben schlecht«, sagte Grace klinisch und kalt.

Ich fand das zu hart von Grace – auch wenn Daddy sie gezwungen hatte, mit sechzehn diesen ungenießbaren, pockennarbigen Typen zu heiraten, auch wenn er ihr das Haus verboten hatte, nachdem sie eines Abends mit Mutters Amethystohrringen und einer Perlenkette abgehauen war, die man uns immer als echt verkauft hatte. War sie nicht, aber daß sie Mutters Mutter gehört hatte, das stimmte. Mom mußte sämtliche Pfandleiher in Boston abklappern und für die Kette fünfzig Dollar hinblättern, doppelt soviel, wie sie wert war. Die Ohrringe sah sie nie wieder.

»Man soll nicht so an den Sachen hängen«, sagte Gracie, als ich die Nachricht überbrachte, sie brauche sich daheim nicht mehr blicken zu lassen.

»Man soll nicht stehlen«, sagte ich. »Man soll Vater und Mutter ehren.«

»Also ehrlich!« schnaubte Grace.

Meine Schwester hat immer nach ihrem eigenen Kodex gelebt; sie hält sich einiges auf ihren Ehrbegriff zugute. Sie würde nie fremde Post lesen. Sie würde nie deine letzten paar Löffel Kaffee aufbrauchen oder deine Klamotten tragen, ohne vorher zu fragen. Lieber steckt sie Prügel ein, als Namen zu nennen. Das weiß ich, weil sie sich mal statt meiner von Daddy übers Knie legen ließ, als ich die Wohnzimmergardinen angezündet hatte und zu jung und zu feige war zu gestehen.

Der Ärger zwischen Grace und meinem Vater begann in Wirklichkeit, lange bevor sie die Perlen stahl. Schon als Kind schien es Grace darauf anzulegen, Dad zu quälen, obwohl sie sich letzten Endes immer ins eigene Fleisch schnitt. Ich weiß nicht, ob sie ärgern als Kunst betrachtete oder ob sie ihre ärgerliche Art einfach so entwickelte. Ich weiß bloß, daß Dads Zorn sie nicht schreckte, und das verlieh ihr eine seltsame Macht. Die Fingerknöchel vor Wut ganz weiß, das Gesicht puterrot, drohte unser zwei Zentner schwerer Vater, Grace mit dem Kopf zuerst durch die Wand zu rammen, wenn sie noch ein einziges Wort sagte. Und selbst wenn sie gar nichts mehr zu sagen hatte, ließ sich meine zerbrechliche Schwester dieses letzte Wort nicht nehmen. Und überlebte. Für mich war das wie ein Wunder, und ich staunte sie voll stiller Verehrung an.

Aber es gab auch Zweikämpfe, bei denen sie Fehdeworte hinschleuderte und unterlag. Ich erinnere mich noch gut an den Tag im April, als Gracie mit dem siebzehnjährigen Nachbarjungen Gordon Haddow erwischt wurde. Gordon hatte schmale Augen und große Füße, die beim Gehen schlurften, als wären sie eine Last und zu schwer für seine Beine. Er nuschelte nur Dreiwortsätze und ging nicht zur Schule, aber Grace machte das nichts, sie war seit ihrem fünften Lebensjahr, seit ihr Gordon nämlich erlaubt hatte, ihm beim Pinkeln zuzusehen, seine beste Freundin.

Die Umstände ihrer erotischen Erkundungen waren etwas seltsam. An der Grenze zum Garten der Haddows, wo dichter Wacholder am hohen Zaun wuchs, gruben Gordon und Grace sich eine Erdhöhle, und dort verkrochen sie sich zu ihren Nachmittagsspielen. Als Mrs. Haddow sie einige Zeit später entdeckte und aus dem Loch zerrte, wälzten sie sich, vom Sauerstoffmangel ganz schwach, gackernd auf dem Rasen.

Natürlich gaben alle Gracie die Schuld, obwohl sie noch keine dreizehn war, der Geburtstag erst in vier Wochen. Alle fanden, daß es der arme Gordon nicht besser wissen konnte, Grace aber schon.

Abends beim Essen sagte Mom keinen Ton, und Dad warnte meine Schwester, daß sie nicht zu alt sei, die Hosen runtergezogen und den Hintern versohlt zu bekommen. »Du hättest ersticken können«, sagte er.

Grace, auch mit zwölf schon kaltlächelnd weiblich, entgegnete: »Was findest du eigentlich schlimmer, Daddy? Daß ich hätte ersticken können oder daß ich den ganzen Tag mit Gordon Haddow rumgeknutscht habe?«

Dad kam ins Stottern. Vor ihm stieg wohl das Bild des tumben, grobschlächtigen Jungen auf. »Wenn du noch ein Wort ...«, begann er.

»Als wärst *du* so wählerisch, Daddy.«

Dads Ohren flammten, und ich rechnete jeden Augenblick mit austretendem Dampf.

Mom rief: »Und was soll das bitteschön heißen?«

»Doch nicht du, Mom; ich meine doch nicht dich. Ich meine diese Kuh mit den Riesentitten und den Glotzaugen. Wie nennst du die gleich noch? *Empfangsdame?*«

»Sie ist sehr tüchtig«, sagte Mom.

Dads rechte Hand war erhoben, als hätte er nach seinem Glas Milch greifen wollen und wäre mittendrin zu Stein geworden.

Grace sah unsere Mutter groß an. »Ja, weißt du es denn nicht?« fragte sie.

Eine halbe Minute lang rührte sich keiner, sprach niemand ein Wort. Die Hand meines Vaters hing noch immer in der Luft, auf seinem Gesicht war ein dämliches Grinsen stehengeblieben. Da explodierte meine Mutter, riß halb leergegessene Teller vom Tisch, knallte sie ins Spülbecken, ohne abzukratzen, ließ Wasser ein und spritzte Unmengen Spülmittel in die schmierige Brühe, auf der Erbsen und Kartoffelbreibatzen schwammen. »Natürlich weiß ich es«, sagte sie schließlich, und die Hand meines Vaters krachte auf den Tisch.

Mit sechzehn gehorchte Grace meinem Vater das letzte Mal. Sie war schwanger, und meine Eltern bestanden auf zeremoniell gewahrtem Schein. Mir war mein Schwager – dieser untersetzte, vernarbte Junge, der sich nie den Schlaf aus den Augen wischte – zuwider. Mit dreizehn kannte ich kein Erbarmen. Heute weiß ich, daß diese flüchtige Verbindung auch Gutes hervorgebracht hat, eine Tochter, die mir neuen Glauben schenkt, weil Grace und ich auf der Welt nicht ganz allein sind. Nein, irgendwo gibt es dieses Mädchen, das Kind ihrer Kinderjahre. Wir kennen nicht einmal ihren Namen, so grausam sind die Adoptionsvorschriften, aber erkennen würde ich sie überall. Ihre Knie, nicht die Wangen, haben genau wie die von Grace Grübchen, sie hat feines, fliegendes Haar, das zum Ende des Sommers hin vor Glanzlichtern glüht. Sie steht nie gerade, und ihre Mutter, nicht die wirkliche, muß sie ständig ermahnen, keinen Buckel zu machen und die Hände nicht immer in die Hüften zu stemmen, bis Klein-Grace (so nenne ich sie) ganz entnervt seufzt und mit einem *also ehrlich* aus dem Zimmer stapft, Hände tief in die Taschen vergraben, Rücken trotzig rund.

Meine Freunde nehmen an, daß ich meiner Schwester den ganzen Ärger übelnehme, den ich seit Jahren mit ihr habe. Selbst meine älteste Freundin Claudia Reinhart, die immer meint, sie wüßte, was für mich gut ist, findet, daß ich umziehen und mir eine Geheimnummer besorgen sollte, damit Gracie mich nicht mitten in der Nacht anrufen kann und ich sie dann auf dem Polizeirevier in Tewksbury oder an einem öffentlichen Fernsprecher abholen darf, der ihren Angaben nach ungefähr zehn Meilen südlich von Haverhill liegt.

Claudia sagt, sie wolle mir bloß den Streß und die Kosten dieser mitternächtlichen Rettungsaktionen und Kautionsgeldtransporte ersparen. Wahrscheinlich meint sie es tatsächlich gut, allerdings schiebt Claudia auch seit dreizehn Jahren einen Haß. Der Streit geht auf eine abfällige Bemerkung von Grace zurück, die Claudia mal als ›pummelige Zwergnummer‹ bezeichnet hat.

Claudia modelt ständig an sich herum, färbt sich die Haare, wachst ihre Beine, zupft sich die Augenbrauen, rubbelt ihre Wangen mit einem Bimsstein ab, ißt die eine Woche nichts als Grapefruit und in der nächsten nur Thunfisch.

Außerdem verliebt sich Claudia immer gerade ›zum allererstenmal‹. Sie beteuert: »Nein wirklich, jetzt weiß ich überhaupt erst, was Liebe ist.« Und verschwindet aus meinem Leben, um zwei Wochen später wieder aufzutauchen, schokoladensüchtig und hoch und heilig schwörend, daß sie nie, nie wieder einem Mann vertrauen wird, solange sie lebt.

Sie behauptet, daß Gracie mir meine ›einzige Hoffnung auf das Glück zu zweit‹ versaut hat. Richard Egerton und ich waren nach unserem letzten Collegejahr an der Northeastern endlich zusammengezogen. Drei Jahre waren seit Graces Messerstecherei in der Kampfzone vergangen, und ich hatte meine Schwester vierzehn Monate nicht gesehen. Ein paar Freunde von ihr meinten, sie wäre nach San Francisco abgeschwirrt. Mir wurde ganz schwindelig und leicht ums Herz bei soviel Abstand.

Richard und ich hatten zwei Jahre heftiges Petting durchgestanden, ohne schwach zu werden. Richard hatte vorsintflutliche Vorstellungen vom Sex, der einem alle Kraft rauben und Gehirnzellen abtöten sollte. Wenn es brenzlig wurde, wälzte er sich auf den Bauch und trommelte mit den Fäusten aufs Laken.

Ich war großzügig. Ich ließ ihm seinen mageren, blassen, unverdorbenen Leib. Ich sah gelassen zu, während er über Geschichtsseminararbeiten schwitzte statt über mir. Ich sah eine große Zukunft für ihn voraus und demnach ein, daß er sich seine kostbare Kraft während der Examenszeit erhalten mußte. Aber am Tag der Abschlußfeier, kaum hatte Richard seinen Studienplatz an der Suffolk Law School in der Tasche, stellte ich ein Ultimatum, und wir zogen in ein winziges Zweizimmerapartment in Cambridge, wo ich die Erfahrung machen mußte, daß Entbehrung der Erfüllung manchmal vorzuziehen ist.

Ich hatte ein Psychologiediplom erworben, arbeitete aber in einer Anwaltskanzlei in der Stadt und tat so, als strebte ich ebenfalls ein Jurastudium an. Ich brauchte eine Rechtfertigung für die entbehrungsreichen Jahre mit Richard, ich wollte, daß wir zusammenpaßten. Bigelow & Dropkin waren auf ärztliche Kunstfehler spezialisiert. Meine Aufgabe bestand darin, Prozeßakten nach Fällen durchzuforsten, die denen ähnelten, mit denen die Kanzlei befaßt war; ich suchte die vielversprechendsten heraus und ordnete sie nach zunehmender Präzedenzfalltauglichkeit. Das ersparte Bigelow & Dropkin aufwendige Bemühungen um wankelmütige Geschworene; auf der Grundlage meiner Recherchen konnten sie die Hauptarbeit bei Lunch-Terminen und Martinis erledigen, wo sie meine Unterlagen zu den Deals mit den Anwälten der Gegenseite heranzogen. Ich machte meine Sache deshalb gut, weil mir das alles vollkommen egal war.

Der Sommer neigte sich dem Ende zu, als Grace uns von Westen her vor die Tür geweht wurde, im Glanz von Sonne und Strand erstrahlend, braungebrannt, mit leuchtend hennarotem Haar, schlank und gestriegelt; keine Spur der späteren Hühnerbrust und spitzen Knochen.

Ich kam mir daneben dick und käsig vor, mein Haar farblos wie abgestandenes Wasser, meine Schenkel lose und wabbelig. Die dunkelhäutige Grace aber glich einer Göttin, und der himmelweite Unterschied entging Richard keineswegs.

Nun könnte ich leicht behaupten, Grace habe ihn verführt, ihn vom Weg abgebracht, ihn mit ihrem schönen Schein geblendet, aber das wäre gelogen. Ich habe ja mit eigenen Augen gesehen, wie er ihr hündisch auf den Fersen durchs Apartment folgte. Ich habe ja mit eigenen Augen gesehen, wie er die Hand ausstreckte und ihr Haar mit den Fingern so zart berührte, daß sie davon nichts merkte.

Ich mußte sie auch gar nicht zusammen erwischen, zu solch abgeschmackten Szenen kam es nicht. Ich brauchte eines Abends lediglich in ein verwüstetes Apartment heimzukehren, in dem Richard tränenüberströmt, die Hände vors Gesicht geschlagen, mitten auf dem Fußboden saß. Sie hatte fünfundachtzig Dollar, zwei Pfund Zucker und Richards brillantbesetzten Manschettenknöpfe mitgehen lassen, ein Geschenk seiner *Mutter* zum Collegeabschluß. Der Vandalismus war eine Dreingabe.

Mein Versprechen, Richard ein neues, genau gleiches Paar Manschettenknöpfe zu kaufen, machte alles nur noch schlimmer: Es wäre nicht das Paar von seiner Mutter! heulte er auf.

Claudia führt das gern als Beispiel für Graces wiederholte Versuche an, mein Leben zu zerstören. Dabei habe ich natürlich in der Version der Geschichte, die ich meiner Freundin erzählte, das eine oder andere weggelassen. Sie glaubt, Gracie hätte die Knöpfe einzig und allein deshalb geklaut, weil sie das Wertvollste in der Wohnung waren, weil sie einen Hunderter bringen würden, der für ein Gramm Koks reichte. Nur ich weiß, daß Gracie eine schwesterliche Ehrenstrafe austeilte, mit der sie Richards Untreue mir gegenüber rächte. Nur ich weiß, daß Gracie mir auf diese Weise den Frust vergeudeter Jahre mit dem Falschen ersparen wollte.

Nein, Claudia erklärte ich einfach: »Sie ist meine Schwester«, als wäre damit alles gesagt.

Meist kommt Gracie zu mir, wenn ihr danach ist, aber einmal habe ich sie in einem altweiberheißen Oktober in einem Schuppen hinter der Washington Street aufgespürt, der – etwas kryptisch – »The End« hieß. Auf dem Schild blinkte das Neon: Girls Girls Girls. Normalerweise hätte ich's gelassen, als ich hörte, was Grace trieb, aber Mom hatte gerade ihren ersten Schlaganfall gehabt, und ich hielt es für meine Pflicht, meine Schwester zu benachrichtigen.

Um fünf lief ich dort auf; der Laden war leer und doch schon abgestanden vor Rauch und im fensterlosen Schummerlicht trostlos. Ich setzte mich an die Bar, und der Keeper sagte: »Kannst du dich ausweisen, Kleine?« Ich war neunzehn.

»Ich suche meine Schwester«, sagte ich.

»Das ganze Leben ist Suche.«

Ich zog ein Foto von Grace hervor, auf dem ihr frisch dauergewelltes Haar noch betonte, wie ungewöhnlich lang ihr dünner Hals war. Der Barkeeper musterte das Bild. Er war massig, sein Kopf saß tief zwischen bulligen Schultern, das Haar war kurzgeschoren und kantig. Mich erinnerte er an einen übertrainierten Marine. »Kaum«, sagte er und lachte.

»Das Foto ist schon älter«, sagte ich, »vielleicht sehen Sie noch mal genauer hin.«

Er schüttelte den Kopf. »Die Schnepfe ist doch längst irgendwo in Ohio als alte Jungfer vertrocknet.«

»Sie soll aber hier sein.«

»Glaub mir.«

Ich fragte ihn, wann die Show anfange, und bedankte mich. »Bring gefälligst einen Ausweis mit!« rief er mir hinterher, als ich durch die Schwingtür rauschte.

Am Abend ließ ich mehrere Nummern über mich ergehen. Zuerst Golden Glory, eine Wasserstoffblonde in gelben Federn und straßbesetztem Tanga. Sie machte in ihrem schwebenden, wippenden Gefieder eine Reihe scharfer Kehrtwendungen auf dem Catwalk. Sie sank auf die Knie, dann den Rücken, lag da und zuckte, während die Federn flatterten wie die Flügel eines verwundeten, durch seine unnatürliche Größe grotesken Kanarienvogels. Der Höhepunkt bestand darin, daß sie den G-String über den Kopf nach hinten abwarf und ein blondiertes krizzeliges Dreieck darbot. Offenbar veranlaßt irgend etwas an unvermutet hellem Haar ausgerechnet an der Stelle Männer zu Gejohle und Dschungelgeräuschen. Und doch überraschte mich, wie gelangweilt sie dabei wirkten. Ihr Lärmen blieb reine Pflichtübung, und es interessierte eigentlich niemand, als die gelbe Nummer abtrat.

Als nächstes schälte sich eine üppige, als Cowgirl verkleidete Rothaarige aus einem gerüschten Rock und ließ ihr Korsett aufpoppen. Schließlich stöckelte sie in Strumpfbändern, Stiefeln und Sporen herum. Der Strip ging hau ruck, von Tease keine Rede.

Der Auftritt des darauffolgenden Mädchens – Domina – entlockte den Kerlen ein paar halbherzig langgezogene Pfiffe. Domina paradierte. Drehte sich zackig auf hohen Stilettos. Blitzte uns böse an. Unter dem dichten schwarzen Perückenpony waren die Augen mit schwarzem Eyeliner katzenartig verlängert. Sie trug ein Nietenhalsband, einen schwarzen Leder-BH mit Straßnippeln, dazu Ledershorts und lange Handschuhe, die bis über die Ellbogen reichten. Sie ließ ihre Peitsche knallen, und ein Mann in der ersten Reihe tat so, als wolle er sich auf den Catwalk legen und sich einen ihrer Stilettos auf den Kopf setzen lassen. Sie verzog hämisch den Mund und hätte ihm, so kam es mir vor, nur zu gern den Gefallen getan.

Einen ganzen Song lang tigerte sie auf und ab, ohne eine Faser Kleidung abzulegen, doch kaum knisterte der zweite Titel in den Lautsprechern, fingen die Männer an, mit der flachen Hand auf dem Tresen den Takt zu schlagen, und skandierten. Als erstes wurden langsam die Handschuhe abgepellt, als letztes fiel ein seidiger, silbriger G-String. Als das Mädchen zu den ersterbenden Klängen der Musik hinter den Vorhang huschte, war die forsche Domina verschwunden, und übrig blieb bloß eine blankärschige Grace. Selbst die Männer schienen den Schwindel zu ahnen: in den langen, stillen Sekunden vorm nächsten dumpfen Trommelwirbel saßen sie reglos da, plötzlich verstummt, und nippten brav wie die Chorknaben an ihren Drinks.

Ich war schnell genug hinter der Bühne, um einen Mann halblaut zischen zu hören: »Soll gefälligst ein bißchen mehr Begeisterung aufbringen.«

Als ich die Tür zur Garderobe aufschob, teilten sich Gracie und Golden Glory gerade einen Joint. »Hey, was soll das?« motzte die Blondine.

Gracie zerrte sich die schwarze Perücke vom Kopf und fuhr sich mit den Fingern durchs zerdrückte Haar. Sie trug es kurz mit blondierten Spitzen. Sie hatte sich einen roten Kimono übergeworfen, er hing offen, und ich konnte ihre nackten Brüste und ihren weißen Bauch sehen. »Scheiße«, sagte sie. »Was willst du denn hier?«

»Du kennst dieses Wickelkind?« fragte die gelbe Frau erstaunt.

»Meine Schwester.«

»Schwesterchen sucht wohl Arbeit, wie?« Die Blondine verschluckte sich am zu tief inhalierten Rauch ihres Joints.

»Verschwinde«, sagte Gracie und fixierte mich böse, aber ich rührte mich nicht von der Stelle. Ich kam in einer besonderen Mission, ich konnte es mir leisten, mich zu widersetzen. »Hörst du nicht?« sagte sie. »Los, beweg dich.« Meine Füße waren am Boden festgenagelt, in Beton gegossen, zogen mich schon aufs Flußbett hinab.

»Na? Was hat die große Schwester gesagt?« meinte Blondie. »Oder sollen wir jemand mit mehr *Überzeugungskraft* holen?«

»Ich rede von dir, Marlene«, sagte Grace der Wasserstoffprinzessin jetzt direkt ins Gesicht. »Laß uns allein.«

Verächtlich schnaubend löste die Blonde die übereinandergeschlagenen Beine. »Wie du willst«, meinte sie, »aber der Joint gehört mir.« Sie zupfte Gracie das Ding aus dem Mund. »Wir sehen uns bestimmt auf der Piste wieder, Schätzchen«, sagte sie zu mir und rempelte mich im Vorbeigehen an.

»Ziege«, murmelte Grace.

»Mom ist krank«, sagte ich. Ich fand, auf Small talk könnten wir verzichten.

»Und was gibt's sonst Neues?«

»Nein, nicht so; diesmal richtig. Du solltest lieber kommen.« Ich erzählte ihr von dem Schlaganfall. Wenn sie erschrocken war, ließ sie nichts dergleichen verlauten, und nach Einzelheiten fragte sie auch nicht groß. Aber als ich ausgeredet hatte, brannte eine Zigarette im Aschenbecher, eine glimmte am Rand vom Schminktisch, und die dritte hatte sie im Mund.

»Ich muß noch mal raus«, sagte sie schließlich.

»Wieder Peitschen?«

»Nein, eine Kleinmädchennummer, mit Zöpfen und allem Drum und Dran. Märchenstunde. Ein Neppladen ist das; aus eins mach zwei: Girls, Girls, Girls.«

»Morgen?« fragte ich.

»Geht klar«, sagte sie. »Morgen.«

Aber Gracie schaffte es nicht mehr ins Krankenhaus, weil das der Abend war, an dem sie einem Mann die Hand mit einem Schälmesser durchbohrte und ins Frauengefängnis nach Framingham kam.

Unser Vater weigerte sich, die Kaution zu stellen, also mußte ich sämtliche Freunde abklappern und Kleckerbeträge zusammenbetteln, und dabei kam dann das Gerücht auf, Gracie hätte einen Mann umgebracht.

Sechs Tage habe ich gebraucht, um das Geld zusammenzukratzen; es stand schlecht für Gracie – sie hatte dem Mann eine Sehne durchtrennt, zwei Finger waren seitdem ohne Gefühl. Er tischte eine Geschichte auf, der zufolge sie ihm das Messer erst an den Hals gesetzt und gedroht hätte, ihm die Kehle aufzuschlitzen, bevor sie es ihm eiskalt in die Hand jagte.

Grace bestritt diese Darstellung: klarer Fall von Affekthandlung. Normal durften die Macker den Tänzerinnen für sechs Dollar einen Drink spendieren, aber dieser Kerl, Mickey Moss, fünfundvierzig, verheiratet, Vater von vier Kindern, entwickelte plötzlich, als er Grace ihren dritten Gin & Tonic ausgab, die fixe Idee, daß ihm für achtzehn Dollar eigentlich mehr zustehen müßte als bloß Gequatsche, besonders, wo sich Gracies Beitrag zum Gespräch weitgehend auf ja und nein beschränkte, und zwar deutlich mehr *nein*. Sie hatte seine Hand schon von ihrem Knie weggeschlagen, und auch von ihrem Hintern, hatte ihm rundheraus gesagt, daß sie sich mit Kunden nicht einlasse, aber er wollte ihr nicht glauben. Und als er dann eine ihrer Brüste packte und nicht mehr loslassen wollte, schnappte sie sich das Messer, das Al, der Barkeeper, nach dem Aufschneiden einer frischen Limone für ihren Gin & Tonic hatte liegenlassen. Sie stieß es Moss in die linke Hand, woraufhin er mit der rechten so zudrückte, daß seine fünf Finger sich hinterher als Blutergüsse deutlich auf ihrer Brust abzeichneten. Die Abdrücke wurden in ihrer ganzen schreienden Pracht fotografiert und dem Gericht vorgelegt.

Umsonst, die Geschworenen hielten nicht viel von der Tugend einer Tänzerin, die sich Domina nannte, ein Nietenhalsband und einen Leder-BH trug. Der Verteidiger gab sich alle Mühe, den zehn weiblichen Geschworenen die Empörung seiner Mandantin nahezubringen, sie an eigene Erfahrungen – Busengrapscher im Büro, Getatsche auf Partys – zu erinnern. Aber die Frauen verübelten ihm den Vergleich; mit einer billigen Stripperin aus der Kampfzone hatten doch sie nichts gemein. Und so lag es letzten Endes auch an der Verteidigung, daß die Stimmung zu Graces Ungunsten umschlug. Bei den zwei Männern, die den ganzen Prozeß hindurch mit verschränkten Armen dasaßen, Hände unter die Achseln geklemmt, hatte sie von vornherein keine Chance gehabt.

Gracie bekam zwei Jahre, ein halbes saß sie ab. Als ich sie das erste Mal im Gefängnis besuchte, sagte sie: »Ein Glück, daß Mom vorher ihren Schlag gekriegt hat. Sonst würde sie womöglich noch mir die Schuld geben.« Ich nickte und verriet ihr nicht, daß Mom ihr auch so die Schuld gab: sie lastete Grace den jahrelangen Kummer mit der mißratenen Tochter an.

Ich war die einzige aus der Familie, die Grace in Framingham besuchte. Ich versuchte die anderen zu entschuldigen, aber Grace hielt sich die Ohren zu. Wir saßen in einem kahlen Raum. Fünf Schritte entfernt stand ein Aufseher, hörte alles, reagierte auf nichts. Grace wollte über ihre Liebhaber reden. Solange sie an Sex denke, sagte sie, komme sie sich noch normal vor; außerdem wisse sie, welcher Notstand bei mir herrschte. Wenn sie also nicht ein bißchen nachhelfe, wie sollte ich dann jemals Ahnung kriegen? Ich sagte ihr, so schlimm, wie sie sich das vorstelle, sei es mit dem Notstand auch wieder nicht; zum Glück hakte sie nicht nach.

Sie selbst brauche immer ein bißchen Abwechslung, meinte sie, und ziehe Männer vor, die nur wenig Englisch könnten. »Es erleichtert die Sache kolossal, wenn du dich gar nicht erst groß unterhalten mußt.« Sie hatte zwei Araber gehabt, einen achtzigjährigen chinesischen Opa, einen kolumbianischen Dealer und drei amerikanische Ureinwohner. »Was die Indianer angeht«, meinte sie, »bin ich sehr für Wiedergutmachung. Die haben wir nämlich ganz schön gelinkt.«

Aber ihr letzter Typ, mit dem noch nicht mal richtig Schluß gewesen war, als die dumme Sache in der Kampfzone passierte, war ein Dreizentnermann namens Harry gewesen. »Unglaublich«, meinte Grace. »Von dem paßt mir kaum ein *Finger* in den Mund, so *fett* ist der.«

»Hast du da nicht Angst, daß er dich erdrückt? War die Sache mit Fatty Arbuckle und dem toten Mädchen nicht auch so eine Geschichte?«

»Gerade das ist ja das Tolle. Er hat so eine Höllenangst, mir was zu tun, daß er mich immer oben liegen läßt. Das ist so, als würdest du einen Walfisch lieben, dieser ganze Speck, und du hüpfst da oben drauf rum; solche Fleischmassen hast du dein Lebtag nicht gesehen. Wenn er mich hören könnte, würde er sich totschämen: aber ungelogen, ich vergesse, daß er überhaupt da ist – weil es nicht wie mit einem Menschen ist. Es ist, als würdest du eine Riesenqualle ficken. Ich stell mir immer vor, daß er mich zum Schluß verschluckt, daß sich in dem Wanst plötzlich ein Riesenmaul auftut, ein Haps, und ich bin weg.«

»Klingt phantastisch«, sagte ich. Sie dachte, ich meine es ernst.

»Es gibt nur ein Problem.«

»Kann ich mir gar nicht vorstellen.«

»Er riecht.«

»Das tun wir alle.«

»Aber nicht so. Er kriegt sich ja nie richtig sauber, verstehst du. Bei den Fettbergen. Schwitzt wie eine Sau. Da müßte er den ganzen Tag Speckrollen stemmen, wenn er überall ranwollte. Also läßt er es bleiben – kurz unter die Dusche, und fertig. Einmal wollte ich mit rein, um ihn gründlich abzuseifen, aber es war einfach kein Platz.«

»Niemand ist vollkommen«, sagte ich.

»Und hast du schon mal mit einem Zwerg geschlafen?«

»Bitte nicht.« Es war mir ernst. Ich wollte es nicht hören.

»Ich auch nicht«, sagte sie. »Aber einmal mit einem, der nur ein Bein hatte.«

»Zeit ist um«, sagte der Aufseher.

»Sofort.«

»Zeit ist um.« Er ließ nicht mit sich handeln. Er war klein und wabbelig; am dicken Finger ein Goldreif, der ins Fleisch schnitt. Ich fragte mich, ob er wohl roch. Ich fragte mich, ob seine Frau wohl vergaß, daß er ein Mensch war, wenn sie sich liebten.

Als unser Vater starb, war Grace seit drei Jahren wieder frei, seit acht schon verstoßen, und doch kannte sie unsere Eltern immer noch durch und durch. Sie sagte: »Mom gebe ich ein Jahr, maximal, wenn sie sich für den alten Arsch nicht mehr abhetzen kann. Sie hat doch dafür gelebt, seine Sklavin zu sein.« Graces Schätzung erwies sich als optimistisch. Unsere Mutter brauchte nur vier Monate, um loszulassen und uns zu entgleiten. Nach einem zweiten Schlag taumelte sie endgültig von uns fort.

Sie wandelte an einem hohen und lichten Ort ohne Worte, in

einer Welt, die ich mir, wenn ich neben ihr saß und die ersten Schneegestöber des Jahres am Fenster vorbeiwirbeln sah, nur vorstellen konnte. Unter ihren Lidern flackerten Träume und geheime Visionen. Manchmal, wenn ich den Raum betrat, waren ihre Augen weit aufgerissen, tiefblau vor Furcht oder Staunen. Dann nahm ich ihre gute Hand, strich sie von innen aus, bog die gekrümmten Klauenfinger gerade. Ich redete in einem fort, aber ihr Gesichtsausdruck änderte sich nie; weder an ihrer Freude konnte ich teilhaben noch ihre Angst mindern.

Drei Tage und zweiundsechzig Telefonate waren erforderlich, um Grace aufzuspüren. Als sie endlich ins Krankenhaus gewankt kam, wünschte ich, ich wäre weniger hartnäckig gewesen. Haut und Knochen und keine Knete, auf Speed, weil ihr für Koks das Geld fehlte. Fünfundvierzig Kilo bei einer Körpergröße von eins siebzig. Sie rauchte Kette, auf Fragen antwortete sie nicht. Sie pöbelte die Schwestern an und sagte dem Arzt, als er meinte, sie dürfe nur im Aufenthaltsraum rauchen, ihretwegen solle er doch Scheiße fressen.

Die Ringe unter ihren Augen waren so schwarz, daß ich dachte, es hätte ihr jemand Veilchen verpaßt. Das linke Auge zuckte nervös, auf dem gefliesten Boden trommelten ihre Absätze einen gehetzten Takt, sie ließ die Fingerknöchel krachen, kaute Kaugummi und rauchte unbeeindruckt weiter.

Im Kopf hörte ich die Stimme meiner Mutter unablässig wiederholen, was sie mir kaum eine Woche vor ihrem Schlag gesagt hatte: *Kümmere dich um Gracie, wenn ich nicht mehr bin. Du bist die einzige, auf die sie je gehört hat.* Aber das war gelogen. Ich wüßte nicht, auf wen Gracie je gehört hätte. Trotzdem, es war der letzte Wunsch meiner Mutter. Ich hätte in ihren Worten gern einen tieferen Sinn gesehen, schließlich hatte sie sie so feierlich gesprochen, als sähe sie ihre Zukunft unmittelbar vor sich, die Zukunft dieses weißen Zimmers, wo der eine Schlauch ihr Flüssigkeiten zuführte und der andere sie absog.

Ehe sie starb, würde es weitere Schläuche geben, erst in den Nasenlöchern, dann im Hals und zuletzt einen im Brustkorb, um den zähflüssigen eitrigen Schleim abzusaugen, in dem sie zu ersaufen drohte. Aber das müßte Gracie nicht mehr mit ansehen, weil sie bis dahin längst wieder verschwunden wäre.

Zwei Tage vor Thanksgiving statteten die Verwandten väterlicherseits ihren letzten Pflichtbesuch ab. Granny bestand darauf, bis unmittelbar vor die Bettkante geschoben zu werden, wo sie Moms geballte Faust stupsen und ihr in den offenen Mund stieren konnte. Ich mußte an eine frühere Situation denken, als ich miterlebte, wie Gran meine Mutter mit dem Rollstuhl in eine Ecke der Küche getrieben hatte. Kreischend hatte die alte Frau meiner Mutter vor die Füße gespuckt, ihr die Schuld am verpfuschten Leben ihres Sohnes gegeben. »In meinem Haus hat er keinen Tropfen angerührt!« keifte Gran und rückte meiner Mutter mit dem Rollstuhl auf den Leib, bis ihr die Fußstütze gegen die Schienbeine stieß. »Ich hätte es schlicht nicht geduldet.«

Gran gab meiner Mutter auch die alleinige Schuld daran, schwanger geworden zu sein, bevor Dad seinen Collegeabschluß hatte. »Zahnarzt hätte er werden können!« behauptete Gran, obwohl Dad an einem solchen Werdegang weder besonderes Interesse gezeigt hatte noch die Begabung dazu. »Statt dessen verhökert er Lebensversicherungen, ein Vorbote des Todes, bereichert sich an anderer Leute Ängste und verhöhnt ihr Unglück.«

Tante Dee brachte Tulpen ins Krankenhaus mit. Sie stachen aus der Glasvase, die Kelche grell und zornig, so rot, daß sie die Luft in Unruhe zu versetzen schienen. Doch selbst der Angriff der fiebernden Tulpen konnte meine Mutter nicht aufrütteln. Dee beugte sich übers Bett und brüllte: »Du siehst großartig aus, meine Liebe, geradezu blühend. Nächste Woche um diese Zeit gehen wir schon wieder tanzen.«

»Ha! Auf ihrem Grab«, murmelte Onkel Eddie. Gran schlug ihm gegen das Bein, und Mutter, die die halblaute Wahrheit deutlicher vernahm als alle verlogenen Komplimente, die ihr Dee ins Gesicht schrie, blinzelte.

An Thanksgiving sagte Mom: *Gracie hat doch nur dich.* Ich schreckte hoch, steif, weil ich im Sessel eingeschlafen war, und mit einem widerlichen Geschmack im Mund von den matschigen Kartoffeln mit Soße, die ich in der Krankenhauskantine gegessen hatte. Meine Mutter hatte das Zimmer verlassen. Nur ihr Körper war noch da, der mürbe Sack Haut und Knochen in den Schlingen seiner Schläuche und Beutel. Sie war endlich frei, sie hatte nur kurz noch mal innegehalten, um mir diese letzten Worte ins Ohr zu flüstern. Es stimmte. Meine Mutter war Einzelkind gewesen, ihre Eltern lebten nicht mehr. Und die Familie meines Vaters würde es kaum erwarten können, die Verbindung zu mir und Grace, den Waisentöchtern, zu vergessen.

Ich konnte meine Schwester nicht finden. Von Moms Tod erfuhr sie erst sieben Monate später.

Vielleicht hätte ich meine Mutter aufrichtiger betrauert, wenn sie ihre Angelegenheiten weniger ungeordnet zurückgelassen hätte. Alles gehörte jetzt mir: das Haus, das Auto, der Modeschmuck. Als ich mich jedoch durch die vergilbten Unterlagen der Leben meiner Eltern wühlte, entdeckte ich, daß sie mir darüber hinaus eine verblüffende Ansammlung verheimlichter Schulden vermacht hatten. Da gab es die zweite Hypothek aufs Haus, und, weil die Krankenversicherung meines Vaters gekündigt worden war, unbezahlte Krankenhausrechnungen. Außerdem gab es einen trotzigen Stoß Rechnungen von einem Autounfall nach Verlust der Autoversicherung. Ich fand auch hierzu die entsprechende Mitteilung: Vertragsannullierung aufgrund von sieben Versicherungsfällen und fünf Geschwindigkeitsübertretungen innerhalb eines einzigen Jahres. Fremde hatte er versichert, aber die eigenen Policen nicht halten können. Er hatte sich sechs Jahre vor seinem Tod seine Lebensversicherung auszahlen lassen; Mom wiederum hatte ihre Prämie kassieren müssen, um ihn zu beerdigen. Ich nahm eine Woche frei, dann unbefristeten Urlaub, und wußte, ich würde nie zu Bigelow & Dropkin zurückkehren, zu der sinnlosen Arbeit, die ich jetzt irgendwie unwürdig fand. Meinen Tribut für die jämmerliche Beziehung zu Richard hatte ich gezahlt, und ich konnte mir jetzt endlich eingestehen, daß ich nicht die geringste Absicht hatte, noch Jura zu studieren.

Ein halbes Jahr brauchte ich, um Moms Angelegenheiten zu regeln und das Haus zu verkaufen; als die Schulden bezahlt waren, blieben mir knapp zweitausend Dollar, ein zerknautschter, rostzerfressener Toyota und eine Straßbrosche. Andere würden ein solch lumpiges Erbe vielleicht übelgenommen haben, aber als an einem Junimorgen die letzte Rechnung bezahlt und der Hausverkauf durch die letzte Unterschrift besiegelt war, fühlte ich mich schwerelos, wie eine Tüte Luft, und zunächst hielt ich diese Leichtigkeit für die Freude über die neugewonnene Freiheit.

Mit zweitausend Dollar auf der Bank und der im Koffer sicher in eine Socke gestopften Brosche stieg ich in meinen blauen, verbeulten Toyota und fuhr nach Maine, wo ich eine Woche in einer Hütte an der Küste verbrachte und das Gewicht wiederkehrte. Als würde ich eine Leiche hinter mir herschleifen, so blähte sich die Last. Tag für Tag wurde sie schwerer und stinkender. In endlosen, dunklen Nächten zog sie mich an den Beinen in die Tiefe, während über mir die Sterne der Milchstraße schäumten. Ich erfand Namen für die Bilder, die ich sah: Es gab den Keiler, das geköpfte Pferd, die zwei Schwestern.

Dankbar kehrte ich in den vertrauten Smog von Boston zurück, zum seltsam leeren Nachthimmel, wo nur die hellsten Sterne überlebten und nicht zu schwindligen Gestalten verrutschten. Claudia war bereit, mich aufzunehmen, bis ich ›wieder klar sah‹, aber sie verliebte sich. Die Wände ihres engen Einzimmerapartments in der Beacon Street schienen sich vor so viel Körperfülle regelrecht zu biegen, dem aufblühenden Körper von Claudias Verliebtheit und den stinkenden Kadavern meiner Wachträume. Sie gab mir eine Woche.

Während der schlimmsten Hitzewelle dieses Bostoner Sommers sah ich mich also gezwungen, auf Job- und Wohnungssuche zu gehen. Die feuchtschwüle Juliluft ließ die Vorstellung einer richtigen Stelle, einer, die Strumpfhosen und ein zurechtgemachtes Gesicht erforderte, unerträglich erscheinen. Wenn die Tage erst kurz und kühl wären, würde ich auch wieder klar denken können, dann würde ich eine Stelle in meinem erlernten Beruf finden und aufhören, meine Ausbildung zu vergeuden. Aber jetzt brauchte ich einfach erst einmal Geld, regelmäßig rollende Rubel.

Mit der Spätschicht in einem Fischrestaurant im historischen Bostoner Hafen, einem Touristenlokal mit Fischernetzen an den Wänden und schaukelnden Hummerkörben an der Decke, hatte ich es gut getroffen. Ich bezog als Untermieterin ein stickiges, kakerlakenverseuchtes Einzimmerapartment in der Park Drive, offenbar in der Annahme, daß ich, wenn Arbeit und Wohnung eine Strafe wären, um so mehr Grund hätte, mir im September einen anständigen Job zu suchen.

Ich hätte ahnen müssen, daß ich ideale Voraussetzungen für Graces Wiederauftauchen schuf.

Eines Sonntag nachts, als ich um zwei Uhr von der Arbeit kam, kauerte sie in meinem Hauseingang. Ich entdeckte sie, kaum daß ich auf den Fußweg getreten war, und hegte nicht den geringsten Zweifel. Auf den Gedanken, ein Penner könnte in unserem Eingang sein Lager aufgeschlagen haben, kam ich gar nicht, obwohl sich Obdachlose tatsächlich manchmal vom Fenway hierher verirrten und übernachteten, sofern sie nicht gleich wieder vertrieben wurden. Aber jeder Irrtum war ausgeschlossen, die Haltung des Kopfes unverkennbar.

»Mann«, meinte sie, als ich sie an der Schulter rüttelte. Sie rieb sich die Augen und rappelte sich hoch. »Ich dachte schon, du kommst gar nicht mehr.«

Sie hatte zehn Pfund zugenommen, war aber immer noch mager. Sie trug das Haar kurzgeraspelt und eisblond gebleicht. Ihre Strümpfe waren zerrissen, und wo ihre Schuhe abgeblieben waren, wußte sie nicht.

Eine Woche lang gab ich mir alle Mühe, sie aufzupäppeln, setzte ihr Hamburger vor und Pommes, das einzige, worauf sie Appetit hatte. Spät nachts, wenn ich nach Fischsud und schalem Bier stinkend heimkehrte, lag Grace weggetreten auf dem Sofa, daneben auf dem Boden der fallen gelassene, halb gegessene Hamburger, aus dem der Ketchup in den Teppich sickerte.

Immer wachte sie auf und entschuldigte sich für die Schweinerei, machte aber nie Anstalten, sie zu beseitigen. Wir tranken billigen Weißwein aus bauchigen Flaschen, und Grace erzählte.

In der letzten gemeinsamen Nacht erzählte sie mir von ihrem deutschen Liebhaber, einem Schauspieler, den sie in New York kennengelernt hatte. Ein Mann, der seit zwanzig Jahren nicht in seine Heimat zurückgekehrt war, weder Mutter noch Vater schrieb und sich von seinem Bruder ganz und gar losgesagt hatte. Er hatte seine Heimatstadt Kiel eines Sommers verlassen, nachdem sein Bruder versucht hatte, ihn zu ertränken. Monatelang hatte er darum gebettelt, in dessen Kajak mitfahren zu dürfen, und schließlich hatte ihn der ältere Junge an einem gleißend weißen Nachmittag mit hinaus auf die Ostsee genommen. Sie paddelten tüchtig, schossen über die ruppige See dahin und bemerkten die Wolken, die über den westlichen Horizont quollen, zu spät. Bald schob sich eine Gewitterwand vor die Sonne, verwandelte die See in regengepeitschtes Schwarz. Sie kämpften sich mühsam durch die Wellen und hielten verbissen auf die Küste zu. Als endlich doch noch das rettende Ufer in Sicht kam, begann der ältere Junge übermütig zu lachen und zu schaukeln, warf sich immer wilder von einer Seite auf die andere, bis das Kajak vollief. Während er sich leicht befreien konnte, geriet der jüngere Bruder in Panik. Im dunklen, stillen Wasser zappelnd, wo kein Wind war und die Wellen sich weiteten, sah er die trägen Schenkel des Bruders über sich Wasser treten. Ihm wurde eine Lektion zuteil: *Jetzt gibt es nichts und niemanden mehr zu fürchten.* Gab es auch nicht, aber er kehrte nie wieder nach Hause zurück.

»Kannst du dir das vorstellen«, meinte Grace, »den eigenen Bruder absaufen zu lassen?« Ich schüttelte den Kopf, als wäre es unbegreiflich, aber auch ich habe schon das Wasser über meinem Kopf zusammenschlagen sehen, mich mit berstenden, wassergefüllten Lungen an die Oberfläche gekämpft und meine Schwester lachend am fernen Ufer erspäht.

»Er war der beste Liebhaber, den ich je hatte«, sagte Grace, »aber es ging nicht. Er machte mir angst. Der Typ glaubte an gar nichts.«

Wir tranken, bis das schale Licht vor Morgengrauen in die Ecken des Zimmers kroch. Ich hatte viel mehr intus als sonst, viel mehr als mir guttut. Gracie hielt Glas um Glas mit, aber vielleicht nur zum Schein, denn als das Zimmer vor meinen Augen verschwamm und sich drehte, sah ich ihre dunklen Augen glühen, bis sie brannten; zwei goldene Flammen. Und als die Straßenlaternen erloschen, waren Graces Augen die einzig verbleibenden Leuchtfeuer auf der Welt.

Ich träumte, daß meine Schwester meinen Kopf unter Wasser drückte. Aber Grace trieb nicht etwa über mir wie der Deutsche, sie schwamm auch nicht an Land. Nein, man fand uns beide mit dem Gesicht nach unten eng umschlungen im Schlick eines seichten Gewässers, die Köpfe zusammengesteckt, ihr Haar und meins miteinander und den wogenden Wasserpflanzen verworren.

Ich erwachte auf dem Fußboden, zerknittert von den Abdrücken der rauhen Zottel des Teppichs, mit geschwollener Zunge, trockener Kehle und pelzigen Zähnen. Grace war verschwunden. Diesmal wenigstens ordentlich. Diesmal hatte sie auf der Suche nach Barem die Bude wenigstens nicht auseinandergenommen. Sie mußte beobachtet haben, daß ich mein Trinkgeld immer in einen Umschlag zwischen Vakuumbeutel und Faltschachtel der Raisin-Bran-Packung schob. Die Einnahmen einer Woche, zweihundertundsiebenunddreißig Dollar, waren alles, was sie mitnahm.

Diesmal konnte ich mich nicht überzeugen, daß es zu meinem eigenen Besten geschah. Ich hatte Richard seit zwei Jahren nicht gesehen, aber ich fühlte mich ihm auf einmal sehr nahe, und ich begriff endlich, warum er um seine Manschettenknöpfe so bitterlich geweint hatte. Ich stellte mich zum Zähneputzen lieber ans Fenster als vor den Spiegel, die Tränen liefen mir übers Gesicht.

Ich weiß, daß es verrückt ist, aber ich hoffe, daß Grace, wenn ihre Tochter alt genug ist, ihre leibliche Mutter kennenlernen zu wollen, nicht auffindbar sein wird. Das ist ja so abwegig nicht. Ich stelle mir vor, daß die Kleine statt dessen bei mir landet – das heißt, klein wird sie natürlich nicht mehr sein, sagen wir, auf halbem Weg zur Frau, mit einem Hals, der noch zu lang ist, als daß sie gelernt haben könnte, ihn so wirkungsvoll einzusetzen, wie Grace es tut, ihn zu biegen und zu neigen, bis die Männer davon träumen, ihn mit den Händen zu umschließen – nicht zu fest natürlich – und ihre Lippen an die schwanenweiße Haut zu legen. Und dann werde ich zu einer Notlüge greifen, um unser aller willen. Ich werde sagen, daß ich mir zum Schutz vor ihrem gewalttätigen Vater einen anderen Vornamen zugelegt habe. Ich werde sagen, daß ich ihre Mutter bin. Ich werde unter Graces Namen leben und das Kind wegbringen, nach Norden, Alaska, und Grace, die die Kälte haßt, wird uns nie finden. Dann bin ich endlich frei, und nicht allein. Oft verfluchte ich unseren gemeinsamen Namen – Walker. Da kann das Kind lange suchen.

Am Silvesterabend war Grace wieder da. »Ich wollte mit meiner Schwester feiern«, sagte sie. Die Umstände ihres letzten überstürzten Aufbruchs hatte sie vergessen. Sie war einen Monat auf Entzug gewesen und zum ersten Mal seit dem Knast clean. Sie habe eine Arbeit, sagte sie, im ›Vertrieb‹, und gab dann zu, daß sie am Harvard Square Muffins verkaufte. Ich sagte ihr, ich sei bei Claudia zu einer Party eingeladen, in der Hoffnung, sie würde die Nase rümpfen. Aber sie überraschte mich: sie wollte mit. Wenn sie nicht drauf war, hatte sie selbst keine Freunde. Ich überlegte, ob ich ihr sagen sollte, Claudia würde sie nicht in die Wohnung lassen, aber dann hätte mich Grace gezwungen, mich für eine von ihnen beiden zu entscheiden.

Eine Stunde vor der Party fand meine Schwester mich so: in der Badewanne Rotz und Wasser heulend. Sie fragte nicht, warum, sie nahm mich einfach in den Arm – und das, obwohl sie dabei die rote Seidenbluse verdarb, die sie zur Party tragen wollte. Was ich ihr als großes Opfer angerechnet hätte, nur gehörte die Bluse ja mir.

Sie sagte: »Du hast hoffentlich nicht die Absicht, dich zu ertränken. Daran habe ich neulich auch schon gedacht, weißt du, mich einfach runterrutschen lassen, loslassen – ein Unglück. Aber dann ging's mir letzte Woche super; drei Wochen Entzug, und ich bin ein neuer Mensch, ich habe auch ein Leben, wie alle anderen, verstehst du. Ich also obenauf, und weil ich mir die Haare waschen will, ducke ich, während ich da auf den Knien vor der Wanne liege, den Kopf so schwungvoll runter, daß er gegen die Wanne donnert. Ich seh Sterne und denk, na großartig, jetzt passiert wirklich noch ein Unglück, und dann heißt es womöglich, es wäre Absicht gewesen und alle hätten früher oder später sowieso damit gerechnet. Und dann finden sie mich da auf der Fresse, Arsch in der Höh. Gott, habe ich gedacht, ich will nicht so mit dem blanken Arsch in der Luft sterben, daß ihn jeder sieht.«

Die Vorstellung von ihrem blanken Arsch finden wir zum Brüllen, wir schütteln uns vor Lachen, bis ich denke, es zerreißt uns, und Grace drückt mich immer fester, und da fang ich wieder an zu flennen, und sie muß mich doch noch fragen: »Was hast du denn, Baby?«

Aber wie soll ich es ihr erklären? Mom hat uns eingeschärft: Heiratet nie an einem Feiertag. Stellt euch vor, ihr seid wieder geschieden, und es vergeht kein Unabhängigkeitstag, ohne daß ihr daran erinnert werdet. Aber der siebzehnte Mai – wer verbindet schon was mit dem siebzehnten Mai? Sah es Mom da nicht ähnlich, ausgerechnet an Thanksgiving zu sterben, damit ich es auch ja nie vergesse? Na ja, sie wird sich den Tag kaum ausgesucht haben, genausowenig, wie sich eben ein Kind den Tag aussucht, an dem es geboren wird. Und wenn Grace heute keinen Grund zum Weinen sah, warum sollte ich sie daran erinnern, daß es der elfte Geburtstag ihrer Tochter war, unserer einzigen Blutsverwandten. Warum sollte ich ihr erzählen, daß ich heute morgen aufgewacht war und mir gesagt hatte: Sie wird uns nie finden. Und wenn sie nur einen Funken Verstand besitzt, wird sie uns gar nicht erst suchen.

Ich hätte guter Dinge sein müssen. Grace war clean und hatte Arbeit. Diesmal würde sie es bestimmt schaffen. Welcher Teufel hatte mir also eingeflüstert, ich müsse meine Ringe verstecken, welcher Teufel des Argwohns hatte mich geritten, daß ich extra zur Bank gefahren war und mein ganzes Bargeld eingezahlt hatte?

Claudia und ich haben unsere Neujahrsvorsätze gehalten. Es ist Frühling in Boston, und beide haben wir neue Stellen. Ich wohne jetzt in Somerville, habe ein leeres Apartment, in dem viel Platz ist, auf und ab zu tigern, und keine Kakerlakenjagd nötig, wenn ich mal mitten in der Nacht im Bad Licht mache. Die Blätter schlagen aus wie grüne Stichflammen, und die Forsythien sind so gelb, daß es weh tut.

Auf dem Heimweg schaue ich kurz bei Claudia vorbei. Diese Woche hat sie der Liebe abgeschworen. Es ist ihr freier Tag, und die erste Tüte Schokoladenkekse hat sie schon weggeputzt. Sie sagt, wenn sie sich dick fühlt, vergeht ihr die Lust. Sie hat einen Job in der Maske eines Lokalnachrichtensenders ergattert. Einer der Sportmoderatoren hat schlimme Aknenarben; sie sagt: »Den muß ich regelrecht zukleistern, ich schwör's – mindestens so.« Mit Daumen und Zeigefinger zeigt sie mir, wie dick sie bei ihm das Make-up auftragen muß. Und im ehrfürchtigen Flüsterton verrät sie, daß die Wangen der Abendnachrichtenredakteurin mit Bartflaum bedeckt sind. »Wie Koteletten – um ein Haar hätte ich ihr neulich geraten, sich zu rasieren, aber diesmal will ich die Stelle behalten. Die ist nämlich Sahne.« Sie greift nach dem nächsten Keks. »So kann es meinetwegen bleiben. Da kann ich fett sein oder schwanger, lauter Warzen haben, das interessiert überhaupt nicht. Meine Aufgabe besteht einzig und allein darin, andere gut aussehen zu lassen. Ich habe keine Lust mehr zu Jobs, wo du so auf dich achten mußt. Selbst als Kellnerin mußt du den Bauch einziehen und dir die Beine rasieren – und Kellnerin, das ist ja allerunterste Kategorie.«

Ich nicke, sehe das aber anders. Ich ›achte‹ diese Woche auf mich, gebe mir Mühe, nicht fett zu sein und lauter Warzen zu haben. Das hängt mit meiner neuen Stelle zusammen: ich assistiere einem Psychologen an der Boston University, der das Verhältnis von Aussehen und Selbstwert untersucht. Er hat Tausende von Dias – Kids mit gedrungener Neandertalstirn und fliehendem Kinn, tiefsitzenden Ohren oder gar keinen, Kids mit dem Gesicht voll schorfiger Pusteln. Dann gibt es die normalen Kids: mit schiefen Zähnen und großen Nasen, weit auseinanderliegenden Augen oder verschobenem Kiefer.

Diese Dias führe ich Collegestudenten vor, die die abgebildeten Kinder nach ihrer Attraktivität bewerten. Dann fotografiere ich die Studenten, damit erforscht werden kann, ob sich zwischen ihrem eigenen Aussehen und ihrem Urteil über andere ein Zusammenhang feststellen läßt. Anschließend schlüpfe ich in einen weißen Laborkittel und mache von jedem Probanden einen Wachsabdruck der Zähne. Der Psychologe hält nämlich Mund und Kinn für entscheidend. Mit einer Knubbelnase können sich Kids zur Not durchmogeln, mit Karnickelzähnen nicht.

Manchmal flirten Studenten mit mir. Sie sind keck und lümmeln sich mit ihren schlaksigen Beinen unbedacht aufreizend vor mir auf ihren Stühlen. Sie necken mich, wenn ich meinen Laborkittel trage, und nennen mich Doc, bis ich ihnen die weiche Wachsmasse in den Mund drücke und sage: »Zubeißen, bitte.« Das stopft ihnen natürlich den Mund, und sie erholen sich nicht mehr. Wenn ich fertig bin, schleichen sie mit hängenden Schultern davon, die Finger in die Gürtelschlaufen gehakt. Das ist bei mir das Äußerste an romantischen Verwicklungen, diese belanglosen Flirts, die ich im Keim ersticke.

Daheim starre ich manchmal eine geschlagene Stunde in den Spiegel, aber ich studiere mein Gesicht nie als Ganzes, sondern immer einzelne Partien. Meine Augen sind grau, die Wimpern farblos, nichts Besonderes, aber im richtigen Abstand und ganz symmetrisch. Ich mustere Lippen, Haut, Nase, suche nach Makeln oder Andeutungen von Schönheit. Es gibt keine. Zug um Zug wird mir klar, daß ich keinerlei Ähnlichkeit mit meiner Schwester besitze, nur manchmal, wenn ich mein Spiegelbild in einem Schaufenster sehe, gibt es eine Geste, etwas an der Kopfhaltung oder dem Schwung der Hüften, was hundertprozent Grace ist. Ich habe meine Ohren zu meinem größten Vorzug erklärt. Die Läppchen sind fleischig rosa, aber nicht übergroß. Innen sind die Windungen so vollkommen wie bei perlmuttschimmernden Muscheln, die Sand und Meerwasser zurechtgeschliffen haben.

Claudia hat eigentlich kochen wollen, aber nach ihrer Zuckerorgie schläft sie satt und groggy ein, und auf ihrem Bauch heben und senken sich mit jedem leise schnarchenden Atemzug die Hände. Ich stelle ein Fenster auf Kipp, bevor ich gehe; sie braucht Sauerstoff.

Draußen ist die Abendluft schwer vom Parfüm der Magnolien. Ich gehe langsam Richtung Charles Street, wo ich eine Bahn nach Somerville kriege. Im Public Garden bleibe ich einen Augenblick vor meiner Lieblingsstatue stehen, dem Denkmal, das der Entdeckung des Äthers geweiht ist. Der Kranke liegt schlaff und schmerzfrei in den Armen des Arztes wie Christus im Schoß seiner Mutter, mit zurückgeworfenem Kopf und leblosen Armen. Der bärtige Doktor betupft dem Patienten mit seinem kühlen, steinernen Lappen die Brust ›... das über die Atemwege zugeführte Narkosemittel Äther macht schmerzunempfindlich‹, lese ich. Das ist Bostons *Pieta*, Verewigung von Leid und Erlösung.

Ich habe doch eigentlich kein schlechtes Leben. Das denke ich wortwörtlich, als ich in Somerville, wo nie etwas passiert, die stille Straße hinabgehe. Hier will ich lange, lange bleiben. Hier gibt es keine Türsteher und keine Klingeln, keine Ketten oder zweifach verriegelte Türen. Hier bin ich sicher, denke ich, während ich die Treppe hinaufsteige. Im selben Augenblick sehe ich, daß meine Tür offensteht, das Schloß aufgebrochen ist. Was habe ich schon noch, was das Stehlen lohnt? Eine Straßbrosche, einen Schwarzweißfernseher, ein Foto meiner Mutter mit dreißig: eine lachende junge Frau voller Zuversicht.

In angstvoller Erwartung dessen, was diesmal weg ist, stupse ich die Tür mit den Fingerspitzen an. Ich kann den Eindringling in meinem Wohnzimmer riechen, als hätte er es unmittelbar vor mir betreten. Er ist noch da, ich weiß es. Ich widerstehe dem Lichtschalter. Die Dunkelheit ist ein Verbündeter, mein Vorteil: ich bin hier zu Hause. Mir schießt der verrückte Gedanke durch den Kopf, daß der Einbrecher einer der jungen Probanden sein könnte, ein Kerl, der sich für die Erniedrigung rächt, von mir Wachs zwischen die Zähne geschoben bekommen zu haben.

Ich ducke mich an der Wand entlang in die Küche, wo, wie ich weiß, noch das Bügelbrett steht und mit gezogenem Stecker das blanke Eisen sitzt, auch ein Verbündeter. Ich beobachte mich selbst, denke: Lauf, lauf, solange noch Zeit ist, lauf, bevor du in deinen eigenen vier Wänden einen Mitmenschen tötest! Aber ich will ihn töten, will ihn dafür bestrafen, sich gewaltsam Zugang verschafft zu haben.

Ich habe schon die Hände aufs Bügeleisen gelegt, als er sich bewegt, ein Schatten am Kühlschrank. Bloß ein Junge, denke ich, aber deshalb nicht weniger gefährlich. Resolut gehe ich mit erhobenem Bügeleisen auf ihn zu, im Bann einer Angst, die mich drängt zu beenden, was einmal begonnen ist.

Dann höre ich wildes Gelächter, ein Gackern, und ich erkenne meine Schwester. Sie bricht aus ihrem eigenen Schatten hervor, fällt mir um den Hals, und ich rufe: »Ich hätte dich umbringen können! Ich hätte dich verdammt noch mal umbringen können!«

Im Dunkeln drückt sie mich, sie riecht penetrant, ungewaschen, vertraut. Ich kann ihre Umarmung nicht erwidern, ein Rinnsal Schweiß, das mir im Kreuz hinabkriecht, erst müssen meine verhärteten Muskeln erschlaffen, darf ich nur noch das Gift spüren, das die Panik im Körper verbreitet. Und im stillen frage ich mich: Habe ich nicht die ganze Zeit schon geahnt, daß es sich bei dem Schatten hier in meinem Haus um Grace handelt? Und als ich zum Bügeleisen griff, hat mir da nicht vielleicht die heiße Flamme des Wiedererkennens die Hand geführt?

Grace packt mein Gesicht und küßt mich voll auf den Mund. Sie kümmert der Moment nicht, dem wir so knapp entronnen sind. Meine Wut ist ihr egal und auch die Erkenntnis, was ich hätte anrichten können.

Ich wiederhole es, diesmal nur als Murmeln: »Ich hätte dich um ein Haar umgebracht.«

»Hast du aber nicht«, entgegnet sie. »Hast du nicht.«

Deutsch von Uda Strätling

Asta Scheib

Ohne Noblesse

Das Zimmer ist verdunkelt, ich habe die Jalousien heruntergelassen, nicht ganz, nicht korrekt, wie ich überhaupt niemals etwas korrekt durchführe, und jetzt malt jedes vorbeikommende Auto Lichtbahnen an die Wand, die wieder verschwinden. Von der Laterne vor dem Haus fällt ein anderes, bleibendes Licht durch den Vorhang, den ich selber bemalt habe mit Totenköpfen, die ich als Engel ausgebe im Pflanzengeschling, das mich im mondvollen Laternenlicht ängstigt, zumal ich mich, wenn ich mich aufrichte, um an der Wand zu lauschen, selber im Spiegel sehe, und darin drohe ich mich zu verlieren.

Das, was heute nacht geschieht, kann vermutlich nur jemandem passieren, der so unberechenbar ist wie ich, unzuverlässig in seinen Gefühlen, die mich heute dieses empfinden lassen und morgen das genaue Gegenteil davon. Wahrscheinlich ist das einer der Gründe dafür, daß Frederik heute Lotta geheiratet hat und nicht mich, die er in Wahrheit will. Ich allein bin dafür verantwortlich, daß er jetzt Wand an Wand mit mir meiner Schwester das Hochzeitskleid aufknöpft. Ich höre Lotta stöhnen, weil sie weiß, daß das dazugehört, und auch, um sich selber in Schwung zu bringen, was nach einem Hochzeitstag ohnehin nicht einfach ist. Frederiks Gesicht kenne ich wie kein anderes. Wenn er beim Liebemachen die Brille abnimmt, ist für Sekunden etwas Hilfloses um seine Augen, das ihm aber ausnehmend gut steht und mich aufwühlt, jedesmal neu. Er ist überhaupt der einzige Mann, der mich schon beim bloßen Anschaun, durch ein bei ihm seltenes, unbekümmertes Lachen, durch einen angedeuteten Handkuß für meine sich in der großen Welt wähnende Mutter, durch sein lässiges, aber doch auch linkisches Gebaren in seinen Vorlesungen so hinreißt, daß ich ihn vor Gott und der Welt zu Boden ziehen, mich rittlings auf ihn setzen und in dieser seiner Lieblingsposition alles vergessen möchte, vor allem aber Lotta, meine Schwester, die zu heiraten ich selber Frederik vorgeschlagen habe.

Neben mir liegt mein eigener Ehemann auf dem Rücken und schnarcht. Da er immer auf dem Rücken schläft, schnarcht er auch immer, zwar nicht ganz so laut wie meine Mutter, die rundum vom Chirurgen erneuert und immer noch sehr schön ist, aber schnarcht wie ein Allgäuer Roß. Daher kommt sie nämlich, aus dem Allgäu, aus dem hintersten Altusried, wo der Wind einen ohrfeigt und die Sehnsucht nach München weckt.

Durch die Heirat mit meinem Vater, der den Jahren nach auch ihr Vater hätte sein können und den, glaube ich, ihre Jugend verwirrt hat, da er als hoher Forstbeamter der bayerischen Staatsregierung eher für nötige Reformen im Forstwesen bekannt war als für sentimentale Neigungen – also dieser von mir sehr bewunderte und wahrscheinlich auch vergötterte Vater nahm in einer Aufwallung von Verwirrung meine Mutter zur Frau, die ihre Allgäuer Roßnatur hinter läppischem Kleinmädchengehabe versteckt, immer noch, obwohl sie schon fünfundfünfzig ist und mein Vater lange tot.

Lotta war neun und ich dreizehn, als ein Gehirninfarkt meinen Vater innerhalb eines Tages aus unserer Mitte riß, wie es dann in den Traueranzeigen formuliert wurde. Meinen Vater riß wohl wirklich ein wahnwitziger Kopfschmerz, der ihn urplötzlich angefallen haben muß, von seinem Stuhl. Ich glaube, das Zimmer erzitterte ein wenig, als er unten aufschlug und liegenblieb. Stille. Wir saßen, wie immer Sonntag morgens, am Frühstückstisch. Mutter plapperte über ein Kleid von Yamamoto, das sie bei Maendler gesehen hatte. Glaub mir, Carl Christof, sagte sie wie immer, als handele es sich um eine Sache von Bedeutung, glaub mir, Carl Christof, es ist schlicht wie ein Shirt, aber den Rock müßtest du sehen, den Rock! Einfach genial, so was kann er, der Yamamoto – da kippte Vaters Kaffeetasse um, Mutter schaute tadelnd, verstummte endlich, um nichtbegreifend auf den Boden zu starren, wo Papa lag und so erschrocken aussah, wie ich ihn noch nie gesehen hatte. Ein wenig von diesem Ausdruck hat auch Frederik, wenn sich im Laufe unserer Vereinigung seine Muskeln anspannen, so daß ich es sehen kann, wie er so tief und warm in mich eindringt, daß ich immer wieder davon überrascht bin, aufs lustvollste natürlich. Und wenn ich in der aufgeschwollenen Halsader den Puls klopfen sehe, wenn ich fürchte, daß der stoßweise Atem Frederiks ihm mal die Luft wegnimmt und er tot über mir zusammenbricht, was mir beträchtliche Scherereien einbringen würde – wenn ich dies fürchte und nebenbei noch mit meiner eigenen, nicht unbeträchtlichen Lust beschäftigt bin, dann beobachte ich auch in Frederiks Mimik im Moment des Kommens eine kurz aufblitzende Erschrockenheit, wie ich sie damals in viel stärkerem, tödlichem Ausmaß bei meinem Vater wahrnahm.

Lotta kennt meinen Vater nur aus meinen Erzählungen. Meine Mutter hat nur von ihm und durch ihn existiert, ob sie ihn aber gekannt hat, möchte ich bezweifeln. Weder Lotta noch meine Mutter waren meinem Vater wirklich nahe, zumindest nicht in der Weise, wie mein Vater und ich zusammengehörten. Immer schon habe ich gespürt, daß er mich am liebsten hatte von seinen drei Frauen, ja, daß in Wahrheit ich seine Frau war. Papa hat es nie ausgesprochen, aber ich konnte es immer wieder spüren, daß er sich zurücknehmen mußte, fast schon mußte er sich Gewalt antun, um mir nicht immer wieder zu zeigen, daß ich ihm die Liebste in der Welt war, die Allerliebste. Wäre nicht der Mann, der neben mir schnarcht, ein von Vater geförderter junger Freund gewesen, hätte ich ihn niemals auch nur angesehen. Daß ich ihn sogar geheiratet habe, dahinter steckt meine Mutter, die das Geld meines Vaters ihrem Cousin anvertraut hat, einem Börsenmakler, der es in kurzer Zeit verdummte, so daß wir auch noch unser Haus verloren, es aber praktisch zurückbekommen haben, weil wir es an meinen künftigen Mann verkauften, mit dem ich jetzt im Elternhaus lebe, ebenso meine Mutter, meine Schwester und nun auch Frederik. Obwohl Frederik für seinen letzten Roman einen bedeutenden Literaturpreis bekommen hat und er ohne weiteres auch von seiner Professur an der Leipziger Universität leben könnte, war es sein Wunsch, mit Lotta in unserem Haus zu wohnen. Lotta war sofort dafür, sie hat Angst vor dem Eheleben, sie ist ja nicht unintelligent, aber sie weiß nicht, daß Frederik bei uns wohnen will, um mir nahe zu sein. Lotta weiß auch nicht, daß er heute in der Kirche mir das Jawort gegeben hat und nicht ihr.

Aus allen diesen und noch vielfältigeren Gründen liege ich jetzt hier, im Ohr das Schnarchen meines Ehemannes, den meine Mutter mir angedreht hat, weil sie es immer verstand, Papa, Lotta und mich zu erpressen. Besonders mir gegenüber machte sie einen gewaltigen Anspruch geltend, ständig hielt sie mir vor, was sie alles für mich tue, daß ich ihr dankbar sein müsse, ihr, die im windumtosten Altusried die härteste Sklavenarbeit habe verrichten müssen seit ihrer Kindheit, während ich von morgens bis abends keine Pflichten kennen würde, verwöhnt von einem liebesblinden Vater, so daß ich keine Ahnung vom wahren Leben hätte, jede Ernsthaftigkeit vermissen ließe, und vor allem jede Noblesse, die ich doch eigentlich unserem Adelsnamen schulden würde, unserer Erziehung, Lottas und meiner, auf die unsere Mutter unter Hintanstellung eigener Wünsche und einem gehörigen Maß an Freiheit, so viel Sorgfalt und Geld verwendet habe. Ja, auch sehr teuer sei unsere Erziehung gewesen, ich solle doch nur an das Jahr in der Schweiz denken, an Lausanne und im besonderen an Vevey, wo unsere Mutter uns allabendlich aus der Weltliteratur vorlas. Ob das denn alles umsonst gewesen sei, frage sie sich immer wieder, vor allem in Zusammenhang mit meinem unvernünftigen, manchmal sogar anstößigen Gebaren, denn offenbar fehle mir jedes Gefühl für Stil, mit dem ja auch immer Eleganz einhergehe, und ich schiene darauf auch noch stolz zu sein. Wenn ich mich nicht ändere, heulte sie einmal, würde ich es noch bereuen, nämlich dann, wenn sich meine Mutter wegen der Undankbarkeit und des schlechten Charakters ihrer Ältesten werde umbringen müssen. Meine Mutter erklärte allen Ernstes, ich solle ihr die kurze Zeit, die sie noch zu leben habe, nicht durch meine Ungezogenheit beschweren. Dabei ist sie mit ihrer Roßnatur die Gesündeste von uns allen. Vor allem um Frederik fürchte ich. Erst neulich hatte er eine Lungen- und Rippenfellentzündung, die Antibiotika notwendig machten, und Lotta konnte sich um ihn kümmern, sich aufopfern nennt man das, glaube ich, was Lotta um Frederik veranstaltete. Es ging ihm auf die Nerven, und ungefähr zehnmal seufzte er, wenn wir allein waren, ach Caro, Caro, Caro, Caro.

Nebenan ist es so still – oder machen Willems Schnarchtöne unhörbar, was im Hochzeitszimmer passiert? Auf keinen Fall hat Frederik das Schauspiel unserer ersten gemeinsamen Nacht mit Lotta wiederholt. Entweder hat ihn, der im Gegensatz zu mir über ein sicheres Stilgefühl verfügt, dieses Stilgefühl davon abgehalten, weil er ja weiß, daß unsere Schlafräume nebeneinander liegen, oder er hatte einfach nicht die überbordende Lust, die ihn angesichts meiner entsprechenden Blicke in einen archaischen Jäger verwandelte, der sich seine Beute über die Schulter warf und mit ihr einen heimlichen Ort suchte, wo er sie sich ungestört einverleiben konnte. Weder mein Ehemann noch der eine oder andere, von dem ich nicht reden will, hat mich je über die Schulter geworfen und danach auf die Matratze. Ich bitte meine noble Mutter um Verzeihung, denn sicherlich ahnt sie nicht einmal, wovon ich rede. Dabei ist es eigentlich eher unbequem, von einem Mann über der Schulter getragen zu werden. Genaugenommen sogar ein verdammt blödes Gefühl, aber man ahnt ja, welchen Sinn und Zweck das Unternehmen hat, und da Männer bekanntlich auch Kinder sind, liegt man geduldig auf der Schulter, läßt sich Treppen raufschleppen, noch eine und noch eine, und sehnt sich aus vielen Gründen nach der zu erwartenden weichen Unterlage. Aber ich kann sagen, es hat sich gelohnt. In mir ist ein unstillbares Lachen aufgestiegen, erst war es ein Kitzeln, ich wollte gar nicht lachen, weil ich das Unternehmen ja eigentlich blöde fand, aber das Kitzeln im Bauch war stärker, und durch die Erschütterung einer jeden Treppenstufe stieg das Lachen höher, und schließlich brach es aus mir heraus, und Frederik lachte auch, und wie, und als er mich endlich in seine Wohnung im dritten Stock hochgeschleppt hatte, in die Dreizimmermaisonnettewohnung, die Lotta für Frederik gesucht hatte, um ihn für sich zu erwärmen, als ich in dieser Wohnung auf dem Bett lag, endlich, da dachte ich an Lotta, an ihr emsiges Studieren der Wohnungsangebote, und ich mußte noch mehr lachen, und Frederik, der meine Gedanken nicht kannte, umschlang mich, und wir lachten in die Haut auf unseren Nacken und in unsere Haare und die Gerüche aus beidem, und Frederik rollte mich herum, und dabei zog er mich aus und ich ihn, und ich dachte, daß Lotta für Frederik zehn Paläste suchen und ausstaffieren könnte, sie wären doch nur dazu gut, unser Lachen und unsere Lustschreie zu beherbergen.

Auf keinen Fall ist von nebenan ein Laut zu hören, der auf so eine Jagdszene schließen ließe. Nicht, daß ich sie Lotta nicht gönnen würde – ach was, natürlich gönne ich sie ihr nicht. Von Herzen nicht. Auch wenn ich meine kleine Schwester liebe, wem sonst hätte ich meinen Mann geschenkt, den Einzigen, Wahren, wenn nicht ihr, meiner armen kleinen Lotta. Sie rührt mich an. Bisweilen, in meinen weichen Momenten, sogar tief. Sie hat einen Mund, wie ich ihn eigentlich auch gerne hätte, hochgeschwungen, voll, aber alles nach oben und unten strebend. Lottas Augen sind so grün, wie meine braun sind, ich wäre auch nicht ungern blond und zierlich wie sie, aber Frederiks Schwester, der Frederik ein Foto von Lotta und mir gezeigt hatte, tippte sofort auf mich und sagte, ich sei doch wohl die Braut, denn Frederik habe ja immer für die großen Brünetten Augen gehabt. Frederik sagt, er fände uns, Lotta und mich, nicht unbedingt schön im Sinne des Schönheitsideals unserer Zeit, aber wir seien anziehend und originell, weil wir ihm souverän schienen, bereit zum Glück, und außerdem würden wir ausgezeichnet Klavier spielen, hätten also derart viele Vorzüge, daß es ihm fast unwahrscheinlich vorkäme.

Ich wartete darauf, daß Frederik hervorhob, daß ich Romane schreibe, Essays für Feuilletons, wenn ich auch nicht im mindesten den Rang Frederiks habe, der zu den wichtigsten Dichtern unserer Zeit zählt und sogar im Ausland bekannt ist, während mein Bekanntheitsgrad sich auf einen engen Radius beschränkt, auf die Region, um genau zu sein. Frederiks letzter Roman wurde von den Feuilletons einhellig bejubelt, der zur Zeit berühmteste Kritiker schrieb, daß er begeistert sei von dem Roman dieses Frederik Voness, er glaube, daß Voness einer der größten lebenden Schriftsteller der Welt sei. Er sei überzeugt und scheue sich nicht zu sagen, daß es ein geniales Buch sei. Dieser Kritiker spricht mir aus der Seele, was ich sonst von Kritikern, auch von diesem, nicht ohne weiteres behaupten würde.

Frederik ist ein so großer, phantasiereicher Geist, wie mir noch nie einer begegnet ist. In den in seinen Werken entstehenden Ländern möchte ich leben. Für immer. Meine Wahrnehmung vertieft sich bei der Lektüre, Schmerz dringt in mich ein, frisches Blut quillt, warm und grausam. Alles wäre mir jetzt möglich, Tod durch Ertrinken, vorsätzlich, Tod durch Worte, Tod durch N.o.b.l.e.s.s.e. Dieses von meiner Mutter ständig vergewaltigte Wort, das mich zurückweist in meine leere, bleiche Welt. Meine sinnlosen Ausbrüche. Weit weg von Frederik sitze ich auf klar umrissenen, kalten Steinen und bin mir selber fremd in meiner Begrenztheit. So viel dunkelschäumende Wut. Ich brenne vor Ungeduld, Schreiblust auch, bleibe aber unproduktiv. Von Frederik fließt Energie in meine Arbeit, hin und wieder, aber sein brillanter, geschliffener Stil, die Eleganz und Leichtigkeit seiner Sprachbilder machen mich überverletzlich, paranoid, ich verfluche die kahle, trostlose Landschaft in mir, den lächerlichen Funken meines Willens.

Mein letztes Buch, im Frühjahr desselben Jahres wie das von Frederik erschienen, dessen Werk zur Buchmesse herauskam, hatte so gut wie gar kein Echo, von einigen Gebrauchsanweisungen in unbedeutenden Zeitungen einmal abgesehen. Ich bräuchte einen prominenten Fürsprecher, der die Rezipienten einlädt, meine Texte zu lesen. Obwohl Frederik meine Romane liest, sie mit Einschränkungen sogar positiv beurteilt, ist er nicht bereit, seine Meinung über Arbeiten von mir öffentlich zu machen. Man würde sich den Bauch halten vor Lachen, wenn ich dich rezensierte, wo alle Welt weiß, daß ich im Hause Lengefeld aus und ein gehe, sagt Frederik, wenn ich wieder mal wütend bin und enttäuscht, daß die Großmogule unseres Literaturbetriebs ihre Suchstrahler nicht auf mich richten, daß alle Literaturpreise an mir vorbeigehen, obwohl es heißt, daß man den deutschen Schriftstellern die Preise direkt aufnötigen müsse, weil es mehr Preise als Autoren gebe.

Obwohl ich eine unbekannte Autorin bin, obwohl es zwischen meinem Anspruch und meinen Fähigkeiten offenbar keinen Weg gibt, beschäftigen Frederik und ich uns durchaus mit der Dichtung als einem Teil der Künste und ihrer Funktion in unserer Welt. Im Gespräch mit Frederik fühle ich mich kreativ, und Frederik stellt sich meinen Fragen. Können Dichter zum Gelingen des Lebens überhaupt etwas beitragen? Beeinflußt die Kunst den Menschen? Gespräche dieser Art könnte Frederik mit Lotta niemals führen. Lotta spielt zwar ausgezeichnet Klavier, doch hat die Musik bei ihr nicht dazu geführt, sich auch anderen Künsten zuzuwenden. Lotta und Mutter schmücken unser Haus mit Blumen, als wäre es eine Wöchnerinnenstation. Lotta besteht darauf, den Garten selber zu betreuen, sie kann Bäume beschneiden und fremde Triebe auf Zweige aufpfropfen, sie reißt den Giersch, der bei uns wuchert, mit entschlossenem Griff aus den Rosensträuchern, und neulich hat sie mit Willems Hilfe sogar einen Teich angelegt. Nun schaut sie den beiden Enten zu, die vom nahen Kanal zu uns in den Garten kommen und brüten. Lotta verjagt die Katzen und hat für unsere ewig betrunkene Nachbarin Verständnis, die im Garten Schunkellieder lallt und zuweilen krachend gegen den Zaun fällt.

Lotta spricht gern über Gartenpflege, über Kochrezepte und Wohnkultur, Frederik dagegen liebt Diskussionen über Literatur, Philosophie und bildende Kunst. Er malt gelegentlich, reist zu Ausstellungen und liest viel über Malerei. Als er noch nicht offen um Lotta warb, schrieb er uns beiden Liebesbriefe, fragte uns, wie wir geschlafen hätten, ob unser Kopf schon frei wäre, ihn, Frederik, zu ertragen. Wenn ja, käme er auf der Stelle vorbei, ihm wäre danach, mit uns den Tag zu verschwatzen, zu lesen und sich mit uns zu freuen, daß wir zusammen auf der Welt seien. Frederik erklärte mir, daß er noch niemals zwei Frauen getroffen habe, die ihm wie für ihn geschaffen erschienen seien. In mir ist kein Wunsch, sagte Frederik, den ihr, Lotta und du, nicht erfüllen könntet. In einem Brief aus Texas, wo er an einer Universität Vorlesungen hielt, schrieb er: Liebste Caro, liebste Lotta, seit ich euch kenne, sehe ich euch auch hier überall auftauchen, in den Vorlesungen, auf dem Campus. Ihr sitzt in dem Cadillac, den ich hier fahre, und geht mit mir in die Mall, wo wir einkaufen, als hätten wir in Old Germany keine Supermärkte. Ich bin schon jetzt mit meiner Rückkehr zu euch beschäftigt, in diesem Moment, wo ich euch schreibe, seid ihr bei mir in meinem geschmacklos eingerichteten Apartment. Du, Caro, sitzt am Klavier, Lotta macht sich über meine abgerissenen Hemdknöpfe her, und in dem Spiegel, der über dem Tisch hängt, sehe ich euch beide. Immer wieder muß ich mir sagen, daß es euch gibt, für mich gibt, daß ich euch habe und nichts, nichts euch mir wegnehmen kann …

Mutter, die von alledem nichts ahnte, begann bald, Lotta Vorwürfe zu machen, weil Lotta aus ihrer Sicht nicht weiterkam mit Frederik. Wie lange bleibt er noch in diesem Texas? Was ist denn nun, heiratet er dich oder nicht?, wollte Mutter immer von Lotta wissen, doch die hatte selber keine Ahnung, denn ich gab ihr Frederiks Briefe natürlich nicht. Lotta wußte auch lange nicht, daß Frederik wieder in Deutschland war, das sollte sie auch nicht wissen, denn Frederik hatte zu der Zeit gerade sein intensives Verhältnis mit mir begonnen und konnte sich einfach nicht auf eine Heirat mit Lotta konzentrieren. Mein Gott, Mutter – sie hatte keine Ahnung, sie hatte tatsächlich keine Ahnung, daß ich noch nach Frederik roch, wenn sie die arme Lotta in meiner Gegenwart ausfragte, ob Voness denn nun gar keine Anstalten mache, ob er immer noch in die Geschichte mit dieser adeligen Kuh verstrickt sei, und wenn sich nicht bald etwas tue, werde sie dafür sorgen, daß Lotta für eine Weile zu unserer Tante Wolzogen verreise, dann könne Frederik Voness ja ungestört darüber nachdenken, was er denn nun wolle. Aber hier im Hause aus und ein zu gehen wie der eigene Sohn, und dann keine klaren Verhältnisse schaffen, das zeuge nicht von gutem Stil und das ließe sich eine Luisa Lengefeld nicht gefallen.

Doch heute ist Mutter am Ziel. Die ältere Tochter gewinnbringend verschachert, die jüngere hat sich einen zwar nicht direkt wohlhabenden, dafür aber um so berühmteren Mann geangelt. Wie sie heute in der Kirche stand, meine Mutter, im grauen Armanikostüm und Schuhen von Prada, das Gesicht frisch mit Collagen unterlegt, hätte sie auch noch einen Bankier als zweiten Ehemann verdient, einen Großindustriellen oder wenigstens einen Gynäkologen. Dann würde sie es besser ertragen, wenn ich demnächst die Scheidung von Willem einreiche. Was soll ich noch mit ihm? Wir sind füreinander die Falschen. Dieser falsche Geruch steht zwischen uns, dringt in unsere Haut ein, wie sollen wir einander noch berühren. Jede Nacht, wenn ich seinen schnarchenden Atem höre, möchte ich hinausgehen und den Mond anrufen, während drinnen der falsche Geruch immer stärker wird und ein Zurückkommen schwermacht. Außerdem habe ich nicht die Absicht, mir jede Nacht Gedanken darüber zu machen, ob mein Liebhaber jetzt mit seiner Frau, meiner Schwester Lotta, schläft oder nicht und wenn ja, in welcher mir vertretbar erscheinenden Weise.

Heute, als Trauzeugin meines Geliebten, habe ich mich gefragt, ob ich denn von allen guten Geistern verlassen war, als ich meiner liebenswerten, aber völlig unbedarften Schwester diesen Mann eingeredet habe. Ja, ich war es, die Lotta geraten hat, Frederik zu heiraten. Ich wollte ihn mir sichern, wenigstens in dieser Form. Und jetzt begreife ich mich selber nicht mehr. Schließlich bin ich intelligent, gebildet, begabt, ich kann Männer und Frauen gleichermaßen faszinieren, wenn auch nicht meine Mutter, und doch geht das Einfachste, das Selbstverständlichste mir ab. Ich glaubte, unabhängig und unverletzbar zu sein, als ich mit Frederik, Lotta und mir spielte wie mit bunten Seifenblasen, und habe nicht bedacht, daß Lotta Frederik auf andere Weise anrühren könne, auf eine sehr weibliche, altmodische Weise nämlich. Lotta befragte Frederik, ob ich ihm mehr bedeute als sie selber, ob er sie, Lotta, überhaupt brauche, und Frederik versicherte ihr erschrocken und eilig, seine Gefühle seien so beschaffen, daß er Lotta nichts vorenthalten wolle, was er mir gebe. Er fühle sich an uns beide gebunden, er sei glücklich, sich frei zwischen uns bewegen zu können, und so komme er voller tiefer Gefühle von mir zu Lotta und umgekehrt. Es ist, als sähe ich eine Frau in verschiedenen Spiegeln, hat Frederik zu Lotta gesagt, die wahrscheinlich kein Wort von alledem verstanden hat, und daß ich ihm näher wäre, weil ich nur zwei Jahre jünger sei als er, während Lotta, um sechs Jahre von ihm entfernt, naturgemäß nicht die gleichen Gefühle und Gedanken haben könne wie er und ich. Caro kann mehr Empfindungen in mir zum Sprechen bringen als du, hat Frederik Lotta erklärt, schon weil Caro auch schreibt, und er wünsche sich keineswegs, daß das anders werde. Lotta solle nur so bleiben, wie sie sei, genauso. Was Caro dir voraushat, Lotta, wirst du von mir bekommen, du wirst dich in mir entfalten, du wirst mein Geschöpf sein.

Das habe ich begriffen, als ich heute hinter dem Brautpaar

stand, Lottas Schleier ordnete und dezent ein braunes Haar von Frederiks Kragen entfernte. In diesem Moment drehte sich Lotta zu mir um. Ihre grünen Augen sprühten von einem Selbstbewußtsein, das ich nie zuvor an ihr gesehen habe. Ruhig stand Lotta neben Frederik, neben diesem bislang in vielen Bereichen nur mir gehörenden Frederik, und ich wußte, daß ich, mit wem auch immer ich mich in Zukunft zusammentun würde, nur noch die zweite Wahl hatte. Journalisten der verschiedensten Zeitungen saßen in den Kirchenbänken, warteten vor dem Eingang auf das Brautpaar, und sie berichteten über die Heirat des jungen, schon bedeutenden Dichters. Das Fernsehen war mit mehreren Sendern vertreten, und neben dem großen, schlanken Frederik mit seinen tiefliegenden Augen, der für seine Jugend schon scharf geschnittenen Nase über dem weichen Mund, neben diesem attraktiven und dazu noch berühmten Mann ging meine Schwester in ihrem eleganten Brautkleid von Sweetheart durch die Kirche, nahm ganz selbstverständlich den Platz ein, der mir gehörte.

Lottas Mitgift für Frederik, das wußte ich in diesem für mich harten Moment, war ihre unbedingte, selbstlose Liebe, ihre Nachgiebigkeit, ihre Ausgeglichenheit. Ihre – auch wenn es mir schwerfiel, es zu denken – ihre Noblesse. Lottas Mangel an Charakter, den nicht nur ich, sondern auch Frederik an ihr festgestellt hatte, wandelte sich mit diesem Tag in Stärke. Lotta war für Frederik die Ruhe, ich war die Unruhe. Meine Rastlosigkeit, mein Streben nach literarischer Geltung, meine nervöse Reizbarkeit, meine unsteten Gefühle, die ständig wechselnden Pläne und Projekte hatten Frederik Lotta mir vorziehen lassen. Lotta, meine kleine Lotta. Ich kann es schwer ertragen, daß sie meine Zukunft erleben soll, obwohl ich sie ihr geschenkt habe.

Noch ist mein Mund geschwollen von Frederiks Küssen. Dieses letzte, sinnliche Zeichen unseres Glücks wird bald verschwinden. Ich sehe die anderen wie dunkle Punkte, heute scheinen alle freundlich, niemand hat etwas gegen einen geschwollenen Mund. Nicht einmal meine Mutter in ihrem Noblessewahn. Der

Verlust meiner Wahnsinnsliebe läßt meine Gedanken Kapriolen schlagen. Wieder die Zweifel. Wenn ich nun mein Leben lang bereue, daß ich mich Frederik nicht so fröhlich unterworfen habe, wie Lotta es tat?

Der zweite Trauzeuge, Dalberg, ein Freund Frederiks, starrt mir ziemlich genau auf den Mund. Ich bin erstaunt, daß ich heute, am Hochzeitstag meines Liebsten, feststellen muß, daß dieser Dalberg mir gefällt. Er gefällt mir sehr.

Es ist Nacht und sehr spät, glaube ich. Um mich herum ist alles schwarz, vom Licht der Laterne umrahmt. Ich weiß nicht, wer ich bin, wohin ich gehe. Wie wäre es, wenn ich arbeiten würde, schreiben, den Kopf trainieren, immer und immer wieder? Denken werde ich, wachsen, mich auf den Weg machen. Masken sind an der Tagesordnung.

Janet Frame

Keel und Kool

Vater schüttelte die Krümelchen aus und breitete die große rotgraue Decke wieder auf das Gras.

»So, bitte«, sagte er. »Mutter hier und Winnie da, und du, Joan, setzt dich neben Winnie. Wir nehmen die Keksdose weg, damit sie nicht ins Bild kommt. Gut, und jetzt sagt ›Cheese‹.«

Er ging einen Schritt zurück und hielt die Hand schützend über die Front der Kamera. Dann blickte er über seine Schulter zurück. Er wolle sehen, ob die Sonne auch zuschaue, sagte er den Kindern, die ›Cheese‹ sagten. Dann drückte er auf das blitzende Ding an der Seite des Fotoapparats.

»Das war's«, sagte er. »Es ist im Kasten. Eine glückliche Familie.«

»Oh«, sagte Mutter. »Sind wir auch alle gut getroffen? Ich will das Bild nämlich Elsie zeigen. Es ist das erste, das wir gemacht haben, seit Eva … uns verlassen hat.«

Mutter sagte immer, sie verließ uns oder ging von uns oder verschied, wenn sie vom Tod sprach. Als wäre Eva in Wirklichkeit gar nicht richtig gestorben.

»Wir sind bestimmt alle gut drauf, nicht wahr, Papa«, sagte Winnie. »Gehst du jetzt angeln?«

»Ja, jetzt gehe ich angeln«, sagte Vater. »Ich lege das hier nur an einen sicheren Platz, und dann breche ich auf, flußaufwärts, zu den Lachsen.«

Er trug den Fotoapparat zu dem Haufen von Mänteln und verstaute ihn sorgsam in einer der Taschen, denn ein Fotoapparat ist etwas sehr Wertvolles.

Dann bückte er sich und befestigte die Bänder, die oben an seinen Gummistiefeln waren, an seinem Gürtel.

»Cheerio«, sagte er und gab Mutter einen Kuß. Er gab immer allen einen Kuß, wenn er irgendwohin ging, auch wenn es nur für kurze Zeit war. Und dann küßte er Winnie und zog sie an den Haaren, und er zog auch Joan an den Haaren, aber sie küßte er nicht, denn sie war nur das Mädchen aus der Nachbarschaft und gehörte nicht zur Familie.

»Ich komme mit einem Lachs wieder, und wenn nicht, gibt's was vom Fleischer.«

Sie sahen ihm nach, wie er zum Fluß ging. In seinen Gummistiefeln stapfte er mit merkwürdig schlurfenden Schritten davon. Er hielt sich dabei ganz schief, und seine rechte Schulter hing weit herunter, so als wolle er einem Schlag ausweichen, der aus dem Himmel oder von den Bäumen oder aus der Luft kommen könnte. Sie sahen ihn immer weiter und weiter weggehen, wie jemand in einem Kinofilm, der immer kleiner wird, bis schließlich quer über die ganze Leinwand das Wort »Ende« erscheint, die Musik spielt und die Lichter angehen. Er entfernte sich von ihnen wie ein Mann in einer Geschichte. Winnie hoffte, er würde nicht allzu weit weggehen, denn der Fluß war tief und wild und rauschte so gewaltig, daß man es sogar über die Weiden und Tannen hinweg hörte. Es war der graueste Fluß, den Winnie je gesehen hatte. Und der Himmel war auch grau, mit einem kleinen Sonnenpünktchen. Das Grau des Himmels schien in das Grau des Flusses hineinzuschwimmen.

Dann drehte Vater sich um und winkte.

Winnie und Joan winkten zurück.

»Mrs. Todd, wir gehen jetzt zu den Tannen und spielen. Einverstanden, Winnie?« sagte Joan.

»Wir spielen große Dame«, sagte Winnie.

Mutter seufzte. Die Kinder waren so glücklich. Sie begriffen nicht ... »Ist gut, Kinder«, sagte sie. »Geht nur spielen. Bleibt aber vom Fluß weg, und nehmt euch vor den Brennesseln in acht.«

Dann schlug sie ihre *Woman's Weekly* auf und legte sie sich über die Knie. Sie wußte, daß sie nur bis zu der Klatschkolumne kommen würde, dann würde sie doch nur wieder darüber nachdenken, daß Eva sie verlassen hatte, ihr geliebtes erstes Kind. »Ein schwerer Schlag«, sagten die Leute, »sein Erstgeborenes zu verlieren. Gerade, wo es langsam so groß war, daß es einem eine Hilfe sein konnte. Wer weiß, wofür es gut ist, und Sie haben Ihren großartigen Glauben, Mrs. Todd. Dort, wo sie jetzt ist, ist sie bestimmt glücklicher. Sie hätten nichts anderes wünschen können, und Sie haben wenigstens ein Foto von ihr. Es ist immer gut, Fotos von ihnen zu haben. Kopf hoch, Mrs. Todd.«

Mrs. Todd schloß die Augen und versuchte zu vergessen, und dann begann sie die Klatschkolumne zu lesen. Es war besser, zu vergessen und nicht darüber nachzudenken.

Winnie und Joan jagten einander über die Wiese, bis sie zu den Tannen am Zaun kamen. Joans dunkles Haar hüpfte auf und ab und fiel ihr in die Augen.

»Zum Kuckuck«, sagte sie.

Winnie sah sie neidisch an. Sie wünschte, ihr Haar wäre auch so lang, daß es ihr in die Augen hinge und sie es wegwischen könnte. Wie nett, »Zum Kuckuck« zu sagen und sich das Haar aus den Augen zu streifen. Evas Haar war auch lang gewesen. Das mit Eva war so komisch, und die Blumen, die Telegramme und Tante May, die zu Besuch kam und süße Teilchen und Sahneschnitten mitbrachte. Es war so komisch, daß zu Hause immer noch Evas Kleider herumhingen und ihre Schuhe unter dem Schrank standen und keine Eva mehr da war, die sie hätte tragen können. Und die gelbe Tagesdecke lag glatt und ordentlich über ihrem Bett und wurde auch nachts nicht zerknittert. Aber es war schön, Evas blauen Schlafanzug zu tragen. Er hatte eine rosa Bordüre um die Hosenbeine und um Hals und Ärmel. Winnie spazierte damit gerne in ihrem Zimmer herum, sah sich im Spiegel an, legte sich ins Bett, gähnte und streckte dabei die Arme über ihren Kopf wie eine feine Dame. Aber es wäre noch schöner, wenn Eva da wäre und sie sehen könnte.

Und wieviel Spaß würde es machen, wenn Eva bei diesem Picknick dabeisein könnte!

»Komm«, sagte Joan. »Wir spielen jetzt feine Damen in Pelzmänteln. Ich weiß, wie's geht, meine Mutter hat nämlich einen Pelzmantel.«

»Ich bin eine feine Dame, die ins Bett geht«, sagte Winnie. »Ich habe einen schönen blauen Schlafanzug an und gähne, und mein Dienstmädchen hat mir gerade meinen Kaffee gebracht.«

Sie lag unter der Tanne. Sie konnte den Tannenduft riechen, das Rauschen ihrer Äste hören und weiter entfernt das Geräusch des Flusses, das wie Regen klang. Sie sah die verschrumpelten Zapfen, die wie kleine braune Klauen aussahen, und den grauen Himmel, der sich wölbte wie ein Zelt, das der Wind aufblies. Joan ging inzwischen in ihrem Pelzmantel auf und ab, lächelte all den feinen Damen und Herren zu und sagte: »O nein, ich habe massenweise Pelzmäntel. Zum Kuckuck, mein Haar fällt mir immer so in die Augen.«

Joan war Evas beste Freundin gewesen. Sie war so schön. Sie war Spanierin, sagte sie, jedenfalls ein bißchen. Sie hatte Geheimnisse mit Eva. Die beiden tuschelten immer miteinander und kicherten und redeten in einer Geheimsprache.

»Ich habe keine Lust mehr, meinen Pelzmantel zu tragen«, sagte Joan auf einmal. »Du kannst doch nicht ewig weitergähnen.«

»Ich kann so lange weitergähnen, wie ich will«, sagte Winnie und dachte wieder an das Gekicher und die Geheimnisse und die Geheimsprache, die sie nicht verstehen konnte. Und sie gähnte und dankte dem Dienstmädchen für den Kaffee. Und dann gähnte sie noch einmal.

»Ich kann tun, was ich will«, sagte sie.

»Das kannst du eben nicht immer«, sagte Joan. »Deine Mutter würde dir das nicht erlauben. Aber egal, ich habe jedenfalls keine

Lust mehr, meinen Pelzmantel zu tragen, ich will irgend etwas machen.«

Sie drehte Winnie den Rücken zu, setzte sich ein Stück von der Tanne entfernt ins Gras und fing an, fedrige Grashalme zu pflücken. Winnie hörte auf zu gähnen. Sie hörte das Regen-Wind-Geräusch des Flusses und fragte sich, wo wohl ihr Vater war. Und was tat ihre Mutter gerade? Und was hatte Joan mit dem fedrigen Gras vor?

»Joan, was machst du da?«

»Ich mache Weihnachtsbäume«, antwortete Joan gnädig. »Das hat Eva mir beigebracht. Hat Eva dir das nicht beigebracht?«

Und sie hielt einen Weihnachtsbaum hoch.

»Doch«, log Winnie, »Eva hat mir auch gezeigt, wie man solche Weihnachtsbäume macht.«

Sie starrte den winzigen Baum in Joans Hand an. Das Gras war noch feucht vom nächtlichen Tau, und das Bäumchen glitzerte, fing den winzigen Tropfen Sonnenlicht auf, der aus dem grauweißen Himmel fiel. Er war wie ein Märchenbaum oder wie in dem Lied, das sie in der Schule sangen: kleine Tanne hübsch und fein. Winnie hatte noch nie gesehen, daß jemand etwas so Hübsches selbermachen konnte.

»Und Eva hat mir auch ein paar neue Sachen zu König, Kaiser, Edelmann beigebracht«, sagte Joan und biß mit den Zähnen ein Stückchen Gras ab. »Stiefel, Schuhe, Hausschuhe, Quadratlatschen, Seide, Satin, Baumwolle, Lumpen – was man anhat, wenn man heiratet.«

»Hat sie mir auch beigebracht«, log Winnie. »Eva hat mir jede Menge Sachen gezeigt.«

»Mir hat sie auch 'ne Menge gezeigt«, beharrte Joan.

Winnie antwortete darauf nicht. Sie sah zum Himmel hinauf und beobachtete eine Möwe, die über sie hinwegflog. Ich bin Keel, ich bin Keel, schien sie zu sagen. Komm nach Hause, Kool, komm nach Hause, Kool. Keel, Keel. Winnie fühlte sich so einsam, als sie in den Himmel sah. Warum war die Tanne so groß, so dunkel und so alt? Warum rief die Möwe immerzu ich bin Keel, ich bin Keel, so als riefe sie jemanden, der nicht kommen wollte? Keel, Keel, komm nach Hause, Kool, komm nach Hause, Kool, rief sie.

Winnie wünschte, ihre Mutter würde sie beide rufen. Sie wünschte, ihr Vater käme vom Angeln zurück, und sie würden alle auf der Decke sitzen und aus dem Picknickgeschirr Tee trinken und Kräcker essen, die mit lautem Knacken im Mund zerbrachen. Sie wünschte, Joan wäre fort, und es wären nur Vater, Mutter und Winnie da, keine Joan. Sie wünschte, sie hätte langes Haar und könnte aus fedrigem Gras Weihnachtsbäume machen. Sie wünschte, sie wüßte noch etwas, womit man König, Kaiser, Edelmann weiterspielen konnte. Was hatte Joan gleich gesagt? Stiefel, Schuhe, Hausschuhe, Quadratlatschen. Warum hatte Eva ihr das nicht beigebracht?

»Du wirst gleich einschlafen«, sagte Joan plötzlich. »Ich habe drei Weihnachtsbäume gemacht. Schau.«

»Ich schlafe gar nicht. Ich habe Hunger«, sagte Winnie. »Und außerdem glaube ich, Joan Mason, daß manche Leute lügen.«

Joan wurde rot. »Ich habe aber drei Weihnachtsbäume gemacht.«

»Das meine ich nicht«, sagte Winnie, hob eine Tannennadel auf und schrieb mit ihr etwas in die Luft. »Ich glaube einfach, daß manche Leute lügen.«

»Aber ich bin keine Lügnerin, Winnie«, widersprach Joan eifrig. »Das bin ich wirklich nicht, ehrlich.«

»Manche Leute«, murmelte Winnie, während sie weiter mit ihrer Tannennadel schrieb.

»Das ist gemein, Winnie Todd«, wimmerte Joan und warf ihre Weihnachtsbäume auf den Boden. »Ich weiß, daß du mich meinst.«

»Niemand sagt, daß ich das tue. Ich habe nur gesagt: manche Leute.«

»Ja, aber du hast mich dabei angeschaut.«

»Habe ich das?«

Winnie zerquetschte ihre Tannennadel und schnupperte daran. Ihr war nach Weinen zumute. Sie wünschte, sie wäre nicht mit zu diesem Picknick gekommen. Außerdem fror sie in ihrem dünnen bunten Baumwollkleid. Sie wünschte, sie wäre irgendwo ganz weit weg vom Fluß und der Tanne und Joan Mason mit ihren Weihnachtsbäumen, irgendwo ganz weit weg, sie wußte auch nicht, wo.

Vielleicht gab es diesen Ort nicht. Vielleicht würde sie nie einen Ort finden, wohin sie gehen konnte. Ihre Mutter würde sterben, und ihr Vater würde sterben, und Joan Mason würde weiterhin ihr Haar aus den Augen streichen und »Zum Kuckuck« sagen und ihren Pelzmantel tragen und nicht wissen, wie es wäre, wenn einem Vater und Mutter wegstarben.

»Ja«, sagte Winnie. »Du bist eine Lügnerin. Eva hat mir Sachen über dich erzählt. Dein Onkel ist von Kannibalen gefressen worden, und dein Vater hat einen Albatros geschossen, und jetzt liegt ein Fluch auf ihm. Und dein Haar ist ganz grün geworden, als du in Christchurch schwimmen warst, und sie mußten dir drei Wochen lang immer nur Ananas zu essen geben, damit es wieder schwarz wurde. Eva hat's mir erzählt. Du bist eine Lügnerin. Sie hat dir auch nicht geglaubt. Da hast du deine Weihnachtsbäume.« Sie hob einen davon auf und riß ihn in Stücke.

Joan begann zu weinen.

»Heulsuse, Lügnerin. So, jetzt weißt du's.«

Winnie streckte den Arm aus und gab Joan einen Schubs. Dann drehte sie sich zu der Tanne um, ergriff die untersten Äste und schwang sich in den Baum hinauf. Bald war sie auf halber Höhe des Stammes. Die Äste schwankten auf und ab und ächzten dabei. Winnie schielte neugierig nach unten und sah Joan durch das Gras weglaufen. Ihr Haar hüpfte dabei auf und ab. Sicher rannte sie zu Winnies Mutter zurück. Vielleicht würde sie ihr alles erzählen. Winnie hat mich geschubst und Schimpfwörter zu mir gesagt. Und später, wenn Winnie wieder vom Baum heruntergeklettert wäre und zu den anderen zurückkäme, würde ihre Mutter sie wieder mit diesem verletzten Ausdruck in den Augen ansehen und sagen, selig sind die Friedfertigen. Und ihr Vater würde bei ihnen sitzen und ihnen alles über die Lachse erzählen, aber er würde augenblicklich verstummen, wenn sie auftauchte, viele Stunden später, und streng zu ihr sagen: Kannst du dich nicht einmal ordentlich benehmen? Und dann würde er Mutter ansehen, und Winnie wüßte, sie dachten an Eva, an die Blumen und Telegramme und an Tante May, die gesagt hatte: Wer weiß, wofür es gut ist, du hast deinen großartigen Glauben. Und dann würde Mutter sagen: Nimm dir einen Schokoladenkeks, Joan. Und Mutter und Vater und Joan säßen beieinander und machten etwas zusammen.

Winnie schossen vor Selbstmitleid die Tränen in die Augen. Sie wünschte, Eva wäre hier. Sie würden beide auf den Ästen der Tanne sitzen, sich mit den Händen an den klebrigen Zweigen festklammern und auf und ab wippen, wie zwei Vögel auf den Wellen, und sie würden sich in Prinzessinnen verwandeln, die nachts in blauen Schlafanzügen mit rosaroten Bordüren schliefen, und tagsüber würden sie Weihnachtsbäume aus fedrigen Gräsern machen und Kaiser, König, Edelmann – Stiefel, Schuhe, Hausschuhe, Quadratlatschen spielen.

»Stiefel, Schuhe, Hausschuhe, Quadratlatschen«, flüsterte Winnie. Aber es gab niemanden, der ihr geantwortet hätte. Nur oben am Himmel war eine Möwe, so weiß wie Kalk, die über ihr kreiste und schrie: Keel, Keel, komm zurück nach Hause, Kool, komm, Kool. Doch Kool würde nicht wiederkommen, niemals.

Deutsch von Monika Schlitzer

Anjana Appachana

Beschwörungen

In einer heißen Sommernacht – ich war mit meinen zwölf Jahren tränenselig in viktorianischen Romanen versunken und träumte im Bett neben meiner Schwester davon, Jane Eyre und Agnes zu sein, während sie von Rochester und David umworben wurden – fühlte ich meine Schwester plötzlich erzittern. Es war der Vorabend ihrer Hochzeit, und mit all der Weisheit meiner zwölf Jahre drehte ich mich zu ihr hin, legte meinen Arm um ihren zuckenden Körper und versicherte ihr, daß doch wirklich kein Grund zur Besorgnis bestünde. War denn Nikhil, ihr zukünftiger Ehemann, nicht freundlich, zärtlich und gutaussehend und sie nicht auch wunderschön? Darauf drehte sie sich zu mir um, hielt meine Hand so fest, daß es weh tat, und sagte mir, daß sie vor zwei Tagen von Nikhils Bruder Abhinay vergewaltigt worden sei. Als sie ihren Handrücken gegen den Mund preßte, um ein Stöhnen zu unterdrücken, legte ich mich dicht neben sie und hielt sie fest. Aber die Laute, die aus ihr hervorbrachen, waren nicht zu unterdrücken. Unsere Eltern würden sie hören. Ich half Sangeeta aus dem Bett ins Badezimmer, zog die Spülung, drehte beide Wasserhähne auf und schloß die Tür. Sie saß auf dem Klo, ich auf dem feuchten Fußboden, und nach einem zehnminütigen, wilden Ausbruch lehnte sie ihren Kopf gegen die Wand, wandte sich von mir ab und sprach.

Nikhils Mutter war vor zwei Tagen mit ihr ausgegangen, um Saris einzukaufen, und Abhinay, sein jüngerer Bruder, hatte sich bereit erklärt, sie zu begleiten. »Du wirst einmal einen guten Ehemann abgeben«, neckte ihn seine Mutter, »wenn du soviel Geduld für Frauen, die einen Einkaufsbummel machen, aufbringst.« Und geduldig war er. Nach dem Einkaufen sagte er seiner Mutter, daß er zuerst sie und dann Sangeeta nach Hause fahren werde. Er fuhr seine Mutter heim und fragte danach Sangeeta, ob sie kurz an dem Barsati, in dem er wohnte, anhalten könnten, weil er schnell etwas holen müsse. Er bestand darauf, daß sie nicht alleine im Auto warten solle, und so begleitete sie ihn nach oben. Sobald sie eingetreten waren, verriegelte er die Tür.

Dann sah mir meine Schwester, die beim Sprechen die Wand angestarrt hatte, ins Gesicht. Heute versuche ich mir vorzustellen, wie sie mich damals angesehen hat, im Pyjama, dünn, das Haar in einen festen Zopf geflochten, mein Gesicht so wie auf dem Photo, das sie einmal von mir gemacht hat, ohne Arglist, voller Bewunderung. Meine Schwester wandte sich von mir ab und sagte: »Dann hat er mich vergewaltigt.« Ich legte meine Hände um ihre bloßen Füße, hielt sie fest umklammert und lehnte mein Gesicht an ihre Schenkel. »Ich habe mich nicht gewehrt«, sagte sie. »Er sagte, er würde es abstreiten und jedem erzählen, daß ich es gewollt hätte. Er sagte, keiner würde mir glauben. Und er nahm sich viel Zeit, so viel Zeit.« Sie wandte sich mir zu und berührte meine Wangen. »Weißt du, was eine Vergewaltigung ist?« Ich brachte einen Laut hervor, der wie Zustimmung klang, und spürte, daß mein gegen ihr Nachthemd gepreßtes Gesicht naß war. Ja, ich wußte, was eine Vergewaltigung war. Eigentlich sollte ich es nicht wissen, ich sollte noch nicht einmal wissen, was Sex ist. Zielstrebig hatten meine Freundin und ich uns drangemacht, alles darüber herauszubekommen, als einzige Quelle standen uns die Bücher, die uns verboten waren, zur Verfügung. *Reader's Digest* war zwar nicht ausdrücklich verboten, vermittelte uns aber dennoch eine ungefähre Vorstellung, denn darin stand immer etwas über »Richtig« und »Falsch« bei ehelichen Streitigkeiten und sexuellen Problemen. Gestalten Sie Ihre Ehe aufregender, instruierte der *Digest*, tun Sie's unter dem Eßtisch, auf dem Eßtisch, unter dem Bett, in der Badewanne. Meine Freundin und ich seufzten vor Begeisterung. Oh, wären wir doch schon verheiratet! Zünden Sie Kerzen an, drängte der *Digest*, parfümieren Sie sich, öffnen Sie eines Abends Ihrem Mann die Tür, völlig nackt! Meine Freundin und ich erschauerten. Könnten die Erregungen einer Ehe jemals nachlassen? Niemals! Könnte man mit all diesen Experimenten jemals zu einem Ende kommen? Unmöglich! Aber warum sahen dann nur – trotz all dieser Erlebnisse – verheiratete Leute so gelassen und nüchtern aus und so gar nicht nach der Ausgelassenheit ihres täglichen Treibens? An einem denkwürdigen Tag entdeckte meine Freundin ein zerlesenes Taschenbuch im Schlafzimmer ihrer Eltern, welches sie hastig las, während ihre Eltern außer Haus waren, schreckerfüllt bei dem Gedanken an ihre vorzeitige Rückkehr und gefesselt von den Entdeckungen, die sie machte. Es sei ziemlich kompliziert, erzählte sie mir später flüsternd. Sex bestand anscheinend aus vier Stufen – dem Vorspiel, das bedeutete Küssen; dem Geschlechtsverkehr, das war der Geschlechtsverkehr; dem Höhepunkt, das war irgendeine Höhe, und dem Orgasmus, das war irgendeine Erleichterung. Die Kunst des Küssens, etwas, das wir uns immer ziemlich einfach vorgestellt hatten, schien mit fast genausoviel Schwierigkeiten gespickt zu sein wie das, was folgte. In dem Buch wurde behauptet, es sei nicht auf die Lippen beschränkt und bedürfe großer Kunstfertigkeit. Der Rest war vage. Wir konnten keine dieser Ausführungen in die Tat umsetzen. Wir grübelten über die Frage der Zeit nach. Zehn Minuten? Eine halbe Stunde? Eine ganze Stunde? Vergeblich versuchten wir uns unsere Eltern dabei vorzustellen. Aber nein, das war unmöglich. Eltern waren weit entfernt von solch einem Verlangen, weit entfernt von solchen Experimenten und von irgendwelchen Höhen und Erleichterungen. Verwirrt, frustriert und entzückt starrten wir uns an. Dies war eine weitaus komplexere und langwierigere Angelegenheit, als wir erwartet hatten, und deswegen wohl auch besonders erstrebenswert. Sex war etwas, das Mädchen wie uns eines Tages einfach passieren würde, und dann würden Blitze einschlagen und die Himmel in anderen Farben leuchten. Wir würden unseren Rochester und Rhett Butler bekommen, es war nur eine Frage der Zeit. Nur eine Frage der Zeit, und dann würden unsere Nasen feiner geschwungen sein, unsere Lippen sinnlicher, unsere Augen groß und glänzend und unser Haar dick und geschmeidig, von der Art, wie Männer es gerne durch ihre Hände gleiten lassen. Eine Frage der Zeit, bis all die Pickel in gebührender Weise verschwinden, die Brüste sich auf geheimnisvolle Weise formen, die Haare auf unseren Armen und Beinen einfach abfallen und unsere Augenbrauen schön geschwungen sein würden. Nur eine Frage der Zeit, nur der Zeit. Nein, nicht der Zeit, der unsere Mütter unterworfen waren, die bei weitgeöffneten Schlafzimmertüren in Betten schliefen, drei Fuß von denen unserer Väter entfernt, und die auf diese Art und Weise zu schlafen pflegten, solange wir uns erinnern konnten. Nein, nicht der Zeit, der unsere Mütter – als Bräute sogar noch unwissender als wir in unserer Kindheit – unterworfen waren. Heute denke ich an diese zahllosen Scharen von Müttern, ehemals schweigsame Bräute, die nach ihrer Hochzeit in mit gelben und weißen Blumen geschmückte Schlafzimmer traten, gegen die ihre Hochzeitssaris in flammendem Rot und Gold abstachen. Wie haben unsere Väter diese Frauen ausgezogen, von denen so viele nicht einmal den Grund eines solchen Rituals ahnten? Haben sich unsere Mütter damals gewehrt, schweigend, schweigend? Oder haben sie sich nicht gewehrt und folgten dem Ruf eines alten Instinktes, sich stillschweigend in ihr Schicksal zu ergeben, während sie beim Geschlechtsverkehr den fernen Singsang ihrer Mütter – wie Beschwörungen – vernahmen, tu das, was dir dein Mann befiehlt, nimm es hin, füge dich. Oder haben vielleicht unsere Väter, als sie sich einer völlig neuen Lage gegenübersahen und selber von Schüchternheit überwältigt waren, stockend mit ihren Bräuten gesprochen, sie langsam und sanft eingeführt und dabei eine Erfahrung spielen lassen, die sie nie hatten? War Liebe möglich? Ihre Geschichten blieben unerzählt, angeschwollen wie Flüsse nach den Monsunregen. Auch Jahre später blieben ihre Geschichten unerzählt, und unsere Mütter verharrten wie verdorrte, aufgeplatzte Erde, die auf Regen wartet, der niemals kommt.

»Nachdem er mich vergewaltigt hatte«, sagte Sangeeta, »fuhr er mich nach Hause.« Ich erinnerte mich an diesen Abend, erinnerte mich, daß meine Mutter damit beschäftigt war, alles Nötige für das Sangeet der Frauen vorzubereiten. Die Türschwelle war mit Rangoli verziert, und aus der Küche duftete es nach Essen. Zwei Stunden vor dem Sangeet betrat Sangeeta das Haus, und ich erinnere mich, wie angegriffen sie aussah, ihre Augen waren geschwollen, ihr Gesicht blaß und ihr Sari zerknitterter, als es in der Hitze nötig gewesen wäre. Sie sagte meiner Mutter, daß die Hitze ihr zusetze, und Ma führte sie ins Schlafzimmer und drängte sie, sich zu beeilen und sich umzuziehen. Ich erinnerte mich auch, daß sie zwei Stunden für ihr Bad brauchte. Dann trafen unsere Verwandten und Freunde in einer glitzernden Pracht aus Gold und Kanchivaram-Saris ein. Sangeeta, wunderschön in einem perlenbesetzten Banarasi-Sari in Gelb und Silber und im Haar lauter Jasminblüten, saß schweigend da, als jemand Dholaki spielte und alle sangen. Als die Lieder sentimental wurden und das Verlassen der Tochter aus ihrem Elternhaus beklagten, fing meine Mutter – wie es vorherzusehen war – an zu weinen, aber Sangeeta, die mit ihren goldenen Armreifen spielte, vergoß keine Träne. Ich erinnere mich, daß es nach dem Essen Gulab Jamuns, Pedas und Rasmalai gab, und da meine Leidenschaft für Süßigkeiten diesmal nicht durch die Adleraugen meiner Mutter getrübt wurde, verschlang ich in aller Eile ein Abendessen, das fast ausschließlich aus Süßigkeiten bestand. Danach war ich mir nur noch der Last meiner Pickel, meiner fettigen Haut, meines dünnen, glatten Haares und meiner übergroßen Schüchternheit bewußt, und so ging ich in unser Schlafzimmer und schlief ein.

Nach zwanzig Jahren versuche ich mir heute vorzustellen, was geschehen wäre, wenn Sangeeta meine Eltern über die Vergewaltigung unterrichtet hätte. Natürlich hätten sie die Heirat abgesagt. Und Sangeeta, mit ihrer verlorenen Unschuld, hätte weiter bei meinen Eltern gelebt, eine gefallene Frau, wie die Leute sagen würden. Entehrt, wie sie war, wäre sie stillschweigend in der Trübsal ewiger Jungfernschaft verwelkt, während meine Eltern darum gebetet hätten, daß irgendein netter Mann kommen und sie trotz allem lieben könnte, ohne auf einem intakten Jungfernhäutchen zu bestehen. Wäre ich älter gewesen, hätte ich es meinen Eltern gesagt und beobachtet, wie sie, ohne aufzubegehren, langsam verkümmerten, da sie dies als ihr Karma für Sünden in vergangenen Leben angesehen hätten. Sie hätten ihre Erstgeborene umsorgt und für alle Zeiten die Last einer unverheirateten und entehrten Tochter getragen. Und die Leute, o die Leute hätten geredet und geredet, und die Schuld hätte einzig und allein bei ihr gelegen.

Und was war mit Nikhil, dem zukünftigen Bräutigam? Mit fünfundzwanzig war er fünf Jahre älter als Sangeeta und ein Mann, der so groß, so attraktiv und charmant war, daß er Darcy, Rochester und fast, aber nicht ganz, Rhett Butler in den Schatten stellte. Ihre Ehe war arrangiert worden, und wie in solchen Fällen fast unvermeidlich, verliebten sie sich unsterblich ineinander. Was für eine Romanze! Was für eine Werbung! Was für eine Schwemme an gegenseitigen Liebesbriefen und Rosen für Sangeeta. Obwohl sie in derselben Stadt lebten, schrieben sie sich täglich und gingen fast genausooft mit Billigung ihrer Eltern miteinander aus. Obwohl ich romantisch veranlagt war, konnte ich mir nicht vorstellen, worüber sie sich noch schreiben konnten, wenn sie sich doch so oft trafen. Redeten sie denn nicht miteinander? Wenn mir meine Bücher auch viele Freuden aus zweiter Hand bescherten, waren sie doch nichts im Vergleich zu denen, die ich an ihrer Romanze hatte. Da ich aber überaus schüchtern war, traute ich mich kaum, mit Nikhil oder mit seinem Bruder Abhinay zu reden, der so alt wie Sangeeta und fast so gutaussehend wie Nikhil war. Ihre Eltern waren freundlich zu mir. Sie tätschelten meinen Kopf und erklärten, daß ich ein höfliches und braves Mädchen sei. Was der Wahrheit entsprach, denn mit meiner Schüchternheit konnte ich gar nicht anders, als brav und höflich sein. Und außerdem, was hätten sie sonst über mich sagen sollen? Ich war weder hübsch, noch war ich charmant oder ausgeglichen. Sangeeta hatte alle drei Vorzüge. Sie brachte mich zum Kichern mit ihrem Geplapper, ließ mich ihre alten Lippenstifte ausprobieren und ihre seidenen Saris anfassen. Sie kochte mir meine Lieblingsgerichte und erzählte mir Geschichten über die Aufregungen und Abenteuer in ihrer Welt – der Welt der Erwachsenen. Sie kaufte mir Bücher, gewöhnlich solche, denen ich schon lange entwachsen war, aber was machte das schon. Sie war ausgesprochen extravagant und fast immer glücklich. Sie glaubte, daß Geld dazu da sei, um ausgegeben zu werden, und das Leben zum Vergnügen, und beidem widmete sie sich voller Hingabe. Wenn sie zu Hause war, machte es mir nichts aus, nicht zu lesen; statt dessen beobachtete ich sie und hörte ihr zu. Ich glaubte, sie sei die schönste Frau, die ich jemals gesehen hatte, und ihre Augen sprühten immer vor Lachen. Ganz im Gegensatz zu meinen, die immer traurig und verloren aussahen. Gott allein weiß, warum, denn damals gab es gar keinen Grund zur Traurigkeit.

In jener Nacht wiegten Sangeeta und ich uns gegenseitig in den Schlaf. Ich glaube nicht, daß sie schlafen konnte, aber ich schlief tief und fest, den Schlaf eines Kindes. Als ich aufwachte, verschloß sie gerade ihre sechs Koffer.

Und so heirateten sie spätnachts zu dem glückverheißenden Zeitpunkt, den der Pandit verkündet hatte. Der Pandit sang die Shlokas, die keiner verstand, und meine Schwester und Nikhil schritten – unter einem mit Ringelblumen geschmückten Mandap, umringt von grün-rot-weiß bemalten Matkas – siebenmal um das heilige Feuer. Abhinay saß hinter Nikhil, ich hinter Sangeeta, und als ich weinen mußte, tätschelte Abhinay meine Hand. Ich merkte, wie ich seinen Finger festhielt und ihn so weit zurückbog, daß er wahrscheinlich gebrochen wäre, wenn er mir seine Hand – vor Schreck und Schmerz – nicht wieder entrissen hätte. Niemand hatte es bemerkt, und ich weinte weiter, zusammen mit all den anderen weinenden Frauen.

Am Tag nach ihrer Hochzeit kamen Sangeeta und Nikhil zu uns nach Hause, sie trug Rubinohrringe und einen grünen Kanchivaram-Sari mit einem magentaroten Saum, er einen makellos weißen Pyjama-Kurta aus Seide. »Wie füreinander geschaffen«, wie die Zigarettenwerbung verhieß, und ich dachte, es ist alles in Ordnung, jetzt ist alles in Ordnung, eine Welle der Erleichterung durchströmte mich. Dann fiel mein Blick auf ihre Augen, sie waren leer, teilnahmslos. Wir saßen alle in dem Puja-Raum, und meine Mutter hielt eine kurze Andacht. Nach der Puja aßen wir, und da sich meine Eltern mit Nikhil unterhielten, nahm meine Schwester mich mit ins Schlafzimmer, setzte sich aufs Bett und mich zu ihren Füßen, schaute von mir weg an die Wand und begann, mit einer flachen, ausdruckslosen Stimme zu reden, wie unter Zwang. Nikhil hatte letzte Nacht nichts gemacht. Sie war vor ihm zurückgewichen, und er hatte dies für ihre natürliche Schüchternheit und Nervosität gehalten. Besänftigend hatte er ihre Stirn gestreichelt und gesagt, daß sie sich Zeit lassen solle. Und sie hatte vor Abscheu gezittert und die ganze Nacht wachgelegen. Nikhil widerte sie an, es ekelte ihr vor ihm. »Didi«, sagte ich, »Didi, bitte nicht.« Während sie immer noch von mir wegschaute, fragte Sangeeta mich: »Weißt du, was Abhinay getan hat?« – »Nein«, sagte ich und stand auf, aber sie zog mich wieder zurück und beschrieb mir die Vergewaltigung in aller Länge, und ich hörte zu, während mir immer schlechter wurde – bis ganz zum Schluß, als ich sehen konnte, wie sie blutend auf dem kühlen Boden lag. Dann betrat meine Mutter das Zimmer, und Sangeetas Ausdruck veränderte sich, sie war wieder die Schwester, die ich kannte, und drückte mich an sich.

Im folgenden Monat zog Abhinay bei ihnen ein. Er brauchte Nachhilfeunterricht, um sein Examen zum Wirtschaftsprüfer zu bestehen, und Nikhil, der schon Wirtschaftsprüfer war, würde ihm dabei helfen. Ihre Mutter war davon angetan und sagte zärtlich, daß Abhinay jetzt eine Bhabi habe, die für ihn kochen und sorgen würde. Als meine Schwester uns bei ihrem nächsten Besuch davon erzählte, konnte man an dem steinernen Gesichtsausdruck meiner Mutter ihre Mißbilligung ablesen. Das sei nicht gut, sagte sie zu meinem Vater, nachdem Sangeeta gegangen war. Wenn Nikhil zur Arbeit gegangen sei, seien Sangeeta und Abhinay den ganzen Tag über zusammen – das sei nicht gut. Mein Vater räusperte sich beunruhigt.

Ich hatte Angst um meine Schwester und fühlte mich wegen meines eigenen Verhaltens schuldig. Ich hatte es vermieden, allein mit ihr zusammenzusein, wenn sie nach Hause kam, und mich geweigert, sie mit meinen Eltern in ihrem Haus zu besuchen. Wenn sie zu uns kam, saß ich zusammen mit allen anderen im Wohnzimmer und ignorierte ihre Bitte, ihr doch meine Bücher zu zeigen. Inzwischen war ich über diese neue Entwicklung derart verstört, daß ich zu dem nahe gelegenen Tempel ging und betete. Ich versprach den Göttern, daß ich, falls sie meiner Schwester helfen würden, niemals heiraten würde, ich würde für alle Zeit einen Ehemann wie Rochester opfern. Nicht genug, noch nicht genug. Ich gelobte, daß ich – falls sich etwas ändern müsse und ich dafür das opfern sollte, was ich am meisten liebte – dann meine Bücher opfern würde, nicht alle Bücher (ich war ja noch in der Schule), aber alle Romane. Ich würde sofort, heute noch, aufhören, Romane zu lesen. Ich warf mich vor Ganesh, Lakshmi, Saraswati und Hanuman nieder und ging nach Hause, nachdem ich sie alle mit einer Gabe von Kokosnüssen gnädig gestimmt hatte.

Die Zeit stand still. Da ich nicht lesen konnte, gab es nichts zu tun. Die Schule war über die Sommerferien geschlossen, und meine einzige Freundin war bei ihren Großeltern zu Besuch. Am nächsten Abend brodelte es in mir vor Langeweile. Ich konnte ohne meine Bücher nicht leben, aber ich konnte auch meinen Schwur den Göttern gegenüber nicht brechen. Was sollte ich tun?

Ich aß eine Packung Süßigkeiten aus dem Kühlschrank auf und starrte hungrig auf Jane Eyre, das ich gerade zum drittenmal las (warum hatte ich es bloß nicht vor meinem Schwur zu Ende gelesen?), und stellte mir vor, wie es wäre, einen Tag in der Bücherei zu verbringen. Lange Zeit stand ich vor dem Bücherregal in meinem Zimmer, schloß die Augen, nahm wahllos irgendein Buch heraus, öffnete es und atmete so tief wie möglich seinen Geruch ein, diesen bestimmten Geruch, von dem mein Magen sich auch heute noch voller Vorfreude und Aufregung zusammenzieht. Riechen brach meinen Schwur nicht. Dann stieß ich das Buch ins Regal zurück. Ich machte einen Spaziergang zu der nahe gelegenen Bücherei und überzeugte mich davon, daß ich die meisten Bücher schon gelesen hatte und daß keines es wert war, nochmals gelesen zu werden. Von heftigem Verlangen erfüllt und mit Tränen in den Augen, ging ich zurück nach Hause. Dort angelangt, überreichte mir mein Vater einen schweren Pappkarton. Ich öffnete ihn. Bücher, Bücher, Bücher. »Alle schon gebraucht«, lächelte mein Vater glücklich. »Ich konnte dieser günstigen Gelegenheit für meine kleine Tochter einfach nicht widerstehen.« – »Aber«, sagte meine Mutter, eine strenge Zuchtmeisterin, »immer nur eins, nicht mehr als eins pro Tag, sonst kriegst du noch eine geistige Verdauungsstörung. Such dir eins aus«, sagte sie zu mir, »und du wirst den Rest wegschließen«, zu meinem Vater. Nur zu gut kannte sie meine Fähigkeit, mich an Büchern zu berauschen, und verschrieb eine so geringe Dosierung wie nur irgend möglich, da sie durch den betäubungsähnlichen Zustand, in den ich im Bann meiner Leseanfälle verfiel, irritiert wurde.

Mit feuchten Augen wandte ich mich ab und sagte: »Nein, ich möchte nicht lesen, ich bin zu alt für Bücher.«

»So, du probierst es wohl jetzt mit Sarkasmus«, gab meine Mutter zurück. »Das wird dir auch nicht helfen, mehr als ein Buch zu bekommen.«

»Ich will überhaupt keins«, sagte ich und ging in mein Schlafzimmer, gebrochen, um Schätze gebracht.

Mein Vater folgte mir und setzte sich voller Besorgnis neben mich. »Bist du krank? Vermißt du deine Schwester?«

Meine Schwester. Meine Schwester. Ich hatte meine Schwester vergessen. Meine Schwester. Ich begann zu weinen, und wie durch ein Wunder kam Sangeeta herein. Ich griff nach einem Zipfel ihres Sari-Pallas. »Komm zurück nach Hause«, schrie ich, »geh nicht mehr weg. Komm zurück nach Hause.« Ich zerrte so lange an ihrem Palla, bis der Sari an ihren Schultern zerriß, und schrie die ganze Zeit: »Ich laß dich nicht dorthin zurück, ich laß dich nicht dorthin zurück.« Meine Mutter hatte die Bücher vergessen und wiegte mich in ihren Armen. Dann nahm Sangeeta mich in ihre Arme und flüsterte in mein Ohr: »Wenn du es irgend jemandem erzählst, sag ich, es ist nicht wahr, ich werde nie mehr mit dir sprechen, dann ist es aus.«

Als ich endlich wieder aus meinem Zimmer auftauchte, klopfte Nikhil mir verwirrt und verlegen auf die Schultern und gab mir ein Stück Schokolade. Das Abendessen verlief sehr ruhig, meine Eltern waren noch von meinem unerwarteten Ausbruch erschüttert. Gleich nach dem Abendessen ging ich zu Bett. Sangeeta kam mir nach und setzte sich auf das Bett. »Nein«, sagte ich, »Didi, nein.« Mit abgewandtem Gesicht erzählte sie mir, daß Abhinay sie jeden Morgen, wenn Nikhil zur Arbeit gegangen sei, vergewaltige und daß Nikhil es nachts tue.

»Nein, Didi, nicht.«

»Abhinay macht es jeden Tag. Und nachts, nachdem er Abhinay auf sein Examen vorbereitet hat, macht Nikhil das gleiche. Aber Nikhil braucht zehnmal so lang, weil er glaubt, er sei geduldig, aber es tut mir immer weh, es ist egal, wie es gemacht wird … es ist dasselbe. Die Schmerzen werden durch seine Geduld nur schlimmer, ich verabscheue sie, ich…«

Ich steckte mir die Finger in die Ohren. Sangeeta wandte sich mir zu und nahm sie wieder heraus. Sie legte beide Hände über meine und zischte: »Hör zu, *hör doch zu.*« Sie fuhr fort zu reden, während sie weiter meine Hände festhielt: »Nikhil glaubt, daß ich mich verändert hätte. Er sagt, ich hätte meine Spontaneität und meine Wärme verloren, und zwar völlig. Er sagt, er verstehe mich nicht.« Und dann war sie still und sah fast wehmütig aus. Ich stieg aus dem Bett und ging ins Wohnzimmer.

Nachdem sie gegangen waren, fragte ich meine Mutter, wie lange man den Göttern etwas opfern müsse, damit ein Wunsch in Erfüllung gehe. »Mindestens ein Jahr lang«, sagte sie, »und manchmal geht er nie in Erfüllung.« Meine Mutter hielt unzählige Fastenzeiten ein und gab immerzu Süßigkeiten oder Fleisch oder irgend etwas, das sie besonders mochte, für eines der vielen Abkommen, die sie mit Gott schloß, her. Aber wenn es nie in Erfüllung ging, fragte ich, warum ließ sie es dann nicht ganz sein? »Wie könnte ich?« fragte sie. »Nach so vielen Jahren.«

Und so griff ich zu *Jane Eyre* und verschlang es heißhungrig zum drittenmal. Ich bat meinen Vater um die Bücher, die er mir besorgt hatte, und schaffte in einem Anfall von Raserei vierzehn in einer Woche. »Es sind Sommerferien, also mach, was du willst«, stieß meine Mutter erbittert hervor.

Nach diesem Vorfall kam Sangeeta noch dreimal nach Hause, jedesmal in einem Sari, der noch leuchtender als der vorige war, und jedesmal saß ich wie festgeklebt auf meinem Stuhl im Wohnzimmer zusammen mit der Familie und ignorierte ihre Bitten nach einem Gespräch im Schlafzimmer. »Du böses Mädchen«, sagte sie einmal schmollend. »Du hast deine Schwester nicht mehr lieb.« Meine Mutter sagte: »Geh und rede mit deiner Schwester, du brauchst nicht hier bei uns zu sitzen.« Ich brach in Tränen aus. »Jeder kommandiert mich herum«, war das einzige, was mir einfiel. Und Nikhil – lieber Nikhil – holte ein Stück Schokolade hervor und sagte, während er es mir gab: »Um Himmels willen, laßt sie doch in Ruhe.« Ich konnte ihm deutlich ansehen, daß er unglücklich war, und sein Gesicht nahm einen verwirrten Ausdruck an, wenn er meine Schwester ansah und sich unbeobachtet glaubte. Wenn sie zu Hause war, redete sie ununterbrochen und gestikulierte mit den Händen, während ihre Armreifen klirrten und sie keinem anderen zuhörte. Meinen Eltern kam an ihrem Benehmen offensichtlich nichts ungewöhnlich vor, und meine Mutter ließ einmal die Bemerkung fallen, daß sie nach der Heirat noch redseliger geworden sei.

Dann kam sie eine Weile, ich glaube zwei Wochen lang, nicht nach Hause. Schreiend wachte ich eines Nachts auf, schreckte aus einem Alptraum hoch, in dem sich der Klang der Shehenai mit Sangeetas Stöhnen vermischte, und ich sah sie vor mir, bedeckt mit Ringelblumen, und Nikhil und Abhinay lagen zu beiden Seiten meiner toten Schwester. Als ich die Augen öffnete, beugten sich meine Eltern über mich, und voller Angst rief ich den Namen meiner Schwester. »Didi ist tot«, rief ich meinen Eltern zu, »Didi ist tot.« Meine Mutter hielt mich fest in ihren Armen, als ich von Weinkrämpfen geschüttelt wurde, und mein Vater in seinem gestreiften Pyjama schaute besorgt zu.

Am nächsten Morgen bestellten meine Eltern die jüngste Schwester meiner Mutter zum Mittagessen. Mala Mousi war Gynäkologin, und meine Eltern hielten meine Hysterie zweifellos für irgendeine seltsame, undefinierbare Krankheit, über die ich schlecht reden konnte. Wahrscheinlich nahmen sie an, daß meine Hormone verrückt spielten oder daß meine Periode kurz bevorstünde, oder aber sie glaubten, daß ich auf eigenartige Weise auf die märchenhafte Heirat meiner Schwester eifersüchtig sei, daß ich ihr den Tod wünschte, daß unter meinem ruhigen Äußeren unterdrückter Ärger und Wut verborgen seien. Sie hatten bemerkt, daß ich mich nach Sangeetas Heirat verändert hatte, und da sie sich – wie üblich – weigerten, mich über so explosive Angelegenheiten selbst zu befragen, gaben sie mich in die Hände von Mala Mousi. Mit dreißig war Mala Mousi zwölf Jahre jünger als meine Mutter. Sie war schlank und attraktiv, mit scharf geschnittenen, schnippischen Gesichtszügen und kurzen dunklen Haaren, mit braunen Augen, einem direkten Blick und mit einer Nase, die so schmal und gerade war, daß ich vor Neid jedesmal fast starb, wenn ich sie sah. Sie war lebhaft und scharfsinnig, hatte eine spitze Zunge, und jeder, meine Mutter eingeschlossen, fürchtete sich ein wenig vor ihr. Sangeeta fand sie immer ausgesprochen einschüchternd – sie sei zu direkt, zu forsch, zu freimütig und unabhängig. Mala Mousi hatte ihrer Ansicht nach zu viele harte Kanten und zuwenig von der Weichheit und der milden tröpfelnden Herzlichkeit, die sie mit unseren Tanten assoziierte. Sie fand Mala Mousis Bemerkungen zu scharfsinnig, ihre Ansichten schockierend und ihre Haltung der Welt gegenüber zu ernsthaft, als ob das Leben einer Rechtfertigung bedürfe, wo es doch zum Vergnügen da sei. »Sie denkt zuviel«, sagte Sangeeta zu unserer Mutter. »Es gibt keinen Grund, um über das Leben und all diesen Unsinn zu philosophieren. Sie weiß nicht, wie man Spaß haben kann. Und was nützt ihr denn all dies Philosophieren und Lesen, wenn sie noch immer keinen Mann zum Heiraten gefunden hat?« Denn Mala Mousi war dreißig und lebte allein, und dies schien ihr keineswegs schlecht zu bekommen, wie ich mit Schrecken und Bewunderung feststellte. Mala Mousi liebte das Leben, aber ihre Liebe zum Leben war von anderer Art als Sangeetas. Sie war von ernsthafter, kontemplativer und stiller Natur. Es war mir unbegreiflich, wie sie so optimistisch sein konnte – trotz zweier gelöster Verlobungen, trotz ihres ständigen Kampfes um ihre Unabhängigkeit und Privatsphäre und der Tatsache, daß sie deswegen von ihrer Familie bemitleidet und ständig daran erinnert wurde. All dies schien Mala Mousi nicht zu berühren, sie benahm sich ihren sechs Schwestern gegenüber mit schonungsloser Offenheit und erinnerte sie in regelmäßigen Abständen daran, daß sie die einzige sei, die ihre Ausbildung nicht nur zum Kochen benutze. Ich konnte meine Liebe zu Büchern mit ihr teilen, da auch sie eine unersättliche Leseleidenschaft besaß. Sie hörte mir genau zu und behandelte mich nicht wie ein Baby, sondern ging bereitwillig darauf ein, mit mir über Fragen wie Gott, das Universum und was wir darin zu suchen haben, zu reden. Sie erzählte mir, daß sie nicht an Gott und ganz gewiß nicht an Himmel und Hölle glauben würde, eine Enthüllung, bei der es mir schwerfiel, sie mit Gleichmut aufzunehmen. Ihrer Ansicht nach gab es Himmel und Hölle nur auf der Erde, und das konnte ich nie so recht verstehen, sosehr ich mich auch bemühte. In der Klosterschule, in der ich unterrichtet wurde, waren Himmel und Hölle Realitäten, die man nicht ignorieren konnte, und ich war mir sicher, daß auf mich das Fegefeuer wartete, da ich sündigte, weil ich verbotene Bücher las. In der Schule hatten wir unseren christlichen Gott, zu Hause unsere Hindu-Götter, und es bereitete mir keine Schwierigkeiten, an sie alle zu glauben. Als die Nonnen uns von den Wundern, die Christus vollbracht hatte, erzählten, stimmte ich ihnen bereitwillig mit den Wundern, die Krishna vollbracht hatte, zu. Ich liebte beide von Herzen, und die Nonnen hörten es sich geduldig an, amüsiert und ungläubig. Ich liebte die Bibel fast so sehr wie das *Ramayana* und das *Mahabharata*, denn alle enthielten Geschichten, die mich tief berührten und unweigerlich zum Weinen brachten. Ich weinte, als Lord Rama seine schwangere Frau im Wald verstieß. Unfair, ungerecht. Und nur weil er eine Unterhaltung belauscht hatte, in der einer seiner Untertanen Sitas Keuschheit in Frage stellte. Nur weil Lord Rama seinen Untertanen beweisen wollte, daß er tatsächlich Wert auf ihre Ansichten legte. Und deshalb, ohne Sita irgend etwas zu sagen und obwohl sie doch schwanger war, beauftragte er seinen Bruder Lakshmana, sie in den Wald zu begleiten und dort alleine und ohne Schutz zurückzulassen. »Wie *konnte* er nur, Ma, wie *konnte* er nur?« rief ich jedesmal unter Tränen aus, wenn sie mir diese Geschichte erzählte. Einmal hörte mein Vater zufällig zu und sagte: »Das sind die Götter, die wir verehren.« Ich vergoß auch heiße Tränen für Draupadi, die mit ihrem gesamten Königreich in einer Wette von ihren fünf Ehemännern, den Paudavas, an ihre Feinde, die Kauravas, verspielt wurde. Ich weinte, als Duryodhana Dussasana befahl, Draupadi zu entkleiden, als Dussasana vor dem ganzen Hofstaat damit begann, ihren Sari zu lösen, und Draupadis fünf Ehemänner hilflos zusahen. »Wie *konnten* sie nur, Ma?« schrie ich. »Wie konnten ihre Ehemänner das nur zulassen?« Und meine Mutter erzählte mir, wie Draupadi gelobte, daß sie eines Tages ihr Haar in Duryodhanas Blut waschen und bis zu diesem Tag ihr Haar weder flechten noch kämmen würde. Ich seufzte vor Zorn und Vorfreude. Und mein Vater, der wieder zuhörte, bekräftigte nochmals seinen Abscheu vor den Helden in unserer Mythologie. Im *Ramayana* und *Mahabharata* gab es unzählige Leidenschaften und Intrigen, Rachetaten und Vergeltungsschläge – Geschichten in Geschichten in Geschichten –, und natürlich triumphierte am Ende das Gute immer über das Böse. Sie mußten wahr sein, sie konnten gar nichts anderes als wahr sein, denn – so folgerte ich – es war doch unmöglich, daß irgend jemand so viel Phantasie gehabt hätte, sich das alles bloß auszudenken.

Außer ihren apokalyptischen Ansichten rauchte Mala Mousi auch noch, was meinen Eltern nicht recht und außerdem peinlich war. »Anständige Frauen rauchen nicht«, sagte mein Vater zu meiner Mutter, und meine Mutter gab keine Antwort, da sie zwischen Zustimmung und Liebe zu ihrer kleinen Schwester hin und her gerissen wurde. Gelegentlich trank sie sogar Alkohol, und sie tat beides mit so viel Stil und Anmut, daß ich oft jede ihrer Gesten in meinem Zimmer wiederholte – das elegante Heben ihrer schlanken Hand, die gemächlichen Bewegungen ihrer langen Finger, die die Zigarette hielten, und das gelassene Ausatmen des Rauchs aus ihrem magentaroten Mund. Ich wünschte mir, sie beeindrucken und ihr darüber hinaus deutlich machen zu können, daß auch ich radikale Ansichten vertrat. Aber ich tat es nicht. Ich diskutierte nicht einmal mit meinen eigenen Eltern, es gab ja auch nichts, über das es sich zu diskutieren lohnte – außer daß ich mehr Bücher lesen wollte.

Ja, Mala Mousi faszinierte mich. Aber ich wollte nicht wie sie werden, denn das würde bedeuten, nicht heiraten und keine Babys bekommen zu können, und beides wünschte ich mir. Nicht so wie sie zu werden würde allerdings bedeuten, so wie meine Mutter zu werden, die geheiratet und Babys bekommen hatte und die dick und tröstlich, langweilig und streng, liebevoll und praktisch war und die Sicherheit und Unzufriedenheit verströmte. Und jede verheiratete Frau in meiner Umgebung war genauso wie meine Mutter – absolut, ja, absolut unromantisch. Gab es denn nichts dazwischen?

Vor dem Mittagessen hielten Ma und Mala Mousi eine vertraute Besprechung im Schlafzimmer meiner Eltern ab, und viele Jahre später wurde mir gesagt, daß ihre Unterredung ungefähr so verlief:

Ma: Geeti ist völlig verstört. Ich weiß nicht, was ich machen soll.

Mousi: Rede mit ihr. Finde es heraus.

Ma: Vielleicht hat sie ihre Periode bekommen und weiß nicht, was sie jetzt tun soll?

Mousi: Frag sie.

Ma: Du bist Gynäkologin. Untersuch sie.

Mousi: Was meinst du damit, untersuch sie? Um Himmels willen, sie ist deine Tochter, und die Periode ist keine Krankheit. Das arme Kind.

Ma: Mala, Beti, bitte rede mit ihr.

Mousi: Didi, du benimmst dich völlig unverantwortlich. Das arme Kind braucht dich, nicht mich.

Ma: Mala, Beti, ich glaube, sie ist ganz verstört über Sangeetas Heirat.

Mousi: Wieso?

Ma: Sie benimmt sich so seltsam – sie weint ohne Grund, und gestern träumte sie, daß Sangeeta tot sei –, glaubst du, sie wünscht ihr den Tod?

An dieser Stelle brach meine Mutter in Tränen aus. Darauf hielt Mala Mousi ihr einen Vortrag über das, was sie alles verdränge, über ihre Dummheit und ihre völlige Blindheit meiner Einsamkeit gegenüber.

»Aber ich war gar nicht einsam«, sage ich ihr heute, zwanzig Jahre später. »Ich kann mich nicht daran erinnern, mich jemals einsam gefühlt zu haben.«

»Unsinn«, sagt Mala Mousi. »Du warst ein einsames Kind und hattest praktisch keine Freunde. Du hast so sehr in deiner Bücherwelt gelebt, daß dir die Wirklichkeit ganz entging. Und du warst auf eine erschreckende Weise blind gegen die furchtbare Bürde, die deine egoistische Schwester auf dich geladen hatte.«

»Sie hatte niemanden sonst«, sage ich. »Niemanden.«

»Sie hatte deine Eltern«, sagt Mala Mousi. »Sie hatte eine Wahl. Sie entschied sich, dieses masochistische Verhältnis weiterzuführen und dich zu benutzen.« Plötzlich füllen sich ihre Augen mit Tränen, und sie murmelt: »Das arme Kind, arme, arme Geeti.«

Ich beharre auf meiner Meinung. »Sie hatte große Angst davor, daß niemand ihr glauben und sie verstehen würde. Sie war sich nicht einmal bewußt, daß sie eine Wahl hatte.« Für Mala Mousi ist alles immer so klar und einfach. Mala Mousi sagt: »Deine geliebte Schwester war schwach. Sie akzeptierte jedes kleine bißchen von ihrem Unglück, und das machte sie zu einer Masochistin.«

Aber zurück zu jenem Tag vor zwanzig Jahren, dem Vortrag, den Mala Mousi meiner Mutter hielt, der Gezwungenheit beim Mittagessen ... Nach dem Essen bat Mala Mousi mich, ihr etwas über die Bücher, die ich gerade las, zu erzählen. Wir gingen in mein Zimmer, und mitten in meiner Erzählung über Jane Eyres traurige Kindheit stockte ich.

»Dich bedrückt doch was, Geeti«, sagte Mala Mousi.

»Nein«, antwortete ich, denn Reden würde für meine Schwester den Tod bedeuten.

»Hast du deine Periode bekommen?«

Ich errötete. »Nein.«

»Weißt du, warum Frauen sie bekommen?«

»O ja«, antwortete ich bewußt leichthin. »Wenn Frauen ihre Periode bekommen, können sie Babys haben.«

»Ja«, antwortete sie, und dann erzählte sie mir von der Anatomie und den Fortpflanzungsorganen einer Frau und danach von denen eines Mannes. Zu meiner großen Verlegenheit unterrichtete sie mich des weiteren über Geschlechtsverkehr und vermischte dies gekonnt mit Biologie.

Als sie fertig war, sagte ich: »Ich wette, du weißt nicht, *wie* weh das tut.«

»Unsinn«, sagte meine Tante.

»Ich weiß es«, sagte ich. »*Du* weißt es nicht.«

»Tatsächlich«, sagte Mala Mousi, »weiß ich es nicht. Warum erzählst du mir nichts darüber?«

»Du wirst es schon merken, wenn du verheiratet bist«, erwiderte ich traurig.

»Aber du bist doch nicht verheiratet, Geeti. Woher weißt du es denn?«

»Ich kenne verheiratete Leute, Mousi, Freunde«, erklärte ich hastig.

»Und was erzählen dir deine verheirateten Freunde?«

»Ich habe eine verheiratete Freundin«, sagte ich, »ihr Schwager vergewaltigte sie zwei Tage vor der Hochzeit.«

»Und dann?«

»Dann zog ihr Schwager bei ihnen ein, und jetzt vergewaltigt er sie am Morgen und ihr Mann in der Nacht.«

Ich bemerkte, daß Mala Mousis Hände zitterten. Sie sagte: »Geeti, mein Kind, ist diese Frau deine Schwester?«

Ich antwortete nicht. Meine Kehle war wie gelähmt. Mein furchtsames Gesicht war Antwort genug. »Sag Ma nichts«, bat ich.

Mala Mousi nahm meine Hände in ihre. »Geeti, Baby, vertraue mir. Glaubst du mir, wenn ich sage, daß ich deiner Schwester nie Schaden zufügen würde?«

»Ja«, flüsterte ich mit tränenüberströmtem Gesicht.

Sie wischte mir die Tränen ab und sagte: »Wir müssen es deiner Mutter und deinem Vater sagen.«

»Nein.«

»Doch. Dann werden sie deine Schwester zurück nach Hause

holen. Sie wird in Sicherheit sein. Niemand wird ihr etwas tun können. Sie werden sie nie wieder dorthin zurückgehen lassen. Und *was auch immer* geschieht, ich werde bei dir sein.«

»Versprochen? Leg die Hand aufs Herz und versprich es.«

»Ich lege die Hand auf mein Herz«, sprach sie mir nach, während sie es tat, »und ich verspreche es.«

»Ma wird damit nicht fertig werden«, sagte ich. »Sie wird hysterisch werden.« Mala Mousi drückte meine Hand. »Aber Daddy«, sagte ich, »wird tapfer und stark sein. Er ist«, ich suchte nach dem passenden Wort, »ein unverwundbarer Mann.«

Eine Zeitlang saßen wir still beieinander, Mala Mousi hatte ihren Arm um mich gelegt und streichelte meine Stirn. Ich war erfüllt von solch einem Gefühl des Friedens und der Geborgenheit, wie ich es niemals zuvor erlebt hatte und seitdem auch niemals wieder erlebt habe. Dann sah ich auf und bemerkte, wie Mala Mousi, meine starke, vernunftbetonte Mala Mousi, leise vor sich hin weinte. Die Angst kam so plötzlich wieder, daß mir schwindlig wurde, und ich blickte sie mit solch einer entsetzlichen Furcht an, daß sie meine Augen mit ihren nassen Händen bedeckte. Sie sagte: »Sangeeta wird nichts geschehen. Ich weine deinetwegen.«

Ich seufzte tief auf und lächelte. »Mit mir ist alles in Ordnung.« Ich sah zu ihr hoch. »Sieh nur, mit mir ist *alles* in Ordnung.« Ich glaubte es wirklich.

Mala Mousi rief meine Eltern in mein Zimmer und erzählte ihnen alles. Ich wartete darauf, daß Ma anfing, lauthals zu weinen und zu wehklagen, aber nichts dergleichen geschah. Sie lehnte kraftlos im Sessel, die schwachen Linien um ihren Mund schienen mit einem Mal dunkler geworden zu sein, und ihre großen Augen waren starr und blicklos. Es war mein Vater, der weinte, nicht so still und geräuschlos, wie ich es von Männern geglaubt hatte, sondern in erschütternden Krämpfen, ein so unglaublicher und unerträglicher Anblick, daß meine ganze Welt zusammenbrach.

Mala Mousi half mir, meinen Koffer zu packen, und wir fuhren in ihre Wohnung, um dort eine Woche zu bleiben. Sie erzählte mir, daß meine Eltern meine Schwester zurück nach Hause holen würden und daß es für mich besser sei, eine Weile bei ihr zu wohnen.

Am gleichen Abend sagte sie mir mit unendlicher Zärtlichkeit, daß meine Schwester im Schlaf gestorben sei.

Nachdem der erste Ansturm von Trauer vorüber war, lag ich in ihren Armen und sagte: »Sie muß an gebrochenem Herzen gestorben sein.« Sie ließen mich nicht zu der Einäscherung gehen, und Mala Mousi ging auch nicht hin, sondern blieb bei mir und hielt mich während meiner regelmäßig wiederkehrenden Weinkrämpfe in ihren Armen.

Sangeeta starb nicht im Schlaf und natürlich auch nicht an gebrochenem Herzen. Ich fand dies vier Jahre später nur deshalb heraus, weil meine kleine Kusine, ein lästiges, frühreifes Kind, unbedingt eine Geschichte von mir erzählt haben wollte. Ich war in mein Buch vertieft und hatte weder die Absicht noch die geringste Lust, mich mit ihr abzugeben. Deshalb sagte sie: »Ich wette, dir hat keiner gesagt, daß Sangeeta Didi starb, weil sie sich am Ventilator aufgehängt hat.«

Ich legte mein Buch hin.

»Ich wußte doch, daß ich dich dazu bringen kann, dein blödes Buch wegzulegen«, triumphierte sie.

Ich starrte sie an.

Sie grinste. »Und bevor sie sich umbrachte, schnitt sie Abhinays ... *Ding* ab, und er verblutete.« Darauf hielt sie sich die Hand vor den Mund und kicherte, ganz verlegen, weil sie von Abhinays »Ding« gesprochen hatte.

Alle, alle wußten davon, unsere Verwandten, Nachbarn, die ganze Stadt, in der wir gelebt hatten und aus der wir einen Monat nach ihrem Tod fortgezogen waren. Sie wußten es alle, denn dies Ereignis hatte natürlich für Schlagzeilen in den Lokalzeitungen gesorgt und Polizei, Journalisten und Neugierige wie Flutwellen an unsere Haustür geschwemmt. Da ich während der ganzen Zeit bei Mala Mousi war, wurde mir all dies erspart, und wenig später zog ich mit meinen Eltern in eine andere Stadt, die so weit entfernt war, daß unsere Verwandten nicht wie sonst üblich bei uns hereinschneien konnten. Sie wußten alle, daß Sangeeta – als meine Eltern ihr Haus betraten (die Eingangstür war nicht verschlossen) – von dem Ventilator herunterhing und Abhinay am Boden, in der Nähe der Tür, lag.

Wie hat sie es gemacht? Vielleicht während er schlief, den Schlaf eines befriedigten Mannes, der sich in Sicherheit wiegte, weil Nikhil eine Woche lang auswärts arbeiten würde. Danach muß sie die Schlafzimmertür verriegelt und beobachtet und gehört haben, wie er kriechend versuchte, die Tür zu erreichen, muß ihm beim Sterben zugesehen und zugehört haben. In einer Notiz an mich schrieb sie: »Heute hat Abhinay mich zum zweiundfünfzigsten Mal vergewaltigt. Ich bin schwanger. Ich kann hören, wie er stirbt, und das gefällt mir.« Legte sie daraufhin die Notiz sorgfältig auf den Tisch und sah mit gefalteten Händen ruhig zu, wie Abhinay starb? Oder betete sie ihm flüsternd die zweiundfünfzig Mal vor, während er schreiend versuchte, zu der verschlossenen Tür zu kriechen?

Auf dem Tischchen stand eine Flasche mit heiligem Gangeswasser, das sie trank, bevor sie auf den Stuhl stieg.

Es war Mala Mousi, die mir schließlich alles erzählte. Meine Eltern waren dazu nicht imstande, auch dann nicht, als ich es von ihnen verlangte. In der Küche schüttelte ich meine Mutter mit beiden Armen und bat sie, mir endlich die Wahrheit zu sagen. Meine Mutter lehnte gegen die Küchenwand und schüttelte tränenüberströmt den Kopf. Darauf nahm ich ihr Gesicht in beide Hände und zwang sie, mich anzusehen, aber ihre Augen waren voller Tränen und blickten zur Decke hoch.

Dann ging ich zu meinem Vater, der auf der Veranda saß. Er mußte mich gehört haben. Heiser und mit abgewandtem Gesicht sagte er: »Stell mir keine Fragen.« – »Sag es mir«, kreischte ich, »sag es mir.« Unsere Nachbarin steckte den Kopf aus ihrer Tür, und meine Kusine hatte sich in eine Ecke der Veranda verkrochen.

Darauf ging ich in das Schlafzimmer meiner Eltern, öffnete den Schrankkoffer meiner Mutter und durchstöberte so lange die Falten ihrer Saris, bis ich das sorgfältig versteckte Geld fand, die einzigen Ersparnisse, die meine Mutter jeden Monat von ihrem Haushaltsgeld zurückgelegt hatte. Es waren vierhundert Rupien in Zehn- und Fünf-Rupien-Scheinen. Am nächsten Tag nahm ich den Zug in die Stadt, in der Mala Mousi lebte und aus der wir vor vier Jahren fortgezogen waren. Meine Eltern hielten mich nicht auf.

Mala Mousi berichtete mir weiter, daß der Schock und die Trauer für meine gebrochenen Eltern zu groß gewesen seien und daß Nikhil sich eine Woche lang wie ein Sohn um sie gekümmert habe. Obwohl Nikhils Eltern vor Trauer und Schuldgefühlen der Verzweiflung nahe waren, akzeptierten sie dennoch den Tod ihres Sohnes als schicksalhafte Vergeltung. Schließlich verließen auch sie die Stadt. Mala Mousi zeigte mir einige Frauenzeitschriften, die über Sangeeta geschrieben und aus ihrem Fall eine Titelgeschichte gemacht hatten. Eine Zeitschrift verglich sie mit Draupadi, die nach dem Sieg der Pandavas auf dem Schlachtfeld ihr Haar im Blut des Mannes wusch, der sie gedemütigt hatte, und wie eine Besessene ihren Schwur erfüllte.

»Aber sie war keine Draupadi«, sagt Mala Mousi heute, zwanzig Jahre nach diesem Vorfall, zu mir. »Sie hatte keinen Mut und keine Ausdauer und war nicht fähig, sich selbst oder anderen Kraft zu geben.« Meine Tante, die mir gegenüber so liebevoll und einfühlsam ist, verschont weder meine Schwester noch meine Mutter. Sie setzt mir auseinander, daß meine Mutter zu keinem Zeitpunkt verantwortungsvoll gehandelt habe. »Erst gibt sie dich an mich weiter, um herauszufinden, was mit dir los ist, nach Sangeetas Tod wendet sie sich der Religion zu, und schließlich weigert sie sich noch, dir irgend etwas zu erzählen, so daß du es von diesem Früchtchen, deiner Kusine, erfahren mußt.«

Ich verteidige meine Mutter. »Du kannst von ihr nicht erwarten, daß sie darüber in Ruhe reden kann.«

Mala Mousi schnaubt vernehmlich. »Nein, das kann ich nicht. Deswegen erledige ich es jedesmal für deine Eltern.« Sie hält einen Moment inne. »Sie läßt ihre Kinder alles Wichtige durch eine Reihe von unglückseligen Zufällen herausfinden, genau wie sie es mußte, als sie heiratete. Man sollte doch meinen, daß sie diese Erfahrungen ihren Kindern ersparen möchte, aber nein. Wußtest du, daß deine Mutter, als sie das erste Mal in den Wehen lag, Tabletten gegen Magenschmerzen nahm?« Sie beobachtet befriedigt meinen entgeisterten Gesichtsausdruck und führt noch mehr ins Feld. »Sangeetas Empfängnis war für sie eine rein zufällige Entdeckung und ihre Geburt eine weitere.« Mala Mousi hat ihre Besuche bei meinen Eltern fast ganz eingestellt. »Meine Schwester deprimiert mich«, sagt sie.

»Du hast nicht viel übrig für Untertreibungen, Mousi«, murmle ich, und sie lächelt widerstrebend. Meine Mutter deprimiert Mala Mousi nicht nur, sondern regt sie auf und macht sie wütend. Meine Mutter ist jetzt fanatisch religiös, sie betet und meditiert sechs Stunden am Tag. Bei meinen (immer seltener werdenden) Besuchen kann ich hören, wie ihr Bett jeden Morgen um vier Uhr quietscht, wie sie ins Badezimmer geht, badet, wieder herauskommt und sich ankleidet. Dann zieht der Geruch von Räucherstäbchen in mein Zimmer. Wenn ich überraschend nach Hause gehe und sie gerade betet, kommt sie nicht heraus, um mich zu begrüßen; ich setze mich dann in mein Schlafzimmer, während mein Vater, der immer noch keinen Tee machen kann, sich unsicher in meiner Nähe aufhält und die Bemerkung fallenläßt, daß ich dünn geworden sei. Meine Mutter übt sich in der Abkehr von der Welt, da sie fest daran glaubt, daß jede weltliche Bindung nur Sorgen und Kummer zur Folge habe. Wenn sie nicht gerade betet, fragt sie nach meiner Arbeit als Chirurgin und nach meiner Trennung, ohne genau zwischen beidem zu unterscheiden oder auf meine Antworten zu achten. Mein Vater, der in gewisser Hinsicht immer ein gläubiger Mensch gewesen ist, ist sich trotz allem treu geblieben. Ab und zu schüttelt er seinen Kopf und sagt:

»Nichts macht einen Sinn«, gefolgt von »Gottes Wege sind unergründlich«. Mala Mousi denkt, daß sich an den Gebeten meiner Mutter und den Seufzern meines Vaters zeigt, daß sie auch den letzten Rest ihrer Fähigkeit, Verantwortung zu tragen und Entscheidungen zu treffen, verloren haben. Sie betrachtet die ganze Entwicklung als etwas, das sich zwangsläufig aus den Ansichten und Verhaltensmustern meiner Eltern ergeben hat, und nicht als den unergründlichen Akt eines Gottes, wie mein Vater sagt, oder als Vergeltung für Sünden in vergangenen Leben, wie meine Mutter glaubt. Aber trotz aller Wutausbrüche und ihrer Intoleranz ist Mala Mousi eine Frau, die viel Optimismus und deshalb, das fühle ich, auch viel Mut besitzt. Sie beklagt sich nicht über ein grausames Schicksal oder einen feindseligen Gott – sie glaubt ja auch nicht daran –, sie akzeptiert die Fehlschläge in ihrem Leben und beschäftigt sich ansonsten damit, Babys auf die Welt zu bringen, ihren Garten zu pflegen und mit viel Begeisterung zu lesen.

Gibt es nichts dazwischen, war meine Frage mit zwölf. Ja, das gibt es. Ich bin es; es war nur eine Frage der Zeit. Eine Frage der Zeit, und dann war meine Nase feiner geschwungen, mein Haar tatsächlich dicker und länger, und meine Augen waren – mit Hilfe von Kajal – größer geworden. Eine Frage der Zeit, und die Pickel verschwanden in gebührender und die Brüste formten sich auf geheimnisvolle Weise, die Haare auf den Beinen wichen ausdauernden Wachsbehandlungen, und auch meine Augenbrauen hatten nun – nach gewissenhaftem Zupfen – den richtigen Schwung. Es war nur eine Frage der Zeit ... nicht der Zeit meiner Mutter, die einfach stillstand, sondern einer Zeit, die ganz meine eigene war. Die Zeit verging, als ich auf den Mann wartete, der mein Rochester, mein Rhett Butler, mein Darcy, mein David, mein Sanjeevani, mein Lebensspender und mein Heil sein würde. Ich versah den Mann, den ich schließlich heiratete, mit all diesen Attributen und wartete darauf, daß Mitleid und Verständnis seine Augen schmelzen ließen, als ich ihm die Geschichte meines Lebens erzählte. Verrückt und besessen, sagte er von mir. Verrückt, von meiner Schwester. Je weniger er zuhörte, desto schriller wurde meine Stimme. Als ich ihm schließlich im Bett den Rücken zukehrte, sagte er, dies müsse wohl in der Familie liegen.

Und so ging ich wieder zu Mala Mousi. Sie hörte zu. Von ihr kamen keine Fragen, keine Urteile. Ich redete über Sangeeta, meine Eltern, meinen Mann und schluchzte mir meine Träume und Phantasien, die Illusionen und Tatsachen von der Seele. Und als ich mit meiner Lebensbeichte zu Ende war, begann sie mit ihrer.

Ja, ich bin es, die dazwischen steht. Ich bin weder verheiratet, dick, unzufrieden und schicksalsergeben wie meine Mutter noch unverheiratet, kompromißlos und unabhängig wie Mala Mousi, sondern lebe zur Zeit getrennt von meinem verständnislosen, verärgerten Mann und habe meine alten Phantasien gegen neue eingetauscht – die von Einfühlungsvermögen, Zärtlichkeit und Verbundenheit. In meinen Träumen statte ich meinen widerstrebenden Mann mit diesen Eigenschaften aus, da ich nicht bereit bin zu glauben, daß er wahrscheinlich genausowenig mein Sanjeevani ist, wie ich seine Gopi bin.

Wie besessen kommen Mala Mousi und ich immer wieder auf Sangeeta zu sprechen, wenn wir uns treffen. Mala Mousi ist noch nicht über die Verzweiflung der Zwölfjährigen und das Trauma der Sechzehnjährigen, der sie damals mit Rat und Tat zur Seite stand, hinweggekommen. Wenn sie darüber spricht, redet sie so, als ob nicht von mir, sondern von einem anderen Kind in einer anderen Zeit die Rede sei. Sie sagt, sie habe es damals schon nicht ertragen und könne es auch heute kaum. Manchmal spricht sie unbewußt von mir in der dritten Person. »Das arme Kind«, sagt sie zu mir. »Das arme, arme Kind.« Es ist, als ob Mala Mousi zu der zwölfjährigen Geeti werden würde, die mir, ihrer zweiunddreißigjährigen Freundin, abermals von ihren Erlebnissen berichtet und dabei all das ausspricht, was die Zwölfjährige nie sagte. Dann bin ich an der Reihe und werde zu Sangeeta, ich erlebe jeden Tag und jede Nacht in Sangeetas Ehe wieder – bis zum blutigen Ende. Dann stöhne ich auf und sage Mala Mousi, daß ich vielleicht doch für meinen Mann dankbar sein sollte. Diese Auffassung redet sie auf der Stelle in Grund und Boden und wirft mir vor, daß ich nur dazu beitragen würde, die Grabinschrift aller resignierenden Ehefrauen – »Andere haben es noch schwerer« – zu zementieren.

Mala Mousis Aphorismen waren zwar vernünftig, aber zu nüchtern für mich, und ihre Lebensphilosophie, mit der sie – wie ein Banyanbaum – auf solidem Fundament wuchs und gedieh und Schutz spendete, war für mich ein zu dürrer Ast, als daß ich mich an ihm hätte festhalten können. Ich wollte meiner Mutter glauben, wenn sie sagte: »Alles ist nur eine Täuschung. Wir lassen uns in die Irre führen, wenn wir glauben, daß dies die wirkliche Welt ist.« Mit trüben Augen blickte sie aus dem Küchenfenster.

»Unsinn«, sagte Mala Mousi, als ich diese Worte wiederholte. »Es ist deine Mutter, die einer Täuschung erliegt.« Ihre Züge wurden weicher, als sie meinen Gesichtsausdruck bemerkte. »Ich weiß. Das hilft ihr weiterzuleben.«

Ich war zwischen dem Wunsch, meiner Mutter zu glauben, und dem Verlangen nach Mala Mousis Anerkennung gefangen und schwankte ständig zwischen Hoffnung und Schuldgefühlen. Wie schaffte Mala Mousi das bloß? Woher nahm sie ihren Optimismus und ihre Zuversicht in die Zukunft, ganz alleine, immer alleine? Und ich, wie sollte ich es schaffen, wenigstens damit zu beginnen, mich von der Vergangenheit zu lösen, wenn ich doch alle Erinnerungen an meine Schwester leidenschaftlich liebte, Mala Mousi im stillen liebte und gegen meinen Willen sogar meinen Mann trotz seiner Ähnlichkeit mit Rhett Butler und Rochester liebte, da ich in seiner Verwirrung einen Hoffnungsschimmer sah?

Und Nikhil. Mein Schokoladenspender, blinder, unwissender Vergewaltiger, großer, freundlicher Schwager. Viele Jahre nach Sangeetas Tod kam er in Mala Mousis Haus, um mich zu besuchen. Vor Schreck brachte ich in den ersten fünf Minuten keinen

Ton heraus. Er war frühzeitig ergraut, ging leicht gebeugt und hatte nichts mehr von dem Charme, der ihn früher ausgezeichnet hatte. Er war gekommen, um herauszufinden, was Sangeeta mir erzählt hatte. All die Jahre hatte es ihn gequält zu wissen, daß Sangeeta mit mir gesprochen hatte, aber nicht zu wissen, was sie mir anvertraut hatte. Jahr um Jahr hatte er Mala Mousi besucht, aber sie hatte sich geweigert, mein Vertrauen zu mißbrauchen. Meine Eltern hatten sich geweigert, ihn zu mir zu lassen. Mala Mousi hatte mir zwar von seinen Besuchen, aber nichts von seiner Absicht erzählt. »Ich glaubte, es wäre zu schlimm für dich«, verteidigte sie sich. Liebe Mala Mousi. All die Jahre habe er gewartet, um mit mir sprechen zu können, sagte Nikhil. Was hatte Sangeeta mir erzählt? Und wie hatte sie es ausgehalten? Wann hatte es angefangen? So erzählte ich es ihm, und sein Gesicht fiel in sich zusammen. Schaudernd sagte er: »Ich dachte, sie sei gehemmt. O Gott, ich war um nichts besser als mein Bruder.« Er sah zu Boden und flüsterte: »Jetzt verstehe ich.« Es folgte ein langes Schweigen, dann sah Nikhil mich mit schmerzverzerrtem Gesicht an und sagte: »Ich dachte, du würdest mir sagen, daß sie mich liebte. Ich kam in dem Glauben hierher, daß ich nach diesen Worten wieder gehen und alles doch noch ertragen könnte. Aber das, Geeti, das kann man nicht ertragen, davor kann man nicht weglaufen.« Danach konnte er nicht mehr sprechen. Eine Viertelstunde lang saßen wir schweigend da, und er sah mit leerem Blick aus dem Fenster. Bevor er uns verließ, sagte er: »Ich werde beten müssen. Nächsten Monat werde ich nach Amarnath reisen und darum beten, daß ich meine Sünden an ihr in meinem nächsten Leben wiedergutmachen kann.« Im Weggehen sagte er noch: »Bevor ich dich traf, hatte ich noch Hoffnung.«

Als ich zurück ins Wohnzimmer ging und mich auf das Sofa setzte, überwältigte mich wieder der alte Schmerz. Sogar heute noch ergreift dieses Gefühl überraschend von mir Besitz, und ich bin wieder zwölf und ihm schutzlos ausgeliefert. Ach, wegen diesem Versprechen von weiteren Leben, in denen wir unsere Sünden wiedergutmachen können, akzeptieren wir unser Leiden in diesem Leben und glauben, daß all unser Schmerz unser Karma ist, welches sich aus Sünden in früheren Leben ergeben hat. Es gibt vieles, was für die Hindu-Philosophie spricht, denn Glaube bringt Zustimmung und Hoffnung mit sich. Sie verneint die ewige Verdammnis in der Hölle, macht das Unerklärliche verständlich und ist die einzige logische Antwort auf die schmerzerfüllte Frage nach dem Warum. Nach dieser Logik müssen meine Eltern, meine Schwester und ich in unseren früheren Leben in großer Sünde und Wollust gelebt haben. Wie Nikhil bete auch ich, wie meine Mutter gebe ich den Göttern Versprechen, aber ich tue es heimlich. Mala Mousi würde nichts mehr mit mir zu tun haben wollen, wenn sie davon wüßte, denn sie verbannt die Wiedergeburt genau wie die Existenz von Himmel und Hölle in das Reich der Fabel. Ich bete darum, daß Sangeetas Seele ihren Frieden gefunden hat und daß wir uns wiederbegegnen, falls es ein anderes Leben gibt. Was für ein Ritual aus Heimlichkeit und Schuld meine Gebete sind! Es gibt Zeiten, da sehne ich mich danach, Mala Mousis Überzeugung, daß es nur ein Leben und einen Tod und nichts davor oder danach gebe, zu besitzen, und sehne mich auch danach, ihren Optimismus und Glauben an sich zu teilen. Aber wenn ich ihre Überzeugung hätte, hätte ich doch ihren Optimismus nicht; und könnte ich in dem Bewußtsein weiterleben, daß dies das Ende, daß dies alles ist? Also bete ich.

Deutsch von Irene Roelen

Jane Austen

Drei Schwestern

Erster Brief

*Miss Stanhope an Mrs.****

Meine liebe Fanny,
ich bin das glücklichste Geschöpf unter der Sonne, denn Mr. Watts hat mir heute einen Heiratsantrag gemacht. Es ist mein allererster, und ich kann Dir gar nicht sagen, wie stolz und froh ich darüber bin. Wie werde ich über die Duttons triumphieren! Ich glaube fast, daß ich ihn nicht erhören werde, aber weil ich mir noch nicht ganz sicher bin, gab ich ihm eine mehrdeutige Antwort und ließ ihn stehen. Und jetzt, meine liebe Fanny, benötige ich Deinen Rat, ob ich seinen Antrag annehmen soll oder nicht, aber damit Du Dir ein Urteil über seine Meriten und seine geschäftliche Lage bilden kannst, will ich Dir berichten, wie es damit steht. Er ist schon ziemlich alt, etwa zweiunddreißig, und sieht so garstig aus, daß ich ihn kaum anschauen mag. Er ist unausstehlich und für mich der abscheulichste Mensch auf der Welt. Er besitzt ein großes Vermögen und wird mich für den Fall seines Todes gut versorgen; aber ach, er ist kerngesund. Kurzum, ich weiß nicht, wie ich mich verhalten soll. Gebe ich ihm einen Korb, will er, wie er mir andeutete, Sophia seine Hand antragen und wird, wenn auch sie ihn nicht mag, um Georgiana werben, und der Gedanke, daß eine von ihnen vor mir heiratet, ist mir unerträglich. Ich weiß wohl, daß ich für den Rest meines Lebens un-

glücklich sein werde, wenn ich ihn nehme, denn er ist sehr übellaunig, reizbar und von argwöhnischem Naturell und zudem ein so großer Knicker, daß kein Auskommen mit ihm im Hause ist. Er würde nun mit Mama sprechen, sagte er, das aber verbat ich mir nachdrücklich, denn dann würde sie mich zur Heirat mit ihm zwingen, ob ich ihn will oder nicht; doch hat er es vermutlich inzwischen schon getan, denn er macht nie das, worum man ihn bittet. Ich glaube, ich nehme ihn doch. Welch ein Triumph, vor Sophy, Georgiana und den Duttons verheiratet zu sein! Und er hat versprochen, zur Hochzeit eine neue Equipage anzuschaffen, aber um ein Haar wären wir wegen der Farbe uneins geworden, denn ich bestand auf Blau mit Silber, er dagegen auf schlichtem Schokoladenbraun, und um mich noch mehr zu reizen, sagte er, die neue Equipage solle genau so niedrig sein wie seine alte. Ich sage Dir, ich will ihn nicht. Er würde morgen wiederkommen, meinte er, und sich meine endgültige Antwort holen; ich muß ihn mir wohl doch sichern, solange noch Zeit ist. Die Duttons werden mich beneiden, das ist gewiß, und ich werde Sophy und Georgiana auf allen Winterbällen chaperonieren können. Doch was habe ich davon, wenn er mich wahrscheinlich gar nicht hingehen läßt, denn das Tanzen ist ihm verhaßt, und daß andere Menschen an Dingen, die ihm verhaßt sind, Gefallen finden könnten, geht über seinen Verstand. Und überdies spricht er viel davon, daß Frauen ins Haus gehörten und dergleichen. Ich glaube, ich nehme ihn nicht, und das würde ich ihm auch sofort sagen, könnte ich nur sicher sein, daß meine Schwestern seinen Antrag nicht annehmen und er sich, wenn sie ihn abweisen, nicht an die Duttons wendet. Nein, dieses Wagnis kann ich nicht eingehen. Wenn er also verspricht, die Kutsche so zu bestellen, wie ich sie möchte, will ich ihn nehmen, wo nicht, mag er meinethalben allein darin fahren. Ich hoffe, Du billigst meine Entscheidung, etwas Besseres fällt mir nicht ein.

In alter Freundschaft immer die Deine

Mary Stanhope

Von Derselben an Dieselbe

Liebe Fanny,
ich hatte gerade meinen letzten Brief an Dich versiegelt, als meine Mutter heraufkam und sagte, sie wünsche in einer außerordentlichen Angelegenheit mit mir zu sprechen. »Ich weiß schon, worum es geht«, sagte ich. »Mr. Watts, dieser alte Narr, hat dir alles erzählt, obschon ich ihn inständig bat, es nicht zu tun. Doch kannst du mich nicht zwingen, ihn zu nehmen, wenn ich nicht will.«

»Ich werde dich nicht zwingen, Kind. Ich möchte nur wissen, wie du über seinen Antrag denkst, und dir nahelegen, dich so oder so zu entscheiden, damit Sophia ihn nehmen kann, falls du ihn nicht willst.«

»Nicht doch«, erwiderte ich eilfertig, »Sophia braucht sich darum nicht zu bekümmern, denn ich werde ihn ganz sicher selber heiraten.«

»Wenn du das schon beschlossen hast«, sagte meine Mutter, »weiß ich nicht, weshalb du fürchtest, ich könnte dich zu einer dir unwillkommenen Entscheidung zwingen.«

»Weil es für mich noch nicht endgültig feststeht, ob ich ihn nehme oder nicht.«

»Du bist mir schon ein sonderbares Mädchen, Mary. Was du in der einen Minute verkündest, widerrufst du in der nächsten. Sag mir jetzt ein für allemal, ob du Mr. Watts zu heiraten gedenkst oder nicht.« – »Ich bitte dich, Mama, wie kann ich dir sagen, was ich selbst noch nicht weiß?«

»Dann ersuche ich dich, deine Entscheidung möglichst schnell zu treffen, denn Mr. Watts mag sich nicht auf die Folter spannen lassen.« – »Da wird er sich schon nach mir richten müssen.«

»Das wird er nicht, denn wofern du ihm nicht morgen, wenn er zu uns zum Tee kommt, deine endgültige Antwort gibst, will er um Sophy anhalten.«

»Dann werde ich aller Welt verkünden, daß er mir sehr übel mitgespielt hat.«

»Wozu soll das gut sein? Mr. Watts wird schon so lange von aller Welt geschmäht, daß es ihm jetzt nichts mehr ausmachen dürfte.«

»Ich wünschte, ich hätte einen Vater oder einen Bruder, die müßten ihn zum Duell fordern.«

»Das wäre recht schlau von ihnen, denn Mr. Watts würde daraufhin sogleich das Weite suchen, und ebendeshalb sollst und wirst du noch vor morgen abend entscheiden, ob du seinen Antrag annimmst.«

»Aber was muß er um meine Schwestern anhalten, wenn ich ihn nicht will?«

»Meiner Treu, Kind, weil er sich unserer Familie zu verbinden wünscht, und weil deine Schwestern ebenso hübsch sind wie du.«

»Aber wird Sophy ihn erhören, Mama, wenn er um sie anhält?«

»Ei, warum denn nicht? Sollte sie aber seinen Antrag ausschlagen, so muß Georgiana ihn nehmen, denn ich werde mir die Gelegenheit, einer meiner Töchter zu einer so guten Partie zu verhelfen, gewiß nicht entgehen lassen. So nütze denn die Zeit wohl und eile dich, mit dir ins reine zu kommen.«

Damit ging sie. Jetzt, liebe Fanny, bleibt mir nur, Sophy und Georgiana zu fragen, ob sie ihn nehmen wollen, falls er um sie anhält. Wenn sie nein sagen, bin ich entschlossen, ihn auch abzuweisen, denn ich verabscheue ihn mehr, als ich Dir sagen kann. Und sollte er eine der Duttons heiraten, hätte ich immer noch die Genugtuung, daß er sich zuvor bei mir einen Korb geholt hat. Adieu für jetzt, liebste Freundin!

Immer die Deine M. S.

*Miss Georgiana Stanhope an Miss****

Mittwoch

Meine liebe Ann,

Sophy und ich haben soeben meiner älteren Schwester eine kleine Komödie vorgespielt, deren wir uns ein wenig schämen, die aber im Hinblick auf die obwaltenden Umstände am Ende doch entschuldbar ist. Unser Nachbar Mr. Watts hat Mary einen Antrag gemacht, und sie weiß nicht, wie sie sich verhalten soll. Zwar ist er ihr äußerst zuwider (eine Empfindung, mit der sie nicht allein steht), doch würde sie ihn eher heiraten als zuzugeben, daß er um Sophy oder mich anhält, was er, wie er ihr sagte, beabsichtigt, wenn sie ihn abweist, denn Du mußt wissen, daß es die Ärmste als das größte denkbare Unglück ansähe, das ihr widerfahren könnte, wenn wir vor ihr unter die Haube kämen, und um das zu verhindern, wäre sie auch bereit, sich durch eine Verbindung mit Mr. Watts ins Unglück zu stürzen. Vor einer Stunde kam sie, um uns zu unseren Absichten auszuforschen und ihr Verhalten entsprechend einzurichten. Kurz zuvor hatte meine Mutter mit uns über diese Angelegenheit gesprochen und erklärt, sie wolle wohl sorgen, daß er nicht außerhalb unserer Familie nach einer Frau zu suchen brauche. »Deshalb«, sagte sie, »soll Sophy ihn haben, wenn Mary ihn nicht will, und wenn Sophy nicht mag, muß es eben Georgiana sein.« Arme Georgiana! Wir machten beide keinen Versuch, meine Mutter von dieser Absicht abzubringen, denn ihre Vorsätze werden, wie ich leider sagen muß, gewöhnlich weniger vom Verstand bestimmt als von dem festen Willen, sie auszuführen. Doch sobald sie uns verlassen hatte, versicherte ich meiner Schwester, erwartete ich für den Fall, daß Mary Mr. Watts abweise, keinesfalls von ihr, daß sie aus Hochherzigkeit ihr Glück aufs Spiel setze, um seine Frau zu werden, wozu sie, wie ich befürchte, aufgrund ihrer Gutmütigkeit und schwesterlichen Zuneigung durchaus imstande wäre.

»Wiegen wir uns«, sagte sie, »einstweilen in der Hoffnung, daß Mary ihm keinen Korb gibt. Und doch – wie wäre es möglich, daß meine Schwester einen Mann erhört, der sie nie und nimmer glücklich machen kann?«

»*Er* freilich nicht, wohl aber sein Vermögen, sein Name, sein Haus, seine Equipage. Ich zweifle nicht daran, daß Mary ihn heiraten wird. Warum auch nicht? Er ist nicht älter als zweiunddreißig, ein sehr passendes Heiratsalter für einen Mann. Gewiß, er ist recht unscheinbar, doch was gilt schon Schönheit bei einem Mann? Besitzt er nur eine angenehme Erscheinung und ein verständiges Gesicht, so mag das vollauf genügen.«

»Sehr wahr, Georgiana, doch ist Mr. Watts' Erscheinung leider außerordentlich gewöhnlich, und seine Züge sind sehr grob.«

»Er gilt als übellaunig, aber kann es nicht sein, daß ihn die Welt bisher nur verkannt hat? Sein Auftreten hat etwas Freimütiges, das einem Mann wohl ansteht. Es heißt, er sei ein Knicker; wir wollen ihn einen gewissenhaften Hausvater nennen. Es heißt, er neige zum Argwohn. Der aber entspringt häufig einem hitzigen Temperament, das man der Jugend wohl verzeihen mag. Kurzum, es ist nicht einzusehen, warum er nicht einen sehr guten Ehemann abgeben oder warum Mary nicht sehr glücklich mit ihm werden sollte.«

Sophy lachte, und ich fuhr fort: »Ob aber Mary ihn erhört oder nicht – mein Entschluß steht fest. Ich würde eher betteln gehen, als Mr. Watts heiraten. Er ist von abstoßender Gestalt und hat keine einzige gute Eigenschaft, die einen darüber hinwegsehen ließe. Freilich besitzt er Vermögen. Nur ist es doch nicht gar so groß! Dreitausend im Jahr. Was sind dreitausend im Jahr? Das ist nur sechsmal soviel wie das Einkommen meiner Mutter und kann mich nicht verlocken.«

»Für Mary freilich ist es eine stolze Summe«, versetzte Sophy und lachte wieder.

»Für Mary! Ja, freilich, *sie* sähe ich gern in solchem Wohlstand.«

So plauderten wir zum größten Ergötzen meiner Schwester weiter, bis Mary in beträchtlicher Erregung das Zimmer betrat. Wir rückten am Kamin zusammen, sie setzte sich und schien zunächst nicht recht zu wissen, wie sie beginnen sollte. Schließlich sagte sie ziemlich befangen: »Höre, Sophy, hättest du nicht Lust, dich zu verheiraten?«

»Mich zu verheiraten? Nicht im mindesten. Doch warum fragst du? Kennst du einen Mann, der um mich anhalten will?«

»Ich... nein, wie sollte ich. Aber darf ich nicht eine alltägliche Frage stellen?«

»Gar so alltäglich ist die Frage wohl nicht, Mary«, versetzte ich.

Nach kurzem Schweigen fuhr sie fort: »Wie würde es dir gefallen, Mr. Watts zu heiraten, Sophy?«

Ich blinzelte Sophy zu und übernahm es, für sie zu antworten: »Wen sollte es nicht freuen, einen Mann mit dreitausend Pfund im Jahr heiraten zu können?«

»Sehr wahr«, sagte sie. »Ja, ja, das ist wohl wahr. Du würdest ihn also nehmen, wenn er dir einen Antrag machte, Georgiana? Und du, Sophy?«

Sophy widerstrebte es, eine Unwahrheit zu sagen und ihre Schwester zu täuschen. Sie umging ersteres und beschwichtigte ihr Gewissen ein wenig, indem sie eine mehrdeutige Antwort gab.

»Ich würde genau so handeln wie Georgiana.«

»So hört denn«, sagte Mary und blickte uns triumphierend an. »*Ich* bin von Mr. Watts um meine Hand gebeten worden.«

Wir waren natürlich äußerst überrascht. »Ich wünschte, du gäbest ihm einen Korb«, sagte ich. »Vielleicht nähme er dann mich.«

Kurzum, der Plan gelang, und um das zu durchkreuzen, was sie für unser künftiges Glück hält, ist Mary bereit, etwas zu tun, was sie nie täte, wenn sie wüßte, daß sie damit in Wirklichkeit unser Glück sicherstellt. Dennoch spricht mein Herz mich nicht frei, und Sophys Bedenken sind noch größer. Beruhige unser Gemüt, liebe Ann, indem du uns schreibst, daß du unser Vorgehen billigst. Überlege alles wohl. Mary wird großen Gefallen daran finden, eine verheiratete Frau zu sein und uns chaperonieren zu können, und das soll sie auch, denn ich fühle mich verpflichtet, in dem neuen Stand, den zu wählen ich sie veranlaßt habe, soweit wie möglich zu ihrem Glück beizutragen. Sie werden wohl eine neue Equipage bekommen, für sie das reinste Paradies, und wenn wir Mr. Watts überdies noch zum Erwerb eines Phaetons bewegen können, wird sie überglücklich sein. Sophy und mich indes könnten diese Dinge nicht über häusliche Trübsal hinwegtrösten. Bedenke all das und verdamme uns nicht.

Freitag

Gestern abend kam Mr. Watts wie verabredet zum Tee. Sobald seine Kutsche vor dem Haus hielt, trat Mary ans Fenster. »Stell dir vor, Sophy«, sagte sie, »der alte Narr besteht darauf, daß die neue Equipage genau die gleiche Farbe hat wie die alte und ebenso niedrig ist. Aber ich bin entschlossen, mich durchzusetzen. Und wenn sie nicht so hoch sein kann wie die von den Duttons und nicht in Blau und Silber gehalten ist, nehme ich ihn nicht, das sage ich euch. Da ist er schon. Er wird sich ungehobelt benehmen, das weiß ich im voraus, er wird übler Laune sein und kein höfliches Wort an mich richten oder sich sonst benehmen, wie es sich für einen Liebhaber gehört.« Dann setzte sie sich wieder, und Mr. Watts trat ein.

»Gehorsamer Diener, die Damen.« Wir begrüßten ihn, und er setzte sich ebenfalls.

»Schönes Wetter, die Damen.« Dann wandte er sich an Mary. »Nun denn, Miss Stanhope, ich hoffe, Sie haben sich zu einer Entscheidung durchgerungen und teilen mir jetzt gütigst mit, ob Sie mich heiraten wollen oder nicht.«

»Ich denke, Sir«, sagte Mary, »Sie hätten sich bei Ihrer Frage ein wenig gewählter ausdrücken können. Wenn Sie sich so wunderlich aufführen, weiß ich wirklich nicht, ob ich Sie nehmen soll.«

»Mary!« sagte meine Mutter.

»Ei, Mama, wenn er sich so widerwärtig benimmt …«

»Pst, Mary, so unziemlich darfst du über Mr. Watts nicht reden.«

»Legen Sie ihr nur ja keine Zurückhaltung auf, Madam. Es ist durchaus unnötig, sie zur Höflichkeit mir gegenüber anzuhalten. Wenn sie meinen Antrag nicht annehmen will, so versuche ich mein Glück eben anderswo, denn es ist schließlich nicht so, daß ich eine besondere Vorliebe für sie hätte. Mir gilt es im Grunde gleich, ob ich sie nehme oder eine ihrer Schwestern.« Was für ein nichtswürdiger Mensch! Sophy errötete vor Ärger, und auch ich war sehr erzürnt.

»Ja, also wenn es denn sein muß«, sagte Mary recht verdrießlich, »dann nehme ich Sie.«

»Ich dächte doch, Miss Stanhope, daß es eine Frau bei einer so großzügigen Versorgung, wie ich sie biete, keine allzu große Überwindung kosten dürfte, ihr Jawort zu geben.«

Mary murmelte etwas, und da ich dicht neben ihr saß, verstand ich ihre Worte: »Was nützt mir eine großzügige Versorgung, wenn so ein Mann ewig lebt?« Laut sagte sie: »Vergessen Sie nicht das Nadelgeld. Zweihundert im Jahr.«

»Hundertfünfzig, Madam.«

»Zweihundert, Sir«, sagte meine Mutter.

»Und denken Sie daran, daß ich eine neue Equipage erwarte, in Blau und Silber und so hoch wie die von den Duttons. Und überdies ein neues Reitpferd, ein feines Spitzenkleid und ungeheuer viele wertvolle Juwelen. Brillanten, wie sie kein Auge je sah, und Perlen, Rubine, Smaragde und sonstigen Schmuck. Sie sollen einen Phaeton anschaffen, cremefarben mit einem Kranz von Silberblumen. Sie sollen mir die besten Braunen im ganzen Königreich kaufen und mich täglich ausfahren. Ich bin noch nicht fertig. Sie sollen Ihr Haus nach meinem Geschmack gänzlich neu einrichten, noch zwei Lakaien zu meiner Bedienung einstellen, mich immer nach Gutdünken schalten und walten lassen und mir ein sehr guter Ehemann sein.«

An dieser Stelle hielt sie inne, da ihr wohl ein wenig der Atem ausgegangen war.

»All das, Mr. Watts, kann meine Tochter mit Fug und Recht erwarten.«

»Da wird wohl Ihre Tochter mit Fug und Recht eine Enttäuschung erleben«, sagte er und wollte schon weitersprechen, da fiel

Mary ihm ins Wort: »Sie sollen mir ein vornehmes Gewächshaus bauen und mit Pflanzen ausstatten. Sie sollen dafür Sorge tragen, daß ich den Winter in Bath und das Frühjahr in London verbringen und jeden Sommer eine längere Reise machen kann, und den Rest des Jahres, wenn wir zu Hause sind (Sophy und ich lachten), sollen Sie Bälle und Maskeraden für mich geben. Sie sollen einen besonderen Raum für Theateraufführungen bauen. Als erstes Stück werden wir ›Which is the Man?‹ zeigen, und ich spiele Lady Bell Bloomer.«

»Und was, Miss Stanhope«, fragte Mr. Watts, »darf ich dafür als Gegenleistung erwarten?«

»Als Gegenleistung? Die Gewißheit, mir zu Glück und Zufriedenheit verholfen zu haben.«

»Es müßte schon recht sonderbar zugehen, wenn das nach all dem nicht der Fall wäre. Sie sind mir zu anspruchsvoll, Madam, und so wende ich mich denn an Miss Sophy, die vielleicht ihre Erwartungen nicht ganz so hoch gespannt hat.«

»Sie irren, Sir«, sagte Sophy. »Meine Erwartungen mögen zwar nicht ganz auf der gleichen Linie liegen wie die meiner Schwester, sind aber dennoch hoch genug. Ich erwarte von meinem Ehemann, daß er heiter und ausgeglichen ist; daß er bei allem, was er tut, mein Glück im Auge hat; und daß er mich treu und aufrichtig liebt.«

Mr. Watts machte große Augen. »Das sind fürwahr recht wunderliche Vorstellungen, junge Dame! Ich rate Ihnen sehr, sie noch vor der Eheschließung abzulegen, sonst werden Sie gewiß genötigt sein, es danach zu tun.«

Indes hatte meine Mutter mit Mary gesprochen und ihr Vorhaltungen gemacht. Diese begriff, daß sie zu weit gegangen war, und Mr. Watts hatte sich just mir zugewandt, als sie halb devot, halb verdrießlich sagte: »Sie irren, Mr. Watts, wenn Sie glauben, ich hätte es ernst gemeint, als ich so viel verlangte. Auf einer neuen Equipage aber muß ich bestehen.«

»Ja, Sir, Sie werden zugeben, daß Mary das mit Fug und Recht erwarten kann.«

»Ich habe ja auch vor, eine neue Equipage anzuschaffen, wenn ich heirate, Mrs. Stanhope, das habe ich schon immer vorgehabt. Aber sie wird in der Farbe genau wie die alte sein.«

»Ich denke, Mr. Watts, Sie sollten meiner Tochter die Höflichkeit erweisen, sie in solchen Dingen nach ihrem Geschmack zu befragen.«

Damit war Mr. Watts nicht einverstanden, und geraume Zeit noch beharrte er auf seiner Schokoladenfarbe, indes Mary mit dem gleichen Eifer für Blausilber stritt. Schließlich schlug Sophy Mr. Watts zu Gefallen als Farbe Dunkelbraun und Mary zu Gefallen eine recht hohe Equipage mit silbernen Kanten vor. Darauf einigten sie sich dann schließlich, wenn auch mit einigem Widerstreben, da beide ihren Standpunkt lieber vollständig durchgesetzt hätten. Hernach wurden andere Dinge besprochen, und man kam überein, Hochzeit zu machen, sobald die Urkunden aufgesetzt waren. Mary war auf eine Sondererlaubnis zur Eheschließung aus. Mr. Watts sprach vom Aufgebot. Man einigte sich schließlich auf eine gewöhnliche Heiratserlaubnis. Mary soll seinen Familienschmuck haben, der aber wohl nicht der Rede wert ist, und Mr. Watts versprach, ihr ein Reitpferd zu kaufen; dafür hat sie in den kommenden drei Jahren keine Reise nach London oder anderen öffentlichen Plätzen zu erwarten. Sie wird weder ein Gewächshaus noch ein Privattheater oder einen Phaeton bekommen und muß sich mit nur einer Zofe – ohne zusätzliche Lakaien – begnügen. Die Regelung dieser Fragen nahm den ganzen Abend in Anspruch; Mr. Watts aß mit uns und verließ erst um zehn das Haus. Sobald er fort war, stieß Mary hervor:

»Gott sei Dank! Endlich ist er weg. Wie ich ihn verabscheue.« Vergeblich stellte Mama ihr vor, wie unziemlich es sei, denjenigen zu verabscheuen, der ihr zum Ehemann bestimmt ist. Sie wurde nicht müde zu verkünden, wie verhaßt er ihr sei und wie inständig sie sich wünsche, ihn nie wiederzusehen. Was mag das für eine Ehe werden. Adieu, liebste Ann.

Deine Dich liebende Georgiana Stanhope

Von Derselben an Dieselbe

Samstag

Liebe Ann,
Mary, der sehr daran gelegen war, die Kunde von ihrer bevorstehenden Heirat überall zu verbreiten und ihren Triumph über die Duttons auszukosten, forderte uns auf, am Vormittag mit ihr einen Gang nach Stoneham zu machen. Da wir nichts anderes zu tun hatten, waren wir einverstanden und freuten uns an dem Spaziergang, soweit das in Gesellschaft Marys möglich war, deren Unterhaltung sich darin erschöpfte, ihren künftigen Ehemann zu schmähen und sich nach einer blausilbernen Equipage zu verzehren. Als wir zu den Duttons kamen, fanden wir die beiden Mädchen im Ankleidezimmer, zusammen mit einem sehr gutaussehenden jungen Mann, der uns natürlich vorgestellt wurde. Es ist der Sohn von Sir Henry Brudenell aus Leicestershire. Mr. Brudenell ist der stattlichste junge Mann, der mir je begegnet ist, wir sind alle drei sehr von ihm angetan. Mary, die schier barst im Bewußtsein ihrer eigenen Bedeutung und in dem Drang, sich entsprechend mitzuteilen, konnte, als wir einmal saßen, über das Thema nicht lange schweigen und wandte sich alsbald an Kitty mit den Worten: »Meinst du nicht, daß es nötig sein wird, den ganzen Schmuck neu fassen zu lassen?«

»Notwendig wofür?«

»Wofür? Nun, für meinen Auftritt natürlich.«

»Verzeih, aber ich verstehe dich nicht. Von welchem Schmuck sprichst du, und wann soll dieser Auftritt sein?«

»Auf dem nächsten Ball natürlich, nach meiner Hochzeit.«

Du kannst dir ihre Überraschung vorstellen. Zuerst waren sie recht skeptisch, doch als wir die Geschichte bestätigten, mußten sie es wohl glauben. »Und wer ist der Glückliche?« lautete natürlich die erste Frage. Mary spielte die Schamhafte und erwiderte mit niedergeschlagenem Blick: »Mr. Watts.« Auch hierfür erbaten sie unsere Bestätigung, denn daß ein so hübsches und überdies mit einem kleinen, aber sicheren Vermögen ausgestattetes Mädchen wie Mary aus freien Stücken bereit wäre, einen Mr. Watts zu heiraten, war ihnen schier unbegreiflich. Da nun der Gegenstand angemessen eingeführt war und Mary sich im Mittelpunkt der Aufmerksamkeit fand, legte sich ihre Befangenheit vollkommen, und sie wurde ganz offenherzig und gesprächig.

»Es wundert mich, daß ihr noch nichts davon gehört habt, denn derlei Dinge sprechen sich doch schnell in der Nachbarschaft herum.«

»Ich kann dir versichern«, sagte Jemima, »daß ich von dieser Sache keine Ahnung hatte. Geht sie denn schon länger?«

»O ja! Bereits seit Mittwoch.«

Alle lächelten, besonders Mr. Brudenell.

»Ihr müßt wissen, daß Mr. Watts heftig in mich verliebt ist, so daß es auf seiner Seite eine echte Neigungsehe ist.«

»Doch wohl nicht nur auf seiner Seite«, bemerkte Kitty.

»Ach, wenn auf einer Seite so viel Liebe im Spiel ist, tut sie auf der anderen Seite nicht not. Doch bin ich ihm nicht allzu abgeneigt, obschon er recht garstig aussieht.«

Mr. Brudenell machte große Augen, die Dutton-Schwestern lachten, und Sophy und ich schämten uns von Herzen für unsere Schwester.

»Wir werden eine neue Equipage bekommen und sehr wahrscheinlich einen Phaeton anschaffen.«

Diese Feststellung entsprach, wie wir wußten, nicht der Wahrheit, doch wenn es der Ärmsten Freude machte, den Anwesenden etwas Derartiges einzureden, mochte ich ihr den harmlosen Spaß nicht verderben. Sie fuhr fort:

»Mr. Watts wird mir seinen Familienschmuck schenken, der, wie ich glaube, sehr beträchtlich ist.«

Ich konnte nicht umhin, Sophy zuzuflüstern: »Ich glaube das nicht.«

»Und dieser Schmuck, denke ich, sollte neu gefaßt werden, ehe man ihn tragen kann. Ich werde ihn zu meinem ersten Ball nach der Hochzeit anlegen. Falls Mrs. Dutton nicht hingehen möchte, will ich euch gern chaperonieren. Sophy und Georgiana nehme ich auf jeden Fall mit.«

»Sehr gütig«, sagte Kitty. »Da du offenbar so gern junge Damen unter deine Fittiche nimmst, solltest du Mrs. Edgecumbe fragen, ob sie dich ihre sechs Töchter chaperonieren läßt. Zusammen mit deinen Schwestern und uns dürfte dein Erscheinen dann erhebliches Aufsehen machen.«

Wir mußten alle schmunzeln, bis auf Mary, die den Hintersinn ihrer Worte nicht begriffen hatte und kühl erklärte, eine so große Schar wünsche sie nicht zu chaperonieren. Sophy und ich bemühten uns, dem Gespräch eine andere Wendung zu geben, was aber nur für wenige Minuten möglich war, denn Mary brachte die Rede sogleich wieder auf sich und ihre bevorstehende Hochzeit. Es tat mir für meine Schwester leid, daß Mr. Brudenell ihr offenbar mit großem Ergötzen zuhörte und sie durch Fragen und Bemerkungen ermutigte fortzufahren, denn es lag auf der Hand, daß er sich nur über sie lustig machte. Ich fürchte, er fand sie sehr albern. Er beherrschte sich recht gut, doch war ihm anzusehen, daß er Mühe hatte, ernst zu bleiben. Schließlich aber schien er ihrer Redereien überdrüssig zu sein, er wandte sich uns zu und richtete in der nächsten halben Stunde, ehe wir Stoneham verließen, kaum noch ein Wort an Mary. Auf dem Heimweg konnten wir uns nicht genug tun, Mr. Brudenells Wesen und Erscheinung zu preisen.

Zu Hause fanden wir Mr. Watts vor.

»Na, Miss Stanhope«, sagte er, »wie Sie sehen, bin ich gekommen, um Ihnen die Cour zu schneiden, wie sich das für einen richtigen Liebhaber gehört.«

»Das hätten Sie mir nicht eigens zu sagen brauchen. Ich weiß sehr gut, warum Sie gekommen sind.«

Sophy und ich verließen das Zimmer, da wir der jungen Liebe natürlich nicht im Wege sein wollten. Zu unserer großen Überraschung folgte uns Mary fast unverzüglich nach.

»Wie, hat Mr. Watts sein Courschneiden so schnell wieder eingestellt?« fragte Sophy.

»Courschneiden!« gab Mary zurück. »Gestritten haben wir. Watts ist so ein Hanswurst, am liebsten würde ich ihn nie wiedersehen.«

»Ich fürchte, daraus wird nichts«, sagte ich, »da er heute hier zu Abend ißt. Worum ging denn der Streit?«

»Nur weil ich ihm erzählte, ich hätte heute vormittag einen Mann gesehen, der viel hübscher ist als er, geriet er in Wut und nannte mich einen Zankteufel, daraufhin sagte ich nur, für mich sei er ein Lumpenkerl, und ließ ihn stehen.«

»Kurz und bündig«, bemerkte Sophy. »Aber sag mir doch, Mary, wie das wieder ins Lot kommen soll.«

»Eigentlich müßte er mich um Verzeihung bitten, doch wenn er es täte, würde ich sie ihm nicht gewähren.«

»Dann hätte ja sein Nachgeben auch wenig Sinn.«

Wir zogen uns um und gingen dann wieder in den Salon, wo Mama und Mr. Watts in vertraulichem Gespräch beisammensaßen. Er hatte sich offenbar über das Betragen ihrer Tochter beschwert, und sie hatte ihm zugeredet, sich nichts daraus zu machen. Und so begegnete er denn Mary mit all seiner gewohnten Artigkeit, und bis auf eine Spitze, die den Phaeton, und eine zweite, die das Gewächshaus betraf, verlief der Abend in schönster Harmonie und Herzlichkeit. Watts will nach London fahren, um die Hochzeitsvorbereitungen voranzutreiben.

In alter Freundschaft verbleibe ich Deine

Georgiana Stanhope

Deutsch von Renate Orth-Guttmann

Margaret Atwood

Tips für die Wildnis

Prue hat zwei große rote Halstücher zu Dreiecken gefaltet, sie hinter dem Rücken und um den Hals zusammengeknotet und trägt sie als Top. Ein anderes Tuch, ein blaues, hat sie sich um den Kopf gewickelt und vorn einen kleinen Kreuzknoten gemacht. Jetzt stolziert sie mit ihrem improvisierten Oberteil und ihren weiten weißen Shorts und ihrer Sonnenbrille mit dem weißen Plastikgestell und auf Plateausandalen über den Landungssteg.

»Das ist die Mode der Vierziger«, sagt sie zu George, legt die Hand auf die Hüfte und dreht eine Pirouette. »Aus dem Krieg. Erinnerst du dich?«

George, dessen richtiger Name nicht George ist, erinnert sich nicht. Er hat die vierziger Jahre damit verbracht, in Müllhaufen zu wühlen und betteln zu gehen und andere Dinge zu tun, die nichts für Kinder sind. Er erinnert sich schwach an einen Filmstar auf einem Kalender, der an einer Latrinenwand vergilbte. Vielleicht hat Prue den gemeint. Einen Augenblick lang erinnert er sich an seinen intensiven Widerwillen gegen das strahlende, einfältige Lächeln, den wohlgenährten Körper. Ein paar Kumpel hatten ihm geholfen, ihn mit der rostigen Klinge eines Küchenmessers, die sie im Müll gefunden hatten, zu zerstückeln. Er zieht nicht in Betracht, Prue etwas davon zu erzählen.

George sitzt in einem grün und weiß gestreiften Segeltuchliegestuhl und liest die *Financial Post* und trinkt einen Scotch. Der Aschenbecher neben ihm quillt über von Kippen: Viele Frauen haben versucht, ihm das Rauchen abzugewöhnen; viele sind damit gescheitert. Er sieht hinter seiner Zeitung zu Prue auf und lächelt sein listiges Lächeln. Bei diesem Lächeln hat er die Zigarette mitten im Mund: rechts und links davon sind seine Lippen zurückgezogen, entblößen Zähne. Er hat lange Eckzähne, erstaunlicherweise noch seine.

»Da warst du noch nicht geboren«, sagt er. Das ist nicht wahr, aber er läßt nie eine Gelegenheit aus, Komplimente zu machen, wenn sie einfach so herumliegen. Was kostet das schon? Keinen Cent, was die Männer in diesem Land so gar nicht bemerkt haben. Prues gebräuntes Zwerchfell befindet sich in Höhe seines Gesichts; es ist noch fest, noch biegsam und geschmeidig. Seine Mutter ist in diesem Alter schon ganz weich gewesen – wabbeliges Samtfleisch, wie eine alte Pflaume. Heutzutage essen sie jede Menge Gemüse; sie trainieren, sie halten länger.

Prue schiebt die Brille bis auf die Nasenspitze und sieht ihn über die Plastikränder an. »George, du bist absolut schamlos«, sagt sie. »Warst du schon immer.« Sie lächelt ihn unschuldig an, eine Art Lausbubenlächeln. Ein Lächeln, das wie ein Benzinfilm auf dem Wasser flimmert, glänzt, changiert.

Dieses Lächeln von Prue war das erste Interessante, worüber George gestolpert war, als er damals, Ende der fünfziger Jahre, in Toronto landete. Es war auf einer Party, die ein Immobilienmann mit Verbindungen nach Osteuropa gegeben hatte. Er war eingeladen worden, weil Ungarnflüchtlinge als etwas Besonderes galten, damals gleich nach dem Aufstand. Zu der Zeit war er jung, dünn wie eine Schlange, mit einer gefährlich aussehenden Narbe über einem Auge und einigen bizarren Geschichten. Ein Sammelobjekt. Prue war in einem schulterfreien schwarzen Kleid dort gewesen. Sie hatte ihm mit ihrem Glas zugeprostet, ihn über den Rand hinweg angesehen, ihr Lächeln wie eine Fahne gehißt.

Das Lächeln ist noch immer einladend, aber nichts, worauf George eingehen würde – nicht hier, nicht jetzt. Später vielleicht, in der Stadt. Aber dieser See, diese Halbinsel, Wacousta Lodge selbst, sie sind sein Refugium, sein Kloster, sein heiliger Boden. Er will ihn nicht entweihen.

»Wieso kannst du es nicht ertragen, ein Geschenk anzunehmen?« sagt George. Er bekommt Rauch in die Augen; er blinzelt. »Wenn ich jünger wär, würd ich auf die Knie fallen. Ich würd dir beide Hände küssen. Glaub mir.«

Prue, die aus ungestümeren Tagen weiß, daß er solche Dinge tatsächlich getan hat, dreht sich auf dem Absatz um. »Zeit zum Mittagessen«, sagt sie. »Das wollte ich dir nur sagen.« Sie hat die Abweisung gespürt.

George betrachtet ihre weißen Shorts und die noch immer wohlgeformten Oberschenkel (allerdings mit leichten Fettgrübchen), die, zwinker-zwinker-zwinker, durch den hellen Sonnenschein gehen, am Bootshaus vorbei, über den Steinpfad, den Hügel hinauf zum Haus. Von dort oben ertönt eine Glocke: die Mittagsglocke. Dieses eine Mal in ihrem Leben hat Prue die Wahrheit gesagt.

George sieht noch einmal in die Zeitung. Quebec redet von Separatismus; bei Montreal verschanzen sich Mohawks hinter Barrikaden, und die Leute werfen Steine auf sie; wie es heißt, ist das Land dabei auseinanderzufallen. George macht sich keine Sorgen: er ist früher schon in Ländern gewesen, die auseinanderfielen. Das kann auch Gelegenheiten mit sich bringen. Allerdings begreift er nicht, wieso die Leute hier soviel Aufhebens wegen der Sprache machen. Was ist schon eine zweite Sprache, eine dritte, eine vierte? George selbst spricht fünf, wenn man Russisch mitzählt, was er lieber nicht täte. Und was das Steinwerfen betrifft, das ist typisch. Keine Bombe, keine Kugeln: nur Steine. Sogar der Aufruhr ist hier gedämpft.

Er kratzt sich den Bauch unter dem weiten Hemd, das er trägt; er hat ein bißchen viel auf den Hüften. Dann drückt er die Zigarette aus, trinkt den Scotch und zieht sich aus dem Liegestuhl. Sorgfältig klappt er den Stuhl zusammen und stellt ihn in das

Bootshaus: es könnte Wind aufkommen, und der Stuhl könnte in den See segeln. Die Habe und die Rituale von Wacousta Lodge behandelt er mit einer Zärtlichkeit, einer Ehrfurcht, die alle in Erstaunen versetzen würde, die ihn nur in der Stadt kennen. Trotz seiner von manchen als unorthodox bezeichneten Geschäftspraktiken ist er in gewisser Hinsicht ein konservativer Mann; er liebt Traditionen. Sie sind auf dem Boden dieses Landes nur dünn gesät, aber wenn ihm eine begegnet, erkennt er sie und zollt ihr seine Achtung. Diese Liegestühle hier sind, was andernorts die Wappen sind.

Als er den Hügel hinaufgeht, langsamer als früher, hört er, daß hinter dem Küchentrakt Holz gehackt wird. Er hört einen Lastwagen auf der Straße, die am See entlangführt; er hört den Wind in den Fichten. Er hört einen Eistaucher. Er erinnert sich an das erste Mal, als er einen gehört hat, und legt sich die Arme um die Schultern. Er hat es zu etwas gebracht.

Wacousta Lodge ist ein großer, rechteckiger, einstöckiger Bau mit holzverkleideten Wänden, die in einem dunklen rötlichen Braun gestrichen sind. Es wurde Anfang des Jahrhunderts von dem Urgroßvater der Familie errichtet, der einen Haufen Geld mit einer Eisenbahngesellschaft verdient hatte. Das Haus hatte auch ein Mädchenzimmer und ein Zimmer für die Köchin nach hinten hinaus, obwohl darin noch nie ein Mädchen oder eine Köchin gewohnt haben, nicht soviel George weiß, ganz gewiß nicht in den letzten Jahren. Das zerfurchte, schnauzbärtige Gesicht des Urgroßvaters, das über dem einschnürenden steifen Hemdkragen die Stirn runzelt, hängt, oval gerahmt, im Waschraum, der nur mit einem Waschbecken und einem Wasserkrug ausgerüstet ist. George erinnert sich an eine Zinkbadewanne, aber die wurde ausrangiert. Bäder finden im See statt. Für den Rest gibt es draußen ein Plumpsklo, das diskret hinter einer Kieferngruppe versteckt ist.

Was für eine Menge nackter und halbnackter Körper der alte

Herr über die Jahre gesehen und wie er sie mißbilligt haben muß. Wenigstens wurde der alte Knabe nicht in das Plumpsklo verbannt: das wäre zuviel für ihn gewesen. George macht vor dem Urgroßvater eine kleine, abergläubische, seltsam japanische Verbeugung, bevor er hinausgeht. Das tut er immer. Die Anwesenheit dieses stirnrunzelnden Ahnentotems ist einer der Gründe, warum er sich hier oben nicht mehr oder weniger benimmt.

Der Tisch für das Mittagessen ist auf der großen, fliegengittergeschützten Veranda vor dem Haus gedeckt, von der man auf den See blickt. Prue sitzt nicht daran, aber ihre beiden Schwestern: Pamela, die älteste, mit ihrer gelangweilten Miene, und die sanfte Portia, die jüngste von den dreien, die Georges Frau ist. Dann ist da noch Roland, der Bruder, breit, rundlich und mit beginnender Glatze. George, der bei rein gesellschaftlichen Anlässen mit Männern nicht viel im Sinn hat, nickt Roland höflich zu und richtet dann die volle Kraft seines Wolfslächelns auf die beiden Frauen. Pamela, die ihm nicht traut, sitzt mit geradem Rücken da und tut so, als bemerkte sie es nicht. Portia lächelt ihn an, ein wehmütiges, vages Lächeln, als wäre er eine Wolke. Roland ignoriert ihn, wenn auch nicht absichtlich, denn Roland besitzt das Innenleben eines Baums, möglicherweise eines Baumstumpfs. George weiß nie, was Roland denkt, oder ob er überhaupt etwas denkt.

»Ist das Wetter nicht wunderbar?« sagt George zu Pamela. Im Lauf der Jahre hat er gelernt, daß hier oben jedes Gespräch mit dem Wetter zu beginnen hat. Pamela ist viel zu gut erzogen, um einer direkten Frage die Antwort zu verweigern.

»Wenn man Ansichtskarten mag«, sagt sie. »Wenigstens schneit es nicht.« Pamela ist erst kürzlich zum Frauendekan an ihrem College ernannt worden, ein Titel, dessen Bedeutung George noch immer nicht völlig versteht. Das Lexikon hat ihn belehrt, daß das Wort Dekan von ›decanus‹ abgeleitet ist, einem Vorsteher von zehn Mönchen in einem Kloster. Es ist ebenso mysteriös wie vieles von dem, was Pamela sagt; unverständlich, aber so, als wenn es sich als bedeutungsvoll erweisen könnte, wenn man sich näher darauf einließe.

George würde gern mit Pamela ins Bett gehen, nicht weil sie hübsch ist – sie ist viel zu eckig und brettartig für seinen Geschmack, hat überhaupt keinen Hintern, und ihr Haar sieht aus wie getrocknetes Gras –, sondern weil er es noch nie getan hat. Sein Interesse an ihr ist rein anthropologisch. Oder vielleicht geologisch: Sie müßte erstiegen werden, wie ein Gletscher.

»Hast du was Interessantes gelesen?« sagt Portia. »Du hast dir hoffentlich keinen Sonnenbrand geholt. Gibt es irgendwelche Neuigkeiten?«

»Falls man das Neuigkeiten nennen kann«, sagt Pamela. »Die Zeitung ist eine Woche alt. Warum steht ›Neuigkeiten‹ meist im Plural? Warum sagen wir nicht ›Altigkeiten‹?«

»George mag altes Zeug«, sagt Prue, die mit einem Tablett hereinkommt. Sie hat ein weißes Männerhemd über ihre Tücher gezogen, hat es aber nicht zugeknöpft. »Zum Glück für uns Damen, was? Greift zu, alle. Es gibt – mm! – Käse- und Chutney-Sandwiches und – mh! – Sardinen. George? Bier oder sauren Regen?«

George trinkt ein Bier und ißt und lächelt, ißt und lächelt, während die Familie um ihn herum redet – alle außer Roland, der seine Nahrung schweigend aufnimmt, mit unbeweglichem Blick durch die Bäume auf den See starrt. Manchmal denkt George, daß Roland seine Farbe ein wenig ändern kann, um mit dem Hintergrund zu verschmelzen; ganz im Unterschied zu George, der dazu verdammt ist aufzufallen.

Pamela beschwert sich wieder über die ausgestopften Vögel. Es gibt drei davon, alle unter Glasglocken im Wohnzimmer: eine Ente, ein Eistaucher, ein Waldhuhn. Das war eine besonders helle Idee des Großvaters, es sollte zum jagdhüttenähnlichen Dekor passen: zu dem räudigen Bärenfell, mitsamt Klauen und Kopf; zum Miniaturkanu aus Birkenrinde auf dem Kaminsims; zu den Schneeschuhen, rissig und ausgetrocknet, die über Kreuz an die

Wand genagelt sind; zur Hudson-Bay-Decke, die, von Motten angegriffen, an der anderen Wand hängt. Pamela ist überzeugt, daß die ausgestopften Vögel auch die Motten kriegen werden.

»Sie sind hermetisch abgeschlossen«, sagt Prue. »Weißt du: nichts geht rein, nichts kommt raus. Wie Nonnen.«

»Werd nicht eklig«, sagt Pamela. »Wir sollten sie auf Fraßmehl untersuchen.«

»Wen, die Nonnen?« sagt Prue.

»Was ist Fraßmehl?« sagt George.

»Kot von Maden«, sagt Pamela, ohne ihn anzusehen. »Wir könnten sie gefriertrocknen.«

»Geht das?« sagt Prue.

Prue, die in der Stadt immer als erste den Trends folgt – die erste weiße Küche, das erste Paar riesige Schulterpolster, den ersten Hosenanzug aus Leder –, zögert hier oben genau wie die anderen, etwas zu ändern. Sie will, daß auf dieser Halbinsel alles ganz genauso bleibt, wie es immer gewesen ist. Und das tut es auch, allerdings mit einem allmählichen Absinken ins Schäbige. Aber George stört das Schäbige nicht. Wacousta Lodge ist ein kleines Stück Vergangenheit, eine fremde Vergangenheit. Er empfindet es als ein Privileg, hier zu sein.

Ein Motorboot, eins von diesen mit Plastikrumpf, diesen superschnellen, fährt viel zu dicht vorbei. Sogar Roland zuckt zusammen. Die Heckwelle rüttelt am Landungssteg.

»Die hasse ich«, sagt Portia, die an den ausgestopften Vögeln nicht viel Interesse gezeigt hat. »Noch ein Sandwich, Lieber?«

»Während des Krieges war es hier so schön ruhig«, sagt Pamela. »Da hättest du hier sein sollen, George.« Sie sagt es anklagend, als wäre es seine Schuld, daß er nicht hier war. »Fast gar keine Motorboote, wegen der Benzinrationierung. Mehr Kanus. Natürlich war die Straße da noch nicht gebaut, da gab es nur den Zug. Ich frag mich, warum wir ›Gedankengang‹ sagen und nie ›Gedankenfahrt‹?«

»Und Ruderboote«, sagt Prue. »Ich finde, man sollte diese

Leute aus ihren Motorbooten herausholen und erschießen. Wenigstens die, die zu schnell fahren.« Prue fährt selbst wie eine Wahnsinnige, aber nur an Land.

George, der gesehen hat, wie Menschen rausgeholt und erschossen wurden, wenn auch nicht, weil sie mit dem Motorboot gefahren waren, lächelt und nimmt sich eine Sardine. Er hat selbst einmal drei Männer erschossen, obwohl nur zwei wirklich nötig gewesen wären. Der dritte war eine Vorsichtsmaßnahme. Er hat deswegen noch immer ein ungutes Gefühl, denkt an den möglicherweise Harmlosen mit seinen allzu unschuldigen Spitzelaugen, der blutbespritzten Hemdbrust. Aber es hätte wohl wenig Sinn, davon zu sprechen, beim Mittagessen oder zu sonst einer Zeit. George hat kein Verlangen danach, Menschen zu erschrecken.

Prue ist es gewesen, die ihn in den Norden gebracht hat, ihn hierher gebracht hat, als sie ihre Affäre hatten, die erste. (Wie viele Affären hat es gegeben? Sind sie voneinander zu trennen, oder sind sie in Wirklichkeit eine einzige lange Affäre mit Unterbrechungen, wie eine Schnur von Würsten? Die Unterbrechungen waren Prues Ehen, die nie lange hielten, vielleicht weil sie während ihrer Dauer monogam war. Er wußte es, wenn die Ehe sich ihrem Ende näherte: Dann klingelte in seinem Büro das Telefon, und Prue war dran und sagte: »George. Ich kann das nicht. Ich war so brav, aber jetzt kann ich nicht mehr. Er kommt ins Badezimmer, wenn ich mir mit Zahnseide die Zähne saubermach. Ich sehne mich danach, mit dir in einem Fahrstuhl zu sein, zwischen den Etagen festzustecken. Erzähl mir irgendwas *Schmutziges*. Ich hasse die Liebe, du nicht?«)

Das erste Mal, als er hier war, wurde er in Ketten vorgeführt, in Prues Fußstapfen, wie ein Barbar in einem römischen Triumphzug. Definitiv eine Beute, auch ein vorsätzlicher Frevel.Er sollte dazu dienen, Prues Familie zu erschrecken, was er tat, wenn auch nicht mit Absicht. Sein Englisch war nicht gut, seine Haare glänzten, seine Schuhe waren zu spitz, seine Anzüge nicht gebügelt.Er trug eine dunkle Brille, verteilte Handküsse. Damals lebte die Mutter noch, wenn auch nicht der Vater, so daß er vier Frauen gegen sich hatte, ohne jede Hilfe von dem undurchdringlichen Roland.

»Mutter, das ist George«, sagte Prue damals am Landungssteg, auf dem sie alle in ihren ererbten Liegestühlen saßen, die Töchter in Badeanzügen mit Hemden darüber, die Mutter in gestreiftem Pastell. »Das ist nicht sein richtiger Name, aber er läßt sich besser aussprechen. Er ist hier raufgekommen, um wilde Tiere zu sehen.«

George beugte sich hinunter, um die sommersprossige Hand der Mutter zu küssen, und seine dunkle Brille fiel in den See. Die Mutter stieß gurrende Töne des Mitgefühls aus, Prue lachte ihn aus, Roland ignorierte ihn, Pamela wandte sich irritiert ab. Aber Portia – die zauberhafte, schmalgliedrige Portia mit ihren Samtaugen – zog wortlos das Hemd aus und sprang in den See. Sie holte ihm die dunkle Brille zurück, lächelte schüchtern, reichte sie ihm aus dem Wasser entgegen, ihr nasses Haar tropfte über ihre kleinen Brüste wie bei einer Wassernymphe eines Art-Nouveau-Brunnens, und da wußte er, daß sie es war, die er heiraten würde. Eine Frau von Höflichkeit und Takt und wenigen Worten, die nett zu ihm sein würde, die ihn decken würde; die die Sachen, die er fallen ließ, aufheben würde.

Am Nachmittag nahm ihn Prue in einem der undichten, mit Leinentuch bespannten Kanus aus dem Bootshaus mit auf den See. Er saß vorn, stocherte mit einem Paddel albern im Wasser herum und dachte darüber nach, wie er Portia dazu bringen würde, ihn zu heiraten. Prue landete an einer felsigen Landzunge, führte ihn nach oben zwischen die Bäume. Sie wollte, daß er sie auf seine ausgefallene, wilde Art auf dem Rentiermoos und den Tannennadeln liebte; sie sollte irgendein Familientabu brechen. Was sie vorhatte, war ein Sakrileg: das war ihm so klar, als hätte er es schriftlich bekommen. Aber George hatte schon seinen Angriffsplan erdacht, und so vertröstete er sie. Er wollte Wacousta Lodge nicht entweihen: Er wollte es heiraten.

An jenem Abend beim Essen vernachlässigte er alle drei Töchter zugunsten der Mutter: die Mutter war die Wächterin; die Mutter war der Schlüssel. Trotz seines holprigen Vokabulars konnte er verheerend charmant sein, wie Prue allen verkündet hatte, während sie ihre Hühnersuppe mit Nudeln aßen.

»Wacousta Lodge«, sagte er zu der Mutter und richtete seine Narbe und seine glitzernden Piratenaugen im Licht der Petroleumlampe auf sie. »Das klingt so romantisch. Ist das der Name eines Indianerstamms?«

Prue lachte. »Es wurde nach irgendeinem blöden Buch benannt«, sagte sie. »Urgroßvater gefiel es, weil ein General es geschrieben hatte.«

»Ein Major«, sagte Pamela ernst. »Im 19. Jahrhundert. Major Richardson.«

»Ah?« sagte George.

»Es ist über den Krieg.«

»Es steht im Regal im Wohnzimmer«, sagte die Mutter gleichgültig. »Sie können es sich nach dem Essen ansehen, wenn es Sie so sehr interessiert.«

Es war die Mutter (wie Prue ihm gesagt hatte), die die Schuld trug an den alliterierenden Namen. Sie war eine launische Frau, wenn auch nicht sadistisch; es war in dieser Zeit einfach üblich, daß die Eltern so etwas taten – daß sie ihren Kindern Namen gaben, die zueinander paßten, als kämen sie aus einem Buchstabenbuch. Der Bär, die Biene, der Buntspecht. Mary und Marjorie Murchison. David und Darlene Daly. Jetzt tat das niemand mehr. Aber natürlich hatte sich die Mutter nicht mit den Namen allein begnügt, sondern hatte sie auch noch in Spitznamen umgewandelt. Pam, Prue, Porsh. Prue ist der einzige Spitzname, der sich gehalten hat. Pamela ist jetzt zu würdevoll für ihren, und Portia sagt, es sei schon schlimm genug, mit einem Auto verwechselt zu werden, und warum sie nicht einfach Initialen haben kann?

Roland war, auf Drängen des Vaters, verschont geblieben. Prue war der Meinung, daß ihn das immer geärgert habe. »Woher willst du das wissen?« fragte George sie, während er mit der Zunge um ihren Nabel fuhr und sie nur in ihrem kurzen Hemd auf dem chinesischen Teppich in seinem Büro lag und eine Zigarette rauchte, eingerahmt von Blättern Papier, die beim einleitenden Geplänkel heruntergefallen waren. Sie hatte sich vergewissert, daß die Tür nicht verschlossen war: Sie genoß das Risiko, daß jemand hereinkommen könnte, vorzugsweise Georges Sekretärin, die sie als Konkurrentin verdächtigte. Welche Sekretärin, und wann war das? Die verstreuten Papiere waren Teile einer Übernahmekampagne – die Adams-Gruppe. Nur so konnte sich George der verschiedenen Episoden mit Prue vergewissern: indem er sich in Erinnerung rief, welche Gaunerei er zu dieser Zeit gerade begangen hatte. Er war schnell zu Geld gekommen, und dann zu noch mehr. Es war viel leichter gewesen, als er geglaubt hatte; es war wie das Aufspießen von Fischen bei Lampenlicht. Diese Leute waren lax und gutgläubig und durch einen Hinweis auf ihre Intoleranz oder ihren Mangel an Gastfreundschaft gegenüber Fremden leicht in Verlegenheit zu bringen. Sie waren auf ihn nicht vorbereitet. Er hatte sich wohl gefühlt wie ein Missionar unter den Hawaiianern. Nur die Andeutung von Widerstand, und er verstärkte seinen Akzent und machte dunkle Andeutungen über kommunistische Greueltaten. Entwaffne den Feind mit der Moral, und dann greif dir, soviel du kriegen kannst.

Nach diesem ersten Essen waren sie alle ins Wohnzimmer gegangen, hatten ihre Tassen Kaffee mitgenommen. Auch dort waren Petroleumlampen – alte, mit runden Kugelschirmen. Prue nahm George schamlos an der Hand und führte ihn zu dem Bücherregal, auf dem eine Muschelsammlung und Treibholzstücke aus der Kindheit der Mädchen lagen. »Hier ist es«, sagte sie. »Lies es und heul.« Sie ging, um ihm frischen Kaffee zu holen. George schlug das Buch auf, eine alte Ausgabe, die, wie er gehofft hatte, ein

Frontispiz mit einem zornig blickenden Krieger mit Tomahawk und Kriegsbemalung aufwies. Dann ließ er den Blick über die Buchrücken gleiten. *Von Meer zu Meer. Die Wildtiere meines Lebens. Die gesammelten Gedichte von Robert W. Service. Die Geschichte unseres Empires. Tips für die Wildnis.*

»Tips für die Wildnis« machte ihn stutzig. »Wildnis« war ihm bekannt, aber »Tips«? Er war sich nicht sofort darüber im klaren, ob dieses Wort ein Name oder ein Substantiv war. Aber wahrscheinlich war es eine Art Hinweis, wie in der Rubrik »Praktische Tips für Hausfrauen« in den Frauenmagazinen, die er immer las, um sein Englisch zu verbessern – die Wörter waren ziemlich einfach, und es waren Bilder dabei, was eine große Hilfe war.

Als er das Buch aufschlug, sah er, daß er richtig geschätzt hatte. *Tips für die Wildnis* trug das Erscheinungsjahr 1905. Da war ein Foto von dem Autor in einer dicken karierten Wolljacke und einem Filzhut, der eine Pfeife rauchte und ein Kanu paddelte, vor einem Hintergrund, der mehr oder weniger zeigte, was man hier durch das Fenster sah: Wasser, Inseln, Felsen, Bäume. Das Buch selbst beschrieb, wie man nützliche Dinge tat, etwa wie man kleine Tiere mit der Schlinge fing und sie zubereitete – etwas, was George selbst schon getan hatte, wenn auch nicht im Wald – oder wie man bei Regen Feuer machte. Zwischen den Anleitungen gab es lyrische Ansätze über die Freuden der Ungebundenheit und Freiheit in der Natur, dazu Schilderungen des Fischfangs und von Sonnenuntergängen. George nahm das Buch mit zu einem Sessel neben eine der Kugellampen; er wollte etwas darüber lesen, wie man Tieren das Fell abzog, aber Prue kam mit seinem Kaffee zurück, und Portia bot ihm Pralinen an, und er wollte nicht riskieren, eine der beiden zu verärgern, nicht in diesem frühen Stadium. Dazu war später noch Zeit.

Jetzt geht George wieder in das Wohnzimmer, wieder mit einer Tasse Kaffee. Inzwischen hat er alle Bücher der Sammlung des Urgroßvaters gelesen. Er ist der einzige, der das getan hat.

Prue folgt ihm. Die Frauen wechseln sich mit Tischabräumen

und Geschirrabwaschen ab, und sie ist nicht an der Reihe. Rolands Job ist das Holzhacken. Einmal wurde der Versuch unternommen, George dazu zu bringen, mit dem Geschirrtuch Dienst zu tun, aber er ließ vergnügt drei Weingläser fallen, brach in laute Klagen über seine Tolpatschigkeit aus und hat seither seine Ruhe.

»Willst du noch Kaffee?« sagt Prue. Sie steht dicht neben ihm, bietet ihr offenes Hemd an, die beiden Tücher. George ist sich nicht sicher, ob er wieder etwas mit ihr anfangen soll, aber er stellt seinen Kaffee oben auf das Bücherregal und legt die Hand auf ihre Hüfte. Er will prüfen, ob er noch Chancen hat, will sichergehen, daß er noch willkommen ist. Prue stößt einen Seufzer aus – einen langen Seufzer der Begierde oder der Verbitterung oder beides.

»Ach, George«, sagt sie. »Was soll ich nur mit dir tun?«

»Was du willst«, sagt George, den Mund dicht an ihrem Ohr. »Ich bin Wachs in deinen Händen.« In ihrem Ohrläppchen steckt ein winziger silberner Ohrring in Form einer Muschel. Er unterdrückt den Impuls, daran zu knabbern.

»George, der Neugierige«, sagt sie. Es ist einer ihrer alten Spitznamen für ihn. »Du hattest früher Augen wie ein junger Ziegenbock. Lüsterne Augen.

Und jetzt bin ich ein alter Bock, denkt George. Er kann nicht widerstehen, er möchte wieder jung sein; seine Hand gleitet unter ihr Hemd.

»Später«, sagt Prue triumphierend. Sie tritt zurück und lächelt ihr flimmerndes Lächeln, und George stößt mit dem Ellbogen seine Kaffeetasse um.

»Fene egye meg«, sagt er, und Prue lacht. Sie kennt diesen Fluch, und auch schlimmere.

»Trottel«, sagt sie. »Ich hol 'nen Lappen.«

George steckt sich eine Zigarette an und wartet, daß sie zurückkommt. Aber es ist Pamela, die stirnrunzelnd und mit einem zerfetzten Wischtuch und einer Metallschüssel in der Tür erscheint. Garantiert ist Prue eingefallen,daß sie etwas Dringenderes zu tun hat. Wahrscheinlich sitzt sie auf dem Plumpsklo, blättert in einer Illustrierten und schmiedet Pläne, überlegt, wann und wo sie ihn das nächste Mal verführen soll.

»Also, George, was hast du wieder angestellt?« sagt Pamela wie zu einem kleinen Hündchen. Wenn sie eine zusammengerollte Zeitung hätte, denkt George, würde sie mir einen Klaps auf die Nase geben.

»Es stimmt, ich bin ein Dummkopf«, sagt George liebenswürdig. »Aber das wußtest du ja schon immer.«

Pamela kniet sich hin und beginnt zu wischen. »Wenn die Mehrzahl von ›Loch‹ ›Löcher‹ ist, was ist dann die Mehrzahl von ›Kopf‹?« sagt sie. »Warum nicht ›Köpfer‹?« George wird klar, daß eine Menge von dem, was sie sagt, nicht an ihn oder sonst jemanden gerichtet ist, sondern einfach an sich selbst. Kommt das etwa daher, weil sie glaubt, daß niemand sie hören kann? Er findet ihren Anblick unten am Boden, auf den Knien, suggestiv – sogar erregend. Er kann sie riechen: Seifenflocken, ein Hauch von etwas Süßem. Handlotion? Ihr Hals und ihre Kehle sind anmutig. Er überlegt, ob sie je einen Liebhaber hatte, und wenn ja, wie er war. Ein unsensibler Mann, ungeschickt. Ein Dummkopf.

»George, du rauchst wie ein Schlot«, sagt sie, ohne sich umzudrehen. »Du solltest wirklich damit aufhören, es wird dich noch umbringen.«

George denkt über das nach, was sie gesagt hat: »Wie ein Schlot rauchen.« Er sieht sich als Drachen, der Rauch und Feuer speit, aus dessen gierigem Rachen rote Flammen schlagen. Ist das ihre Version von ihm? »Das könnte dir so passen«, sagt er und beschließt impulsiv, einen Frontalangriff zu versuchen. »Du würdest mich am liebsten sechs Fuß unter der Erde sehen. Du konntest mich noch nie leiden.«

Pamela hört auf zu wischen und sieht ihn über die Schulter an. Dann steht sie auf und wringt das schmutzige Tuch über der Schüssel aus. »Das ist kindisch«, sagt sie ruhig, »und deiner unwürdig. Du brauchst Bewegung. Heut nachmittag nehm ich dich im Kanu mit.«

»Du weißt, daß das bei mir hoffnungslos ist«, sagt George wahrheitsgemäß. »Ich fahr immer auf Felsen. Ich seh sie nicht.«

»Geologie ist Schicksal«, sagt Pamela wie zu sich selbst. Sie betrachtet finster den ausgestopften Eistaucher unter seiner Glasglocke. Sie denkt nach. »Ja«, sagt sie schließlich. »Dieser See ist voller verborgener Felsen. Es kann gefährlich sein. Aber ich passe schon auf dich auf.«

Flirtete sie mit ihm? Kann so eine Eisblume flirten? George kann es kaum glauben, aber er lächelt sie an, während er die Zigarette mitten im Mund hält, seine Eckzähne entblößt, und zum ersten Mal in ihrer beider Leben lächelt Pamela zurück. Ihr Mund sieht völlig anders aus, wenn sie die Winkel nach oben zieht; es ist, als sähe er sie auf dem Kopf stehend. Die Schönheit ihres Lächelns überrascht ihn. Es ist kein wissendes Lächeln, wie das von Prue, und auch nicht das einer Heiligen wie bei Portia. Es ist das Lächeln eines Kobolds, eines boshaften Kindes, mit etwas drin, das er nie bei ihr erwartet hätte. Einer Großzügigkeit, Sorglosigkeit, Größe. Sie hat etwas, das sie ihm geben möchte. Was könnte das sein?

Nach dem Mittagessen und einer Verdauungspause fängt Roland wieder an, neben der Holzhütte hinter der Küche Holz zu hacken. Er schlägt Birkenholz – von einem sterbenden Baum, den er vor einem Jahr gefällt hat. Die Biber hatten sich darüber hergemacht, haben es sich dann aber wieder anders überlegt. Weiße Birken leben sowieso nicht lange. Er hatte die Motorsäge benutzt, hatte den Stamm säuberlich in Stücke gesägt, das Blatt war durch das Holz geglitten wie ein Messer durch Butter, das Geräusch hatte alle anderen Geräusche ausgelöscht – den Wind und die Wellen, das Gejaule der Lastwagen vom Highway am anderen Ufer. Er mag keine Maschinengeräusche, aber sie lassen sich leichter ertragen, wenn man sie selbst verursacht, wenn man sie unter Kontrolle hat. Wie Gewehrschüsse.

Nicht, daß Roland schießen würde. Früher hat er es getan: früher hat er während der Saison Rotwild gejagt, aber das ist jetzt zu unsicher, zu viele Leute laufen da rum – Italiener, und wer weiß, was noch –, sie schießen auf alles, was sich bewegt. Auf jeden Fall hat er den Spaß am Endresultat verloren – die Kadaver mit den Geweihen, die wie grotesker Kühlerschmuck vorn auf die Motorhauben gebunden werden, die prächtigen, ermordeten Köpfe, die mit stumpfen Augen von den Dächern der Minivans starren. Er kann verstehen, daß man Wild erlegt, um es zu essen, aber nur um einen Kopf abzuschneiden und ihn sich an die Wand zu hängen? Was beweist das schon, außer daß ein Hirsch nicht abdrücken kann?

Er spricht diese Gefühle nie aus. Er weiß, daß man sie an seinem Arbeitsplatz, den er haßt, gegen ihn wenden würde. Sein Job ist es, für andere Leute Geld zu verwalten. Er weiß, daß er nicht besonders gut ist, nicht nach den Maßstäben seines Urgroßvaters. Jeden Morgen, wenn er sich rasiert, funkelt ihn der alte Mann böse aus dem Rosenholzrahmen im Waschraum an. Sie wissen es beide: Wenn Roland gut wäre, dann wäre er auf den Beinen, um Beute zu machen, dann würde er nicht dasitzen und Erbsen zählen. Dann hätte er irgendeinen grauen, harmlosen, unzufriedenen Mann, der an seiner Stelle die Erbsen zählen würde. Ein ganzes Regiment davon. Ein Regiment von Männern, wie er selbst einer ist.

Er hebt einen Birkenklotz hoch, stellt ihn aufrecht auf den Hackklotz, schwingt die Axt. Ein sauberer Schnitt, aber er ist aus der Übung. Morgen wird er Blasen haben. Noch eine Weile, dann wird er aufhören, sich bücken und aufschichten, sich bücken und aufschichten. Es ist schon genügend Holz da, aber er macht es gern. Es ist eines der wenigen Dinge, die ihm Spaß machen. Lebendig fühlt er sich nur hier oben.

Gestern ist er direkt aus der Stadtmitte hier heraufgefahren, an den Lagerhäusern und Fabriken und glänzenden Glastürmen vorbei, die anscheinend über Nacht in die Höhe geschossen sind;

an den Vorstadtsiedlungen vorbei, die, darauf könnte er schwören, im letzten Jahr, im letzten Monat noch nicht da gewesen waren. Kilometerweit kein Baum, dafür kleine neue Häuser mit kleinen spitzen Dächern – wie Zelte, wie eine Invasion. Die Zelte von Goten und Vandalen. Die Zelte von Hunnen und Magyaren. Die Zelte von George.

Seine Axt saust auf den Kopf von George hinunter, der sich in zwei Hälften spaltet. Wenn Roland gewußt hätte, daß George an diesem Wochenende hier sein würde, wäre er nicht gekommen. Diese verdammte Prue mit ihren albernen Halstüchern und ihrem offenen Hemd und ihren mittelalterlichen Brüsten, die sie wie heiße Brötchen mit Sardinen und Käse darbietet, und George, dessen schmieriger Blick überall an ihrem Körper klebt, und Portia, die so tut, als merkte sie nichts. Dieser verdammte George mit seinen dunklen Geschäften und seinen Schmiergeldern für die Ratsherren der Stadt; dieser verdammte George mit seinen Millionen und seinem unechten übertriebenen Charme. George sollte in der Stadt bleiben, wo er hingehört. Schon da ist er schwer zu ertragen, aber da kann Roland ihm wenigstens aus dem Weg gehen. Hier in Wacousta Lodge ist er unerträglich, stolziert durch die Gegend, als gehörte sie ihm. Noch nicht. Wahrscheinlich wartet er nur darauf, bis sie alle abgekratzt sind, um dann ein lukratives Altersheim für reiche Japaner daraus zu machen. Er wird ihnen, mit riesigem Gewinn, Natur verkaufen. So was würde George tun.

Roland hatte auf den ersten Blick gesehen, daß der Mann eine Eidechse war. Warum hatte Portia ihn geheiratet? Sie hätte jemand Anständiges heiraten können, George Prue überlassen können, die ihn Gott weiß wo aufgegabelt und wie einen preisgekrönten Fisch zur Schau gestellt hatte. Prue hatte ihn verdient; Portia nicht. Aber warum gab Prue ihn kampflos auf? Das paßte gar nicht zu ihr. Es ist, als habe es irgendeinen Handel gegeben, irgendeine unsichtbare Abmachung zwischen ihnen. Portia kriegte George, aber was tauschte sie dafür ein? Was hatte sie aufgeben müssen?

Portia war immer seine Lieblingsschwester gewesen. Sie war die Jüngste, das Baby. Prue, die die Zweitjüngste war, hatte sie immer schrecklich gehänselt, obwohl Portia bemerkenswert lange brauchte, bis sie zu weinen anfing. Statt dessen hatte sie immer so geguckt, als könne sie sich nicht recht erklären, was Prue ihr antat, oder warum. Und dann war sie weggegangen, um allein zu sein. Roland kam dann zu ihrer Verteidigung, und es gab einen Streit, und Roland wurde beschuldigt, auf seiner Schwester herumzuhacken, und bekam zu hören, daß er sich nicht so benehmen dürfe, weil er ein Junge war. Welche Rolle Pamela bei all dem gespielt hatte, weiß er nicht mehr. Pamela war älter als sie alle und hatte ihre eigenen Pläne, in die niemand sonst einbezogen zu sein schien. Pamela las beim Abendessen und fuhr allein mit dem Kanu los. Pamela durfte das.

In der Stadt gingen sie auf verschiedene Schulen oder in verschiedene Klassen; das Haus war groß, und jeder hatte seine Pfade, sein eigenes Lager. Nur hier überschnitten sich die Territorien. Wacousta Lodge, das so friedlich aussah, ist für Roland der Schauplatz der Familienkriege.

Wie alt war er gewesen – neun? zehn? –, damals, als er Prue fast umgebracht hätte? Es war in dem Sommer, in dem er Indianer sein wollte – er hatte *Tips für die Wildnis* gelesen. Damals hatte er das Buch immer heimlich aus dem Regal geholt und mit nach draußen genommen, hinter den Holzschuppen, und dann darin gelesen, immer wieder von vorn. *Tips für die Wildnis* sagte einem, wie man auf sich allein gestellt in den Wäldern überleben konnte – etwas, wonach er sich sehnte. Wie man Unterkünfte baute, wie man aus Fellen Kleider machte, wie man eßbare Pflanzen fand. Es waren auch grafische Darstellungen dabei und Federzeichnungen – von Tierfährten, von Blättern und Samen. Beschreibungen der verschiedenen Arten von Tierexkrementen. Er weiß noch, wie er zum ersten Mal Bärenkot fand, frisch und übelriechend und purpurrot von Blaubeeren. Es jagte ihm einen höllischen Schreck ein.

Es stand auch eine Menge über die Indianer darin; wie edel sie waren, wie mutig, treu, sauber, ehrerbietig, gastfreundlich und ehrenhaft. (Schon diese Wörter klingen heute überholt, archaisch. Wann hatte Roland das letzte Mal gehört, daß jemand als *ehrenhaft* bezeichnet wurde?) Sie griffen nur in Selbstverteidigung an, damit ihnen ihr Land nicht gestohlen wurde. Sie gingen auch anders. Auf Seite 208 waren Fußabdrücke abgebildet, einer von einem Indianer und einer von einem Weißen: der Weiße trug mit Nägeln beschlagene Stiefel, und seine Zehen zeigten nach außen; der Indianer trug Mokassins, und seine Füße zeigten ganz gerade nach vorn. Seit dieser Zeit ist sich Roland immer seiner Füße bewußt gewesen. Er dreht die Zehen noch immer ein bißchen nach innen, um dem entgegenzuwirken, was ihm wie ein genetisch programmiertes Watscheln vorkommt.

In jenem Sommer lief er immer mit einem Geschirrtuch herum, das er sich vorn in seine Badehose stopfte – als Lendentuch, und er malte sich das Gesicht mit Holzkohle aus der Feuerstelle an, dazu mit roter Farbe, die er aus Prues Malschachtel stibitzt hatte. Er versteckte sich draußen hinter den Fenstern, lauschte. Um Rauchsignale auszuprobieren, zündete er unten beim Bootshaus ein kleines Stück Gebüsch an, löschte es aber wieder, bevor er erwischt wurde. Mit einem ledernen Schnürsenkel, den er sich von einem Stiefel seines Vaters lieh (der lebte da noch), befestigte er einen länglichen Stein an einem Stock. Er schlich sich an Prue ran, die auf dem Landungssteg Comics las und die Beine ins Wasser baumeln ließ.

Er hatte seine Streitaxt. Er hätte ihr den Schädel einschlagen können. Natürlich war sie nicht Prue: sie war Custer, sie war Verrat, sie war der Feind. Er ging sogar so weit, die Axt zu heben, die überzeugende Silhouette zu beobachten, die sein Schatten auf dem Landungssteg abgab. Dann fiel der Stein herunter, auf seinen nackten Fuß. Er schrie vor Schmerzen auf. Prue wandte sich um, sah ihn, ahnte sofort, was er getan hatte, und lachte sich krank. Und *da* hätte er sie fast getötet. Das andere, der Stein, war nur ein Spiel gewesen.

Die ganze Sache war nur ein Spiel gewesen, aber es tat weh, davon abzulassen. Er hatte sich so sehr gewünscht, an diese Art Indianer zu glauben, an die Art in dem Buch. Es war für ihn so wichtig gewesen, daß sie existierten.

Bei der Fahrt hier herauf war er an einer Gruppe wirklicher Indianer vorbeigekommen, drei, an einem Blaubeerstand. Sie trugen Jeans und T-Shirts und Tennisschuhe, genau wie alle anderen auch. Einer von ihnen hatte ein Transistorradio. Neben dem Stand parkte ein gepflegter kastanienbrauner Minivan. Was erwartete er denn auch, Federn? All das war schon vorbei, verloren, zugrunde gerichtet gewesen, viele, viele Jahre, bevor er geboren wurde.

Er weiß, daß das alles Unsinn ist. Er ist schließlich ein Erbsenzähler; er hat mit der harten Währung der Realität zu tun. Wie kann man etwas verlieren, das einem von Anfang an nicht gehört hat? (Aber das kann man, denn *Tips für die Wildnis* hatte ihm einmal gehört, und er hatte es verloren. Er hatte das Buch heute aufgeschlagen, vor dem Mittagessen, nach vierzig Jahren. Da war das unschuldige, etwas verstaubte Vokabular, das ihn einmal inspiriert hatte: Männlichkeit in Großbuchstaben, Mut, Ehre. Der Geist der Wildnis. Es war naiv, großspurig, lächerlich. Es war Staub.)

Roland hackt mit seiner Axt. Der Laut fährt durch die Bäume, über die kleine Lichtung links von ihm, prallt an dem hohen Kamm eines Felsens ab, ruft ein schwaches Echo hervor. Es ist ein alter Laut, ein Laut, der übriggeblieben ist.

Portia liegt auf ihrem Bett, lauscht dem Geräusch, das Roland beim Holzhacken macht, und hält ihren Mittagsschlaf. Sie hält ihren Mittagsschlaf, wie sie es immer tut – ohne zu schlafen. Der Mittagsschlaf wurde ihr früher von ihrer Mutter aufgezwungen. Jetzt hält sie ihn einfach. Als sie klein war, hat sie immer so hier gelegen – in Sicherheit vor Prue –, im Zimmer ihrer Eltern, im Doppelbett ihrer Eltern, das jetzt ihr und George gehört. Sie hat an alle möglichen Dinge gedacht; in den Astlöchern der Fichtendecke hat sie Gesichter und Tierformen gesehen und Geschichten über sie erfunden.

Jetzt handeln die einzigen Geschichten, die sie noch erfindet, von George. Wahrscheinlich sind sie sogar noch unrealistischer als die Geschichten, die er sich über sich selbst erfindet, aber wirklich wissen kann sie es nicht. Manche lügen instinktiv, und manche lügen nicht, und die es nicht tun, sind denen, die es tun, ausgeliefert.

Prue, zum Beispiel, ist eine unbekümmerte Lügnerin. Das ist sie schon immer gewesen; es macht ihr Spaß. Als sie noch Kinder waren, sagte sie immer: »Schau mal, du hast ganz viel Rotz an der Nase«, und Portia rannte zum Spiegel im Waschraum. Es war nichts da, aber daß Prue es gesagt hatte, machte es irgendwie wahr, und Portia schrubbte und schrubbte, bemühte sich, unsichtbaren Schmutz abzuwaschen, während sich Prue halb totlachte. »Glaub ihr doch nicht«, hatte Pamela immer gesagt. »Sei doch nicht so dumm.« Aber manchmal waren die Dinge, die Prue sagte, wahr, wie sollte man es also wissen?

George ist genauso. Er blickt ihr in die Augen und lügt mit einer solchen Zärtlichkeit, einer solchen Innigkeit, einer solchen Traurigkeit darüber, daß sie ihm nicht traut, daß sie ihn nicht zur Rede stellen kann. Ihn zur Rede zu stellen würde sie zynisch und hart machen. Sie will sich lieber küssen lassen; sie will sich geliebt wissen. Sie will lieber glauben.

Natürlich wußte sie von Anfang an über George und Prue Bescheid. Es war ja Prue gewesen, die ihn zuerst hier heraufgebracht hatte. Aber nach einer Weile schwor George, daß die Sache mit Prue nichts Ernstes gewesen sei, und vorbei sei sie in jedem Fall. Prue selbst schien es nichts auszumachen. Sie hatte George bereits gehabt, wie sie andeutete; er war abgetragen, wie ein Kleid. Wenn Portia ihn als nächstes haben wollte, machte ihr das nichts aus. »Bedien dich«, sagte sie. »Gott weiß, daß von George genügend für alle da ist.«

Portia wollte es so machen, wie Prue es machte; sie wollte sich die Hände schmutzig machen. Sie wollte eine intensive Beziehung, gefolgt von einer gleichgültigen Trennung. Aber sie war zu jung: sie konnte das einfach nicht. Sie war aus dem See aufgetaucht und hatte George seine dunkle Brille gereicht, und er hatte sie nicht auf die richtige Art angesehen: mit Verehrung, nicht mit Leidenschaft – ein offener Blick, ohne etwas Schmutziges darin. Nach dem Essen an jenem Abend hatte er mit makelloser Höflichkeit zu ihr gesagt: »Das alles hier ist so neu für mich. Ich wünsche mir, daß Sie für mich in diesem wunderbaren Land zur Führerin werden.«

»Ich?« sagte Portia. »Ich weiß nicht. Und Prue?« Sie hatte bereits ein schlechtes Gewissen.

»Prue hat für Verpflichtungen nichts übrig«, sagte er (was völlig richtig war, das hatte sie nicht, und daß George es begriff, war beeindruckend). »Aber Sie schon. Ich bin Gast: Sie sind der Gastgeber.«

»Die Gastgeberin«, sagte Pamela, die gar nicht zugehört zu haben schien. »Den Gast gibt es nur in männlicher Form. Es gibt aber sowohl einen Gastgeber als auch eine Gastgeberin.«

»Ich finde, Sie haben eine sehr intellektuelle Schwester«, sagte George lächelnd, als sei diese Eigenschaft von Pamela eine Kuriosität, oder vielleicht eine Mißbildung. Pamela warf ihm einen Blick purer Abneigung zu, und seit dieser Zeit hat sie nie wieder irgendwelche Anstrengungen gemacht, ihm entgegenzukommen. Was sie angeht, könnte er genausogut ein Holzklotz sein.

Aber Portia macht Pamelas Gleichgültigkeit nichts aus; sie freut sich sogar darüber. Früher wollte sie immer mehr wie Prue sein, aber jetzt ist es Pamela. Pamela, die in den fünfziger Jahren als so exzentrisch und seltsam und unscheinbar angesehen wurde, scheint jetzt die einzige von ihnen zu sein, die es richtig macht. Freiheit bedeutet nicht, einen Haufen Männer zu haben, nicht, wenn man glaubt, es zu müssen. Pamela macht, was sie will, nicht mehr und nicht weniger.

Es ist eine gute Sache, daß es wenigstens eine Frau im Universum gibt, die George gegenüber vollkommen gleichgültig ist. Portia wünschte, sie könnte auch so gelassen sein. Selbst nach zweiunddreißig Jahren ist sie noch immer in der Atemlosigkeit, der engen Luft der Liebe gefangen. Es ist noch genauso wie in jener ersten Nacht, als er sich heruntergebeugt hatte, um ihr einen Kuß zu geben (unten beim Bootshaus, nach einem abendlichen Paddelausflug), als sie dort wie ein Reh im grellen Licht der Scheinwerfer gestanden hatte, erstarrt, während sich etwas Gewaltiges und Unaufhaltsames auf sie herabsenkte und sie auf das Kreischen der Bremsen wartete, den Schock des Zusammenpralls. Aber ein solcher Kuß war es nicht gewesen: Sex war es nicht, was George von ihr wollte. Er hatte das andere gewollt – die weißen Baumwollblusen der Ehefrau, die Kinderwiegen. Er ist traurig, daß sie keine Kinder haben.

Er war ein schöner Mann, damals. Schöne Männer gab es genug, aber im Vergleich zu ihm schienen die anderen leer, unbeschrieben. Er ist der einzige, den sie je gewollt hat. Aber sie kann ihn nicht haben, das kann niemand. George hat sich selbst, und er läßt sich nicht los.

Das ist es, was Prue treibt: sie möchte ihn am Ende doch zu fassen kriegen, ihn öffnen, ein Zugeständnis aus ihm herauswringen. Er ist der einzige Mensch in ihrem Leben, bei dem sie es nie geschafft hat, ihn herumzukommandieren oder zu ignorieren oder zu betrügen oder klein zu machen. Portia weiß immer, wann Prue wieder zum Angriff übergeht: es gibt verräterische Hinweise; es gibt stumme Telefonanrufe; es gibt die ernsten, melancholischen Lügen von George – ein untrügliches Zeichen. Er weiß, daß sie es weiß; er schätzt an ihr, daß sie nichts sagt; sie läßt es zu, geschätzt zu werden.

Aber im Moment spielt sich nichts ab. Nicht jetzt, nicht hier oben, nicht in Wacousta Lodge. Das würde Prue nicht wagen, und George auch nicht. Er weiß, wo für sie die Grenze ist; er kennt den Preis ihres Schweigens.

Portia sieht auf die Uhr: ihr Mittagsschlaf ist vorbei. Wie gewöhnlich ist er nicht sehr erholsam gewesen. Sie steht auf, geht in den Waschraum, benetzt ihr Gesicht. Sie legt etwas Creme auf, massiert sie rund um ihre schlaffen Augen ein. In diesem Alter stellt sich einem die Frage, welchem Hund man in Kürze ähneln wird. Sie wird ein Beagle sein, Prue – ein Terrier. Pamela wird ein Afghane sein oder irgend etwas ähnlich Unirdisches.

Ihr Urgroßvater beobachtet sie im Spiegel, mißbilligt sie, wie er es immer getan hat, obwohl er längst tot war, als sie geboren wurde. »Ich hab das Beste getan, was ich tun konnte«, sagte sie zu ihm. »Ich hab einen Mann geheiratet, der so ist wie du. Einen Raubritter.« Nie wird sie ihm gegenüber oder irgend jemand anderem gegenüber zugeben, daß es vielleicht ein Fehler war. (Warum taucht ihr Vater nie in ihrem Innenleben auf? Weil er nicht da war, nicht einmal als Bild. Er war im Büro. Selbst im Sommer – besonders im Sommer – war er eine Abwesenheit.)

Draußen vor dem Fenster hat Roland mit dem Holzhacken aufgehört und sitzt auf dem Hackklotz, hat die Arme auf die Knie gestützt, läßt die großen Hände baumeln und starrt hinaus in die Bäume. Ihn hat sie am liebsten; er war es, der sie immer verteidigt hat. Das hat aufgehört, als sie George heiratete. Prue gegenüber wußte Roland, was er tun konnte, aber George verwirrte ihn. Kein Wunder. Portias Liebe schützt George, sie hüllt ihn ein. Portias dumme Liebe.

Wo ist George? Portia geht durch das Haus, sucht ihn. Gewöhnlich hat er sich zu dieserTageszeit im Wohnzimmer auf der Couch ausgestreckt, döst; aber dort ist er nicht. Sie sieht sich in dem leeren Zimmer um. Alles ist wie immer: die Schneeschuhe an der Wand, das Birkenrindenkanu, mit dem sie immer hatte spielen wollen, aber nicht durfte, weil es ein Souvenir war, der Vorleger aus Bärenfell, stumpf, mit kahlen Stellen. Dieser Bär ist einmal ein Freund gewesen, er hatte sogar einen Namen, aber den hat sie vergessen. Auf dem Bücherbord steht eine leere Kaffeetasse. Das ist ein Ausrutscher, ein Versehen; sie sollte dort nicht stehen. Sie spürt die ersten Regungen des Gefühls, das sie immer hat, wenn sie weiß, daß George mit Prue zusammen ist, ein Gefühl von Taubheit, das am unteren Teil der Wirbelsäule beginnt. Aber nein, Prue liegt in der Hängematte auf der Veranda und liest eine Zeitschrift. Es kann sie nicht zweimal geben.

»Wo ist George?« fragt Portia, obwohl sie weiß, daß sie es nicht sollte.

»Woher, zum Teufel, soll ich das wissen?« sagt Prue. Ihre Stimme klingt mürrisch, als würde sie sich das gleiche fragen. »Was ist los – hat er sich von der Leine gerissen? Komisch, hier oben gibt's doch gar keine Sekretärinnen.« An der Sonne macht sie einen unordentlichen Eindruck: Ihr zu orangefarbener Lippenstift windet sich bis in die winzigen Fältchen um ihren Mund; ihr Pony hat einen seltsamen Bronzeton; sie scheint Probleme zu haben.

»Es gibt keinen Grund, gemein zu sein«, sagt Portia. Das hat ihre Mutter immer zu Prue gesagt, über dem Körper einer zerstückelten Puppe, über einer zerstörten Sandburg, über einer gestohlenen Flasche Nagellack, die an die Wand geschleudert worden war; und Prue hatte darauf damals nie antworten können. Aber jetzt ist ihre Mutter nicht da, um es zu sagen.

»Doch, den *gibt* es«,sagt Prue heftig.«Es gibt einen Grund.«

Gewöhnlich würde Portia einfach weggehen, so tun, als habe sie nichts gehört. Jetzt sagt sie: »Wieso?«

»Weil du von allem immer das Beste gekriegt hast«, sagt Prue.

Portia ist erstaunt. Sie ist doch die Stille, der Schatten; hat sie nicht immer das Mauerblümchen gespielt, während Prue durchs Leben tanzte? »Was?« sagt sie. »Was hab ich immer gehabt?«

»Du warst immer zu gut, um wahr zu sein«, sagt Prue voller Verbitterung. »Warum bleibst du bloß bei ihm? Ist es das Geld?«

»Er hatte keinen Heller, als ich ihn geheiratet hab«, sagt Portia nachsichtig. Sie fragt sich, ob sie Prue haßt oder nicht. Sie ist sich nicht sicher, wie sich richtiger Haß anfühlen würde. Auf jeden Fall verliert Prue diesen straffen, gefährlichen Körper, mit dem sie soviel Unheil angerichtet hat, und was bleibt ihr dann noch, wenn der weg ist? An Waffen, meint sie.

»Als *er dich* geheiratet hat, meinst du«, sagt Prue. »Als Mutter dich verheiratet hat. Du hast das einfach geschehen lassen, der kleine Einfaltspinsel, der du warst.«

Portia fragt sich, ob das wahr ist. Sie wünscht, sie könnte ein paar Jahrzehnte zurückgehen, noch einmal aufwachsen. Beim ersten Mal ist ihr etwas entgangen; irgendein Stadium ist ihr entgangen, oder irgendeine lebenswichtige Information, die andere Leute zu haben schienen. Dieses Mal würde sie sich anders entscheiden. Sie würde nicht so folgsam sein; sie würde nicht um Erlaubnis bitten. Sie würde nicht sagen: »Ich will«, sondern »Ich bin«.

»Warum hast du dich nie gewehrt?« sagt Prue. Sie klingt ehrlich betrübt.

Portia kann den Weg hinunter zum See sehen, zum Landungssteg. Dort unten steht ein Liegestuhl aus Leinen, in dem niemand sitzt. Darunter steckt Georges Zeitung, sie flattert: Es kommt Wind auf. George muß vergessen haben, seinen Stuhl wegzuräumen. Das ist nicht typisch für ihn.

»Einen Augenblick«, sagt sie zu Prue, als würde sie diese Unterhaltung, die sie nun schon auf die eine oder andere Art fünfzig Jahre lang führen, nur kurz unterbrechen. Sie geht durch die Fliegengittertür und den Weg hinunter. Wo ist George hin? Wahrscheinlich zur Toilette. Aber sein Liegestuhl schlägt im Wind wie ein Segel.

Sie bückt sich, um den Stuhl zusammenzuklappen, und hört etwas. Da ist jemand im Badehaus; da ist ein Rumoren, ein Schnaufen. Ein Stachelschwein, das das Salz von den Riemen leckt? Nicht bei hellem Tageslicht. Nein, das ist eine Stimme. Das Wasser glitzert, die kleinen Wellen schlagen gegen den Landungssteg. Prue kann es nicht sein; Prue ist oben auf der Veranda. Es hört sich wie ihre Mutter an, ihre Mutter, wenn sie die Geburtstagsgeschenke aufmachte – dieses weiche Crescendo von Überraschung und fast schmerzhaftem Staunen. Oh. Oh. *Oh*. Natürlich kann man nicht sagen, wie alt jemand ist, in der Dunkelheit.

Portia klappt den Stuhl zusammen, lehnt ihn behutsam an die Wand des Bootshauses. Sie geht mit der Zeitung den Pfad hinauf. Sie will nicht, daß die Seiten über den ganzen See fliegen. Sie will nicht, daß die klaren Wellen von alten Neuigkeiten beschmutzt werden, von durchweichtem menschlichen Kummer. Verlangen und Gier und schreckliche Enttäuschungen, selbst im Wirtschaftsteil. Auch wenn man es da zwischen den Zeilen lesen mußte.

Sie will nicht ins Haus gehen. Sie geht um die Küche herum, weicht dem Holzschuppen aus, von wo sie das *tschock-tschock* hören kann, mit dem Roland die Scheite aufschichtet, geht auf dem Pfad zurück, der zu der kleinen sandigen Bucht führt, in der sie als Kinder alle geschwommen sind, bevor sie alt genug wurden, um von dem Landungssteg zu springen. Dort legt sie sich auf den Boden und schläft ein. Als sie aufwacht, kleben Tannennadeln an ihrer Wange, und sie hat Kopfschmerzen. Die Sonne steht niedrig am Himmel; der Wind hat sich gelegt; die Wellen sind verschwunden. Tote, glatte Stille. Sie zieht ihre Kleider aus, macht sich nicht einmal die Mühe, auf Motorboote zu hören. Die fahren sowieso so schnell, daß sie nur ein verschwommener Fleck wäre.

Sie watet in den See, läßt sich ins Wasser gleiten wie zwischen die Schichten eines Spiegels: die Glasschicht, die Silberschicht. Sie begegnet den Verdoppelungen ihrer eigenen Beine, ihrer eigenen Arme, während sie herabsinken. Sie läßt sich treiben, nur ihr Kopf ist über dem Wasser. Sie ist wieder fünfzehn, sie ist zwölf, sie ist neun, sechs. Am Strand, festgemacht an den vertrauten Spiegelungen, sind dieselben Felsen, derselbe weiße Baumstumpf, der schon immer dort war. Die kalte Stille des Sees ist wie ein langes Aufatmen der Erleichterung. Es gibt Sicherheit, so jung zu sein, zu wissen, daß der Baumstumpf ihr Baumstumpf ist, der Felsen ihr Felsen, daß sich nichts je ändern wird.

Eine Glocke ertönt, schwach, von dem fernen Haus. Das Abendessen. Heute ist Pamela an der Reihe. Was wird sie kochen?

Etwas Seltsames. Pamela hat ihre eigenen Vorstellungen von Ernährung.

Wieder ertönt die Glocke, und Portia weiß, daß jetzt gleich etwas Schlimmes geschehen wird. Sie könnte es abwenden; sie könnte immer weiter hinausschwimmen, sich loslassen, versinken.

Sie sieht zum Ufer, zur Wasserlinie, wo der See endet. Es ist nicht mehr horizontal; es ist geneigt, als wäre das Grundgestein weggerutscht; als glitten die Bäume, die Granitfelsen, Wacousta Lodge, die Halbinsel, das ganze Festland immer weiter hinunter, als gingen sie unter. Sie denkt an ein Schiff – ein großes, ein Passagierschiff –, das kippt, untergeht, mit brennenden Lichtern, mit der Musik, die noch spielt, mit den Menschen, die immer weiter und weiter reden und das Unglück, das bereits über sie gekommen ist, nicht bemerken. Sie sieht sich selbst nackt durch den Ballsaal laufen – eine absurde, verstörende Gestalt mit tropfendem Haar und wedelnden Armen – schreiend: »Seht ihr denn nicht? Es bricht auseinander, alles bricht auseinander, ihr sinkt. Ihr seid am Ende, es ist vorbei mit euch, ihr seid tot!«

Natürlich würde sie unsichtbar sein. Niemand würde sie hören. Und eigentlich ist nichts geschehen, was nicht schon vorher geschehen ist.

Deutsch von Charlotte Franke

Franziska Sperr

Nulldiät

Fangen wir am Anfang an. Wir setzen die Rothaarige mit den grünen Augen auf das blaue Sofa, die Blonde mit den braunen Augen auf das abgewetzte Samtkissen auf den Boden und die Blasse mit dem roten Mund in den Korbsessel. Das ist der Anfang. Oder ist der Anfang im Auto, auf der Fahrt nach Wien, an Sentas 32. Geburtstag? Der Anfang schiebt sein Ende vor sich her. Schiebt und häuft, türmt auf, sammelt an, nimmt mit. Das Ende geht dem Anfang voraus. Das Ende ist der Anfang, der Anfang vom Ende.

»Endlich gibt es Essen! Meine großen Mädchen! Meine Kinderchen!« Die Mutter drehte sich einmal um sich selbst. Auf den schmierigen Kacheln des Küchenbodens drehte sie unerwartet schnell. Eine fettige Böe fuhr unter die Schürze und klappte den Schoß nach oben, vor ihr Gesicht. Die Mutter hielt beim Drehen das Gleichgewicht, und hinter dem weißen Baumwollstoff glühten ihre Augen vor Wonne.

»Hier, Senta, nimm du den Untersetzer für die Pfanne, und du, Marie, die Suppenkelle und die Backerbsen. Vera, du trägst die Schüssel mit dem Gemüse, dann brauchen wir nach der Suppe nicht aufzustehen. Sind die Löffel fürs Dessert schon gedeckt? Eine muß noch das Körbchen mit dem Brot richten, extra frisches Weißbrot zur Suppe habe ich gekauft. Und für jedes meiner Mädchen liegt ein Kalbsknochen mit Mark unten in der Suppenschüssel! Salz und Pfeffer bringt noch, und den Schnittlauch! Das wird euch gut schmecken. Das weckt Tote auf. Knochenmark gibt Kraft!«

Sie setzten sich. Die zarten Stühle stöhnten unter der Last der schweren Mädchen. Die dünnen Barockbeine hielten, was sie konnten. »Eßt, meine Kinderchen, eßt! Wer weiß, wann ihr wieder etwas bekommt. Hauptsache, ich kriege euch drei immer noch satt.« Die Mutter teilte aus. Die Suppenteller waren übervoll und tropften auf dem Rückweg von der Terrine zu den Plätzen auf die gestärkte Tischdecke. Egal. Mutters glühende Augen folgten jedem Löffel, der zum Mund ging, schienen jeden Löffel anzustoßen, kurz bevor er die Lippen erreichte. Schwupp, hinein damit.

»Mit dem Messer hast du es leichter, Vera.« Mutters Glutaugen tauchten in die Suppenschüssel, leuchteten den Hohlraum aus, suchten den Boden ab. »Du mußt das ganze Knochenmark herausholen, es ist alles für dich! Früher hatte Vater das Mark für sich alleine. Jetzt hat jede von euch ihren eigenen Knochen mit dem dicken Batzen dran. Nun eßt! Im Mark ist alles drin, was stark macht! Schön, Senta, du hast es richtig gemacht! Salz, Pfeffer und schwupp! Rasch, Marie, rein damit! Ist doch nicht mehr heiß! Oder? Das Mark schmeckt nur, wenn es richtig heiß ist. Auf heißen Tellern. Und vergeßt nicht die Backerbsen! Und den Schnittlauch!«

Die Mutter ließ keine aus den Augen. Die Teller durften nicht leer werden, jedenfalls jetzt noch nicht. Sie nickte ihren drei Töchtern munter zu. Mit erbarmungsloser Fürsorge konzentrierte sie sich während des ganzen Essens auf die drei Teller ihrer Töchter. Als sie ein paar gebratene Zwiebelringe entdeckte, die Senta in ihrer Not zurückgelassen hatte, sagte sie: »Senta, mach den Teller leer, morgen soll die Sonne scheinen!« Und Senta gehorchte. Und Marie auch und Vera ebenfalls. Waren Schüsseln, Töpfe, Näpfe, Teller endlich leer, sagte die Mutter: »Wenn alles aufgegessen ist, war es zu wenig. Also eßt, Kinderchen, eßt, damit nichts übrigbleibt.«

Die Mutter hatte ihre eigene Logik.

Senta, Marie und Vera wehrten sich nicht. Selbst an Tagen, an denen sie nicht hungrig waren, gaben sie sich Mühe, die Mutter nicht zu enttäuschen. Sie aßen. Sie aßen auf, schützten Hunger vor, auch wenn nichts mehr ging. Sie fürchteten Mutters Enttäuschung, sie wollten ihre Augen glühen sehen, sie sehnten das zufriedene Lächeln auf ihren faltigen Lippen herbei, wenn alles verspeist war: Rosenköhlchen und Käsewähe, Rinderlende, Maultaschen und Ochsenschwanz, Enten, Gänsekeulen und Schweinebraten, Fischfilet und Kalbsnieren, Schwenkkartoffeln, Griesnocken, Reibekuchen und Wirsingkohl, Sahnehering und Kräuterkrusten, Fleischbrätfüllsel und Apfelküchlein, Hammelschlägel und Muschelsuppen, Rehrücken, grüne Soßen, weiße Soßen, braune Soßen und Blattspinat. Wenn Teller und Schüsseln leer waren und sich die Bäuche gegen den Rockbund wölbten, beschwerten sich die Stuhlbeine noch mehr, brachen schier zusammen unter der Last über ihnen. Erst dann beruhigte sich die Stimmung bei Tisch, wich die rote Glut in Mutters Augen einem faden, seligen Hellblau. Endlich war sie ein bißchen zufrieden und grollte dem widerspenstigen Leben nicht mehr. Die Töchter wußten, was sie durchgemacht hatte: Trennungen, jede auf eine andere Weise, durch Tod, Untreue, Langeweile und, die letzte, wegen eines Auslandsaufenthalts. Die Mutter hatte an jeder Trennung schwer zu tragen. Schwerer, sagte sie immer, schwerer als andere Frauen. Die Mädchen hatten Magendrücken.

Es kam vor, daß die Schwestern satt waren und die Töpfe noch nicht ganz leer, dann erzählte die Mutter wieder von früher, als es nichts zu essen gab, oder von der ungerechten Welt, dem unergründlichen Willen Gottes und dem schrecklichen Schicksal derer, die nichts zu essen haben. In solchen Momenten wich aus ihren Augen das Feuer, die Glut war Asche geworden. Sie stützte den Kopf auf und sah auf einmal grau und teilnahmslos aus. Die Töchter atmeten schneller, sie verdauten und taumelten hinter ihr her, wenn sie sich in ihrer Melancholie verlor.

Ihre drei Mädchen hatte die Mutter fest im Griff.

»Ihr könnt ja auch nichts dafür! Ihr seid jung, und ich bin alt. Jetzt eßt wenigstens das Fleisch auf, damit morgen schönes Wetter wird!«

Sie kratzte in den Töpfen und schlug den Schwestern Kartoffelbrei und Lauchgemüse, ein Restchen Reis, ein übriges Tomätchen, den letzten Fasanenflügel, das sitzengebliebene Knödelchen, Soßiges, Sähmiges auf die Teller. Ihre Augen erwärmten sich zusehends, bis schließlich Töpfe, Pfannen, Schüsseln und Teller leer waren. Sie wurde wieder munter. Ihre Töchter indes quälten sich mit ihren vollen Mägen, ihren aufgeblähten Bäuchen.

Zum Abschluß gab es Likör aus Rosenblättern, Holunder und Aprikosen. Darauf ein Verdauungsschnäpschen. So wurde schneller und gründlicher verdaut und Platz geschaffen für Windbeutel und Käsesahne, Himbeerrolle, Schweineohren oder Bienenstich. Alles stand schon für den Kaffee bereit. Mutters Augen funkelten wieder, die drei Schwestern schwitzten.

So gingen die Jahre ins Land.

Die Geschichte hat längst begonnen, der Anfang nimmt immer mehr die Züge des Endes an. Oder beginnt sie doch erst jetzt, *obgleich* schon Jahre ins Land gegangen oder gerade *weil* Jahre vergangen sind?

Mit der Zeit waren die drei Schwestern immer dicker geworden. Vera und Marie betasteten ihre voluminösen Körper, griffen sich gegenseitig in die Speckfalten, wackelten an ihren Schenkeln, bis das Fleisch träge hin- und herschaukelte, befühlten ihre Specknacken, fuhren sich sanft über die wolkigen Arme. Oft waren sie sehr traurig, manchmal weinten sie.

Und dann kam der Tag, an dem die drei Schwestern mit Sentas Auto nach Wien fuhren. Die Mutter hatte ihnen beim Abschied das Versprechen abgenommen, bald anzurufen, um ihr mitzuteilen, wofür sie sich nun entschieden hätten: Sollte es bei ihrer

Rückkunft Kalbszunge oder Porterhousesteak, Kartoffelbrei oder Serviettenknödel, Bohnen, Linsen oder Wirsingkohl, Bisquitroulade oder Karamelcreme geben? In ihrer Kochschürze stand sie auf der Straße und winkte. Sie winkte in ihrer rosa Kochschürze und rief ihnen hinterher. »Gebt Bescheid: Kartoffelbrei oder Serviettenknödel! Meldet euch wegen der Kalbszunge! Denkt an die Bisquitroulade! Und grüßt mir Wien! Bleibt gesund!« Bis das Auto um die Kurve gebogen war.

Auf der Fahrt hatten es die Schwestern lustig. Die Zeit auf der Autobahn verging im Nu. In Wien trennten sich die drei nicht, obwohl jede einen Gang, ein Geschäft, eine Besorgung zu erledigen hatte. Sie hakten sich unter und nahmen das Trottoir ganz für sich. Und wenn ihnen jemand dumm kam, kehrten sie in das nächste Wirtshaus oder Café ein und nahmen eine Kleinigkeit zu sich. Die Ober sagten Küßdiehand, und die Salzburger Nockerln zerschmolzen ihnen auf den Zungen. Ab und an ein Wiener Schnitzel mit Erdäpfeln. Den großen Braunen zur Sachertorte, den kleinen Schwarzen zum Powidldatschgerl.

In einer mittelmäßigen Pension blieben sie über Nacht. Zu dritt im Doppelzimmer war es eng. In einem Modehaus kauften sie sich neue Blusen und Röcke. Senta ergatterte einen beigen Mantel, der ihr gut stand. In diesem Mantel ging sie, diesmal allein, zu einer großen Bank und sprach etwa eine Stunde mit dem Abteilungsleiter über ihr angespartes Geld. Vera und Marie saßen in einem Café um die Ecke und warteten. Abends tranken sie in einer Bar zusammen neun Glas roten Sekt und stießen auf Sentas zweiunddreißigsten Geburtstag an. Als sie alles erledigt hatten, fuhren sie wieder nach Hause.

Nehmen wir uns die Freiheit, und rollen wir die Geschichte von hinten her auf. Dann könnten wir sagen, die Rückfahrt von Wien sei der *eigentliche* Anfang gewesen. Eine Reise nach Wien, ohne Gewicht, harmlos, vergnüglich und keineswegs von langer Hand geplant. Und doch kann es sein, daß nach einer harmlosen, in völliger Unschuld oder Naivität angetretenen Reise nichts mehr ist wie zuvor. Eine Reise kann einen Abschied einläuten, ein Ende heraufbeschwören, einen Anfang setzen.

Auf der Rückfahrt, etwa auf der Höhe von Traunstein, legten die drei Schwestern ein Gelübde ab: *Wir nehmen ab. Wir essen nicht mehr, auch wenn Mutter es will. Wir lassen uns davon nicht abbringen. Wir schwören es. Wir nehmen ab.* An der nächsten Autobahnraststätte hielten sie an, parkten den Wagen, gingen an den Getränkeautomaten und zogen sich jede eine Dose Mineralwasser. Dann fuhren sie, ohne noch einmal anzuhalten, weiter.

Am nächsten Tag, Punkt ein Uhr, saßen die drei Schwestern wieder an Mutters Tafel. Die frisch gestärkte Damastdecke umspielte ihre Knie, rieb ein wenig an den Nylonstrümpfen. Diesmal war der Tisch besonders umsichtig gedeckt. Das Brot lag aufgeschnitten im Körbchen, Suppenkelle und Untersetzer warteten schon auf ihren Einsatz, Töpfe und Schüsseln standen auf der Wärmeplatte. Salz und Pfeffer. Mutters Augen glühten ohne Erbarmen. Vera und Senta und Marie saßen ganz still. Keine reichte ihren Teller.

»Na, was ist? Leberknödelsuppe!«

Die Schwestern saßen regungslos. Die Mutter erhob sich und schöpfte Senta auf. Sie ging sogar um den Tisch herum, bediente Vera von links hinten, Marie von rechts hinten mit ihrer Suppe. Die Brühe dampfte bernsteinfarben in den Tellern. In der Küche grunzte der Schweinebraten im Ofenrohr. Die Mutter setzte sich auf ihren Platz, blickte hilflos lächelnd in die Runde.

»Na, was ist denn?«

Die grünen Augen suchten die braunen. Die braunen fanden die grünen. Der rote Mund im blassen Gesicht nahm wortlos Verbindung auf. Die goldene Suppe dampfte. Um den Schweinebraten im Rohr war es still geworden.

Vera stand auf, stellte sich hinter den Stuhl der Mutter, nahm ganz sachte deren Arme, drehte sie nach hinten und hielt sie fest, trotz des leisen Knackens der Gelenke. Marie nahm mit der Rechten einen Leberknödel vom Teller, faßte mit der Linken die Mutter zärtlich am Kinn, zog den Kopf fest an sich, drückte gegen die hohlen Wangen, so daß der Mund sich öffnete. Behutsam drückte sie den Knödel in die geöffnete Höhle, erstickte den Schrei, schob rasch einen zweiten hinterher. Mutters grauer Blick suchte das Weite. Aus ihren Nasenlöchern entwich die Luft stoßweise.

Und nun folgten alle Gänsekeulen, Maultaschen, Griesnocken, die Schweinebraten samt ihrer Kräuterkruste, Sahneheringe und Fleischbrätfüllsel, Soßen, helle, dunkle, bleiche, Ochsenschwänze und Muschelsuppen, Apfelküchlein, zimten und fein, Hammelschlägel und Rinderlenden, die rosigsten Himbeerrollen folgten in Windeseile den Entenflügeln samt Schweineohren, Rosenköhlchen und Grilltomätchen, Knöchelchen, Klößchen, Bällchen, Weißbrotscheiben, Reibekuchen und Blattspinat. Alles, alles stopften die Mädchen der Mutter in den Schlund zurück. Senta drückte den sich aufbäumenden Körper zurück auf den Stuhl, Marie tupfte Soßenreste mit der Serviette ab, Vera spürte keinen Widerstand, die Gelenke knackten nicht mehr.

Die Mutter war nicht allein, als sie starb. Ihre Mädchen waren bei ihr. Die eine schloß ihr die Augen, die zweite faltete die Hände, die dritte sprach ein kurzes Gebet.

Das Ende. Der Anfang.

Elizabeth Bishop

Die Taufe

Es war November. Wie Meerespflanzen neigten sie sich in der Dämmerung über den kleinen dunklen Tisch in der Mitte, der unter seiner Decke aussah wie ein mit Seetang behangener Fels. Es schien, als könnte ein kleiner Luftstoß sie alle in merkliches Schwanken versetzen. Lucy, die Jüngste, die für ihre Schwestern noch immer vieles erledigte, stand auf, um die Umhängetücher zu holen und die Lampe anzuzünden. Sie seufzte. Wie würden sie den Winter überstehen?

»Wir haben doch unsere Freundinnen!«

Ja, das stimmte, und es war ein Trost. Sie hatten mehrere Freundinnen. Sie hatten die alte Mrs. Peppard und die junge Mrs. Gillespie und die alte Mrs. Captain Green und die kleine Mrs. Kent. Fast jeden Nachmittag würde eine von ihnen hereinschauen.

Bei schönem Wetter konnten sie auch selbst einen Besuch machen, obwohl sie lieber zu Hause blieben. Sie hatten das Gespräch besser im Griff, wenn sie dicht beieinander um den eigenen Tisch saßen. Im Wechselgesang sprachen sie dann zu ihren Freundinnen über den Schneesturm, über Medizinisches, über die Aktivitäten der Kirchengemeinde. Natürlich, auch die Kirche hatten sie.

Wenn der Schnee zu hoch würde – er wuchs den ganzen Winter, so wie das Korn den ganzen Sommer wuchs, und welkte im April schließlich ungemäht dahin –, würde der alte Mr. Johnson, der jetzt das Postamt hatte, die Zeitung auf dem Nachhauseweg vorbeibringen.

Sie würden es schaffen, aber der Winter wurde jedes Jahr länger. Lucy dachte an das Holzholen aus dem Schuppen und wie sie sich ihre Unterarme an der Rinde aufkratzen würde. Emma dachte an das Aufhängen der Wäsche draußen, die schon steif gefroren war, bevor man sie auf der Leine hatte. Vor allem die Laken – als würde man mit riesigen, eiskalten Seemöwen kämpfen. Flora dachte nur daran, wie schwer es war, jeden Morgen um sechs aufzustehen und sich anzuziehen.

Zwei Öfen würden sie heizen, den Küchenherd und einen Ofen im Wohnzimmer. Der Wärmekreislauf in ihrem kleinen Haus sah so aus: In der Decke über dem Küchenherd war eine Öffnung, die mit einem Metallgitter versehen war. Sie ließ etwas Wärme in das Zimmer darüber, in dem Lucy und Emma schliefen. Das Rohr, das von dem Ofen im Wohnzimmer ausging, lief durch Floras Zimmer nach oben, aber es war natürlich nicht besonders warm.

Einmal in der Woche backten sie Brot. In dem anderen Schlafzimmer hingen unendlich viele Schnüre mit gedörrten Äpfeln. Sie aßen Apfelmus und warmen Apfelkuchen, Apfelknödel und eine Art Torte, die mit Apfelscheiben belegt war. Zu jeder Mahlzeit tranken sie große Mengen Tee und aßen viele Scheiben Brot. Manchmal kauften sie ein halbes Pfund Fertigkäse, manchmal ein Stück Schweinefleisch.

Emma strickte Umhangtücher, Waschlappen, Bettstrümpfe – ein Spinnengewebe der Liebe, mit dem sie Flora und Lucy umhüllte. Flora beschäftigte sich mit feinen Handarbeiten und stellte so viele Weihnachtsgeschenke her, daß die Schwestern damit einander und außerdem alle ihre Freundinnen beschenken konnten. Lucys Finger waren zu gar nichts nutze. Sie las meistens vor, wenn die anderen arbeiteten.

Sie hatten schon viele alte Reisebücher gelesen, die ihrem Vater gehört hatten. Eines hieß *Wunder der Welt*; ein anderes handelte von Palästina und Jerusalem. Sie konnten alle ganz ruhig dasitzen, wenn Lucy von dem Baum vorlas, der Milch gab wie eine Kuh, von den Eskimos, die im Dunkeln lebten, vom Schachautomaten usw., aber bei Schilderungen des Sees Genezareth geriet Lucy immer in heftige Aufregung, und über dem Holzstich des Gartens von Gethsemane in seiner heutigen Gestalt traten ihr Tränen in die Augen. Sie rief »Du meine Güte!« angesichts der Bilder eines »Olivenhains«, in dem Araber herumhockten; und »Himmel!« angesichts des wirklichen, von Felsen überwölbten Stalls. Die in Holz gestochenen Felsen sahen aus wie große schwarze Daumenabdrücke. Außerdem hatten sie gelesen: 1. *David Copperfield*, zweimal; 2. *Der Wildtöter*; 3. *Samantha auf der Weltausstellung*; 4. *Der Autokrat am Frühstückstisch*.

Auch zwei oder drei Bücher aus der Bücherei der Sonntagsschule, die ihnen aber nicht gefallen hatten. Doch ihrer würdigen Herkunft wegen hörten sie sie genauso höflich an wie die Predigten des Geistlichen. Lucy ahmte sogar seine Sprechweise ein wenig nach, so daß es eine Ewigkeit zu dauern schien, bis sie damit fertig war. Sie waren Presbyterianer. Das Dorf teilte sich in zwei bibelbewaffnete Lager: Baptisten und Presbyterianer. Die Schwestern hatten Freundinnen auf beiden Seiten.

Die Gebetsversammlung war Freitag abends. Sonntagsschule und Gottesdienst fanden am Sonntag statt und das Wohltätigkeitstreffen von »Ladies' Aid« alle zwei Wochen abwechselnd in den Häusern verschiedener Freundinnen. Emma unterrichtete die kleinsten Kinder in der Sonntagsschule. Lucy und Flora mochten nicht unterrichten; sie nahmen lieber an den Stunden für die Erwachsenen teil, die der Geistliche selbst abhielt.

Jetzt legte sich jede von ihnen ihr Tuch über die Schulter, und gerade als Lucy die Lampe anzündete, kam die alte Mrs. Peppard zu Besuch. Sie öffnete die Hintertür, ohne anzuklopfen, und sagte: »Jemand zu Hause?« So war es üblich. Sie trug einen sehr alten schmutzigbraunen Mantel, vorne mit großen schwarzen Schnurverschlüssen versehen, und einen schwarzen, mit Stoff bezogenen Hut, auf dem eine Samtblume prangte.

Sie brachte die Neuigkeit mit, daß tags zuvor das Baby ihrer Schwester gestorben war, obwohl sie alles nur Mögliche unternommen hatten. Ausführlich besprach sie mit Emma, Flora und Lucy die Frage der ewigen Verdammnis von Säuglingen.

Dann erörterten sie die Pflege von Begonien, und Mrs. Peppard nahm einen Ableger mit nach Hause. Flora hatte schon immer eine glückliche Hand mit Zimmerpflanzen gehabt.

Lucy geriet in ziemliche Aufregung, als Mrs. Peppard gegangen war, bekam beim Abendbrot keinen Bissen herunter und trank nur drei Tassen Tee.

Natürlich konnte Lucy, wie Emma es schon erwartet hatte, in dieser Nacht wegen des Tees nicht schlafen. Einmal stieß sie Emma an und weckte sie.

»Emma, ich denke immer an dieses arme Kind.«

»Hör auf zu denken. Schlaf jetzt.«

»Meinst du nicht, wir sollten für es beten?«

Es war mitten in der Nacht, sonst hätte Emma gewiß nicht so reagiert. Sie tat, als schliefe sie. Sie schlief auch wirklich, aber nicht so tief, daß sie nicht bemerkt hätte, wie Lucy aufstand. Am nächsten Tag erwähnte sie es Flora gegenüber, die nur sagte: »Ts-ts.« Später nannten sie es beide den »Anfang«, und Emma tat es leid, daß sie weitergeschlafen hatte.

Bei der Gebetsversammlung am Freitag rief der Geistliche zum Kirchenbeitritt auf und bat einige von denen, die in letzter Zeit beigetreten waren, zu sprechen. Art Tinkham stand auf. Er sprach lang über die Güte, die Gott ihm erwiesen hatte, und sagte, daß er sich nun immerfort glücklich fühle. So glücklich habe er sich beim Pflügen im Herbst gefühlt, daß er die ganze Zeit gesungen habe, und am Ende jeder Furche habe er einen Bibelvers gesprochen.

Später rief der Geistliche Lucy auf, ein Gebet zu sprechen. Sie tat es, ein ganz langes, aber zuletzt begann ihre Stimme zu beben. Das Amen bekam sie kaum noch heraus, und danach setzte sie sich rasch hin. Nachher sagten ihre Schwestern, es sei ein sehr schönes Gebet gewesen, aber sie konnte sich an kein einziges Wort erinnern.

Emma und Lucy gefielen die träumerischen Kirchenlieder am besten, in denen Gärten, spiegelglatte Meere, hohe Berge usw. vorkamen. Flora hatte die kämpferischen Lieder am liebsten, vor allem »Ein feste Burg«.

Das Lieblingslied von Lucy hieß: »Manchmal überrascht ein Licht den Christen beim Gesang.« Und das von Emma: »Fern auf einem grünen Berg ohne Wacht und Wehr«.

Lucy war noch nicht Mitglied der Kirche. Emma und Flora gehörten dazu, aber als sie beigetreten waren, war Lucy noch zu jung gewesen. Manchmal fragte sie ihre Schwestern, ob sie denn gut genug dazu sei.

»Du bist zu gut für uns, Lucy.«

»Das meine ich nicht«, sagte Lucy.

Abends kam es ihr so vor, als sei Emma mit ihren Gebeten immer zu schnell fertig. Ihr eigenes dauerte manchmal fast eine Stunde, und auch dann schien es ihr eigentlich nicht lang genug. Aus irgendeinem Grund fühlte sie sich sehr schuldig. Sie grämte sich hierüber so sehr, daß Flora eines Tages fast überzeugt war, sie müsse sich als junges Mädchen des allerschlimmsten Vergehens schuldig gemacht haben. Aber so war es nicht.

Die Weihnachtszeit kam. Der Schnee reichte bis an die Fensterbretter und noch darüber, so als wohnten sie in einem sinkenden Schiff. Lucys Schuldgefühle wurden immer schlimmer. Ständig sprach sie davon, ob sie der Kirche beitreten solle oder nicht. Zu Weihnachten kam eine ältere Missionarin, Miss Gillespie, die Tante des jungen Mr. Gillespie, von Indien auf Heimaturlaub. Die Ladies'-Aid-Gruppe veranstaltete ihretwegen besondere Treffen. Dort redete diese große, dunkle, vierundsechzigjährige, bärtige Frau stundenlang über ihr Lebenswerk, ja, sie schrie fast. Photographien wurden herumgereicht. Auf ihnen waren Knaben mit freundlichen Gesichtern und junge Männer zu sehen, alle angetan mit einem schneeweißen Leinenschurz und

Ohrringen. Und als nächstes sah man dieselben Knaben und dieselben jungen Männer in fleckigen, gestreiften Hosen mit heraushängenden Hemden. Es gab auch ein paar Photographien von Frauen, aber sie waren verwackelt, weil die Frauen eine Hand hoben, um ihr Gesicht zu verbergen, oder weil sie sich von dem menschenfreundlichen Auge der Kamera abwandten.

Emma und Flora mochten Miss Gillespie nicht. Flora sagte sogar, sie sei »herrschsüchtig«. Aber Lucy mochte sie sehr und besuchte sie mehrere Male. Dann sprach sie drei Wochen lang nur noch davon, daß sie Missionarin werden wolle. Noch einmal las sie alle Reisebücher durch.

Flora und Emma glaubten eigentlich nicht, daß sie je fortgehen werde, aber der Gedanke an ein Leben ohne Lucy erschreckte sie zuweilen doch. Aber gegen Ende der dritten Woche hörte sie auf, davon zu sprechen, und sagte überhaupt kaum noch etwas.

Lucy wurde immer dünner. Die Haut auf ihrer Stirn sah aus, als wäre sie zu straff gespannt, und obgleich sie ihr ganzes Leben lang noch nie wütend geworden war, merkten Flora und Emma, daß es sie manchmal Mühe kostete, nicht unwirsch mit ihnen zu sprechen.

Sie bewegte sich sehr langsam. Am Abend aß sie eine halbe Scheibe Brot und legte die andere Hälfte in die Brotschüssel zurück.

Flora, die sich eher etwas zu sagen getraute als Emma, meinte: »Sie gibt mir das Gefühl, als wäre ich nicht so gut wie sie.«

Einmal war Lucy hinausgegangen, um Holz aus dem Holzschuppen zu holen, und war nach einer Viertelstunde noch immer nicht zurückgekehrt. Als Emma plötzlich auffiel, wie lange sie schon fort war, lief sie hinaus. Ohne Mantel oder Tuch stand Lucy da und hielt sich an der Ecke des Hauses fest. Sie starrte in das Sonnengeflimmer auf der Eiskruste über dem Feld nebenan. Sie schien etwas vor sich hin zu summen, und wegen des blendenden Lichtflecks hatte sie die Augen halb geschlossen. Erst als Emma sie bei der Hand nahm, besann sie sich. Sie anzusprechen hatte nicht genügt.

Am Abend des nächsten Tages begannen seltsame Vorfälle.

Lucy führte ein Tagebuch. Es war mit Bleistift in ein Buch eingetragen, auf dessen gelbbraunem Umschlag in roten Buchstaben »Jumbo Scribbler« stand. Eigentlich war es eine Chronik ihrer geistlichen Fortschritte.

»*3. Januar.* Heute morgen war es wieder heiter, deshalb machte Flora Wäsche, und wir hängten sie im Garten auf, obwohl es schwer war, bei dem Wind. Zu Mittag hatten wir einen schönen Eintopf mit dem Rest vom Lamm und den Möhren, die Mr. Johnson vorbeigebracht hat. Ich sage, schöner Eintopf, aber ich mochte keinen Bissen anrühren. Der Herr scheint weit entfernt. Immer wieder habe ich die Mädchen wegen meines Beitritts gefragt, aber sie haben mir überhaupt nicht geholfen.«

An dieser Stelle schrieb Lucy drei Bibelverse ab. Manchmal bestand ihr Tagebuch mehrere Tage lang nur aus solchen Zitaten.

»*16. Januar.* Letzte Nacht waren es 28 Grad unter Null. Wir mußten uns Vaters Büffelfelldecke aus dem Gästezimmer holen. Mir war der Geruch unangenehm, aber Emma machte sich nichts daraus. Als das Licht aus war, betete ich lange, und kurz nachdem ich mich hingelegt hatte, spürte ich, wie sich dieses Gesicht wieder auf mich zubewegte. Ich konnte es nicht erkennen, aber es ist sehr groß und war ganz nah an meinem. Es schien, als würde es seine Lippen bewegen. War es vorwurfsvoll?«

Vier Tage später begann Lucy nachmittags zu weinen und weinte fast den ganzen Abend. Am Ende weinte auch Emma ein bißchen. Flora packte sie bei den Schultern und schüttelte sie, aber mit Lucy tat sie das nicht.

Emma wollte nicht mehr mit Lucy, sondern mit Flora in einem Zimmer schlafen, damit sie ungestört über Lucy sprechen konnten.

Flora sagte: »Was hat sie bloß Böses getan, Emma? Warum weint sie denn um ihre Seele?«

Emma sagte: »Sie war immer so gut wie gediegenes Gold.«

»20. Januar. Endlich, endlich weiß ich, was ich will«, so begann sie, »oder vielmehr: ich habe meinen Mutwillen völlig aufgegeben. Ich werde jetzt der Kirche beitreten, sobald ich kann. Aber ich werde der Baptistenkirche beitreten, und ich darf es Flora und Emma nicht zu früh sagen. Ich kann nichts essen, so glücklich bin ich. Letzte Nacht gegen vier Uhr setzte ein furchtbarer Wind ein. Ich dachte, alle Bäume würden umstürzen; ich konnte hören, wie die Äste gegen das Haus schlugen. Ich dachte, der Kamin würde herunterkommen. Das Haus bebte, und ich dachte an das Haus, das auf dem Felsen Petri errichtet ist. Ich hatte furchtbare Angst. Emma wachte nicht auf. Stundenlang ging es im Dunklen so weiter, und ich betete darum, daß wir alle gerettet würden. Da trat plötzlich eine Windstille ein. Es war sehr finster, und mein Herz pochte so heftig, daß ich glaubte, ich würde sterben. Mir fiel kein Gebet mehr ein. Da begann plötzlich direkt über dem Kopfende des Bettes eine leise Stimme zu sprechen. Ich bekam die Wörter nicht so genau mit, es waren eigentlich keine Wörter, wie ich sie kannte, aber es kam mir so vor, als würde ich sie verstehen. Was für eine Last fiel mir da von der Seele! Dann war ich so glücklich, daß ich Emma aufweckte und sagte: ›Emma, Emma, Christus ist hier. Gerade eben war er hier, in diesem Zimmer. Steh auf und bete mit mir.‹ Emma stand auf und kniete nieder, dann sagte sie, der Fußboden sei kalt, und wollte den Teppich herüberziehen, unter unsere Knie. Ich sagte: ›Nein, Emma. Wozu brauchen wir Teppiche, wenn Christi ganze Liebe uns die Herzen wärmt?‹ Danach machte sie keine Einwände mehr, und ich betete lange, auch für Flora. Als wir ins Bett zurückkehrten, erzählte ich Emma von der Stimme, die ich gehört hatte.«

Am nächsten Tag suchte Lucy den baptistischen Geistlichen auf und sagte ihm, sie habe beschlossen, seiner Kirche beizutreten. Er war ein sehr strenger Mann, älter als der presbyterianische Geistliche, und Lucy hatte sogleich das Gefühl, er sei ein sehr viel besserer Mensch.

Aber es tauchte ein Problem auf, an das sie nicht gedacht hatte. Sie glaubte nun inbrünstig an die Wichtigkeit der Taufe durch Untertauchen, wie sie von den Baptisten gemäß ihren Vorstellungen von den Methoden Johannes des Täufers praktiziert wird. Ohne Untertauchen konnte sie nicht beitreten, aber der Fluß war natürlich zugefroren. Sie würde also warten müssen, bis das Eis brach.

Sie konnte es kaum aushalten. In ihrem heftigen Verlangen, getauft zu werden, und vor lauter Enttäuschung vergaß sie, daß sie ihren Schwestern von ihrem Glaubenswandel nichts hatte sagen wollen. Es schien ihnen jedoch nicht allzuviel auszumachen, aber als sie die beiden danach fragte, stellte sich heraus, daß sie nicht mit ihr übertreten wollten.

Lucy war so aufgeregt, daß ihre Schwestern sie um fünf Uhr zu Bett brachten. Emma wickelte eine heiße Herdplatte in ein Tuch und schob sie ihr ans Fußende.

»*25. Januar.* Letzte Nacht fühlte ich mich ganz elend und habe viel geweint. Ich dachte daran, wie Mutter mir immer das Beste von allem gab, weil ich die Kleinste war, und daß ich es nahm und nicht an meine Schwestern dachte. Emma sagte: ›Um Himmels willen, Lucy, hör auf zu weinen.‹ Ich erklärte es ihr, und das besänftigte sie. Sie stand auf und zündete die Lampe an. Als ich den Lampenschimmer auf ihrem Gesicht sah, mußte ich wieder weinen. Sie ging hinüber und weckte Flora, die ihren grauen Morgenrock anzog und sich in den Schaukelstuhl setzte. Sie wollte mir etwas zu essen machen, aber ich sagte nein. Die Lampe fing an zu qualmen. Der Rauch stieg direkt zur Decke und roch sehr stark und süßlich, wie Geranien. Ich fing an, zu lachen und zu weinen, gleichzeitig. Flora und Emma redeten miteinander, aber da redeten anscheinend noch andere Leute, auch die Stimme über dem Kopfende des Bettes.«

Ein paar Tage später wurde Lucy sehr traurig. Sie konnte weder beten noch irgend etwas im Haus erledigen. Den ganzen Tag über saß sie am Fenster.

Am Nachmittag deutete sie auf die Straße, die zwischen zwei Baumreihen auf die Berge zulief, und sagte: »Flora, weshalb ist es wichtig, wohin die Straße führt?«

Emma und Flora trennten gerade Emmas blaues Seidenkleid auf, um eine Bluse daraus zu machen. Eine Motte kroch an der Fensterscheibe herum. Emma sagte: »Hol die Klatsche, Lucy.«

Lucy stand auf, setzte sich dann wieder hin und sagte noch einmal: »Weshalb ist es wichtig?«

Sie holte ihren Jumbo Scribbler hervor und schrieb aus dem Gedächtnis alle Strophen von »Kehr, o kehr zurück, du himmlische Taube« hinein.

Nach dem Abendessen wirkte sie fröhlicher. Sie saßen abends jetzt in der Küche, weil es dort wärmer war. Es brannte nur eine einzige Lampe, so daß es im Raum ziemlich dunkel war und man den roten Kreis um die Herdplatten sehen konnte.

Plötzlich stand Lucy auf.

»Emma, Emma, Flora. Ich sehe Gott.«

Sie trat auf den Herd zu.

Gott, Gott saß auf dem Küchenherd und glühte, brannte, erfüllte die ganze Küche mit einer köstlichen Hitze und einem Duft von zerlassenem Fett und Süße.

Lucy war sich seines Leibes deutlicher bewußt als seines Gesichts. Über seiner schönen glühenden Körperfülle hing ein Strahlenkranz, wie bei einer Sonnenblume. Er erhellte die Gesichter von Flora und Emma auf beiden Seiten des Herds. Der Herd konnte ihn nicht verbrennen.

»Seine Füße stecken in der Hölle«, erklärte sie ihren Schwestern.

Danach war Lucy lange Zeit guter Dinge, und fast alles schien so zu sein wie im vorigen Winter, nur daß Lucy allein zum Gottesdienst und zur Gebetsversammlung der Baptisten ging.

Sie sprach oft von ihrem Beitritt. Es war ein paarmal vorgekommen, daß man, wenn Leute im Winter der Kirche beitreten wollten, ein Loch ins Eis gehauen hatte, um ein Taufbecken zu schaffen. Lucy bat den Geistlichen, es für sie genauso zu machen. Der aber meinte, in ihrem Fall sei es unnötig.

Der eine, bei dem man es so gemacht hatte, war ein Farmer gewesen, der aufgehört hatte, zu trinken und seine Frau zu mißhandeln. Er hatte selbst das Eis aufgehackt. Der andere war ein junger Mann gewesen, ebenfalls ein bekehrter Säufer, der inzwischen gestorben war.

Flora sagte: »Ach, Lucy, warte doch, bis das Eis abgeht.«

»Ja«, sagte Lucy verbittert, »bis meine Seele für immer verloren ist.«

Sie betete um einen zeitigen Frühling.

Am neunzehnten März wachte Flora auf und hörte den vertrauten, alljährlich wiederkehrenden Ton, ein schwaches Dröhnen, gesäumt von Splittergeräuschen, wie wenn Glas zerschellt.

»Gott sei Dank«, dachte sie. »Jetzt will sich Lucy vielleicht gar nicht mehr taufen lassen.«

Alle hatten gehört, daß das Krachen einsetzte, drüben in den Bergen; und alle waren an der Brücke. Lucy, Emma und Flora gingen auch hin. Das Eis türmte sich fünf oder sechs Meter hoch zu schimmernden Wänden, aus denen man himmlische Paläste bauen konnte, und trieb dann langsam stromabwärts.

Hier und da wurde ein Fleck dunkelbraunen Wassers sichtbar. Lucy war bestürzt, denn sie hatte sich das Wasser, in dem sie getauft werden würde, kristallklar oder blaßblau vorgestellt.

Die Taufe fand am vierundzwanzigsten statt. Sie war wie alle anderen, und auch daß sie so früh im Jahr stattfand, war für das Dorf nichts Ungewöhnliches, wenngleich um diese Zeit sonst meist inbrünstige junge Männer getauft wurden.

Ein paar Einspänner hielten am Ufer, die der Chormitglieder, die mit Mantel und Hut dastanden, zu dritt oder zu viert um ein Gesangbuch geschart. Die meisten Zeugen standen auf der Brücke und schauten herunter. Ein Junge oder ein junger Mann wagte es natürlich auch diesmal, über das Geländer zu spucken.

Das Wasser stand sehr hoch, es war schlammig, mit Inseln aus gelbem Schaum. Der ganze Himmel war bewölkt, ein dichtes, gefälteltes Grau. Flora sah die vereisten Wurzeln eines Baumes, die bis in den Fluß herunterreichten, und die Schneeflecken, die so gelb waren wie der Schaum.

Der Talar des Geistlichen, den er nur zu solchen Anlässen trug, bauschte sich, bis das Wasser ihn ganz herunterzog. Er hielt ein sauberes, gefaltetes Taschentuch in der Hand, das er Lucy im richtigen Augenblick vor den Mund halten würde. Auch sie trug einen Talar und wirkte darin größer und dünner als sonst.

Der Chor sang »Ich komme, Herr, komme zu Dir« – wie immer viel zu langsam – und außerdem »Wollen wir ans Ufer gehen, wo strahlend Engelfüße wandelten?« Nach derTaufe sollten sie etwas Fröhlicheres und Schnelleres singen, aber so lange blieben die Schwestern nicht.

Lucy ging ohne Bewegung unter. Flora und Emma dachten, sie würde nie mehr hochkommen.

Flora hielt schon Emmas schweren Mantel bereit, um Lucy darin einzuhüllen. Es war nicht gerade üblich, wie Emma in dem von Mrs. Captain Green geliehenen Einspänner saß, um nach Hause zu fahren, sobald Lucy das Ufer erreicht hatte. Sie hatte schon die Zügel in der Hand und konnte es sich kaum verkneifen, die Peitsche in die andere Hand zu nehmen.

Schließlich war es vorüber. Sie nahmen die triefende Lucy in die Mitte. Ihr Haar hatte sich gelöst. Gott sei Dank wohnten sie nicht weit vom Fluß entfernt.

Am nächsten Tag hatte sie einen schweren Schnupfen. Emma und Flora pflegten sie eine Woche lang, dann setzte sich die Erkältung in ihrer Brust fest. Lucy wollte nicht im Bett bleiben. Nur mit Mühe konnten sie sie dazu bringen, sich auf die Couch in der Küche zu legen.

An einem Nachmittag glaubten sie, Lucy habe hohes Fieber. Spät am Tag kam Gott noch einmal in die Küche. Lucy ging auf den Herd zu, schreiend. Emma und Flora zogen sie zurück, aber erst nachdem sie sich ihre rechte Hand arg verbrannt hatte.

An diesem Abend holten sie den Doktor, doch am nächsten Abend starb Lucy, und während sie starb, rief sie die Namen ihrer Schwestern.

Der Tag, an dem sie beerdigt wurde, war der erste schöne Tag im April, und das Dorf nahm großen Anteil, obwohl die Straßen noch tief verschlammt waren. Von Jed Leighton kam eine schöne Pflanze, die er aus der Stadt schicken ließ, ein Busch aus weißen Blüten. Die anderen hatten all ihre Geranien abgeschnitten, rot, weiß und rosa.

1937

Deutsch von Reinhard Kaiser

Katherine Mansfield

Die Töchter des jüngst verstorbenen Colonel Pinner

I

Noch nie im Leben hatten sie so viel zu tun gehabt wie in der Woche danach! Sogar wenn sie zu Bett gingen, war es nur ihr Körper, der sich niederlegte und ruhte; ihr Geist arbeitete weiter, plante und besprach, grübelte und beschloß, versuchte sich zu erinnern, wo …

Constantia lag wie eine Statue da: die Hände an der Seite, die Füße leicht gekreuzt, das Bettuch bis zum Kinn hinaufgezogen. Sie starrte zur Decke auf.

»Meinst du, Vater hätte etwas dagegen, wenn wir seinen Zylinderhut dem Portier schenkten?«

»Dem Portier?« fuhr Josephine auf. »Warum denn bloß dem Portier? Was für ein sonderbarer Einfall!«

»Weil er doch«, erwiderte Constantia langsam, »oft zu Begräbnissen gehen muß. Und ich bemerkte auf dem – dem Friedhof, daß er nur eine Melone hat.« Sie machte eine Pause. »Ich dachte, daß er einen Zylinder ganz außerordentlich schätzen würde. Wir sollten ihm ohnehin ein Geschenk geben. Er war immer sehr nett zu Vater!«

»Aber«, rief Josephine, fuhr ärgerlich vom Kissen auf und starrte im Dunkeln zu Constantia hinüber, »bedenk doch Vaters Kopf!« Und plötzlich, für die Dauer eines grausigen Augenblicks, hätte sie fast gekichert. Natürlich war ihr keineswegs nach

Kichern zumute. Es war wohl aus alter Gewohnheit. Vor Jahren –, wenn sie da in der Nacht wach lagen und zusammen schwatzten, hatten ihre Betten buchstäblich gewackelt. Und jetzt der Kopf des Portiers ... er verschwand unter Vaters Hut, wurde wie eine Kerze ausgelöscht ... Das Kichern meldete sich wieder, bedrängte sie; sie preßte die Hände zusammen, zwang es nieder, blickte mit wütend zusammengezogenen Brauen das Dunkel an und ermahnte sich furchtbar streng: ›Vergiß dich nicht!‹

Zu Constantia sagte sie: »Wir können es morgen entscheiden!«

Constantia hatte nichts gemerkt; sie seufzte.

»Meinst du, daß wir auch unsre Morgenröcke färben lassen sollten?«

»Schwarz?« kam eine Art entsetzter Schrei von Josephine.

»Ja, wie sonst?« sagte Constantia. »Ich finde – es scheint irgendwie nicht ganz aufrichtig, Schwarz zu tragen, wenn wir ausgehen und richtig angezogen sind, doch wenn wir dann zu Hause sind ...«

»Da sieht uns niemand!« sagte Josephine. Sie zerrte so heftig am Bettzeug, daß ihre Füße nicht länger zugedeckt waren und sie sich höher aufs Kissen hinaufschieben mußte, damit sie wieder gut zugedeckt waren.

»Kate sieht uns«, entgegnete Constantia. »Und vielleicht auch mal der Briefträger.«

Josephine dachte an ihre dunkelroten Pantöffelchen, die zu ihrem Morgenrock paßten, und an Constantias besonders geliebte in dem undefinierbaren Grün, das zu dem ihren paßte! Schwarz! Zwei schwarze Morgenröcke und zwei Paar schwarzwollene Pantoffeln, die sich wie schwarze Katzen ins Badezimmer schlichen!

»Ich finde, es ist nicht unbedingt nötig«, sagte sie.

Stille.

Dann sagte Constantia: »Die Zeitungen mit der Anzeige müssen wir wohl morgen auf die Post bringen, damit sie das Postschiff nach Ceylon noch erreichen ... Wieviel Briefe haben wir bis jetzt bekommen?«

»Dreiundzwanzig.«

Josephine hatte alle beantwortet, und jedesmal, wenn sie schrieb: ›Unser lieber Vater fehlt uns so sehr‹, war sie zusammengebrochen und hatte das Taschentuch benützen müssen, und bei einigen mußte sie sogar mit einem Zipfel vom Löschpapier eine sehr hellblaue Träne absaugen. Sonderbar! Geheuchelt konnte es eigentlich nicht sein – aber dreiundzwanzigmal! Doch sogar noch jetzt, wenn sie sich traurig vorsagte: »Unser lieber Vater fehlt uns so sehr«, hätte sie weinen können, falls sie gewollt hätte.

»Hast du genug Briefmarken?« hörte sie Constantia fragen.

»Oh, wie kann ich das wissen?« entgegnete Josephine verdrießlich. »Es hat doch keinen Zweck, mich das jetzt zu fragen!«

»Es kam mir bloß in den Sinn«, sagte Constantia sanft.

Wieder entstand eine längere Stille. Dann hörten sie es rascheln und huschen und trippeln.

»Eine Maus!« sagte Constantia.

»Wie kann es eine Maus sein, wenn keine Krümel hier sind!« entgegnete Josephine.

»Sie weiß ja nicht, daß keine hier sind«, meinte Constantia. Voller Mitleid dachte sie an die Maus. Das arme kleine Ding! Hätte sie doch wenigstens einen winzigen Kekskrümel auf dem Frisiertisch liegen lassen! Wie schrecklich, sich vorzustellen, daß sie überhaupt nichts fände. Was würde sie dann tun?

»Ich begreife nicht, wie sie sich durchschlagen!« sagte sie.

»Wer?« fragte Josephine.

Und Constantia antwortete lauter, als sie es beabsichtigte: »Die Mäuse!«

Josephine wurde wütend.

»Was für ein Unsinn, Con!« rief sie. »Was haben Mäuse damit zu tun? Du schläfst wohl schon?«

»Nein, ich glaube nicht!« sagte Constantia. Sie machte die Augen zu, um sich selbst zu überzeugen. Und schon schlief sie!

Josephine rollte sich zu einer Sechs zusammen, kreuzte die Arme, so daß die Fäuste gegen die Ohren stießen, und bohrte die Wange fest ins Kopfkissen.

II

Noch etwas anderes machte alles so schwierig: die Krankenschwester Andrews hielt sich noch während der ganzen Woche bei ihnen auf. Aber daran waren sie selber schuld, denn sie hatten sie eingeladen. Josephine war auf die Idee gekommen. Am Morgen, an dem – nun ja, am letzten Morgen, als der Arzt weggegangen war, hatte Josephine zu Constantia gesagt: »Fändest du es nicht nett, wenn wir Schwester Andrews aufforderten, noch eine Woche als unser Gast im Haus zu bleiben?«

»Doch, sehr!« antwortete Constantia.

»Ich hätte mir gedacht«, fuhr Josephine rasch fort, »daß ich heute nachmittag, nachdem ich sie bezahlt habe, einfach sagen könnte: ›Meine Schwester und ich würden uns sehr freuen, Schwester Andrews, wenn Sie nach allem, was Sie für uns getan haben, noch eine Woche als unser Gast bei uns bleiben könnten!‹ Ich muß das ›als unser Gast‹ erwähnen, sonst …«

»Oh, sie wird doch nicht annehmen, daß man sie dafür bezahlt?« rief Constantia.

»So was weiß man nie«, sagte Josephine mit weiser Miene. Natürlich war Schwester Andrews mit Freuden auf den Vorschlag eingegangen. Doch es war lästig. Es bedeutete, daß sie sich zu festgesetzten Zeiten an den Eßtisch setzen mußten; wären sie dagegen allein gewesen, hätten sie Kate bitten können, ihnen einfach dorthin, wo sie gerade waren, ein Tablett mit einem Imbiß zu bringen. Und richtige Mahlzeiten waren jetzt, nachdem die Überforderung nachließ, ziemlich qualvoll.

Was zum Beispiel die Butter betraf, da war Schwester Andrews einfach abscheulich. Sie konnten sich wirklich nicht des Gefühls erwehren, daß ihre Güte mißbraucht wurde. So hatte Schwester Andrews die verhaßte Gewohnheit, um noch ein kleines Bröckchen Brot zu bitten, damit sie aufessen könne, was sie auf dem Teller hatte – und dann, beim letzten Mundvoll, langte sie geistesabwesend – ohne es zu sein, natürlich! – noch einmal tüchtig zu. Wenn das vorkam, wurde Josephine sehr rot und heftete ihre kleinen Knopfaugen starr aufs Tischtuch, als sähe sie ein winziges, unbekanntes Insekt durch den Stoff kriechen. Constantias langes, blasses Gesicht dagegen wurde immer länger, und wie versteinert blickte sie weg – weit über Wüsten hin, wo eine Kamelkarawane sich wie ein Wollfaden aufdröselte …

»Als ich bei Lady Tukes war«, sagte Schwester Andrews, »hatten wir für die Butter ein niedliches kleines Gerät. Es war ein silberner Amor, der auf dem Rand einer Glasschüssel balancierte und ein winziges Gäbelchen hatte. Wenn man Butter haben wollte, brauchte man ihm nur auf den Fuß zu drücken, dann spießte er eine Butterkugel auf und gab sie einem. Es war sehr unterhaltsam!«

Josephine konnte es kaum ertragen. Doch sie sagte nur: »Ich halte solche Sachen für sehr aufwendig!«

»Wieso denn?« fragte Schwester Andrews, und ihre Brillengläser funkelten. »Es wird doch kein Mensch mehr Butter zulangen, als er wirklich braucht?«

»Klingle, Con!« rief Josephine. Sie wußte nicht, ob sie sich noch länger beherrschen konnte.

Und die stolze junge Kate, die verzauberte Prinzessin, kam ins Zimmer, um zu sehen, was die alten Schachteln jetzt wollten. Sie riß ihnen die Teller mit dem unechten Sonstwas weg und stellte schwungvoll einen erschrockenen weißen Wackelpudding auf den Tisch.

»Bitte das Mus, Kate!« sagte Josephine freundlich.

Kate kniete sich hin, riß die Tür der Anrichte auf, hob den Deckel vom Mustöpfchen, sah, daß es leer war, stellte es auf den Tisch und stelzte hinaus.

Eine Sekunde drauf sagte Schwester Andrews: »Leider ist nichts mehr drin!«

»Oh, wie ärgerlich«, sagte Josephine und biß sich auf die Lippe. »Was machen wir da?«

Constantia sah unschlüssig aus. »Kate können wir nicht schon wieder bemühen!« flüsterte sie.

Schwester Andrews wartete und blickte beide lächelnd an. Ihre Augen flogen hin und her, und ihre Brillengläser erspähten alles. Constantia kehrte verzweifelt zu ihrer Kamelkarawane zurück. Josephine zog finster die Brauen zusammen und dachte angestrengt nach. Wäre diese blöde Frau nicht gewesen, hätten sie und Con den Wackelpudding natürlich ohne Mus gegessen. Plötzlich hatte sie einen Einfall. »Oh, ich weiß«, sagte sie, »in der Anrichte steht noch Orangenmarmelade. Bitte hol sie, Con!«

Schwester Andrews lachte, und ihr Lachen klang wie das Geschepper eines Löffels in einem Medizinglas. »Hoffentlich ist sie nicht bitter!« sagte sie.

III

Aber schließlich würde es nicht mehr lange dauern, und dann war sie endgültig weg. Und man durfte auch nicht vergessen, daß sie sehr freundlich zu Vater gewesen war. Zuletzt hatte sie ihn Tag und Nacht gepflegt. Constantia und Josephine fanden sogar insgeheim, daß sie es damit ziemlich übertrieben hatte. Denn als sie hineingegangen waren, um Abschied von ihm zu nehmen, war Schwester Andrews die ganze Zeit neben seinem Bett sitzen geblieben, hatte sein Handgelenk gehalten, wie um den Puls zu fühlen, und dabei auf ihre Uhr gesehen. Notwendig konnte es nicht gewesen sein. Und überdies war es taktlos! Angenommen, ihr Vater hätte ihnen etwas sagen wollen – etwas ganz Persönliches? Zwar wollte er es nicht – kein Gedanke daran! Dunkelrot hatte er dagelegen – mit einem zornigen, dunkelroten Gesicht –

und sie überhaupt nicht angesehen, als sie ins Zimmer kamen. Und als sie dann dastanden und sich fragten, was sie tun sollten, hatte er plötzlich das eine Auge geöffnet. Oh, was für einen Unterschied hätte es ausgemacht, was für einen Unterschied für ihre Erinnerung an ihn, und wieviel leichter, um es den Leuten zu erzählen – wenn er beide Augen geöffnet hätte! Aber nein – nur ein Auge. Es stierte sie einen Augenblick an – und erlosch.

IV

Dadurch war es auch sehr peinlich für sie geworden, als Mr. Farolles von der St. John's Kirche sie noch am gleichen Nachmittag aufsuchte.

»Das Ende war wohl sehr friedlich, hoffe ich?« waren seine ersten Worte, als er durch das dunkle Wohnzimmer auf sie zuglitt.

»Sehr«, murmelte Josephine. Sie ließen beide den Kopf hängen. Beide wußten genau, daß der Blick aus jenem Auge alles andre als friedlich gewesen war.

»Möchten Sie nicht Platz nehmen?« fragte Josephine.

»Sehr gerne, Miss Pinner!« sagte Mr. Farolles dankbar. Er raffte seine Rockschöße nach vorn und war im Begriff, sich in Vaters Lehnstuhl niederzulassen, doch als er ihn nur eben berührte, schoß er geradezu hoch und glitt in den nächsten Sessel.

Er hustete. Josephine verschränkte die Finger; Constantia sah unsicher aus.

»Ich möchte Sie überzeugen, Miss Pinner«, sagte Mr. Farolles, »und auch Sie, Miss Constantia, daß ich Ihnen helfen will. Wenn Sie es mir erlauben, will ich Ihnen gern behilflich sein. In solchen Zeiten«, sagte Mr. Farolles sehr schlicht und ernst, »verlangt Gott von uns, daß wir einander helfen.«

»Wir sind Ihnen sehr dankbar, Mr. Farolles«, sagten Josephine und Constantia wie aus einem Munde.

»Keine Ursache«, erklärte Mr. Farolles sanft. Er zog seine

Glacéhandschuhe durch die Finger und beugte sich vor. »Und wenn eine von Ihnen eine kleine Kommunion wünscht, eine von Ihnen oder auch Sie beide – hier und jetzt –, dann brauchen Sie es nur zu sagen. Eine kleine Kommunion ist oft sehr hilf... – sehr tröstlich«, fügte er zartfühlend hinzu.

Doch der Gedanke an eine kleine Kommunion war ihnen entsetzlich. Wie denn? Hier im Salon – sie allein – ohne – ohne Altar oder sonstwas? Der Flügel wäre viel zu hoch, dachte Constantia, als daß sich Mr. Farolles mit dem Kelch hätte hinüberlehnen können. Und bestimmt würde Kate hineinplatzen und sie unterbrechen, dachte Josephine. Und wenn es nun mitten drin läutete? Es könnte ein wichtiger Besuch sein – ein Kondolenzbesuch. Sollten sie dann ehrerbietig aufstehen und hinausgehen? Oder würden sie peinvoll warten müssen?

»Vielleicht lassen Sie mir durch Ihre tüchtige Kate eine Nachricht zukommen, falls Sie es später wünschen?« sagte Mr. Farolles.

»O ja, danke vielmals!« riefen beide.

Mr. Farolles stand auf und nahm seinen schwarzen Strohhut, der auf dem runden Tisch lag.

»Und für das Begräbnis«, sagte er sanft, »darf ich wohl – als alter Freund Ihres lieben Vaters und als Ihr Freund, Miss Pinner und Miss Constantia – das Nötige veranlassen?«

Josephine und Constantia hatten sich ebenfalls erhoben.

»Ich möchte, daß es sehr einfach ist«, sagte Josephine fest, »und nicht so kostspielig! Andrerseits sollte es ...«

›... solide und dauerhaft sein‹, dachte die verträumte Constantia, als wollte Josephine ein Nachthemd kaufen. Aber so etwas sagte Josephine natürlich nicht. »... der Stellung unsres Vaters entsprechen!« Sie war sehr besorgt.

»Ich gehe gleich mal zu unserm guten Freund Mr. Knight!« sagte Mr. Farolles beruhigend. »Ich werde ihn bitten, Sie aufzusuchen. Ich bin sicher, daß Sie ihn sehr hilfreich finden werden.«

V

Dieser Teil der Angelegenheit war jedenfalls überstanden, obwohl keine von ihnen glauben konnte, daß ihr Vater nie wiederkäme. Auf dem Friedhof durchlebte Josephine einen Augenblick größten Entsetzens, als sie, während der Sarg hinabgelassen wurde, plötzlich denken mußte, daß sie und Constantia das alles veranlaßt hatten, ohne ihn um Erlaubnis zu fragen. Was würde er sagen, wenn er dahinterkäme? Denn eines Tages mußte er ja dahinterkommen. Er kam stets hinter alles. »Begraben? Habt ihr mich begraben lassen, ihr beiden Gören?« Sie hörten, wie er den Stock aufstieß. Oh, was sollten sie antworten? Was für eine Entschuldigung vorbringen? Es schien so furchtbar herzlos, dergleichen zu tun – einen Menschen zu übertölpeln, weil er im Augenblick hilflos war! Den andern Leuten kam es anscheinend ganz selbstverständlich vor. Aber sie waren Fremde. Von ihnen durfte man kein Verständnis dafür erwarten, daß Vater der allerletzte war, dem so etwas zustoßen konnte. Nein, die ganze Schuld an allem trugen einzig Constantia und sie. Und als sie in die völlig abgedichtete Droschke stieg, dachte sie: ›Und die Kosten? Wenn sie ihm die Rechnungen zeigen mußte – was würde er dann sagen?‹

Sie hörte, wie er losbrüllte: »Erwartet ihr etwa von mir, daß ich für den absurden Ausflug, den ihr da veranstaltet habt, auch noch zahle?«

»Oh!« ächzte die arme Josephine laut. »Wir hätten es nicht tun dürfen, Con!«

Und Constantia, die in all ihrem Schwarz zitronenbleich aussah, flüsterte furchtsam: »Was nicht tun dürfen, Jug?«

»Vater so be-be-begraben lassen!« antwortete Josephine jetzt völlig haltlos und schluchzte in ihr neues, komisch riechendes Trauerfähnchen hinein.

»Aber was hätten wir sonst tun können?« fragte Constantia verwundert. »Wir hätten ihn doch nicht aufbewahren können, Jug! Jedenfalls nicht in einer so kleinen Wohnung!«

Josephine schnaubte sich die Nase; die Droschke war schrecklich muffig.

»Ich weiß es nicht«, sagte sie hilflos. »Es ist alles so furchtbar! Ich finde, wir hätten es versuchen sollen – wenigstens einige Zeit. Um völlig sicher zu sein. Aber eins weiß ich genau« – und ihre Tränen begannen wieder zu fließen –, »Vater wird uns das nie verzeihen – nie!«

VI

Vater würde ihnen das nie verzeihen – das empfanden sie mehr denn je, als sie zwei Tage drauf eines Morgens in sein Zimmer gingen, um seine Sachen durchzugehen. Sie hatten es ganz gelassen besprochen. Es stand sogar auf Josephines Liste der zu erledigenden Dinge. *Vaters Sachen durchsehen und darüber befinden.* Aber das war etwas ganz anderes, als nach dem Frühstück zu sagen: »Bist du soweit, Con?«

»Ja, Jug, und du?«

»Dann wollen wir's lieber hinter uns bringen, finde ich!«

Auf dem Flur war es dunkel. Seit Jahren war es eine unerschütterliche Regel gewesen, Vater am Vormittag nicht zu stören, einerlei, was geschehen mochte. Und jetzt waren sie im Begriff, die Tür zu öffnen – obendrein, ohne anzuklopfen! Schon beim bloßen Gedanken daran wurden Constantias Augen riesengroß, und Josephine spürte, wie ihr die Knie schwach wurden.

»Geh – geh du zuerst!« keuchte sie und stieß Constantia an.

Aber Constantia sagte, was sie in ähnlichen Fällen immer gesagt hatte: »Nein, Jug, das ist ungerecht! Du bist die Älteste!« Josephine wollte gerade erwidern – was sie zu andern Zeiten um nichts in der Welt zugegeben hätte und sich stets als allerletzte Waffe aufgehoben hatte: ›Aber du bist die Größte!‹, da bemerkten sie, daß die Küchentür offenstand, und dort war Kate …

»Sie klemmt so!« sagte Josephine, als sie die Klinke packte und sich anstrengte, sie herunterzudrücken. Doch damit konnte sie Kate nichts vormachen!

Es half alles nichts! Das Mädchen war ... Dann hatte sich die Tür hinter ihnen geschlossen, aber – aber waren sie denn überhaupt in Vaters Zimmer? Ebenso hätten sie plötzlich durch die Wand gegangen und aus Versehen in eine andere Wohnung geraten sein können. War die Tür gleich hinter ihnen? Sie waren zu erschrocken, sich umzuschauen. Josephine wußte, daß sich die Tür, wenn sie da war, von selber geschlossen hielt; Constantia glaubte, daß sie, wie die Türen in Träumen, überhaupt keine Klinke hatte. Die Kälte machte alles so schrecklich. Oder war es das viele Weiß? Alles war zugedeckt. Die Markisen waren heruntergezogen; der Spiegel war verhangen; das Bett war unter einem Laken versteckt; ein riesiger Fächer aus weißem Papier spreizte sich vor der Kaminöffnung. Constantia streckte scheu die Hand aus: fast erwartete sie, daß eine Schneeflocke niederfallen würde. Josephine spürte ein sonderbares Kribbeln in der Nase, als fröre sie ihr ab. Dann ratterte ein Wagen über das Straßenpflaster unten, und die Stille schien in tausend kleine Stücke zu zersplittern.

»Ich will lieber eine Markise hochziehen!« sagte Josephine mit einem Anflug von Tapferkeit.

»Ja, das ist eine gute Idee!« flüsterte Constantia.

Sie hatten nur gerade an die Markise getippt, und schon schnellte sie hoch und die Schnur mit ihr und um die Stange herum, und die kleine Quaste klopfte, als wollte sie sich befreien. Das war zuviel für Constantia.

»Findest du nicht – findest du nicht, wir sollten es auf einen andern Tag verschieben?« flüsterte sie.

»Weshalb?« blaffte Josephine sie an und fühlte sich wie meistens viel wohler, da sie jetzt mit Sicherheit wußte, daß Constantia sich fürchtete. »Es muß getan werden! Aber ich wünschte wirklich, du würdest nicht flüstern, Con!«

»Ich hab' nicht gewußt, daß ich flüstere«, flüsterte Constantia.

»Und weshalb mußt du dauernd das Bett anstarren?« fragte Josephine mit beinah herausfordernd lauter Stimme. »*Auf* dem Bett ist doch nichts!«

»O Jug, sag bloß das nicht!« flüsterte die arme Connie. »Jedenfalls nicht so laut!«

Josephine fand selbst, daß sie zu weit gegangen war. In einem großen Bogen ging sie zur Kommode hinüber und streckte die Hand aus, zog sie aber rasch wieder zurück.

»Connie!« keuchte sie, drehte sich um und lehnte sich mit dem Rücken an die Kommode.

»O Jug – was ist?«

Josephine konnte nur die Augen aufreißen. Sie hatte das äußerst befremdliche Gefühl, soeben etwas schlechthin Gräßlichem entronnen zu sein. Aber wie konnte sie Constantia erklären, daß Vater in der Kommode war? Er war in der obersten Schublade bei seinen Taschentüchern und Krawatten, oder in der mittleren bei seinen Hemden und Schlafanzügen, oder in der untersten bei den Wollwesten. Dort lag er auf der Lauer – im Versteck – gleich hinter dem Griff – und sprungbereit!

Sie sah Constantia mit komisch verzerrtem Gesicht an, wie sie es früher getan hatte, wenn sie losheulen wollte.

»Ich kann nicht aufmachen«, winselte sie beinah.

»Tu's nur nicht, Jug!« flüsterte Constantia ernst. »Viel besser, du tust es nicht. Wir wollen gar nichts öffnen. Jedenfalls noch lange nicht!«

»Aber – es kommt mir so schwach vor«, sagte Josephine und gab bereits nach.

»Warum nicht auch mal schwach sein, Jug?« redete Constantia auf sie ein und flüsterte ungestüm. »Falls es überhaupt schwach ist!« Und mit blassem Gesicht starrte sie auf den zugesperrten Schreibtisch – fest zugesperrt war er – und zum riesigen, blanken Kleiderschrank hinüber. In sonderbar keuchenden Stößen begann sie zu atmen. »Warum sollten wir nicht einmal in unserm Leben schwach sein, Jug? Es ist durchaus verzeihlich. Laß uns schwach sein, Jug – ja schwach! Es ist viel netter, schwach als stark zu sein!«

Und dann tat sie etwas so erstaunlich Mutiges, wie sie es höchstens zweimal in ihrem gemeinsamen Leben getan hatte: sie ging zum Kleiderschrank, drehte den Schlüssel um und zog ihn aus dem Schloß! Zog ihn aus dem Schloß und hielt ihn hoch und bewies Josephine durch ihr sonderbares Lächeln, daß sie wußte, was sie getan hatte: ganz bewußt hatte sie es getan – auf die Gefahr hin, daß Vater da drin bei seinen Mänteln war.

Wenn der riesige Kleiderschrank vorgetorkelt und auf Constantia niedergepoltert wäre, hätte sich Josephine nicht gewundert. Im Gegenteil, sie hätte es für das einzig Angemessene gehalten, das geschehen konnte. Doch nichts geschah. Nur das Zimmer schien stiller denn je, und dickere Flocken kalter Luft fielen auf Josephines Schultern und Knie. Sie begann zu erschauern.

»Komm, Jug« , sagte Constantia, noch immer mit dem grauenhaft gefühllosen Lächeln, und Josephine folgte ihr, wie sie es auch damals getan hatte, als Constantia Benny in den Teich gestoßen hatte.

VII

Doch die Nervenbelastung wirkte sich auch noch aus, als sie wieder im Eßzimmer waren. Sie setzten sich zitterig hin und sahen einander an.

»Ich glaube, ich kann nichts erledigen«, sagte Josephine, »ehe ich nicht etwas zu mir genommen habe. Glaubst du, wir könnten zwei Tassen heißes Wasser von Kate verlangen?«

»Warum eigentlich nicht?« sagte Constantia vorsichtig. »Aber ich werde nicht klingeln. Ich werde an die Küchentür gehen und es ihr sagen.«

»Ja, tu's!« bat Josephine und sank in ihren Sessel. »Sag ihr, nur zwei Tassen, Con, auf einem Tablett – sonst nichts!«

»Nicht mal eine Kanne, nicht wahr?« fragte Constantia, als könnte sich Kate mit Recht beklagen, wenn auch noch eine Kanne dabeisein müßte.

»Nein, nein, bestimmt nicht! Die Kanne ist gänzlich überflüssig! Sie kann es direkt aus dem Teekessel eingießen«, rief Josephine in der Annahme, es sei Arbeitsersparnis.

Kalte Lippen zitterten an grünlichen Tassenrändern. Josephine legte ihre kleinen roten Hände um die Tasse; Constantia saß aufrecht da und blies in den aufsteigenden Dampf, so daß er hin und her flatterte.

»Da wir gerade von Benny sprachen«, begann Josephine.

Und obwohl Benny nicht erwähnt worden war, sah Constantia im Nu so aus, als wäre sein Name längst gefallen.

»Er erwartet natürlich, daß wir ihm etwas von Vater senden. Aber es ist so schwierig zu wissen, was man nach Ceylon senden kann.«

»Meinst du, daß die Sachen unterwegs leicht auseinanderfallen?« murmelte Constantia.

»Nein, sondern daß sie verlorengehen«, erwiderte Josephine scharf. »Bekanntlich gibt's dort keine Post – nur Läufer.«

Beide schwiegen, um einem Schwarzen in weißer Drellhose nachzublicken, der ums liebe Leben durch lichte Felder rannte, in der Hand ein Paket in braunem Packpapier. Josephines schwarzer Mann war sehr klein; hastig wie eine glitzernde Ameise rannte er weiter. Constantias langer, hagerer Bursche hatte etwas Stumpfsinniges und Unermüdliches an sich, was ihn, wie sie fand, zu einem recht unangenehmen Menschen machte ... Auf der Veranda, ganz in Weiß gekleidet und mit einem Tropenhelm auf dem Kopf, stand Benny. Seine rechte Hand flog auf und ab, genau wie Vaters Hand, wenn er ungeduldig war. Und hinter ihm saß Hilda, die unbekannte Schwägerin, und war gänzlich uninteressiert. Sie schaukelte in einem Rohrsessel und blätterte gedankenlos im *Tatler* . »Ich glaube, seine Uhr wäre das passendste Geschenk«, sagte Josephine.

Constantia blickte auf; anscheinend war sie überrascht.

»Oh, würdest du einem Eingeborenen eine goldene Uhr anvertrauen?«

»Ich würde sie natürlich verkleidet schicken«, sagte Josephine, »und niemand würde ahnen, daß es eine Uhr ist!« Ihr gefiel der Gedanke, ein so seltsam geformtes Päckchen zu machen, daß man unmöglich erraten konnte, was es war. Einen Augenblick dachte sie sogar daran, die Uhr in einer schmalen Korsettschachtel unterzubringen, die sie lange bei sich aufbewahrt hatte, bis man sie einmal für irgend etwas gebrauchen könne. Sie war aus so gutem, festem Pappkarton. Doch nein, für diesen besonderen Anlaß war sie nicht geeignet. Sie hatte einen Aufdruck: *Mittlere Damengröße 28. Extra starke Stangen.* Es wäre eine fast zu große Überraschung für Benny, so eine Schachtel zu öffnen und Vaters Uhr darin zu finden.

»Und natürlich würde sie nicht gehen – nicht ticken, meine ich«, sagte Constantia, die noch immer an die Vorliebe der Eingeborenen für Schmuckstücke dachte. »Jedenfalls wäre es recht seltsam«, fügte sie hinzu, »wenn sie nach all der Zeit noch tickte.«

VIII

Josephine gab ihr keine Antwort. Sie war in einen ihrer Gedankensprünge versunken. Plötzlich war ihr Cyril eingefallen. Wäre es nicht angemessener, wenn der einzige Enkel die Uhr erhielte? Und überdies war der liebe Cyril immer so dankbar, und für einen jungen Mann bedeutete eine goldene Uhr so viel!

Benny hatte die Gewohnheit, eine Uhr ständig bei sich zu haben, sehr wahrscheinlich längst aufgegeben: in einem so heißen Klima trugen die Herren selten eine Weste.

In London dagegen konnte Cyril die seine das ganze Jahr hindurch tragen. Und wenn er zum Tee käme, wäre es für sie und

Constantia so nett zu wissen, daß er sie hatte. »Wie ich sehe, trägst du Großvaters Uhr, Cyril!« Irgendwie wäre es so befriedigend.

Der gute Junge! Was für eine Enttäuschung war sein lieber, teilnahmsvoller Brief gewesen! Natürlich hatten sie volles Verständnis dafür, aber es traf sich gar so schlecht.

»Es wäre so eindrucksvoll gewesen, ihn dabeizuhaben«, sagte Josephine.

»Und er hätte es so genossen«, sagte Constantia, ohne zu bedenken, was sie da vorbrachte.

Doch sobald er zurück war, würde er zu seinen Tantchen zum Tee kommen! Cyril zum Tee zu haben war eine ihrer seltenen Freuden.

»Aber Cyril, du mußt dich doch nicht fürchten vor unsern Kuchen! Tante Con und ich haben sie heute früh bei Buszards gekauft. Wir wissen, was für Appetit ein junger Mann hat. Also scheue dich nicht, und greife kräftig zu!«

Josephine schnitt unbekümmert große Stücke von dem schweren dunklen Kuchen ab, der an die Stelle ihrer Winterhandschuhe oder neuer Sohlen und Absätze für Constantias einziges Paar anständiger Schuhe getreten war. Doch Cyrils Appetit war durchaus männlich.

»Nein, Tante Josephine, ich kann einfach nicht! Ich habe ja eben erst zu Mittag gegessen!«

»O Cyril, das stimmt aber nicht! Es ist schon nach vier!« rief Josephine. Und Constantia hielt das Messer angriffsbereit über der Schokoladenrolle.

»Doch, es stimmt«, entgegnete Cyril. »Ich sollte einen Mann am Victoria-Bahnhof treffen, und er ließ mich warten, bis ... nur noch genug Zeit blieb, schnell zu essen und herzukommen. Und er hat – puh!« – Cyril faßte sich an die Stirn – »eine Unmenge Essen auffahren lassen!« schloß er.

Es war zu schade – ausgerechnet heute! Doch er hatte es ja nicht vorher wissen können.

»Aber eine Meringe nimmst du hoffentlich, nicht wahr, Cyril?« sagte Tante Josephine. »Die Meringen haben wir dir zuliebe gekauft! Dein lieber Vater mochte sie immer so gern. Und wir glaubten, du auch!«

»Tu' ich auch, Tante Josephine!« rief Cyril begeistert. »Darf ich zuerst mal mit einer halben anfangen?«

»Selbstverständlich, mein Junge! Aber wir lassen dich nicht so leichten Kaufs davonkommen!«

»Und dein lieber Vater – mag er Meringen immer noch so gern?« fragte Tante Con sanft.

Sie zuckte ein bißchen zusammen, als ihre Meringe zersplitterte.

»Das weiß ich nicht, Tante Con«, antwortete Cyril forsch. Daraufhin blickten beide auf.

»Das weißt du nicht?« fuhr Josephine ihn beinah an. »So etwas weißt du nicht – von deinem eigenen Vater?«

»Ach, sicher weiß er's«, sagte Tante Con sanft.

Cyril versuchte es humorvoll zu erklären. »Ach, wißt ihr, es ist so ewig lange her, seit ...«, stammelte er und brach ab. Ihre Mienen waren zuviel für ihn.

»Trotzdem!« sagte Josephine. Und Tante Con staunte nur.

Cyril stellte seine Teetasse hin. »Warte mal, Tante Josephine!« rief er. »Einen Moment! Wo habe ich nur meine Gedanken gelassen?« Er sah auf. Ihre Gesichter hellten sich auf. Cyril klatschte sich aufs Knie.

»Natürlich«, sagte er. »Meringen waren's! Wie konnte ich das bloß vergessen? Ja, Tante Josephine, du hast vollkommen recht. Vater ist ganz scharf auf Meringen!«

Sie strahlten nicht nur. Tante Josephine wurde puterrot vor Vergnügen, und Tante Con stieß einen tiefen, befriedigten Seufzer aus.

»Und jetzt, Cyril, mußt du mitkommen zu Vater«, sagte Josephine. »Er weiß, daß du heute bei uns bist!«

»Gern«, sagte Cyril sehr betont und herzlich. Er stand auf – und plötzlich warf er einen Blick auf die Uhr.

»Hör mal, Tante Con, geht eure Uhr nicht etwas nach? Ich muß jemanden um fünf am – am Paddington-Bahnhof treffen. Da bleibt mir leider nicht viel Zeit, sehr lange bei Großvater zu bleiben!«

»Oh, er erwartet auch nicht, daß du *sehr* lange bleibst«, sagte Tante Josephine.

Constantia blickte noch immer auf die Uhr. Sie konnte sich nicht klarwerden, ob sie vor- oder nachging. Eins oder das andre war es, davon war sie beinah überzeugt. Jedenfalls war es das gewesen.

Cyril zögerte noch. »Kommst du nicht mit, Tante Con?«

»Selbstverständlich gehen wir alle«, sagte Tante Josephine. »Komm jetzt, Con!«

IX

Sie klopften an die Tür, und Cyril folgte seinen Tanten ins Zimmer – Großvaters überheiztes, süßlich riechendes Zimmer.

»Nur immer rein!« sagte Großvater Pinner. »Druckst nicht lange herum! Was ist los? Was habt ihr wieder angestellt?« Er saß vor einem prasselnden Kaminfeuer und umklammerte seinen Stock. Über seine Knie war eine dicke Wolldecke gebreitet. Auf seinem Schoß lag ein schönes, blaßgelbes Seidentaschentuch.

»Cyril ist hier, Vater«, sagte Josephine schüchtern. Und sie nahm Cyril bei der Hand und trat ein paar Schritte mit ihm vor.

»Guten Tag, Großvater«, sagte Cyril und versuchte, seine Hand aus Tante Josephines Griff zu lösen. Großvater Pinner schoß Cyril einen seiner berühmten Blicke zu. Wo war Tante Con geblieben? Sie stand auf der andern Seite von Tante Josephine, ließ ihre langen Arme herabhängen und hatte die Hände umklammert. Sie wandte kein Auge von Großvater ab.

Colonel Pinner begann mit dem Stock aufzubumsen. »Was hast du mir also zu sagen?« fragte er.

Ja, was hatte er ihm zu sagen? Cyril spürte, daß er wie ein Schwachkopf grinste. Es war auch so erstickend heiß!

Aber Tante Josephine kam ihm zu Hilfe. Sie verkündete strahlend: »Cyril sagt, daß sein Vater immer noch so gern Meringen ißt.«

»He?« Großvater legte seine Hand wie eine blau-rote Meringe hinter sein Ohr. Josephine wiederholte: »Cyril sagt, daß sein Vater immer noch so gern Meringen ißt.«

»Ich kann's nicht verstehen«, sagte der alte Colonel Pinner. Er winkte Josephine mit seinem Stock beiseite und deutete damit auf Cyril. »Sag du mir, was sie mir sagen will!« befahl er.

(Großer Gott!) »Muß ich?« fragte Cyril und blickte Tante Josephine errötend an.

»Tu's bitte!« lächelte sie. »Es wird ihm solche Freude machen!«

»Also raus mit der Sprache!« rief der Colonel gereizt und bumste wieder mit seinem Stock auf.

Cyril beugte sich vor und schrie: »Vater ißt noch immer sehr gern Meringen!«

Großvater Pinner fuhr hoch, als hätte ihn jemand angeschossen. »Schrei nicht so!« rief er. »Was ist los mit dem Jungen? *Meringen!* Was ist denn mit denen?«

»Oh, Tante Josephine, müssen wir weitermachen?« stöhnte Cyril verzweifelt.

»Es ist schon recht, mein Junge«, tröstete Tante Josephine, als wären sie beide beim Zahnarzt. »Gleich wird er's verstehen!« Und sie flüsterte Cyril zu: »Er wird nämlich ein bißchen schwerhörig!«

Dann beugte sie sich vor und brüllte Großvater Pinner buchstäblich an: »Cyril wollte dir sagen, Vater, daß *sein* Vater immer noch gern Meringen ißt!«

Colonel Pinner hörte es diesmal, hörte es – und sann nach. Er musterte Cyril von oben bis unten.

»Ganz erstaunlich!« sagte der alte Colonel Pinner.«Ganz erstaunlich, von so weit herzukommen, um mir das zu sagen!«

Cyril war durchaus seiner Meinung.

»Ja, ich werde Cyril die Uhr schicken«, sagte Josephine.

»Das wäre sehr nett«, erwiderte Constantia. »Wenn ich mich recht erinnere, gab es letztesmal, als er hier war, eine kleine Meinungsverschiedenheit wegen der Zeit!«

X

Sie wurden durch Kate unterbrochen, die auf ihre übliche Art – als hätte sie ein Geheimfach in der Wand entdeckt – die Türe aufriß.

»Gebraten oder gekocht?« rief die derbe Stimme.

Gebraten oder gekocht? Josephine und Constantia waren einen Moment ganz verwirrt. Sie konnten es kaum begreifen. »Was soll gebraten oder gekocht werden, Kate?« fragte Josephine und versuchte sich zu konzentrieren.

Kate schnaufte verächtlich: »Fisch!«

»Warum haben Sie das nicht gleich gesagt?« fragte Josephine, milde tadelnd. »Wie können Sie erwarten, daß wir das verstehen, Kate? Es gibt nämlich sehr viele Dinge in dieser Welt, die man braten oder kochen kann.« Und nach einer solchen Mutentfaltung wandte sie sich fröhlich an Constantia: »Was ziehst du vor, Con?«

»Ich glaube, es wäre nett, ihn gebraten zu essen«, antwortete Constantia. »Andererseits schmeckt natürlich auch gekochter Fisch sehr gut. Ich glaube, mir ist beides gleich lieb ... falls du nicht ... in dem Falle ...«

»Dann brat' ich ihn!« rief Kate, stürmte davon, ließ die Tür offen und schmetterte die Küchentür hinter sich zu.

Josephine blickte Constantia an; sie zog ihre hellen Augenbrauen in die Höhe, bis sie sich in ihrem hellen Haar verloren. Dann erhob sie sich. Sehr hochmütig und eindrucksvoll sagte sie: »Würdest du mir bitte in den Salon folgen, Constantia? Ich muß etwas von größter Wichtigkeit mit dir besprechen!«

In den Salon zogen sie sich nämlich immer zurück, wenn sie

über Kate sprechen wollten. Josephine schloß die Tür mit bedeutsamer Miene. »Nimm Platz, Constantia«, sagte sie, noch immer sehr großartig. Es war, als empfinge sie Constantia zum erstenmal bei sich. Constantia sah sich unsicher nach einem Stuhl um und kam sich wie ein fremder Gast vor.

Josephine beugte sich vor: »Es ist jetzt also die Frage, ob wir sie behalten sollen.«

»Ja, das ist die Frage!« gab Constantia zu.

»Und diesmal«, fuhr Josephine entschlossen fort, »müssen wir zu einer endgültigen Entscheidung kommen!«

Constantia sah einen Augenblick so aus, als wolle sie sich all der andern Male erinnern, aber sie riß sich zusammen und sagte: »Ja, Jug!«

»Du mußt begreifen, Con«, erklärte Josephine, »daß jetzt alles anders ist.« Constantia blickte rasch auf. »Ich meine«, fuhr Josephine fort, »wir sind nicht mehr abhängig von ihr!« Sie errötete ein wenig. »Vater ist nicht mehr da, für den sie kochen müßte.«

»Das stimmt sicherlich«, gab Constantia ihr recht. »Vater will jetzt nicht mehr, daß für ihn gekocht wird, einerlei, was sonst ...«

Josephine unterbrach sie streng. »Schläfst du, Con?«

Constantia riß die Augen auf. »Ich? Nein, Jug!«

»Dann reiß dich zusammen!« sagte Josephine streng und kehrte zum Thema zurück. »Es geht also darum, daß wir« – und mit Seitenblicken auf die Tür fuhr sie flüsternd fort –, »uns unser Essen selbst zubereiten könnten!«

»Warum nicht?« rief Constantia. Unwillkürlich mußte sie lächeln. Es war ein aufregender Gedanke. Sie klatschte in die Hände. »Womit könnten wir uns ernähren, Jug?«

»Oh, mit Eiern – mit Eiern in jeder Form!« erklärte Josephine nun wieder hochmütig. »Außerdem gibt es Essen in Büchsen.«

»Das soll aber sehr teuer sein, wie ich immer gehört habe«, sagte Constantia.

»Nicht, wenn man sie mit Maßen einkauft«, sagte Josephine. Dann trennte sie sich von der faszinierenden Abschweifung und riß Constantia mit sich fort.

»Was wir jetzt entscheiden müssen, ist jedoch vor allem, ob wir Kate trauen!«

Constantia lehnte sich zurück. Ein tonloses kleines Lachen spielte um ihre Lippen.

»Ist es nicht seltsam, Jug«, sagte sie, »daß ich mir über diesen Punkt einfach nicht klarwerden konnte?«

XI

Ja, sie waren sich nie klargeworden. Die Schwierigkeit bestand darin, etwas nachzuweisen. Wie wies man etwas nach – wie konnte man das? Angenommen, Kate stand vor ihr und schnitt eine Grimasse! Könnte es nicht gut sein, daß sie Schmerzen hatte? Jedenfalls war es doch unmöglich, Kate zu fragen, ob sie ihr eine Grimasse schnitte! Wenn Kate ›nein‹ sagte – und natürlich würde sie ›nein‹ sagen –, in was für einer Lage befand man sich dann! Wie entwürdigend! Und außerdem argwöhnte Constantia, ja, sie war beinah überzeugt, daß Kate sich an ihrer Kommode zu schaffen machte, wenn sie und Josephine ausgingen – nicht, um etwas zu stehlen, sondern um zu schnüffeln.

Oft genug hatte sie, wenn sie zurückkam, ihr Amethystkreuz an den unmöglichsten Stellen gefunden: unter Korsettbändern oder auf ihrem Abendumhang. Mehr als einmal hatte sie Kate eine Falle gestellt. Sie hatte ihre Sachen in einem bestimmten Muster geordnet und dann Josephine als Zeugin geholt.

»Siehst du es, Jug?«

»Ja, sicher, Con!«

»Jetzt werden wir es unweigerlich wissen!«

Aber, o weh! Wenn sie nachsehen wollte, war sie von einem Beweis ebenso weit entfernt wie nur je. Falls etwas anders dalag, konnte es sehr leicht passiert sein, während sie das Schubfach zustieß: ein kräftiger Stoß hätte genügt!

»Komm her, Jug, entscheide du! Ich kann es wirklich nicht! Es ist zu schwierig.«

Und nach einer Pause und einem langen, prüfenden Blick seufzte Josephine dann wohl: »Nachdem du mich mißtrauisch gemacht hast, Con, kann ich es wirklich auch nicht sagen!«

»Jedenfalls können wir es nicht länger aufschieben«, sagte Josephine. »Wenn wir es diesmal wieder aufschieben ...«

XII

Doch im gleichen Moment begann unten auf der Straße eine Drehorgel loszuplärren. Josephine und Constantia sprangen hoch.

»Lauf, Con! Lauf rasch!« rief Josephine. »Die Sixpence liegen auf dem ...«

Dann fiel es ihnen ein. Sie brauchten nie mehr dafür zu sorgen, daß der Drehorgelspieler aufhörte. Nie wieder würde man ihnen befehlen, den Affen anderswo hinzuschicken. Nie wieder würde das laute, seltsame Gekläff zu hören sein, wenn Vater glaubte, daß sie sich nicht beeilten. Der Drehorgelspieler könnte ewig spielen, und der Stock würde nicht aufbumsen.

Der Stock, der Stock bumst nicht mehr auf,
Der Stock, der Stock bumst nicht mehr auf,
sang die Drehorgel.

Was mochte Constantia denken? Sie lächelte so eigenartig; sie sah anders aus. Sie konnte doch nicht zu weinen anfangen?

»Jug, Jug!« sagte Constantia leise und schlug die Hände zusammen. »Weißt du auch, was für einen Tag wir heute haben? Es ist Samstag. Heute ist's eine Woche her, eine ganze Woche!«

Eine Woche, seit Vater starb,
Eine Woche, seit Vater starb,
sang die Drehorgel.

Und auch Josephine vergaß, praktisch und vernünftig zu sein; sie lächelte leise und eigenartig. Auf den indischen Teppich fiel ein hellrotes Viereck Sonnenschein; es kam und ging und kam – und blieb, wurde kräftiger, bis es fast wie Gold funkelte.

»Die Sonne ist hervorgekommen!« sagte Josephine, als wäre es von der geringsten Bedeutung.

Ein wahrer Springbrunnen sprudelnder Töne entquoll der Drehorgel – wohlgerundete, helle Töne, sorglos verstreut. Constantia hob ihre großen kalten Hände, als wollte sie die Töne einfangen, ließ sie dann wieder sinken und ging zum Kamin mit ihrem Lieblingsbuddha. Und der steinerne, vergoldete Gott, dessen Lächeln stets ein so sonderbares Gefühl bei ihr hervorrief – fast war's ein Schmerz, und doch ein angenehmer Schmerz –, schien heute nicht zu lächeln. Er wußte etwas; er barg ein Geheimnis. ›Ich weiß etwas, was du nicht weißt!‹ sagte ihr Buddha. Oh, was war es, was konnte es sein? Und doch, immer hatte sie gefühlt, daß da – etwas war.

Der Sonnenschein drängte sich durch die Fensterscheiben, ließ auf Möbeln und Photographien sein Licht aufblitzen. Als er zu Mutters Photographie kam, der Vergrößerung über dem Flügel, zauderte er dort – wie verblüfft, daß sowenig von ihr geblieben war, ausgenommen die wie kleine Pagoden geformten Ohrringe und eine schwarze Federboa. Warum verblaßten die Photographien Verstorbener immer so? wunderte sich Josephine. Sobald ein Mensch tot war, starb auch seine Photographie. Aber diese hier von Mutter war natürlich sehr alt. Fünfunddreißig Jahre war sie alt. Josephine erinnerte sich, daß sie einst auf einem Stuhl gestanden und Constantia die Federboa gezeigt und erklärt hatte, es sei eine Schlange, die ihre Mutter in Ceylon getötet habe ... Wäre alles anders geworden, wenn Mutter nicht gestorben wäre? Sie sah nicht recht, wie eigentlich. Tante Florence hatte bei ihnen gewohnt, bis sie mit der Schule fertig waren, und sie waren dreimal umgezogen und hatten alljährlich Ferien gehabt, und ... natürlich hatten die Dienstboten gewechselt.

Ein paar Spatzen, junge Spätzchen, wie es schien, zwitscherten auf dem Fenstersims. *Tschilp-tschelp, tschilp-tschelp.* Doch Josephine konnte sich nicht vorstellen, daß es die Spatzen waren, nicht auf dem Fensterbrett draußen. Es war in ihr, das sonderbare, feine Geschrei: *tschilp-tschilp-tschilp!* Nach wem schrie es nur, so schwach und verlassen?

Wenn Mutter am Leben geblieben wäre, hätten sie dann wohl geheiratet? Aber es war niemand dagewesen, den sie hätten heiraten können. Vaters anglo-indische Freunde, ja – bevor er sich mit ihnen zerstritt. Aber von da an hatten sie und Constantia nie einen einzigen Mann kennengelernt, ausgenommen Geistliche. Wie lernte man Männer kennen? Oder selbst wenn man welche kennenlernte, wie konnte man sie dann gut genug kennenlernen, so daß sie mehr als nur fremde Menschen waren? Man las von Frauen, die Abenteuer erlebten und denen die Männer nachliefen. Aber niemand war jemals ihr oder Constantia nachgelaufen. O doch, in jenem Jahr in Eastbourne, da war in ihrer Pension ein geheimnisvoller Mann gewesen, der einen Brief auf die Heißwasserkanne vor ihrer Tür gelegt hatte! Aber als Connie ihn fand, hatte der Dampf die Schriftzüge schon so verwischt, daß man sie nicht mehr lesen konnte: sie hatten nicht einmal erkennen können, an wen von ihnen der Brief gerichtet war. Am nächsten Tag war der Mann abgereist. Und das war alles gewesen. Der Rest hatte darin bestanden, für Vater zu sorgen und ihm gleichzeitig aus dem Wege zu gehen. Aber jetzt? Der diebische Sonnenschein berührte Josephine voller Zärtlichkeit. Sie hob das Gesicht. Die sanften Strahlen zogen sie ans Fenster...

Bis die Drehorgel zu spielen aufhörte, blieb Constantia vor dem Buddha stehen, verwundert, aber nicht, wie sonst, voll unbestimmter Verwunderung. Diesmal war es wie ein Sehnen. Sie erinnerte sich der Zeiten, wenn sie bei Vollmond hierhergekommen war, im Nachthemd aus dem Bett geschlichen war und mit ausgestreckten Armen wie eine Gekreuzigte auf dem Fußboden gelegen hatte. Warum? Der große, blasse Mond hatte sie dazu verlockt. Die grausigen, tanzenden Figuren auf dem geschnitzten Wandschirm hatten sie widerlich angegrinst, aber es hatte sie nicht angefochten. Sie erinnerte sich auch, wie sie, sooft sie in ein Seebad gereist waren, alleine weggegangen war, ans Meer hinunter, so nah sie nur konnte, und etwas gesungen hatte, etwas Ausgedachtes, während sie auf die ruhlosen Wasser blickte. Und daneben das andere Leben: Besorgungen machen, Sachen in Einkaufstauschen nach Hause schleppen, Sachen zur Ansicht bringen und mit Jug darüber sprechen und sie wieder zurückbringen, um noch mehr Sachen zur Ansicht zu holen, und die Tabletts mit Vaters Mahlzeiten vorbereiten und sich bemühen, Vater nicht zu ärgern. Doch alles schien sich in einer Art Tunnel abgewickelt zu haben. Es war nicht wirklich. Nur wenn sie aus dem Tunnel herauskam – in den Mondschein oder ans Meer oder in ein Gewitter –, nur dann fühlte sie, daß sie wirklich sie selbst war. Was bedeutete es? Was war es, wonach sie sich immer sehnte? Wohin führte das alles? Jetzt? Jetzt?

Mit einer ihrer hilflosen Gebärden wandte sie sich von dem Buddha ab. Sie ging zu Josephine hinüber. Sie wollte Josephine etwas sagen, etwas furchtbar Wichtiges, wegen – wegen der Zukunft und was nun …

»Meinst du nicht, vielleicht …«, begann sie.

Aber Josephine unterbrach sie. »Ich habe mich gefragt, ob jetzt …«, murmelte sie. Beide schwiegen. Beide warteten aufeinander.

»Sprich weiter, Con!« sagte Josephine.

»Nein, nein, Jug, nach dir!« sagte Constantia.

»Nein, sag, was du sagen wolltest! *Du* hast angefangen!« sagte Josephine.

»Ich … möchte lieber zuerst hören, was du sagen wolltest«, stammelte Constantia.

»Sei nicht albern, Con!«

»Wirklich, Jug!«

»Connie!«

»Oh, *Jug!*«

Sie verstummten. Dann sagte Constantia leise: »Ich kann's dir nicht sagen, was ich sagen wollte, Jug, weil ich vergessen habe, was es war ... was ich hatte sagen wollen!«

Josephine schwieg einen Augenblick. Sie starrte auf eine große Wolke, die dort stand, wo die Sonne gewesen war. Dann antwortete sie kurz: »Ich hab's auch vergessen!«

Deutsch von Elisabeth Schnack

Kate Saunders

Jims Engel

»Wir bewegen uns an einer geraden Linie durch die Zeit – wie eine Spinne am Faden.« Clara wandte sich damit an Ursulas wuchtiges Tweedhinterteil, das sich auf derselben Höhe wie ihr Gesicht befand. »Ich meine, der Faden kann sich unmöglich so verschlingen, daß Gegenwart und Vergangenheit durcheinandergeraten.«

»Es gibt aber ein paar Sachen, die kann man nicht hinter sich lassen. Die sind wie Photographien.« Die anstrengende gebückte Haltung ließ Ursulas Stimme gepreßt klingen. »Sie tauchen entlang der Linie immer wieder auf, bis sie schließlich von irgendeinem Ereignis ausgelöscht werden.«

Clara seufzte und richtete ihren traurigen, verschleierten Blick über den Kirchhof nach draußen. Unter dem weiten Himmel von Norfolk wirkten die schwarzen Bäume am Horizont wie das Muster am Rand einer Schüssel. »Ich verstehe das nicht. Seit wir wieder hier sind, bist du dauernd so komisch und mißmutig.«

»Und dabei hätte es doch eher dir an die Nieren gehen sollen«, sagte Ursula. »Ich hab dir wohl die Schau gestohlen, was?«

»Wovon redest du eigentlich? Was soll das? Hab ich irgendwas angestellt?« Clara, den Rücken bequem an einen Grabstein gelehnt, sprach mit einem besorgten Zittern in der Stimme. Sie war in eine weiche Jacke aus hellblauer Wolle gehüllt, darunter trug sie einen grauen Kaschmirpullover und spitzenbesetzte Angorаunterwäsche. Ihre schlanke und elegante Gestalt sank in den Grabstein wie eine viktorianische Lady in eine Chaiselongue. Das weiße Haar hatte sie makellos zusammengerollt und mit echten Schildpattkämmen festgesteckt. Ihre großen, schmelzenden Augen waren grau, mit einen Stich Lavendel. Sie war eine zerbrechliche, zart gebaute Schönheit, umgeben von einer ungreifbaren Aura süßer Tragik, die alles um sie herum ungeschlacht und plump wirken ließ. Mit ihren zweiundsechzig Jahren begriff sie das Altsein ganz neu, verlieh ihm eine würdevolle Anmut. Im Vergleich zu ihr sah die kaum sechzigjährige Ursula einfach haarsträubend aus.

Aber der Unterschied zwischen den beiden Shottery-Schwestern hatte immer schon Anlaß zu Gerede gegeben. Ursula war fett, wettergegerbt und von einer lauten Fröhlichkeit. Die Mittelmeersonne, unter der sie die letzten fünfunddreißig Jahre gelebt hatte, hatte ihre Wangen geschmolzen. Jetzt hingen sie herunter wie zerlaufendes Speiseeis. Sie mochte harte, leuchtende Farben und knubbeligen Keramikschmuck. Ihr knallorangefarbener Pullover war an der Brust mehrmals angesengt, und ihr unförmiges grünes Tweedkostüm hatte sie an ihrem ersten Samstag hier im Dorf auf dem Flohmarkt erstanden. Ursula war stets bemüht, nicht zuviel vom Geld ihrer Schwester auszugeben, als ob diese es je ohne sie hätte schaffen können.

Clara fiel wieder ein, daß jemand – wer nur? – einmal bemerkt hatte, daß Ursula seelische Eigenschaften von wahrer Schönheit besäße, und die allerschönste sei ihre ehrfürchtige Verehrung Claras. Diese Verehrung war seit jeher spürbar gewesen, warm wie eine Decke, schon damals, als sie noch die zwei Shottery-Mädchen waren, die Rose und das Mauerblümchen. Wenn Ursula nicht gewesen wäre, dann hätte Clara das Trauma ihres kurzen Lebens als junge Mrs. Vibart nie verarbeitet. Sie fröstelte. »Es ist scheußlich kalt, findest du nicht?« Sie wartete darauf, daß sich Ursula für die Kälte entschuldigte und sie nach Hause brachte. Ursula arbeitete weiter, als hätte sie nicht verstanden. Sie kauerte neben dem Grab und zupfte mit abgewandtem Gesicht Unkraut.

Schließlich sagte sie: »Also das ist wirklich eine unglaubliche Bodenlosigkeit! Guck dir doch bloß mal an, wie Jims Engel aussieht.« Der angeknackste Betonengel lag seitlich im braunen Gras, gefesselt und geknebelt von kräftigen Efeuranken. Ursula machte sich daran, sie wegzuschneiden. Ein Krummschwert aus Asche hing an ihrer Zigarette. »Während wir weg waren, habe ich dem Küster jedes Jahr fünf Pfund für die Grabpflege geschickt. Wenn er diesen Engel hier nicht bald wieder auf seinen kleinen Sockel stellt, dann zerr ich ihn vor Gericht.«

Clara blickte ohne sonderliches Interesse auf den Hinterkopf des Engels. »Mir hat sein Engel noch nie gefallen. Er sieht aus wie Shirley Temple.«

»Der Steinmetz hatte sonst nichts mehr auf Lager«, schnauzte Ursula. »Wenn wir nicht so überstürzt weggefahren wären, dann hätte ich noch einen schöneren bestellen können.«

»Ich war doch krank.« Es hörte sich an wie eine wehmütige Erinnerung, aber Clara hatte es als Tadel gemeint. Ursula murrte nur, und Clara versuchte es noch einmal. »Kann man die Inschrift noch lesen?«

»Oh, ja.« Sie riß an dem reifüberzogenen Windenvorhang und zog ihn zur Seite, bevor Clara es vermeiden konnte zu lesen:

JAMES GEORGE VIBART
BIS DASS DER TAG ANBRICHT
UND DIE SCHATTEN FLIEHEN

Mit gekräuselter Stirn drehte sich Ursula zu ihr um. »Nichts auf der Welt kann diese Inschrift verschwinden lassen.«

»Nein«, stimmte sie zu. Sie verspürte einen unangenehmen Anflug von Angst, und plötzlich fiel ihr wieder ein, daß Jim es gewesen war, der die Bemerkung über Ursulas seelische Schönheit gemacht hatte, kurz nach ihrer Hochzeit. Sie waren beide arg auf Ursula angewiesen gewesen. »Ursula, jetzt laß uns bitte heimgehen!«

Ursula richtete sich auf, ihre breite Hand ins Kreuz gestützt, und rief ärgerlich gen Himmel: »Zur Hölle soll er fahren, dieser Küster, einen Scheißdreck hat er gemacht!«

Später, in der höhlenartigen, steingefliesten Küche des Yellow House, fing Ursula wieder damit an. In den letzten fünf Tagen hatte sie Clara damit das Fürchten gelehrt. »Ich habe Jim einmal gefragt, ob er glaubt, daß es Menschen gibt, die wiederkehren.«

»Ach ja?« Mit ihren trockenen, zarten Händen schüttete Clara ihre Pillen aus. Die Röhrchen standen aufgereiht auf einem alten Lacktablett, und sie spülte sie mit Evian aus einem kristallenen Weinglas hinunter. Ursulas unförmige Tontasse, halbvoll mit scheußlichem, aufgebrühtem Instantkaffee, störte sie. Sie schob die Tasse weg. »Was hat er geantwortet?«

»Er hat gesagt, daß ihn nichts von dir fernhalten könnte.«

Drei der kleinen lilafarbenen Kügelchen klimperten über das Tablett. »Willst du damit sagen, daß er immer noch irgendwo hier ist?«

»Bald kommt der Jahrestag. Das würde ihm doch ähnlich sehen, wenn er zurückkäme, um alles zu erklären.«

»Was zu erklären?« wollte Clara ungewöhnlich gereizt wissen. »Warum versuchst du ständig, mir angst zu machen?« Sie wünschte, sie könnte Ursulas Gesicht sehen, aber sie stand am Ofen und rührte einen Eintopf aus matschigem, hiesigem Gemüse. Der Geruch von Cayennepfeffer und Tomatenmark vermischte sich mit dem schimmligen Atem des Yellow House, in dem Clara einst als junge Braut gewohnt hatte.

»Natürlich, als es passierte, warst du so krank, daß du an nichts anderes denken konntest«, sagte Ursula. »Aber danach habe ich mich schon mal gefragt, warum er nie einen Brief hinterlassen hat. Jim, der hatte es doch mit Briefchen.«

Ungeschickt jagte Clara die letzte Pille um das Tablett und legte sie sich mit zitternder Hand auf die Zunge. Sie erinnerte sich an die Briefe, die Jim überall für sie zurechtgelegt hatte. Ihre unangenehme Aufdringlichkeit konnte selbst die lange Zeit, die seither vergangen war, nicht mildern. »Ja«, sagte sie.

Ursula schwatzte so dahin, aber man konnte durchaus eine Spur von Drohung heraushören. »Eine komische Angewohnheit, nicht? Aber auch recht liebenswert. Wie die Leute mit Gaumenspalte, die einem tödlich auf die Nerven fallen, wenn sie ewig lange Geschichten erzählen.«

»Warum redest du ständig von Jim?« fragte Clara verzweifelt.

»Mir ist so danach.«

»Jahrelang hast du ihn nicht erwähnt – und du weißt, wie krank mich das Gerede macht.«

»Aber liebste Clara, du mußt dich der Sache einmal stellen. Besonders jetzt, wo wir zurückgekehrt sind.«

Clara brachte sich in eine anmutigere Position und konzentrierte sich innerlich auf ihre Tragödie, bis sie auf die unterschwellige Schicht von Schmerz und Selbstmitleid stieß, die sie all diese Jahre bei Kräften gehalten hatte.

»Vielleicht hast du recht. Ich war so glücklich, so verliebt. Und eines Nachmittags war alles vorbei.«

»Scheiße«, sagte Ursula deutlich.

Clara wunderte sich. »Was?«

»Mir ist das Messer in den Topf gefallen.«

»Ach so. Tja, ... natürlich denke ich an ihn. Dieses frostige Wetter erinnert mich ... wir waren nur ein Jahr und sieben Monate zusammen. Aber vielleicht sollte ich dankbar sein. Manche Menschen erfahren nie so eine Liebe wie ich.«

Ursula rührte weiter in ihrem Eintopf und murmelte irgend etwas, das mit »Kuhscheiße« zu enden schien. Clara überhörte es wohlweislich. Sie fragte sich, ob Ursula nicht langsam senil wurde.

»Ich erinnere mich ganz deutlich«, fuhr sie fort. »Er kam pfeifend herein, wie immer. Ein paar Ignoranten hielten ihn ja für etwas simpel, aber ich habe immer zu ihnen gesagt: Schaut nur, wie glücklich er ist. Und bestimmt nicht simpel, habe ich immer gesagt, es sei denn, ihr meint die sancta simplicitas von Heiligen und Kindern. Ach ja, pfeifend kam er herein. Ich wäre doch niemals darauf gekommen, daß da irgend etwas nicht stimmte.«

»Wieso bist du ihm dann nachgelaufen?« fragte Ursula.

»Wieso?« echote Clara einfach.

»Du wolltest nichts erklären. Du warst zu krank.«

»Na ja, ich hab ihm ein paar belegte Brote gebracht.«

»Mit was drauf?«

»Hm ...«, Clara atmete jetzt schnell und flach, »ich weiß nicht mehr ... Käse ...«

»Käse kann es ja wohl nicht gewesen sein, meine Liebe. Er konnte Käse nicht ausstehen.«

»Nein, nein, richtig – das hatte ich ganz vergessen.«

»Du mußt doch gewußt haben, daß irgendwas nicht gestimmt hat, so wie du in den Wald gestürzt bist.«

»Es war alles wie weggeblasen, als ich seine Leiche fand«, sagte Clara hitzig. »Wie soll ich das denn bitte noch wissen? Er lag im Schnee, und um ihn herum war alles rosa, wie ein Sonnenuntergang. Und dann kam nichts mehr, bis ich aufgewacht bin und du da warst. Ich lag quer über ihm, als man mich fand, mein Kleid war ganz voll mit seinem Blut, und ich flehte ihn an, doch aufzuwachen. Er hat sich für mich geopfert, weil er Angst hatte, daß er mir eines Tages zur Last fallen würde. Ach, armer, armer Jim, als ob mir das etwas ausgemacht hätte ...«

»Was ist mit den belegten Broten passiert?«

»Ursula, was ist denn bloß in dich gefahren? Wieso benimmst du dich so merkwürdig? Bitte, sprich nicht mehr von ihm. Er ist tot, und die Toten können nicht wiederkehren.«

»Doch«, sagte Ursula. »Nicht alle Geister rennen in Leintüchern herum und tragen den Kopf unter dem Arm. Aber jetzt schau nicht so entsetzt, meine Liebe – du hast mir doch gesagt, du würdest jeden Penny von Jims Geld dafür geben, wenn du ihm nur noch einmal im Leben begegnen könntest. Du solltest froh sein.«

In dieser Nacht träumte Clara, daß sie einen Engel tötete, so wie Glöckchen in *Peter Pan* auf Wendy schießt. Röchelnd lag er im Sterben, auf der kleinen Wiese vor dem Eßzimmerfenster, seine weißen Flügel zuckten wie die eines armen verwundeten

Schwans. Sie wachte entsetzt auf und rief nach Ursula. Sie rief noch einmal. Im nächsten Zimmer knarzte eine Diele. Es kam niemand.

Ursula saß im Bett und ließ Tränen und Zigarettenasche auf den Haufen aus gelbem Schreibpapier fallen, der auf der Zudecke verstreut lag. Fünfunddreißig Jahre lang hatte ihr auch nur das kleinste schmerzliche Wimmern von Clara schier das Herz zerrissen, und ihr Traum war erst vor so kurzer Zeit zerplatzt, daß es einen Teil von ihr noch immer drängte, zu trösten und zu beruhigen. Aber diese Frau war eine Lügnerin, eine Mörderin und ein gemeines Luder, und wenn man sie jetzt alleine in der Dunkelheit winseln ließ, dann war das nur ein winziger Teil der Strafe, die sie verdiente. Seit Ursula die Schachtel mit Jims Briefen gefunden hatte, die hastig zwischen die fleckigen alten Kissenleichen im Schrank gestopft worden war, war ihr die Vergangenheit in neuem Licht erschienen. Die Wahrheit brachte ihn zurück.

Als Ursula aus Cambridge gekommen war, hatten die Vibarts von Canehurst House sie fünf Vormittage die Woche als Jims Privatlehrerin angestellt. »Privatlehrerin« war eine freundliche Umschreibung dafür gewesen, daß sie ihm Lesen und Schreiben beibringen sollte.

Seit der normannischen Eroberung war die Familie im Besitz von reichen Landgütern gewesen, und jede Generation hatte ein, zwei Ausfälle zu verzeichnen. Jim hatte von Geburt an eine hübsche Portion dieses Schattens vermacht bekommen, und wenn er nicht darüber hinaus Erbe der Vibart-Ländereien gewesen wäre, dann wäre er wahrscheinlich auf einer Sonderschule geendet, wo er glücklich Körbe geflochten und Geschirrtücher bestickt hätte. Er war für seine zweiundzwanzig Jahre zweifellos zurückgeblieben.

Ursula hatte Claras Gerede über die sancta simplicitas nie leiden können, trotzdem war es schlicht und einfach die Wahrheit. Eine wundersame Süße hatte Jims schwachen Geist erleuchtet.

Ideen, selbst ganz grundlegende, konnten in seinem Gedächtnis keinen Fuß fassen, aber liebevolle Zuwendungen gruben sich in ihn ein wie in Marmor. Trotz seiner mangelhaften Fortschritte ließ er sich nie entmutigen, und so saß er mit Ursula in der Bibliothek von Canehurst House, Stunde um Stunde, sein helles Haar fiel ihm ins gerötete Gesicht, während er versuchte, die einfachsten Wörter zu entziffern. Bücher, die seine Vorfahren gesammelt hatten, türmten sich reihenweise um ihn auf, er aber konnte sich kaum durch die Schlagzeilen der Sportzeitung kämpfen. Ursula fand Gefallen an ihm und unterstützte seine Leidenschaft für das Schreiben. Jim glaubte, daß ein Gefühl, das zu Papier gebracht worden war, eine Art mystische Gültigkeit besäße, und so verstreute er im ganzen Haus seine liebevollen Briefchen.

Seine Eltern regten sich wegen der Rechtschreibung der Briefe auf, aber Ursula trieben sie die Tränen in die Augen – sie drückten vollkommenes Vertrauen und eine unerschütterliche Zuversicht aus. Kaum hatte sie jemand gelesen, waren die Briefe sorgfältig gesammelt worden. Jim hortete sie stolz in Schachteln, als schriftlichen Beweis seiner intellektuellen Leistung. Nachdem sie sich durch die im Yellow House entdeckte Schachtel hindurchgelesen hatte, fragte sich Ursula, wie sie nur so dumm hatte sein können.

Ihr romantisches Szenario, das sie während all der Jahre mit sich herumgetragen hatte, sah folgendermaßen aus: Erster Akt. Eine Waldlichtung. Jim (Tenor) macht gleichzeitig die Bekanntschaft von Clara (Sopran) und der geschlechtlichen Liebe. Gegen den Widerstand der Eltern und mit der Hilfe und Unterstützung von Ursula (Alt) zieht das junge Paar in das Witwenhaus am Rande des Canehurst-Waldes. Zwischenspiel: Glückseligkeit der Ehe. Zweiter Akt. Die Liebe erhellt Jims Geist derart, daß ihm sein Zustand bewußt wird. Ein Arzt (tiefer Baß) klärt ihn über den möglichen Verlauf seiner Krankheit auf und warnt ihn davor, Kinder zu zeugen. Um Clara vor dieser Zukunft zu bewahren, solange sie noch jung ist, zieht er mit seiner Schrotflinte hinaus in den Wald, schießt sich ziemlich ungeschickt ins Herz und verblutet. Clara wird verrückt vor Kummer. Ihre treue Schwester bringt sie weg und zieht mit ihr, die sich in einem stets schwankenden Gemütszustand befindet, nach Südfrankreich. Mit gebrochenem Herzen und Verstand singt sie von ihrer ewigen Trauer. Vorhang.

Für sich betrachtet war dies ein hübsches Märchen. Ursula hätte vielleicht für immer daran geglaubt, wenn der Mietvertrag in Frankreich nicht abgelaufen wäre, so daß es sie wieder nach Hause verschlug. Wenn sie jetzt auf Claras lange Krankheit zurückblickte, dann sah sie keinen pastellfarbenen Kummer mehr, sondern grauenhafte Schuld. Allein die Schuld konnte sie dazu getrieben haben, den Brief aufzuheben, statt ihn zu verfeuern. Und was für ein Brief das war – der arme Jim mußte eine Ewigkeit dafür gebraucht haben. Die Verzweiflung hatte seine Rechtschreibung in neue, absurde Höhen getrieben. Selbst jetzt erinnerte sich Ursula noch an die meisten Namen und brütete darüber. »Mik Yug« war Mick Young, der Ausfahrer der Bäckerei. »Husmen« war offenbar Douglas Houseman, der verheiratete Rechtsanwalt, der in The Pines in der Dawn Lane gewohnt hatte. »Berd« konnte nur John Beard meinen, den Organisten von St. Stephen's. Jim hatte über sie alle Bescheid gewußt, und am letzten Tag, dem berühmten Tag, als er pfeifend hereinkam, hatte er sie dabei erwischt. Clara hatte ihn ganz einfach mit ihrer Grausamkeit vernichtet. Sie hatte den Unschuldigen ermordet. Ursula stopfte sich den Handrücken in den Mund, um ihr Schluchzen zu dämpfen. Untreu. Und sie hatte ihr die ganze Zeit die Treue gehalten.

Clara fand den ersten Brief auf ihrem Ankleidetisch, aufgespießt auf die Borsten ihrer silbernen Haarbürste. Es war ein alter Papierschnipsel, der aus einem Schulheft herausgerissen und mit einer Reihe unregelmäßiger Krakel verziert war: »Ich komm wiida.« Sie roch Blut an ihrem Kleid, sie schrie und wankte schwerfällig wieder auf ihr Bett zu, die Hand auf das wahnsinnige, rasende Herz gelegt.

Im Gang draußen hörte sie Ursulas schwere Schritte. Claras Hand zitterte so sehr, daß sie den Brief kaum aufnehmen konnte. Sie holte sie auf der Treppe ein.

»Was heißt das?«

»Das heißt: Ich komme wieder«, erwiderte Ursula prompt. »Ist doch ziemlich eindeutig, würde ich sagen.«

Wütend zerrte Clara an ihrem Morgenrock. »Du – du hast das dort hingelegt – was willst du mir antun?«

»Ich habe keine Ahnung, wovon du redest.«

»Das ist von Jim – es ist so ein verdammter Brief von ihm ...«

»Ach ja?« Ursula machte sich los. »Du solltest lieber eine von deinen weißen Pillen nehmen.«

Clara blieb weinend und zitternd in ihrem Batistnachthemd auf dem Treppenabsatz zurück. »Wo sind sie denn?« heulte sie hinter ihrer Schwester her. »Ich weiß nicht, wo sie sind!«

Den zweiten Brief fand sie, als sie im Küchenschrank nach ihren Pillen suchte. Er war fein säuberlich an einen Reißverschluß von Ursulas Wildlederstiefeln geheftet, die auf der Heizplatte des Ofens trockneten. »Binn weck aba komm bald wiida.«

»Ich will nicht, daß du wiederkommst, du Idiot!« kreischte Clara. »Von mir aus kannst du da liegenbleiben und verbluten, mir ist das doch egal! Was hat sie denn schon für eine Ahnung, Menschenskind? Sie mußte dich ja nicht heiraten!« Sie schleuderte die Stiefel in den Ofen. Schließlich kam Ursula herein, um nachzusehen, was da so scheußlich roch. Sie fand Clara, am Boden liegend. Zwei lange Rotzspuren liefen ihr wie Gummibänder aus der Nase.

Ursula rief den Arzt und fragte ihn, ob er sich wohl einen Reim auf Claras Gefasel von irgendwelchen Briefen machen könne. Der Arzt stammte aus dem Ort und kannte die Geschichte des Yellow House. Sie saßen zusammen beim Kaffee am Küchentisch, während Clara oben schlief, und fanden es beide äußerst traurig.

»Ich fühle mich verantwortlich«, seufzte Ursula, »ich hätte nie zulassen dürfen, daß sie wieder hierher zurückkommt. Nehmen Sie Zucker?«

Clara bekam Angst davor, ihr Zimmer zu verlassen. Die Furcht, wieder einen von Jims Briefen zu finden, verfolgte sie. Manchmal lagen sie zusammengerollt in einem Tablettenröhrchen, manchmal in der Schublade mit ihrer Unterwäsche, sie lagen auf ihrer Untertasse oder hingen an der Kette der Toilettenspülung. Sie war oft allein. Ursula hatte regen Kontakt im Ort aufgenommen und ließ Clara in dem leeren Haus zurück, nach Geräuschen lauschend und häufig der festen Überzeugung, daß sich jemand pfeifend der Türe näherte.

»Weißt du, was heute für ein Tag ist?« fragte Ursula eines Nachmittags. Clara umschloß die Teetasse fest mit den Händen. Augen und Lippen waren eingefallen, und sie trug einen von Ursulas knalligen malvenfarbenen Pullovern, um ihr dürres, unansehnliches Bündel Knochen zu wärmen. Das lange weiße Haar hing ihr in zwei verfilzten Zöpfen den Rücken hinunter.

Ursula schwatzte munter weiter, als wäre alles ganz normal: »Genau heute vor fünfunddreißig Jahren bist du durchgedreht.«

»Sag ihm, er soll verschwinden«, krächzte Clara.

»Vor fünfunddreißig Jahren um diese Zeit hatte der arme Jim noch ein oder zwei Stunden zu leben. Ich nehme an, daß du ihn ungefähr jetzt hast pfeifen hören, als er hereinkam. Und dann hast du ihm wohl diese berühmten belegten Brote gemacht. Was hast du noch mal draufgetan?«

»Was denn für Brote? Gib mir meine Pillen.«

»Hier sind sie, Liebes.« Ursula stellte das Lacktablett vor sie hin. Clara schrie auf und warf die Teetasse an die Wand.

»Nimm ihn weg! Nimm ihn weg! Es war nicht meine Schuld!«

»Den hier solltest du wirklich lesen«, sagte Ursula. »Es ist der letzte und beste. Der Schluß setzt allem die Krone auf.« Sie nahm das Papierstückchen auf dem Tablett und hielt es Clara hin.

Clara las »unnträu«, und ein Tröpfchen Speichel glitzerte an ihrem Kinn. »Ich kan nich mer lehbn wenn du mich nich liehbst. Du bis nich unshuldich ich bin unshuldich ich bin nicht waansinich du bis unnträu.«

»Untreu«, sagte Ursula. »Du untreue Mörderin. Der Metzger, der Bäcker, der Kerzenmacher, der Organist und Mr. Houseman aus The Pines – du hast es gelesen, du böses Weibsstück – du – du hast ihn umgebracht!«

Clara rannte auf ihren wackligen, zündholzdürren Beinen hinaus aus dem Yellow House, der untergehenden Sonne entgegen.

»Whiteways scheint mir ganz hübsch zu sein«, erzählte Ursula dem Vikar, als sie nach der Morgenmesse aus der Kirche kamen. »Im Moment nimmt sie zwar ihre Umgebung nicht sonderlich wahr. Seit ich sie stammelnd über diesem armen zerbrochenen Engel gefunden habe, als sie versucht hat, sein Herz mit ihrem Rocksaum abzuwischen, hat sie kaum ein vernünftiges Wort mehr gesagt. Aber sie ist schon vor Jahren aus dem Gleichgewicht geraten. Es war nur noch eine Frage der Zeit.«

»Sie werden einsam sein im Yellow House, so ganz ohne sie«, sagte der Vikar. »Wenn wir irgendwie helfen können ...«

Sie blieben vor dem Grab stehen, wo Jims Engel wieder auf seinen kleinen Sockel zementiert worden war.

»Ich werde mich schon irgendwie beschäftigen«, sagte Ursula, unerschütterlich tapfer.

Der Vikar sah zu, wie sie zärtlich ihren Strauß aus frühen Schlüsselblumen arrangierte, und dachte sich, was für eine großartige Frau sie doch war.

Deutsch von Elke Link

LIDIA RAVERA

Stiefschwestern

»Klar hast du's gesagt, streite es nicht ab, du Sau, du ekelhaftes, lahmarschiges Biest! Du hast gesagt: Esther ist eine alles niederwalzende Krachmaschine. Ich ertrage sie nicht. Ich ertrage sie nicht, hast du gesagt, streite es nicht ab, sonst stopfe ich dir das Wörterbuch in den Hals.«

Sie ist, ohne zu klopfen, hereingekommen. Sie hat mich unterbrochen, ohne sich zu entschuldigen. Sie hat sich eine Zigarette angezündet, ohne mich zu fragen, ob mich das störe. Wie eine Windhose wirbelt sie durch mein Zimmer. Ich habe gereizt gelächelt. Nur Esther schafft es, aus meinem sonst freundlichen Gesicht das einer Magenkranken zu machen.

»Ich arbeite.«

Sie hat das Fenster aufgestoßen, als wollte sie die Fensterflügel aus den Angeln reißen.

»In meinem ganzen Leben habe ich nicht so etwas Blödes gehört. Es ist ein herrlicher Maisonntag, und die will arbeiten!«

»Eigentlich ist Februar.«

»Und findest du das nicht einzigartig, daß ein Maisonntag in den Februar fällt? Findest du nicht, daß das wert ist, gefeiert zu werden, mit Ritualen, festlichen Messen und zügellosen Schwelgereien?«

Ich wußte darauf nichts zu antworten, ich weiß es bei ihr fast nie. Ich fühle mich unwohl mit ihr. Ihre Vitalität ist wie angehängter Schmuck, der an etwas anderes erinnert. Ich vermute, an ihre Jugend. Sie macht mich fertig mit ihrer Jugend, seitdem sie beschlossen hat, daß wir Freundinnen sind. Das ist eine Sache jüngeren Datums und quälend. Es war besser, als sie unseren Vater noch verabscheute, weil er das schreckliche Verbrechen begangen hatte, wieder zu heiraten. Als ich vier Jahre alt war, erzählte sie mir grausige Märchen. Sie umarmte mich, bis auf meinen Kinderbacken erste Anzeichen von Ersticken sichtbar wurden. Sie sagte: »Du wirst nicht so eine Hure mit Stöckelschuhen und Bunny-Arsch werden wie diese kaltblütige Aufsteigerin, ich flehe dich an, mein Kind, setz nicht auf den Witwer eines noch lebenden Engels, um daraus Munition für deinen Aufstieg zu machen. Nicht du, du nicht. Wenn du wie deine Mutter wirst, bringe ich dich um. Du wirst es nicht, nicht wahr?«

Ich wurde es nicht.

Ich bin zwanzig Jahre alt, sie zweiundvierzig. Sie ist dreimal verheiratet gewesen. Zwischen ihren Ehen lebte sie mit jedem zusammen. Ich bin Jungfrau. Sie war sogar homosexuell. Hat Orgien veranstaltet. Ich langweile mich selbst auf Parties. Jetzt, seit Papa tot ist und ihre Mutter auch, und meine Mutter auch wieder geheiratet hat, genau wie sie (nicht so häufig wie sie, wenn man es genau nimmt), seit wir beide gewissermaßen verwaist sind, hat sie mich adoptiert. Das heißt: Sie hat sich adoptieren lassen.

Sie ist es, die fordert, also bin ich die Mutter. Sie ist es, die einem ihre Flut an Vertraulichkeiten und Prahlereien aufzwingt: Sie ist eine fabelhafte, außergewöhnliche Frau, sexy wie sonst keine im Universum. Sie ist eine arme Alte, ihr steht ein bedrohliches Klimakterium bevor, ihr Leben ist im Ausklang begriffen, und ich werde ihre Hand fest zwischen den meinen halten müssen, wenn es soweit ist. Sie ist es, die fordert, ich habe nie etwas verlangt. Allenfalls, hin und wieder in Ruhe gelassen zu werden. Wie heute morgen. Was aber nicht möglich ist.

Esther hat alle meine Bücher sorgfältig zugeklappt: mit geradezu liebevoller Hingabe hat sie meiner Einsiedelei einen Räumungsbefehl erteilt.

Dann hat sie mir ein Schlüsselbund zugeworfen. Ich habe es fallen lassen, tolpatschig.

»Jesus, was für eine Äffin«, hat sie gesagt. »Hast du wenigstens mitbekommen, was für Schlüssel das sind? Ein Geschenk von mir für dich. Ich habe es reparieren lassen. Anderthalb Millionen Lire. Du hättest sehen sollen, wie er ihn vernachlässigt hatte. Nachdem er von seiner Krankheit erfahren hatte, verlor er jedes Interesse an Symbolen irdischen Wohlergehens ...«

Sie warf mir erneut das Schlüsselbund zu.

Diesmal habe ich es aufgefangen. Es waren die Schlüssel vom Wagen unseres Vaters. Ein Jaguar.

Die Via Pontina ist an diesem unverhofft sonnigen Sonntag – fast ein Vorgeschmack auf den Frühling – wegen mangelnder Fahrpraxis und festlichem Übermut vermintes Terrain. Man sieht Autos voll beladen mit Familien, Männer mit Hut, die das Lenkrad umklammern. Esther und ich ziehen die Aufmerksamkeit der Kinder auf uns. Wenn wir vorbeiflitzen, unterbrechen sie ihr bockiges Quengeln. Der Jaguar ist mausgrau, hat aber rote Sitze. Esther fährt ihn auf arrogante Weise: Sie bedrängt die Kleinwagen und ergötzt sich an deren mangelnder Hubraumgröße. Dazu kommen jähe Beschleunigungen, meine Schönheit und die klassische Eleganz des Wagens. Sie tut so, als wollte sie in der Schlange eingereiht bleiben, benimmt sich, als sei sie Fahranfängerin, doch plötzlich schert sie aus, schießt nach vorn und setzt sich, die Geschwindigkeit wieder drosselnd, vor die Kühlerhaube des überholten Wagens. Ist der Fahrer ein Mann, der auch nur die Idee eines Rennens anzudeuten wagt, der auch nur ansatzweise auf diese schikanöse und exhibitionistische Demonstration von Pferdestärken reagiert, verstellt sie ihm die Bahn und schneidet ihm den Weg ab. Dazu stößt sie kleine Schreie aus. Hey-Yeah wie beim Rodeo.

»Hör auf damit«, sage ich.

Mir gefällt mein Ton nicht, ich möchte aber auch keinen angenehmeren anschlagen. Dieser unsinnige Ausflug, die harte, hämmernde Musik aus der Stereoanlage, Esthers affektierte Jugendlichkeit, wie sie zum Rhythmus auf das Steuer schlägt und eine Schulter vor- und zurückbewegt. Es ist alles künstlich. Grotesk.

»Hör auf damit. Du fährst wie eine Bekloppte.«

»Ich zeige dir einen Ort, wo man die besten fritierten Tintenfische und Garnelen der Welt bekommt. Kennst du Gaeta? In Gaeta gehen Frauen wie deine Mutter in die Bars, um sich von den Soldaten der amerikanischen Nato-Stützpunkte bumsen zu lassen, Gaeta ist voll von amerikanischen Soldaten. Auch schöne Neger. Du könntest ein paar aufreißen. Du bist im richtigen Alter, um sicher zu sein, daß nicht du die Rechnung bezahlen mußt. Weißt du, für mich ist es mittlerweile riskant. Mir ist das schon passiert, ich dachte, einen Kerl verführt zu haben, dabei glaubte der, mich verführt zu haben, nur um mich um Geld zu bitten. Das war ein ziemlicher Schlag. Vor ein paar Jahren ist das passiert. Da war ich ... neununddreißigeinhalb, so um den Dreh. Und jetzt erst recht. Bei dir gibt es keine Zweifel, du bist der Hauptgewinn.«

Sie streift mich mit einem Blick, der Anerkennung meiner Schönheit gegenüber ausdrückt und mich zugleich verachtet. Sie ist Meisterin in diesen Kurzschlüssen. Sie drückt aufs Gas. Sie hat die Augen noch nicht wieder auf die Straße gerichtet. Die Tachonadel schwankt zwischen hundertachtzig und zweihundert.

»Laß das! Wir sind nicht auf einem Formel-1-Ring.«

Die Straße windet sich hoch über dem Meer. Ein strahlendes Winterblau läßt das Gehäuse eines grauen, mit Rostflecken gesprenkelten Autos unten auf den Klippen aufblitzen. Ich schließe die Augen.

»Als Kind warst du nicht ängstlich.«

»Es geht hier nicht um Ängstlichkeit. Ich verabscheue nutzlose Risiken.«

»Welche Risiken sind schon nützlich?«

Ich habe keine Lust zu antworten; wenn ich ihr antworte, dann nur, weil das Schweigen sie antreibt, noch schneller zu fahren.

»Risiken sind nie nützlich, aber gewisse sind unvermeidlich.«
Sie lacht.
»Welch Quell der Weisheit dieses kleine Mädchen ist.«

Der Tisch steht auf der Terrasse, der einzige gedeckte inmitten von nackten Holztischen.

Drinnen ist das Restaurant sehr voll. Es weht ein kalter Wind. Doch sie hat beim Kellner darauf bestanden, hat mit ihrer unerträglichen Masse ziegelroter, hennagefärbter Locken gewippt. Kokettierte herum. Ist es nicht wunderbar, wenn ein Maisonntag in den Februar fällt? So ist das: Gefällt ihr ein Satz, verwendet sie ihn immer wieder, wechselt allenfalls den Zuhörer, wenn sie daran denkt. In meinem Fall gibt es dieses Problem nicht. Ich bin ein Zuhörer, der kaum zählt. Gratis, wie die Verwandten, für mich gibt es nur die Abfälle ihres Charmes.

Ich habe immer noch nicht begriffen, was sie heute dazu verleitet hat, mit mir loszuziehen. Wenn dieses Vergnügungsfieber sie packt, versucht sie normalerweise, einen ihrer Verflossenen aufzutreiben. Egal, welchen. Ihr genügt ein Anlaß, sich herauszuputzen: Kampfermaske, Kollagenmaske, ein Halbedelstein an jedem Finger, Anhänger. Eine transparente Bluse, ein XL-Pullover, ein Paar Leggings. Sie hat eine Schwäche für Übertreibungen, verdeckt die Schärfe ihrer Nase mit braunen Schatten, hebt mit einem großen Pinsel die Wangenknochen an. Lidstriche unten und oben, rote Pinselstriche auf den Lippen. Ich schaue sie an. Sie hat nicht einen Augenblick zu reden aufgehört. Über meinen Vater, beziehungsweise *unseren* Vater. Sie hält sich für seine geistige Erbin: schlitzohrig, sexy und mit einem grandiosen Verschleiß an Bremsbelägen.

Die fritierten Meeresfrüchte, die sie mir aufgezwungen hat, sind kalt. Auf den rosafarbenen Rücken der Garnelen hat sich ein schmieriger Ölfilm gebildet. Sie schlingt in sich hinein, ich zittere vor Kälte und häufe meine Tierchen auf dem Tellerrand auf, ein kleiner Zoo aus Gerippen undefinierbaren Geruchs.

»Ißt du nicht?« fragt sie inquisitorisch. »Du bist wirklich ein Trauerspiel, mein Kind. Dein Mangel an Appetit auf das Leben beunruhigt mich. Du hast etwas von einem Edelfräulein aus vergangenen Zeiten. Gibst du mir deine Tintenfische? Danke.«

»Bitte.«

Ich frage mich, ob sie immer noch die Angewohnheit hat, vom Tisch aufzustehen, im Restaurant, bei Freunden, zu Hause, und ins Bad zu gehen, um alles, was sie in sich hineingestopft hat, wieder auszukotzen. Als ich klein war, machte sie das. Sie hatte immer ein Silberlöffelchen dabei. Damit drückte sie auf den Zungenansatz, bis der Brechreiz den bunten Inhalt ihrer exzessiven Mahlzeiten nahezu beschwingt ins Waschbecken warf.

Sie wollte schlank sein, und das ist ihr immer gelungen: Sie hat einen steinharten Körper, trotz ihrer Vorliebe für Gin, Lasagne, Wurst und Sahnetorten.

»Gönnen wir uns eine schöne *pêche melba?*«

»Es ist kalt.«

Der Himmel zieht sich mit winterlicher Geschwindigkeit zu. Es sind keine weißen, von Windböen getriebenen Wölkchen, sondern graue Flecken, die sich gnadenlos ausbreiten und das Licht nehmen. Esther folgt meinem Blick und grinst auf irritierende Weise. Sie macht das absichtlich. Sie macht das, um mich einzuschüchtern, meine friedliche Übellaunigkeit ist eine ständige Provokation an den Tagen ihrer programmierten guten Laune.

»Phantastisch. Vom Mai sind wir in den November übergewechselt. Mir gefallen diese Klimasprünge. In einen einzigen Tag kann man drei stecken, ganz eng beieinander, wie in einen kleinen Koffer. Weißt du, was? Keine *pêche melba.* Jetzt gehen wir hinein und bestellen uns ein anständiges Glas Brandy, wer weiß, ob sie hier noch wissen, wie man die Gläser wärmt?«

Es nieselt ohne Unterlaß. Trostlos. Es war klar, daß sie nach dem Glas Brandy am Strand spazierengehen wollte. Ich weiß nicht, warum ich ihr folge, in ihrem Schlepptau verfalle ich in einen Zustand angespannter Willenlosigkeit. Der Sand hat die Farbe vom feuchten Grau der Sandburgen, wie Kinder sie, Eimerchen stürzend, auf den Strand bauen.

Sie ist barfuß und läßt sich ihren Hosensaum von den Wellen umspülen. Ich gehe in sicherem Abstand und weiche flink in Richtung Umkleidekabinen aus, jedesmal, wenn das Meer mit den schaumigen Spitzen der Brandung auf den Strand züngelt. Es ist die Zeit der Vertraulichkeiten, die ich über mich ergehen lasse, ich setze dazu ein entmutigendes Lächeln auf, starr und säuerlich. Fast höre ich sie nicht, zu weit bleibt sie zurück, wenn ich den Wellen ausweiche, zu lärmend ist der Wind, der das Meer aufwühlt.

Sie hakt mich deshalb unter.

Sie zwingt mich zu laufen. Lacht sie? Eine gealterte Puppe, eine Marionette!

»Laß das, jetzt habe ich mir einen Knöchel verstaucht!«

Sie hört mir nicht zu. Heftig an meinem Arm zerrend, zieht sie mich zu einer Art Tunnel zwischen zwei Felsblöcken.

»Ins Trockene, ins Trockene, huh, was für eine Kälte. Machen wir ein Feuer? Wenn du mir ein paar Hölzer und ein bißchen Papier auftreibst, können wir uns wärmen.«

»Es ist alles durchnäßt, siehst du das nicht? Mit diesem Holz bekommst du nie ein Feuer an, da kannst du dich auf den Kopf stellen.«

»Okay«, sagt sie gutmütig, »dann werden wir uns eben aneinander wärmen.«

Ihren Parka im Stil Gymnasiastin auf Schulausflug legt sie auf den Boden, sie zieht mir den Mantel aus und lädt mich auf das Lager ein, mein Mantel soll unsere Decke sein. Wir legen uns eng nebeneinander in den feuchten Unterleib dieser Höhle. Sie stößt einen Seufzer tiefster Zufriedenheit aus. Sie riecht nach Alkohol und Magensäften. Sie gähnt, stößt auf, rülpst, redet, die Frau ist ein ständig speiender Vulkan. Nichts behält sie bei sich. Beugt man sich über sie, schaut ihr direkt in ihre hellen, rußschwarz geschminkten Augen, entdeckt man einzig die brennende Lust zu reden. Sie ist wieder soweit, vertraulich zu werden.

»Erinnerst du dich an Betta? Ja doch, die Innenarchitektin. Diese hochmütige Miss ›Das-gewisse-Etwas-hab-nur-ich‹. Sie hat mich ein dutzendmal zu einem Wochenende bei sich eingeladen. Ich glaube, sie ist mir dankbar, daß ich ihren Bruder nicht geschwängert habe.« Sie lacht. »Um ein Haar hätte ich es geschafft, weißt du. Ein Hengst, den ich gern bestiegen hätte: gutaussehend, blasiert, drei Villen, zwei Nachnamen. Unter ideologischen Gesichtspunkten unmöglich, aber das hat jetzt sowieso keine Bedeutung mehr. Es ist nicht rein zufällig, daß ich das Wochenende mit dir verbringe.«

Sie schaut mich an. Nimmt meine Reaktionslosigkeit zur Kenntnis. Küßt mich auf die Stirn. Und fährt unbeirrt fort.

»Sich unterhalten ist etwas für Dreißigjährige ... du bist noch nicht so weit ... ich bin schon darüber hinaus. In meinem Alter reicht das Logbuch: Windstärke sieben, Windstille, Klippengefahr. Man tauscht kurze Informationen über den körperlichen, seelischen und ökonomischen Gesundheitszustand aus. Die Alternative ist Ins-Kino-Gehen. Deshalb bist du mir gerade recht, du leeres Nüßchen, und auch der Bruder von Betta. Außerdem: Ich will zur Ruhe kommen. Was hältst du davon, wenn ich ein Kind bekäme? Würde dir das gefallen, Halbtante zu werden?«

Sie schaut mich an, ich gähne. Sie fühlt sich nicht gekränkt, denn sie ist fest entschlossen, sich nicht beleidigen zu lassen.

»Der Bruder von Betta oder ein anderer ... das ist egal ... mit zwanzig dienen die Männer deinem Narzißmus, mit dreißig erfüllen sie ökonomische Aufgaben ... mit vierzig sind sie gänzlich unnütz geworden. Doch mit fünfzig können sie auf einmal lebensnotwendig werden: Sie handeln den Preis herunter, den die Gesellschaft dir abverlangt. Weißt du, dieses halbe Lächeln, mit dem die Welt auf alleinstehende Frauen mit gefärbtem Haar und schlaffem Hals schaut. Ein Mann an deiner Seite, und du bist frei davon. Mit sechzig kann dir passieren, daß du plötzlich eines Nachts mit einer Magenkolik aufwachst oder mit Kreislaufproblemen, Leber oder sonst etwas. Wer spritzt dir dann Buscopan? Nur eine sehr reiche Sechzigjährige kommt ohne Mann aus. Glaubst du das nicht auch?«

»Ich habe mich noch nicht mit diesem Problem beschäftigt.«

»Bissig, das Mädchen. Du bist wütend auf mich, weil ich dich nicht zu Hause bei deinen Büchern gelassen habe. Mit all dem Geld, das du von deinem Stiefvater erben wirst, wenn der eines Tages ins Gras beißt, wirst du nichts mehr brauchen. Kein Talent und kaum ein Innenleben.«

»Ich studiere, weil es mir gefällt.«

»Heiliges Sakrament, wer will das bestreiten? Du bist ein tugendhaftes, schönes und intelligentes Mädchen der neunziger Jahre. Es ist das Jahrzehnt, das mittelmäßig ist.«

»Ist Studieren mittelmäßig?«

Ich kann meinen Ton nicht ausstehen. Es ist der Ton einer alten Frau, dabei bin ich zwanzig Jahre jünger als Esther, doch sie provoziert in mir diese keifende Zurschaustellung von Konformismus. Ich bin im Schatten ihrer Lebensgier aufgewachsen. Es liegt an ihr, sie ist schuld, daß ich mich zurückhalte. Mein Vater hat sie vorgezogen. Und im tiefsten Innern habe ich immer gedacht, daß er recht damit hatte. Doch jetzt ist Schluß. Mein Vater ist tot und sie, sie ... bei diesem diffusen Nachmittagslicht, das auf ihre linke Wange fällt, offenbart sich ihre verbrauchte und stumpfe Haut, ohne frisches Blut. Ihre Blässe einer falschen Rothaarigen ist fahl, porös, müde. Wie ein Füllen schnelle ich mit einem Satz hoch.

Mein Herz klopft, ich habe Angst davor, mich gegen sie aufzulehnen, wirklich.

Ich versuche einen gebieterischen Ton anzuschlagen. Ich muß, ich muß. Muß es wenigstens versuchen.

»Auf!« sage ich. »Laß uns gehen.«

Sie rührt sich nicht einmal.

Wir sind aufgebrochen, als sie es wollte. Eine halbe Stunde

nach meiner Aufforderung. Eine halbe Stunde, die ich damit zugebracht habe, wie ein gelangweiltes Kind Muscheln zu sammeln. Nur um sie nicht anschauen zu müssen, während sie schlief. Auch wenn sie schläft, stellt sie sich zur Schau. Ihre Nasenflügel beben, sie zieht eine Augenbraue hoch, aus ihren knospenförmigen Lippen dringt Gemurmel, als kaute sie auf Wörtern herum. Ich habe Königsmuscheln, rosa und gelbe Muscheln, gesprenkelt, violette, lilafarbene Muscheln gesammelt. Bevor wir ins Auto gestiegen sind, habe ich sie ins Meer geworfen.

Jetzt bereut sie es. Das weiß ich. Es ist eine Katastrophe gewesen, wir hätten nicht dort hingehen dürfen. Sie ist gedemütigt und gekränkt und voller Wut, die sie in kurzen Schimpfkanonaden abläßt.

Man hat uns wie zwei Dorffriseusen auf Sonntagsausflug behandelt. Man hatte überhaupt nicht mit uns gerechnet. Sie haben sich nicht einmal den Anschein gegeben. Sie haben nicht gesagt: Was für eine nette Überraschung, nichts dergleichen. Nicht einmal das Geschenk einer durchsichtigen Lüge. Sie fuhren fort, sich untereinander zu unterhalten, Betta, Antonio, Anita, Stella, Denise, Alessandro, Alvise, Mark und Giovanni. Ich kann die Namen mittlerweile auswendig, denn seit zwei Stunden leiert sie sie herunter, und das zusammen mit wenig glaubhaften Verleumdungen: Wie ist es möglich, daß drei von neun an Aids erkrankt sind, eine frigide ist, zwei »Arschficker« und eine dritte unter ominösen Blähungen leidet? Antonio, wenn ich es genau wissen will, Antonio, der Bruder von Betta, hat mit dunklen Geschäften sein Geld gemacht, ein Dreckskerl, total korrupt. Mit diesem Engelsgesicht. Außerdem hat er einen winzigen Penis, der in seiner Unterhose kauert, groß wie ein Gerstenkorn, wenn ich es genau wissen will. Und wenn ich es nicht wissen wollte, würde sie es mir trotzdem sagen. Den kriegt er nicht einmal mit dem Wagenheber vom Jeep dieses ebenfalls schwanzlosen Alvise hoch. Glaubst du mir das oder nicht? Ich glaub's, ich glaub's … Ich muß auch glauben, daß Denise ihr erstes Lifting im Alter von achtundzwanzig hat machen lassen. Sie ist komplett neu, ob ich nicht gesehen hätte, daß sie ihre Schenkel ganz offensichtlich einer Liposuktion unterzogen hat? Nicht eine, die nicht eine chirurgische Schönheit wäre. Nun denn, nieder mit dem stolzen Haupt, meine lieben Damen! Daß uns allen klar sei, wir sind Staub, und zu Staub werden wir wieder werden.

»Ja, schon gut, aber schneid die Kurven nicht so!«

Sie gibt Gas, beschleunigt, sobald wir uns einer Serpentinenkehre nähern, drosselt abrupt das Tempo oder spielt mit der Nähe zum Abgrund. Es beginnt zu dunkeln. Ich habe Angst. Esther hat in der Villa Betta getrunken.

»Bietest du mir etwas zu trinken an?«

»Sieh in der Küche nach, vielleicht ist etwas Torquemada übriggeblieben.«

Der Torquemada ist ein Mix aus Tequila und allem möglichen, ein Drink, den sie einst erfunden hatten, zu anderen Zeiten, von denen sie mir ausgiebig erzählt hat: zu Zeiten, als die Tatsache, daß Betta eine Millionärstochter war, etwas war, was man freundlicherweise verzieh. Die Schweizer Internate ... das war der Stoff, mit dem man sie aufzog. Die damals tragenden Werte waren anderer Art. Es waren Zeiten, in denen Antonio verrückt nach Esther war, die mutige Esther, mit diesem Hurenbock von Vater. Sie, die die besten Molotowcocktails bastelte, die wie ein Junge Motorrad fuhr und den ganzen Marcuse auswendig wußte. Lukács, Adorno. Alles. Jetzt ist Antonio mit einem sechsundzwanzigjährigen Fotomodell zusammen. Neuseeländerin. Eine, die nicht trinkt, denn das ruiniert die Haut. Er hat kaum ein Wort an Esther gerichtet, er hörte ihr auch nicht zu, als sie sich ihrer Arbeitslosigkeit brüstete, die verhältnismäßig zu ihrer Integrität stehe. »Ich auf diesem Arbeitsmarkt ...« Und so weiter und so fort.

Er tut nichts, genau wie sie, doch er sagt: »Ich verwalte meine Besitzungen.« Sagt: »Ich spekuliere an der Börse.« Das Fotomodell unterrichtet an einer Segelschule. Die noblen Werte von heute.

»Hast du gesehen? Nicht einen Blick auf den alten Jaguar von Papa.«

»Es ist der Jaguar von einem, der ihn sich nicht leisten konnte.«

Sie blickt mich an, als würde sie mich zum erstenmal wahrnehmen.

»Was hast du gesagt?«

Mit zwei Rädern sind wir schon von der Fahrbahn runter.

»Ich flehe dich an, ich habe Angst, schau, wo du hinfährst.«

Sie lenkt den Wagen zurück auf die Fahrbahn, sie stürzt sich in ein filmreifes Rückwärtsmanöver, wechselt in der Kurve die Richtung, und das auf einer Straße, die dicht am Felsabgrund hoch über dem Meer entlangführt. Ein Lieferwagen blinkt mit den Scheinwerfern.

Ich schließe die Augen.

Daß man sterben soll, nur weil ein anderer mit dem Schicksal spielt?

»Du kannst die Augen wieder aufmachen, kleinmütige junge Frau. Dieser in Raten bezahlte Rennwagen wird uns nach Amalfi bringen!«

»Nein!« Lieber Gott, bitte mach, daß meine Stimme keine Schwäche verrät. »Nein, ich will zurück nach Rom!«

Sie legt mir eine Hand auf das Bein.

Sie verlangsamt und fährt ein paar Kilometer ruhig und geschickt.

»Komm, los, laß uns etwas Verrücktes machen. Ich bin am Boden, siehst du das nicht? Diese elende Bande hat mich kaputtgemacht. Meine Ohren dröhnen, sag mir eine Zahl … du willst mir keine sagen? Okay. Dann soll der Motor dafür singen.«

Mit einer heimtückischen Beschleunigung erpreßt sie mich.

»Siebzehn.«

»… P, Q, R, S … Einer mit S denkt an mich. S wie Scheißkerl. Antonio denkt an mich.«

»Warum hast du mich entführt? Warum zwingst du mich, dir beim Ausflippen Publikum zu sein? Wir haben mindestens zehnmal unser Leben riskiert. Was soll das?«

»Du redest so, weil du ekelhaft jung bist.«

»Du auch, um zu sterben.«

»Leben, um zu leben, ich bin lebensjung, ich habe nicht die Ältlichkeit deiner Generation.«

»Also hör mal, die, die sich in den Samstagnächten nach der Disko zu Tode fahren, die Cowboys der Straßenkreuzungen, die haben mein Alter, nicht deins.«

»Von Geburt alt. Die haben nie gelebt. Die wissen nicht einmal, was sie verlieren. Wie du. Du hast nie gelebt. Ich habe gelebt. Und ich will weiterhin was vom Leben haben.«

»Wenn du nicht langsamer fährst, spring ich ab, lieber möchte ich gleich krepieren, als den Knall des Aufpralls hören. Ich habe keine Lust, vor den Augen anderer Leute zu verbluten.«

»Gut so, so gefällst du mir.«

Sie überholt, ohne hinzugucken. Trotzig. Sie starrt auf die Spitze ihres Stiefelchens, das auf das Gaspedal drückt.

Ich glaube, ich habe geschrien. Jetzt weine ich. Ich kann nicht aufhören. Wir stehen auf einer kleinen Ausweiche, glaube ich.

Esther hält mich karitativ in ihren Armen.

Sie zündet mir eine Zigarette an. Sie steckt sie mir zwischen die Lippen. Ich huste. Sie nimmt sie weg, schmeißt sie aus dem Fenster.

»Verzeih, verzeih mir.«

Ist sie in Sorge um mich, oder spielt sie mir eine neue Rolle vor? Es ist dunkel. Man hört das regelmäßige Rauschen des Verkehrs.

»Wo sind wir?«

»Wir sind auf dem Rückweg nach Rom.«

»Ich bin ein bißchen hysterisch.«

»Nein, ich bin's. Es ist meine Schuld, ich bin es, die hysterisch ist. Du hast ganz recht, ich habe dich entführt. Und weißt du, warum? Weil ich mich allein fühlte. Gibt es ein verabscheuungswürdigeres Symptom? Ich bin heute morgen aufgewacht und habe mir gesagt: Du bist allein, allein auf einer leeren Bühne, auch die Kulissen, die gesamte Bühnenausstattung haben sie fortgetragen. Du hast kein Publikum, und wo kein Publikum ist, kann man nichts aufführen. Da muß das Theater dichtmachen. So bin ich zu dir gekommen und habe gedacht, ich könnte eine kleine Show abziehen. Und dann ... Antonio, Betta ... Sie sind schrecklich gewesen, um mich noch wirkungsvoller zu übersehen, haben sie nicht einmal dir und deiner Schönheit Beachtung geschenkt ... Mangels anderer Gunstbeweise hätte ich mich damit zufriedengegeben. Esther! Frischfleisch? Eine tolle Type, dein Schwesterchen. Erstklassiger Hintern. Statt dessen nichts. Wie geht's? Nicht einmal die Antwort hat er abgewartet. Es schien, als hätte er Angst. Als könnte ich ihn um etwas bitten. Wahrscheinlich hat irgend jemand erzählt, daß ich auf dem trockenen sitze. Panne. Du weißt, wie das ist. Ich mache mir keine Illusionen, meine Taten erreichen längst nicht mehr das Klatsch- und Tratschvolumen von einst. Doch ein paar Bemerkungen müssen gefallen sein. Pech und Unglück kommen nie aus der Mode. Früher waren es die Tabuverletzungen, noch früher, zu Papas Zeiten, war es die Sünde, heute tut es auch schon eine Blinddarmentzündung, vor allem, wenn sie einer verdient hat ... Weißt du, die Dingsda, die drei Pralinenschachteln am Tag aß, der haben sie die Gallenblase herausschneiden müssen.«

Sie lacht und trocknet sich dabei mit dem Handrücken die Augen.

Gegen meinen Willen muß ich auch lachen.

Sie tut, als merkte sie das nicht, doch die Erleichterung ölt ihr die Stimmbänder, sie setzt mit sicherer, flinkerer Stimme wieder an, jemand hat den Zuschauerraum betreten. Ich.

»Wollen wir wetten, daß sie uns die Aufmerksamkeit, die sie uns verweigert haben, als wir dort waren, jetzt schenken? Während sie mit kleinen feinen Bewegungen das von der Haushälterin gekochte Huhn in Aspik verspeisen ... Hast du bemerkt, daß nur Leute wie Betta es schaffen, ihr Personal auch am Sonntag für sich arbeiten zu lassen? ... Ein bißchen beneide ich sie, und ein bißchen ekeln sie mich an, aber vermutlich ist genau das die Art von Beziehung, die ich zu Leuten wie Betta habe ... Meinst du, daß sie das merkt? Den Ekel, meine ich. Den Neid sowieso. Es gab Zeiten, da habe ich sie nicht beneidet. Ihr Vater, unser Vater ... sie waren alle unsere Feinde. Was zumindest in der Theorie dafür sorgte, daß die Töchter und Söhne Freunde waren. Zudem war unser Vater besser als ihrer, unserer war ein Spieler, geradezu ein Abenteurer, er steckte das Geld in Kinofilme und verlor es. Ihr Vater hatte es und sonst nichts. Als man bei uns pfändete, genoß unser Vater innerhalb der Gruppe wahre Momente des Ruhms. Bei jedem Besuch in der Villa Betta konnte ich eine Menge neuer Geschichten zum besten geben: Diesmal hat er das Silberbesteck im Blumenbeet am Fuß der beiden Palmen vergraben. Die Kleine hatte er damit beauftragt, mit ihren Händchen die aufgeworfene Erde platt zu klopfen, damit niemand erkennen würde, daß dort gegraben worden sei. Die Kleine warst natürlich du. Auch eine zwanzig Jahre jüngere Schwester zu haben ließ unseren Vater interessanter erscheinen als den ihren. Unordentliche Verhältnisse wurden sehr hoch gewertet, gleich, ob ökonomischer, moralischer oder hormoneller Art. Auf jeden Fall Chaos. Ich hätte mir einen Tag wie heute nicht vorstellen können. Die totale Wiederherstellung der einstigen Ordnung. Du stellst dir Blutvergießen vor, die Guillotine, Verfolgungen ... doch nicht das. Nicht diese Friedhofsstille; jedes Geräusch ist verstummt, es gibt keine Musik, die Kapelle schweigt, keine Trommel rollt. Betta wird sich auf der Spitze ihrer Zunge ein klein wenig Gelatine zergehen lassen und sagen: Hast du gesehen, in was für einem Zustand Esther ist? Dabei schaut sie Antonio an, in der Hoffnung, daß er darauf anspringt und noch beißender wird. Doch Antonio ist zerstreut. Die Männer altern auf diese Weise. Vor allem die reichen. Sie kaufen sich eine anmutige Gazelle und schicken sie als

Visitenkarte voraus, ihr Visum für das männliche Paradies ewiger Jugend. Gleichzeitig werden sie schwerer, verdoppeln ihr Kinn, schlucken Medikamente, verlieren Glanz, Blick, Rede. Antonio wird an diesem Nachmittag allerhöchstens sechs einsilbige Worte von sich gegeben haben, und nicht eins davon zu mir. Eitel suhlte er sich in seiner Langeweile, mit diesen geschwollenen Augenlidern, diesem Halblächeln eines zufriedenen Idioten. Ich weiß nicht, ich kann einfach nicht verstehen, wie er so sicher sein kann, daß er überhaupt existiert. Was ist es, was heute der Existenz ihren Sinn gibt, sag du mir es, du bist jung. Nein, ehrlich, sag mir's, ich will es tatsächlich wissen.«

Jetzt schreit sie fast.

Ich antworte nicht. In der Stille wird ihr bewußt, wie sinnlos und vergeblich ihr Ausbruch ist.

Sie fängt wieder an, fast flüsternd.

»Sie sind ganz oben. Sie haben schöne Wohnungen, sind von schönen Dingen umgeben, werden auf die Feste eingeladen, von denen man in den Zeitungen liest, sie haben Kinder, die im Ausland zur Schule gehen, sie haben Pferde, reservierte Plätze in den Restaurants, Ausweise, mit denen sie in Museen nicht Schlange stehen müssen. Wartesäle, wo es sich komfortabel auf den Abflug warten läßt, freigehaltene Fahrbahnstreifen, exklusive Inseln ... Sie sind die einzigen, die wissen, daß sie nur wenige sind. Das wird es sein, was sie adelt. Wir haben an Ansehen verloren. Man existiert, solange man selten vertreten ist. Die Mittelklasse hat sich zu stark verbreitet. Auch die sogenannten Intellektuellen gibt es längst kistenweise im Sonderangebot. So ist dieses Land: drei Unternehmerfamilien und rund zwanzig Adelsfamilien. Das Geld der Vorfahren wächst mit der Schönheit der Ehefrauen. Der Rest schleppt sich dahin oder stürzt ab. Es paßt mir nicht, mich durchs Leben schleppen zu müssen. Habt ihr gesehen, in was für einem Zustand Esther ist? Wie eine, die abstürzt.«

Sie hat den Hebel betätigt, der die Rückenlehne herunterstellt.

Sie schließt die Augen. Ich schaue sie an, derweil uns die fahlen Lichtstrahlen der Scheinwerfer streifen: Abwechselnd taucht ihr Gesicht auf und verschwindet wieder. Der Verkehr hat einen monotonen Atem. In den Momenten, in denen ich ihr Profil ausmachen kann, erscheint es mir hart und schutzlos. Eine knochige Frau und leicht gebeugt.

Ich lege ihr vorsichtig eine Hand auf das Knie und spüre sofort einen Nerv erzittern. Auf Stimulation reagiert sie mit ermüdender Schnelligkeit.

Ich bin sicher, daß sie gleich wieder sprechen wird.

Sie öffnet die Augen, wendet sich mir mit übertriebener Gebärde zu, wohl um mir für diese Geste zu danken.

»Du hast meine Mutter nie kennengelernt.«

»Nein.«

»Sie lebte noch, als du geboren wurdest. Die arme Frau. Sie hat aus den Klatschspalten einer Illustrierten erfahren, daß der Vater ihrer Tochter erneut Vater geworden war, mit einer anderen Frau. Eine Fotografie zeigte deine Mutter im Nachthemd, im Bett und mit dir an der Brust: Die hinreißende Melania Tarantelli hat ein wunderschönes kleines Mädchen zur Welt gebracht, der Vater ist der Filmproduzent Mirko Tafuri. Es folgen seine Mißerfolge. Und einige gewichtige Stellungnahmen der Hinreißenden: Mirko ist seit zwei Jahren mein Lebensgefährte, Mirko ist der Mann meines Lebens, sobald Mirko seine Scheidung hinter sich gebracht hat, werden wir heiraten. Meine Mutter hat geweint an jenem Tag. Und sie hat den ersten Whisky ihres Lebens getrunken. Wußtest du das?«

»Ja, du hast mir das schon erzählt.«

»Und ich werde es dir noch einmal erzählen. Ich will, daß du weißt, was für ein Aas deine Mutter war.«

Ich würde ihr gerne sagen, daß sie damit aufhören soll. Seit Ewigkeiten erklärt sie mir, was für eine gigantische Nutte meine Mutter gewesen sei. Ich würde ihr gerne sagen, daß ich das nicht glaube, daß es mich jedenfalls nicht interessiert. Sie selbst ist doch auch mit einem Haufen Männer zusammengewesen, und sie wollte Antonio heiraten, weil er reich ist und um ein Kind »von Rasse« zu zeugen.

Ist sie weniger Nutte als meine Mutter? Sie ist davon fest überzeugt.

Nutten sind immer die anderen.

Doch wer beglaubigt ihr diese Unschuld, und wer erneuert ihr alljährlich das Unschuldszertifikat?

»Langweile ich dich?«

»Nein, das tust du nicht.«

Wenn ich mich wenigstens langweilte, dann würde ich nicht diesen wütenden Schmerz verspüren, ein nahezu krankhaftes Verlangen, woanders zu sein.

»Nein, du langweilst mich nicht.«

Und zufrieden steckt sie diese Antwort ein, als wäre sie ein Kompliment. Sie richtet die Sitzlehne wieder auf, zündet sich eine Zigarette an, hält sie auch mir hin, die ich nicht rauche, läßt davon ab, mich zum Rauchen überreden zu wollen, wenigstens diesmal, denn sie hat es viel zu eilig, mit ihrer Erzählung fortzufahren.

»Die hinreißende Melania Tarantelli war eine sehr schöne Frau, blonde Haare, verkapselte Zähne, zwei Brüste wie Melonen, schöner Arsch ... alles, was sich ein Mann von fünfzig, dem die Banken immer öfter den Kredit verweigern, nur wünschen kann. Sie muß ihm als das letzte Geschenk des Schicksals erschienen sein. Deshalb hat er sie auch geheiratet, denn sonst hätte er sich darauf beschränkt, sie aufzuspießen wie all die anderen vor ihr. Er war im siebten Himmel, als sie ihm sagte, daß sie schwanger sei. Er kam zu mir in meine Mansardenwohnung in Trastevere, Via Roma Libera 10. Siebter Stock ohne Aufzug, Klo auf dem Flur ... Mir scheint, daß wir auch schon über meine Mansardenwohnung gesprochen haben?«

Ich nicke.

Sie lacht. Sich wie eine verkalkte Alte zu wiederholen kann ein wunderbares Spiel sein, wenn sie es ist, die es spielt. Die Rollen sind schon seit langer Zeit verteilt: Ich bin die bockbeinige Verschlossene, sie die Überschwengliche. Sie überschwemmt mich, reißt mich mit, so daß ich am Ende eine Art Dankbarkeit ihr gegenüber empfinden müßte.

»Also, er kommt bis zu mir herauf, schnaufend wie ein Walroß. Er hatte schon etwas Gewicht zugelegt, und noch hatte ihn niemand mit Diäten deprimiert. Er klopft, und ich gehe öffnen, barfuß und nackt ... so schlief ich. Wenn jemand klingelte, bevor ich meine fünf Sinne beisammen hatte, ging ich ›so‹ an die Tür. Es war Mittag. Vor meinem dreißigsten Lebensjahr fand ich es unmöglich, ins Bett zu gehen, solange es noch dunkel war. Vor zwei Uhr nachmittags stand ich nicht auf. Du kannst dir vorstellen, was für eine Lust ich hatte, meinen Vater zu sehen. Es war allerdings eine Zeit, in der er mich in Ruhe ließ. Was mich betraf, meldete ich mich nur, wenn ich Geld brauchte und er nicht gerade blank war. Nicht, daß ich ihn nicht gern gehabt hätte. Auch stand ich nicht eindeutig auf Mamas Seite. Ich liebte Opfergestalten, das schon, doch von der kämpferischen Sorte, nicht die, die wie sie aus Neigung verloren. Und außerdem, weißt du, in diesem Alter ... denkt man kaum an die Leiden der anderen. Das ist das einzige Element, das die Zwanzigjährigen von damals mit den Zwanzigjährigen von heute gemeinsam haben, findest du nicht?«

Ich antworte nicht.

Ich bin neugierig zu erfahren, mit welchen Einzelheiten sie ihre Aufführung diesmal ausstatten wird, dieses Prunkstück all ihrer Reisen in die Vergangenheit, das historische Treffen zwischen ihr und meiner Mutter.

»Jedenfalls guckt er mich mit einer gewissen Bewunderung an, bis er sich daran erinnert, daß ich seine Tochter bin, und sagt: Zieh dir etwas über.«

Das ist neu, das braucht sie heute offenbar, um sich ein wenig aufzubauen. Andere Male hatte unser Vater sie angerufen, und sie war verspätet im Restaurant erschienen. Und tipptopp gekleidet.

Jetzt wird sie mir unterbreiten, daß sie eine ziemlich gute Nummer gewesen sei. Nicht so schön wie ich, dafür aber mit mehr Sex-Appeal.

»Ich kann dir versichern, damals …«

»Ja, ich weiß. Selbst bei einem Toten hättest du eine Erektion ausgelöst.«

»Dann erst recht bei einem, der dafür von der Natur aus eine Schwäche hatte wie unser Vater.«

»Ich kann es mir vorstellen.«

»Okay, weiter. Er sagt, daß er mir eine Person vorstellen müsse. Daß ihm irrsinnig viel daran liege. Und weißt du, was er macht? Er schenkt mir ein Kleid.«

»Du schmeißt es ihm ins Gesicht.«

»Genau.«

»Und schlüpfst glücklich in deine Jeans, die mit unvergeßlichen revolutionären Slogans beschrieben sind.«

»Sarkastisch, doch quellengetreu. Ich stelle fest, du bist gut vorbereitet.«

»Warum hast du dich nicht geweigert, ins Restaurant zu gehen?«

»Der Reihe nach: Hunger, Neugier, Sympathie. Im Grunde hatte ich ihn lieb, diesen Blödmann.«

»Ah.«

»Ich hätte ihm am liebsten gesagt: Scher dich zum Teufel, du und deine Weiber.«

»Warum? Hast du es ihm nicht gesagt? In der Version dieses Ereignisses, die du mir im Jahr 1986 zum besten gegeben hast, fiel genau dieser Satz. Das heißt nein. Damals sagtest du zu ihm: Leck mich am Arsch, du und deine Nutten.«

Sie schaut mich leicht mißbilligend an, nicht wirklich mißbilligend, eher mit einem Anflug negativen Erstaunens. Ob mein langweiliges, spießiges Schwesterchen etwa beschlossen haben könnte, die Bühne zu stürmen, die ich seit frühester Kindheit beherrsche?

Nein, meine Liebe, nein, mach dir keine Sorgen, ich verziehe mich sofort wieder in den Hintergrund.

Ich senke den Blick. Ziehe mir einen Strumpf hoch, werfe einen Blick auf die Uhr. Und bin wieder ich, die Unpoetische par excellence, taub für das Pathos verronnener Zeit, und selbstverständlich ohne Erinnerungen, solange es nicht die ihren sind.

»Wie dem auch sei«, sagt Esther, entschlossen, einem möglichen Nachlassen der Aufmerksamkeit im Publikum keine Beachtung zu schenken. »Wie dem auch sei, schließlich bin ich hingegangen, um deine Mutter in Augenschein zu nehmen.«

Ich setze zum Sprechen an, doch sie bremst mich mit einer herrischen Geste.

»Ich weiß, daß du es weißt. Das ist aber nicht der Punkt. Ich versuche dir etwas mitzuteilen.«

Sie zündet sich eine Zigarette an, ihr zittert ein wenig die Hand.

Sie seufzt. Und pustet eine übertriebene Menge blauen Rauchs zur Seite. Will sie geheimnisvoll tun? Will sie die Nervöse spielen? Und dann: Woher nimmt sie all diesen Rauch, kein menschlicher Zug vermag ihn aus einer Camel Light zu saugen.

»Bitte«, sage ich. »Sprich. Ich bin bereit, das Wort zu empfangen.«

Sie nimmt meinen Ton nicht wahr. Oder vielleicht doch. Ich habe das Gefühl, daß sie sich auf eine Monologphase vorbereitet, da könnte ich auch aus dem Auto steigen und mich zu Fuß durch die Dunkelheit auf den Weg machen, auf dieser Straße, die sich durch die Felsküste schneidet. Ich könnte jemanden bitten, mich mitzunehmen, versuchen, zur nächsten Bahnstation zu gelangen.

Sie hat wieder zu reden angefangen, ich habe den ersten Satz nicht mitbekommen. Ihre Stimme hat etwas von einem Echo, wie von weit her.

»... vier Jahre älter als ich, sie war schöner, doch wirkte sie älter. Alle wirken älter als ich, selbst jetzt noch, oder zumindest in gewisser Weise ältlicher. Ich trug ausgefranste Jeans, ein Polohemd, das ich eigens in Tee gekocht hatte, um es auszubleichen. Tennisschuhe, ungeschminkt, offene Haare. Sie trug ein pfirsichfarbenes Kostüm, goldene Sandaletten, Pfennigabsatz. Sie war … schüchtern und mit allen Wassern gewaschen, sie bewegte sich mit der Schlauheit armer Leute, wie eine, die hatte lernen müssen, sich darzustellen, eine, die etwas verkaufen muß. Ich war unschuldig und draufgängerisch. Die Kellner des Restaurants schauten sie an, die Kunden mich. Zwischen uns Papa, der viel zuviel redete, viel zuviel lachte, sie nannte er »Liebling« und mich »Schatz« und sie »meine Liebe«, er berührte ihre Hand, mir streichelte er über die Haare, er bestellte für uns unterschiedliche Gerichte, für Esther ›pennetta all'astice‹ und für Melania ›risotto all'aragosta‹. Sie säuselte, ich schnaubte. Armer Papa! Ich wette, daß genau an jenem Tag die Verstopfung seiner Herzkranzgefäße begann: er zwischen einer schwierigen Tochter und einer banalen Geliebten, dazu an seine Vorstellung von Charme geklammert. Stellst du ihn dir vor? Kannst du das?«

Ich könnte, wenn ich wollte, ich will aber nicht. Ich will nicht an meinen Vater denken. Er ist seit drei Monaten tot, und ich schaffe es nicht, ihn anders vor mir zu sehen als mit diesem weißen, vom Bestattungsinstitut zurechtgemachten Gesicht. Unter meinen Fingerspitzen fühle ich seine eiskalte Haut, das letzte Mal, daß ich ihn berührte, und es kommt mir vor, als sei es das einzige Mal, oder aber, als hätte diese letzte Berührung jeden vorherigen Kontakt zu Lebzeiten ausgelöscht.

»Warum antwortest du mir nicht?«

»Die Antwort ist nein. Ich kann ihn mir nicht vorstellen.«

»Nun sag schon, Kindchen, bist du noch wütend? Ich schwöre dir feierlich, ich mache es nie wieder. Ich werde dich nie wieder auf meine nervösen, bösartigen Pilgertouren mitnehmen. Doch jetzt hör auf, mir mit deiner Zurückweisung den Krieg zu erklären.«

»Okay«, sage ich, um sie in ihrer Überzeugung vom kolonialisierten Jugendjargon zu bestärken: »Okay.«

Ich versuche zu lächeln. Meine Muskeln bewegen sich langsam, die Lippen verziehen sich nur sehr gemächlich. Es ist dunkel, doch sie merkt alles. Sie hat diese Sensibilität einer Psychopathin.

»Zu gütig, junge Frau«, sagt sie.

»Entschuldige.«

»Du brauchst dich nicht zu entschuldigen. Du hast keine Schuld.«

»Doch. Du wolltest mir etwas sagen ... und ich ... kann mich nicht darauf konzentrieren, ich weiß nicht, warum, vielleicht bin ich müde, vielleicht denke ich zu sehr an die Prüfung, du weißt, wie das ist, ich will meinen Notendurchschnitt nicht durch eine Punktzahl von siebenundzwanzig verschlechtern, ich muß dreißig erreichen, wofür ich mich aber nicht gut genug vorbereitet fühle.«

»Oh.«

»Dir erscheint das ein blödes Problem, nicht wahr?«

Sie lacht auf, ein wenig gezwungen. Ich fühle mich wie unter die Lupe genommen, das ist mir schon andere Male mit ihr so ergangen. Ich sehe ihr riesiges Auge. Immer größer wird es, und meine Beinchen zappeln, wie um zu fliehen. Sie hält mich unter einer Glasglocke eingesperrt und beobachtet mich, aber eher wie man ein Insekt beobachtet, nicht eine Person.

»Er hat zu mir gesagt: ›Hättest du gern noch ein Brüderchen?‹ Wie viele Jahre sind seither vergangen. Wie alt bist du genau?«

»Fast einundzwanzig.«

»Nach einundzwanzig Jahren kann ich es immer noch nicht fassen, wie er einen derart idiotischen Satz sagen konnte! Kannst du dir das vorstellen? Er hat meine Mutter sitzengelassen und sich mit dieser Meganutte zusammengetan ...«

Ich unterbreche sie mit einer Wut, die ich eigentlich nicht hatte aufkommen lassen wollen, von der ich gehofft hatte, ich könnte sie vermeiden.

»Du hast drei Ehemänner betrogen und sitzengelassen, wenn ich nicht irre? Wenn hier eine die Megahure ist ...«

»Ich habe aber nie Kinder in die Welt gesetzt. Ich habe niemanden gezwungen, Geschenke anzunehmen von der Art, wie mein Vater sie mir machte. Ich habe niemandem Rechenschaft abzulegen. Keine unschuldigen Opfer, die gezwungenermaßen zu Schwestern werden und sich den längst abgewerteten Schatz an Aufmerksamkeiten eines wenig aufmerksamen Vaters teilen müssen. Weder habe ich jemandem seinen Seelenfrieden geraubt, noch habe ich mit einer kleinen Laune meines unbeherrschbaren Egos eine Familie in einen Misthaufen verwandelt: eine gute Ehefrau in eine Alkoholikerin, eine Tochter in eine, die die Männer haßt und zugleich anbetet und deshalb Haß auslöst, die sich benutzen und wegschmeißen läßt ... Das ist seine Schuld, damit du es weißt. Es ist die Schuld unseres Vaters, diese verfluchte Unstetigkeit. Dieses Brandmal der Einsamkeit, das mich zeichnet ... Wenn du nicht auf die Welt gekommen wärst, wäre er zu meiner Mutter zurückgekehrt, und ich wäre eine normale, ausgeglichene Frau geworden, eine von denen, die dir gefallen.«

»Das glaube ich nicht. Immerhin warst du schon über zwanzig, als ich geboren wurde. Du warst kein Kind mehr.«

Sie greift mir in die Haut am Hals, unter dem Kinn, wie unser Vater es immer machte, in der Familie wurde das »Zupfgriff« genannt (in ihrer Familie natürlich, denn meine ist nie eine Familie gewesen, meine war ein Diebesgut). Sie schaukelt mein Gesicht hin und her, und in ihrem Blick liegt eine erschöpfte Zärtlichkeit, unter die sich die übliche Verachtung mischt.

Darf ich hoffen, daß der Abschied naht?

Ich muß einen »Schlußsatz« finden, wie einst für meine Artikel in der Schülerzeitung.

Etwas anderes als »Laß uns zurückfahren«, denn das würde sie dazu verleiten weiterzufahren, zur Strafe.

Ich kann nichts finden.

Ich schweige.

Auch sie schweigt. Wie lange kann ein Schweigen dauern? Mit Esther normalerweise nicht lange. Doch diesmal könnte es anders kommen, sie könnte entschlossen sein, mich zu überraschen. Sie macht das hin und wieder, wenn sie bestimmt, daß das das Spiel ist.

»Dabei war ich glücklich, als du geboren wurdest.«

Ich schweige immer noch, um keine weiterführenden Erinnerungen auszulösen.

»Ich habe das fast sofort begriffen, daß du meine Rache werden konntest. Jedesmal, wenn ich zu euch zu Besuch kam, liefst du mir entgegen ... Ette, Ette, Ette! ... Ich nahm dich auf den Arm, du überschüttetest mein Gesicht mit Küßchen, und jeder Kuß war eine Ohrfeige für deine Mutter. Mit mir hüpftest du, tanztest ... Immer hatte ich daran gedacht, dir ein kleines Geschenk mitzubringen ... Du hast mich angebetet, das war mein Triumph.«

Jetzt hat sie einen fast zufriedenen Ausdruck.

Es ist ihr gelungen, den Sockel zu bauen, auf dem ihr Lieblingsdenkmal steht: die leidende Esther, die den Verhängnissen des Lebens eine sanfte Schläue entgegensetzt, eine intelligente Streitlust, eher Florettstreiche als Schwertschläge.

Mit der Hand tastet sie nach dem Zündschlüssel. Sie richtet den Sitz gerade, lächelt sich selbst zu, dann auch mir.

»Erinnerst du dich daran, wie du mir immer entgegengelaufen bist? Du hast mich angebetet, das kannst du nicht vergessen haben.«

»Ich erinnere mich sehr wohl daran, doch betete ich dich keineswegs an.«

Ihre Hand hält auf dem Schlüssel inne, dann zieht sie sie weg.

Esther setzt ein etwas dämliches Lächeln auf.

Sie fühlt sich nicht wohl. Zum zweitenmal im Verlauf dieses Nachmittags. Ich kenne den Ausdruck, es ist, als setzte sie mit großer Konzentration alles daran, nicht verstehen zu müssen. So ist sie: zynisch, ironisch, cool, doch wehe, du änderst auch nur eine Note im Geläut der Eigenwerbung, plötzlich hört man alle Unstimmigkeiten heraus. Das ist die einzige Gelegenheit, bei der sie still ist, und jetzt bin ich es, die den Drang zu reden verspürt.

Eine furchtbare Erregung hat mich gepackt. Auch wenn ich

weiß, daß ich damit unsere Heimkehr verzögere. Aber ich kann nicht mehr an mich halten.

»Ich habe dich wahrlich nicht angebetet«, sage ich. »Denn du hast immer schlecht von meiner Mutter gesprochen. Du tust das nach wie vor, doch jetzt macht mir das weniger aus, ich habe mich daran gewöhnt. Damals aber habe ich sehr darunter gelitten. Im Sommer, jeden Freitagabend, betete ich auf Knien vor meinem Bettchen: Lieber Gott, mach, daß Esther nicht kommt. Daß sie woanders hingeht. Ich wurde fast nie erhört, immer tauchtest du auf. Montags war ich wütend auf Gott, und gegen Ende der Woche wiederholte sich die Geschichte. Offensichtlich kamst du gern zu uns zu Besuch.«

»Was soll das dann gewesen sein, dein Herbeilaufen mit ausgestreckten Ärmchen? Ein Spiel? Du warst nicht gerade ein phantasievolles Kind ...«

»Nein, das war ich nicht. Doch dieses Spiel war notwendig.«

»Wozu?«

»Das war für meinen Vater. Entschuldige, für *unseren* Vater. Jedesmal, wenn er mich mit dir spielen sah, wenn er sah, wie begeistert ich dich begrüßte, wie ich dir entgegenlief ... streichelte er mich. Das war eine seltene Ware, denn sonst streichelte er mich fast nie.«

Jetzt habe ich es ihr gesagt.

Komisch, jedesmal, wenn ich dachte: »Jetzt sag ich's ihr«, hatte ich mir die Szene ganz anders vorgestellt.

Nicht im Dunkeln auf einer Parkbucht an der Küstenstraße. Ich stellte mir stürmische Wipfel vor, vom Ozean überschäumte Klippen und eine tiefgetroffene, schreiende Esther.

Statt dessen schweigt sie erneut. Nicht einmal einen ihrer Flüche.

Sie will mich nicht anschauen, fixiert die Dunkelheit jenseits der Straße.

Ich höre sie atmen, einen schweren Atem, unregelmäßig und mühevoll.

»Laß uns zurück nach Rom fahren«, sage ich. »Es ist spät.«

Folgsam wirft sie mir den Schlüssel zu.

Diesmal sitzen wir dicht nebeneinander, ich fange ihn sofort auf. Esther wendet sich mir zu, zum erstenmal in diesem langen Schweigen.

»Fahr du«, sagt sie. »So kann ich dir keine Angst machen.«

»Nein, fahr du, du fährst besser. Es reicht, daß du nicht wieder wie eine Verrückte fährst.«

Doch sie ist schon ausgestiegen, einen Augenblick legt sie ihre Hand auf die Kühlerhaube, wie um ein Tier zu besänftigen.

Sie öffnet die Tür auf meiner Seite, und ich bin gezwungen, ihren Platz einzunehmen, hieve mich über den Schaltknüppel auf die Fahrerseite.

»Ich kann nicht anders, als die Verrückte spielen«, sagt sie und fügt mit leiser Stimme hinzu: »Und jetzt ... mehr denn je.«

So sitze nun ich am Steuer. Ich habe einen Lastwagen vor mir, einen gewaltigen Lastwagen mit Anhänger. Ich kann ihn nicht überholen, auf der Gegenfahrbahn kommt mir eine ununterbrochene Schlange von Scheinwerfern entgegen, was mich blendet und ermüdet.

Sie ist eingeschlafen. Hin und wieder werfe ich einen Blick auf sie. Ein Tropfen Speichel läuft ihr aus dem Mundwinkel. Sie schnauft aus der Nase. Stöhnt. Letztendlich hört sie nie zu speien auf ... Körpersäfte, Körperlaute ... Ich weiß nicht, warum ich gesagt habe, was ich gesagt habe. Wenn man zu lange mit etwas wartet, vergißt man, aus welchem Grund die Sache so wichtig gewesen ist.

Ich hasse es, nachts zu fahren.

Ich werde sie jetzt wecken.

Bei einer Geschwindigkeit von dreißig Stundenkilometern werden wir nicht vor Morgengrauen in Rom sein.

»Esther, wach auf, Esther ... wach auf, fahr du. Ich fahre zu langsam.«

Sie hört mich nicht, rückt sich auf ihrem Sitz zurecht, der Kopf fällt gegen die Fensterscheibe.

Na gut, dann soll es eben so sein.

Ich versuche zu überholen. Schließlich stirbt man nur, wenn das Schicksal es will.

Es ist keine Frage der Sicht, auch nicht der Vorsicht. Es ist der Zufall, der entscheidet.

Ich beschleunige, und wie Esther es getan hat, schaue ich auf die Spitze meines Mokassins, der auf das Gaspedal drückt.

Ein winziger Augenblick.

Es ist Esther, die schreit. Ich bleibe stumm. Ein winziger Augenblick rollt den Abgrund hinunter – unaufhörlich.

Deutsch von Bettina Dürr

Nele Moost

Ahnungen

Sie steigt den schmalen Pfad hinauf. Die Klippe, die zwanzig Meter hoch sein mag, fällt zum Meer hin nahezu senkrecht ab. Der Felsvorsprung auf halber Höhe ist scharfkantig, aber nicht der Rede wert, zumal das Wasser so klar, ruhig und tief ist, daß keinerlei Gefahr droht.

Wenn sie oben stehen und zum Sprung bereit sein wird, braucht sie sich nur leicht abzustoßen und die Arme auszubreiten, um einen unendlichen Augenblick lang zu fliegen. Als sie die Augen schließt, spürt sie die Lust. Wie schnell waren diese Sprünge zu einer Leidenschaft geworden, obwohl sie sich am Anfang, als sie noch keine routinierte Springerin war, die eine oder andere Verletzung zugezogen hatte.

Sie lächelt. Ihr fällt ein, daß das stets der Preis gewesen war, wenn sie an Claudias Welt hatte teilhaben dürfen. Jedesmal hatte die Ältere sich zu ihr heruntergebeugt und, von den Erwachsenen unbemerkt, geflüstert: »Komm, ich nehm dich mit!« Die große Schwester hatte den Schlitten auf den Berg gezogen, und sie war, so schnell sie konnte, hinterhergestapft, um Claudia nicht aufzuhalten und sich ihrer würdig zu erweisen. Oberhalb von Claudia war bereits der Ausgangspunkt der Teufelsbahn zu erkennen gewesen, und als sie kurz zurückblickte, hatte sie unten im Tal den flachen Engelshügel gesehen, einen niedrigen, sanft abfallenden Hang, der den Vierjährigen vorbehalten war und den sie in ihrer Unkenntnis für den Gipfel des Rodelvergnügens gehalten hatte.

Oben angelangt war ihr dann klargeworden, daß das die Bahn für Schwächlinge war.

Sie hatte sich vor Claudia auf den Schlitten setzen müssen, was sie nicht wollte, weil die Angst, die Schwester könne bei einem eventuellen Sturz auf sie fallen, groß war. Aber es war nicht anders möglich gewesen, da die Große von hinten mit den Beinen steuern mußte.

Auf deren Anweisung hin saß sie die ganze Zeit still und griff nicht ein, was den Sturz aber trotzdem nicht verhindert hatte. Claudia war zwar acht Jahre älter, doch nicht so erwachsen, daß sie die Situation hätte meistern und die kleine Schwester beschützen können. Das Gewicht war zum Ersticken. Doch außer ein paar Schrammen, verursacht durch die harte, vereiste Piste, hatte es keine sichtbaren Schäden gegeben.

Nie war etwas Schlimmes geschehen. Es war die Angst, die sie oft lange nicht losließ. Die Bootsgeschichte zum Beispiel. Die würde sie nie vergessen. Claudia, die sie auch schwimmen gelehrt hatte, hatte sie verleitet, sich an dem Bootsrand der Fähre festzuklammern und auf die andere Seite des Flusses ziehen zu lassen. Das wäre ihr als nichts weiter denn ein großes Vergnügen im Gedächtnis geblieben, wenn die Schwester nicht im ausgelassensten Augenblick zur Vorsicht gemahnt hätte. Sie wies darauf hin, daß man unbedingt in der Mitte des Bootes bleiben mußte, weil sonst die Beine des Schwimmers in die Schiffsschraube gelangen konnten und vom Unterleib nichts übrigbleiben würde.

Endlich steht sie auf den Klippen. Sie atmet tief durch und schaut einen Moment länger in den blauen Himmel, als die Atemnot es erfordert. Dann blinzelt sie und entledigt sich mit einer entschiedenen Kopfbewegung der Unruhe. Was soll's!

Sie war schon unzählige Male gesprungen. Ihre Kopfsprünge vom Zehnmeterturm im heimatlichen Schwimmbad wurden von einem andächtigen Raunen begleitet, und Klippenspringen tat sie schon seit Jahren. Sie hatte sich systematisch gesteigert. Der Felsen heute ist einige Meter höher als sonst, aber die Sprungtechnik bleibt gleich. Man muß sich abstoßen, damit man dem Betonfundament des Sprungturms, dem scharfkantigen Felsen auf halber Höhe oder was sich sonst im Wege befinden mag, nicht zu nahe kommt. Das ist alles. Sie würde die Arme ausbreiten und durch die Luft segeln. Es war ein so erhebendes Gefühl, daß sie verstand, warum Männer wie Otto Lilienthal bereit gewesen waren, ihr Leben dafür zu lassen. Aber was heißt eigentlich »bereit«? Wer plant schon ein, daß der Versuch mißlingt?

Da fällt ihr etwas ein. Sie hat vergessen, das Wasser abzutauchen, um es auf etwaige Untiefen zu überprüfen. Wenn Claudia jetzt hier wäre, würde sie wieder auf die drohende Querschnittslähmung verweisen. Wie damals auf der Brücke. Sie hatte auf die trübe Wasseroberfläche gezeigt, der sie mißtraute, und verrostete Fahrräder, Waschmaschinen und Felsen geargwöhnt, die unter Wasser auf unachtsame Springer lauern konnten. Claudias Worte waren so eindringlich gewesen, daß sie sich vorgenommen hatte, nie zu springen, ohne das Gewässer genau zu kennen. Sekunden später, als sie sich gerade abgewandt hatte, um Eis zu kaufen, hatte Claudia ihr Kleid abgestreift und war von der Brücke gesprungen. Vielleicht gab es ja noch andere Motive für das Springen als die Lust am Fliegen, eine andere, riskante Lust.

Heute erübrigt sich das Tauchen, weil das Wasser so klar ist, daß sie die Tiefe abschätzen kann.

Während sie auf die Felskante zuschreitet, kommt ihr ihr erster Sprung in den Sinn. Damals muß sie etwa vierzehn gewesen sein. Zusammen mit ihrer Schwester hatte sie auf der Terrasse des Strandbadrestaurants gesessen. Während sie Bratwurst mit Kartoffelbrei und Rotkohl aßen, eine ungewöhnliche Mahlzeit in Anbetracht der Hitze, hatte Claudia von dem Bademeister erzählt, der einige Tage zuvor beim Sprung vom Zehnmeterturm den richtigen Zeitpunkt verpaßt hatte. Womöglich war er unkonzentriert und von einem reichhaltigen Essen erschöpft gewesen. Anstatt zum Eintauchen die Arme parallel auszustrecken und den Kopf schützend dazwischen zu senken, war er bis zum Schluß in der Flugposition geblieben. Seine Arme waren noch ausgebreitet, als er mit dem Bauch zuerst auf dem Wasser aufklatschte. Er war sofort tot. Wasser konnte wie Beton sein, wenn man sich nicht fügte und Widerstand bot.

Die Schwester berichtete sehr detailliert von dem Vorfall und vergaß auch nicht, das herausquellende Gedärm zu erwähnen, während sie sich ein Stück Bratwurst in den Mund schob. Erinnerungen konnten lächerlich sein, was dem Entsetzen keinen Abbruch tat. Der Turm war einige Tage gesperrt gewesen. An jenem Morgen jedoch war das rotweiße Band wieder von der Treppe entfernt worden, so daß ihrem ersten Turmsprung nichts im Wege stand. Sie beobachtete, wie der schwesterliche Adamsapfel sich beim Schlucken bewegte, und nahm sich vor, die Arme auf jeden Fall rechtzeitig zum Eintauchen bereitzumachen. Nach dem Essen hatten die beiden sich angemessen lange ausgeruht. Man sollte nicht mit vollem Magen ins Wasser gehen.

Aber irgendwann war er fällig gewesen, ihr erster Sprung. Langsam stieg sie erst die Stufen und dann die Leiter hoch. Nicht zögerlich, nicht hektisch, sondern einfach nur ruhig und mit Bedacht. Auf den ersten Sprossen hatte sie immer noch den Sand gespürt, der an ihren Fußsohlen klebte. Sand war gut. So konnte sie beim Abstoßen nicht von der Kante wegrutschen. Ein Mann auf einer gelben Luftmatratze hatte anerkennend gelächelt und ihren Aufstieg verfolgt.

Oben angelangt, war sie zunächst überrascht gewesen, wie schön die Aussicht vom Sprungturm war. Sie konnte den Waldrand am gegenüberliegenden Ufer genau erkennen. Ein Angler, der in Ufernähe in einem Boot saß, war gerade dabei, einen Fisch zu fangen. Eine Möwe flog steil herab, womöglich in der kühnen Absicht, dem Angler den Fang streitig zu machen.

»Los, jetzt oder nie!« rief ihre Schwester von unten, und sie hatte recht. Sie mußte sofort springen, sonst würde sie es nicht mehr wagen. Sie schaltete ihre Gedanken aus, krallte mit leichtem Zittern ihre Zehen um den Rand des Sprungbretts und stieß sich kräftig ab. Viel zu kurz schoß sie durch die Luft. Viel zu früh hatte sie die Arme nach vorn gerissen, war zu schnell und zu steil ins Wasser eingetaucht. Sie war mit den Händen auf den Boden des Sees gestoßen. Schlamm wirbelte auf, und sie hatte plötzlich panische Angst, steckenzubleiben, zu ersticken, zu ertrinken. Noch in der Abwärtsbewegung riß sie den Oberkörper hoch. Ein heftiger Schmerz war die Folge, doch sie war aufgetaucht.

Ihren Rücken spürte sie noch tagelang. Aber sie hatte ihn geschafft, den ersten Sprung. Mit dem nachlassenden Schmerz vergaß sie auch die Angst. Später war ihr dieses Mißgeschick nie wieder passiert, und der Flug war von Mal zu Mal schöner geworden.

So wird es auch heute sein. Sie wird fliegen wie die Möwe damals. Sie tritt an den Rand. Der Felsen ist naß und glatt. Auf ihren Handflächen sammelt sich Schweiß. Sie geht einige Schritte zurück in den Sand. An den Fußsohlen soll genug Sand kleben, damit sie Halt finden. Jetzt oder nie! Ihre Zehen umschließen die Felskante. Es gibt keinen Grund zur Angst. Warum soll sie gerade heute so auf die Wasseroberfläche aufklatschen, daß die Därme herausplatzen?

Doris Lessing

Liebe 1988

Zwei junge Frauen saßen sich im Flughafen Heathrow an einem Tisch in der Cafeteria von Terminal 3 gegenüber. Sie befanden sich im leicht erhöhten Teil, der einer kleinen Bühne gleicht. Sybil war geradewegs dort hinaufgegangen, obwohl auch im niedrigeren, weniger hervorgehobenen Teil der Cafeteria noch Plätze frei gewesen wären.

Die beiden waren Schwestern, groß, drall, mit breiten, empfindsamen Gesichtern. Doch Sybil weigerte sich, gewöhnlich zu sein, schminkte sich auffällig, hatte kurzes gelblichblondes Haar und kleidete sich auf eine Weise, die Aufmerksamkeit erregte. Sie war eine Blenderin, wie ein Popstar. Joan fiel nicht besonders auf; bewundernd sah sie Sybil an und schenkte London vollen Glauben, zumindest im Augenblick. Sie stammten aus dem Norden Englands und schätzten dieses gesunde Erbe, das um soviel besser war als alles, was der frivole, verdorbene Süden hervorbringen konnte. Sie entsprachen dem alten, traditionellen Bild von Geschwistern, die eine hübsch, die andere intelligent, und genau die Rollen hatten sie in ihrer Kindheit auch übernommen – Joan, die Intelligente, Sybil, die Hübsche. Doch waren sie beide hellwach, attraktiv, arbeiteten hart und nutzten ihre Chancen geschickt.

»Aber du bist doch erst zweiundzwanzig«, sagte Joan gerade; sie war die Ältere, vierundzwanzig. »Ich dachte, du wolltest dir Zeit lassen?«

Mit ihrer lauten, unbekümmerten Stimme, der man einfach

zuhören mußte, antwortete Sybil: »Aber, meine Liebe, so jemanden wie Oliver werde ich nie mehr finden, dessen bin ich mir sicher.«

Joan lächelte. Zog die Augenbrauen in die Höhe.

Sybil grinste sie an, zollte der älteren Schwester Anerkennung.

Es bestand keine Notwendigkeit, das Gespräch voranzutreiben. Joan war unterwegs nach Bahrain, wo sie in einer halb amerikanischen, halb englischen Firma eine Sekretärinnenstelle angenommen hatte. Sie war von Yorkshire nach London geflogen, und bis zum Weiterflug hatte sie drei Stunden Zeit. Sybil hatte gesagt, daß sie sich selbstverständlich am Flughafen mit der Schwester treffen werde, nein, es mache überhaupt nichts, sie nehme sich den Tag frei. Sie war vor zwei Jahren nach London gekommen und hatte von der Stadt sofort Besitz ergriffen, hatte sich – Gott weiß, wie – ein gebrauchtes Auto beschafft und fand nichts dabei, morgens um sechs oder abends um elf zum Flughafen hinauszufahren, um mit Freunden zu plaudern oder an einem Abend gleich zu mehreren Parties zu gehen, mochten sie auch an so weit auseinanderliegenden Orten wie Greenwich und Chiswick stattfinden. Sie hatte als Sekretärin in London angefangen, dann jedoch beschlossen, daß Zeitarbeit lukrativer sei. Auf diese Weise bekam man die unterschiedlichsten Jobs, traf eine Menge verschiedener Männer, und wenn ihr einmal eine Arbeit angeboten würde, die ihr wirklich Spaß machte, würde sie bleiben. Das zumindest hatte sie bis vor kurzem behauptet.

»Dasselbe hast du auch über Geoff gesagt, erinnerst du dich?« fragte Joan, nicht unfreundlich, aber bestimmt.

»O Gott«, sagte Sybil, »damals war ich doch noch ein Kind.«

»Achtzehn«, sagte Joan.

»Na gut, von mir aus. Und ich weiß, es klingt ziemlich unwahrscheinlich, aber wir sind füreinander wie geschaffen, Oliver und ich.«

»Hat er das gesagt?«

»Ich glaube, es muß einfach sein – Heirat, Kinder, eine Hypothek, das ganze Zeugs.« Ihre laute, zuversichtliche Stimme erregte Aufmerksamkeit, was Joan in Verlegenheit brachte. So, wie es ihr mit ihrer Schwester schon immer ergangen war.

Betont leise sagte sie: »Sybil, du hast mir doch erzählt, du und Oliver, ihr hättet euch getrennt.«

»Ja, ich weiß«, sagte Sybil mit unverminderter Lautstärke, »er sagte, er wolle nicht noch einmal heiraten. Er wolle frei sein. Und dann ist er verschwunden. Monatelang habe ich ihn nicht gesehen. Er hat mir schier das Herz gebrochen. Als er dann wieder auftauchte, habe ich zu ihm gesagt: ›Einmal hast du mir das Herz schon gebrochen, diesmal wirst du dich ein bißchen anstrengen müssen, ich laufe dir nicht mehr nach.‹ Zumindest nicht so wie beim erstenmal, als ich ihn kennenlernte«, erklärte sie und blickte sich um, um sich zu vergewissern, daß sie ihr Publikum noch immer fesselte.

Joan überlegte. Dann fragte sie: »Wenn ihr verheiratet seid, wirst du ihn dann auf seinen Geschäftsreisen begleiten?«

Oliver reiste viel für seine Firma, war öfter unterwegs als in London.

»Nein. Na ja, manchmal werde ich mitkommen, wenn er irgendwohin fährt, wo es interessant ist, aber eigentlich will ich ihm ein Zuhause in London schaffen. Nein, ich will eine richtige Ehefrau sein«, beharrte sie angesichts des spöttischen Lächelns ihrer Schwester.

»Du bist immer gleich so extrem.«

»Was ist daran extrem?«

»Das müßtest du schon selber wissen. Wie auch immer, das letzte Mal hast du mir erzählt, daß er ständig was mit anderen Frauen hat, wenn er unterwegs ist.«

»Ja, ja. Letzte Woche war er in Rom, und ich wußte gleich, daß er dort mit jemandem geschlafen hat, obwohl er nichts sagte und ich ihn auch nicht gefragt habe. Weil es mich nichts angeht ...« Joan blickte so belustigt drein, daß Sybil fortfuhr, als ob sie gegen Lärm anschreien müßte: »*Ja.* Aber dann hat er es mir gestanden und sich schuldig gefühlt. Wegen mir. Und ich hab mich auch immer schuldig gefühlt, wenn ich was mit jemand anders hatte, von Anfang an, gleich nachdem ich das erste Mal mit ihm im Bett war.«

»Na ja«, seufzte Joan, »dann ist es wohl endgültig.«

»Ja. Ich denke schon. Und was ist mit dir und Derek? Wird er auf dich warten, bis du aus Bahrain zurückkommst?«

»Er sagt ja, aber ich bezweifle es.«

»Männer gibt's wie Sand am Meer«, sagte Sybil.

»Er ist schon in Ordnung. Ich schätze, daß ich da unten etwa dreißigtausend Pfund werde sparen können, das heißt, wenn ich's aushalte. Ausgeben kann man da nichts.«

»Und dann bist du unabhängig.«

»Ja. Und wenn ich zurück bin, kaufe ich mir ein Haus.«

»Klingt vernünftig. Oliver und ich suchen auch nach einem Haus. Letzten Sonntag waren wir den ganzen Tag unterwegs. Macht Spaß, sich Häuser anzusehen. Da war eins, das hätte er, glaube ich, auf der Stelle genommen, aber ich hab zu ihm gesagt: ›Nein, wenn wir nach oben mobil sein wollen, dann keine Kompromisse. Das Haus ist nicht gut genug. Du verdienst doch mehr und mehr‹, hab ich zu ihm gesagt. Weil es stimmt. In seiner Firma geht's steil aufwärts mit ihm, und er verdient besser und besser und qualifiziert sich ständig.«

»Du hast schon immer gesagt, daß du einen reichen Mann heiraten wirst.«

»Ja, das stimmt. Und das werde ich. Aber trotzdem würde ich ihn nicht heiraten, wenn ich nicht so viel für ihn empfinden würde.«

»Empfindest du so viel für ihn, weil er so qualifiziert ist?« wollte Joan wissen.

»Wahrscheinlich. Aber was ist falsch daran?«

»Würdest du ihn heiraten, wenn er arm wäre?«

Beide Schwestern beugten sich vor, die Gesichter nah beieinander, sie lachten und amüsierten sich.

»Nein, das würde ich nicht. Ich brauche Geld. Ich kenne mich.«

»Hoffentlich«, sagte die ältere Schwester, plötzlich wieder ernst.

Die Leute in ihrer Nähe lächelten einander wegen der zwei jungen Abenteuerinnen zu, spürten aber wahrscheinlich, daß sie eigentlich so etwas wie schockiert sein sollten.

Es entstand eine Pause, während Sybil und Joan Kaffee und Fruchtsaft tranken und Croissants aßen.

Und dann verkündete Sybil plötzlich: »Und wir werden beide einen Aids-Test machen lassen.« Jetzt lächelten die Leute um sie herum nicht mehr, obwohl sie nach wie vor die Ohren spitzten. »Das haben wir beide unabhängig voneinander zur selben Zeit entschieden. Ich habe es als erste erwähnt, und er hat gesagt, er habe auch schon daran gedacht. Nach seiner Scheidung hat er in derart vielen Betten gelegen, und ich auch, seit ich in London bin. Man weiß ja nie. Das einzige Problem ist, daß ich es privat machen muß, denn wenn die Krankenkasse dafür zahlt, kommt es in alle öffentlich zugänglichen Akten, und dann sieht es womöglich so aus, als ob ich mir deswegen Sorgen mache.«

»Ist es teuer?«

»Ja. Na ja, ich kann's mir nicht leisten, ich hab nicht das Geld dafür, aber Oliver, er wird für mich zahlen.«

Joan lächelte. »Auf diese Weise übernimmt er Verantwortung für dich.«

»Ja, genau.«

»Und was wirst du tun, wenn einer von euch positiv ist?«

»Ach, ich bin sicher, das ist nicht der Fall. Wir sind beide durch und durch Heteros. Aber man weiß ja nie. Wir wollen einfach sicher sein. Wir lassen die Tests machen und zeigen uns dann gegenseitig die Ergebnisse.« Ihr Ausdruck war jetzt weich, verträumt, liebevoll. Zum erstenmal hatte sie ihr Publikum vergessen.

»Tja«, sagte Joan und trank kleine Schlückchen Kaffee, »so kann man's vermutlich machen.«

»Das ist viel bedeutungsvoller als ein Verlobungsring. Ich meine, man geht wirklich eine Verpflichtung ein.«

»Und er wird dir von jetzt an immer treu sein?«

»Vor allem werde ich ihm treu sein müssen!«

Joans Ausdruck deutete an, daß das nicht dasselbe war. Dann fragte sie spaßhaft: »Treu für immer und ewig?«

»Ja ... na ja ... solange es eben geht. So, wie wir jetzt empfinden, wollen wir mit niemand anders schlafen. Warum sollte man auch das Risiko auf sich nehmen?«

Sie sah sich um, aber ihr Publikum hörte nicht mehr zu. Die Leute hatten ihre ursprünglichen Gespräche wiederaufgenommen. Wenn das ihre Art war, Mißbilligung auszudrücken, dann ...

Noch zweieinhalb Stunden.

Sybil erhob die Stimme. »Wir haben's auch mit Kondomen versucht, aber Gott allein weiß, wie die Leute damit zurechtkommen. Wir mußten so lachen, daß wir schließlich unverrichteter Dinge eingeschlafen sind.«

»Was ist denn los? Also eins will ich dir sagen, wenn die Sicherheit der Nation von Kondomen abhängt, dann ...«

In diesem Augenblick stand ein junger Mann auf, der in ihrer Nähe gesessen hatte, weil es Zeit für ihn geworden war aufzubrechen. Er klopfte Sybil auf die Schulter und sagte: »Wenn Sie den Dreh mit den Kondomen nicht rauskriegen, setzen Sie sich mit mir in Verbindung ... wann immer Sie wollen, es wäre mir ein Vergnügen.«

Seine Worte waren bei weitem keine ernstgemeinte Einladung, sondern eher eine Art öffentlicher Tadel, und er blickte drein wie jemand, der es gewohnt war, für Ordnung zu sorgen. An der Tür drehte er sich aber noch einmal um und grinste, dann winkte er und verschwand. Joan und Sybil hatten sich halb umgewandt, um seinen Abgang zu beobachten. Sie sahen aus wie Teenager, die ein zugleich empörtes und entzücktes Lächeln hinter vorgehaltener Hand verbergen.

Deutsch von Anette Grube

Gunna Wendt

Verlorene Schwestern

Es dauerte wie immer eine gewisse Zeit – siebenmal Klingeln –, bis Marianne den Telefonhörer abnahm. Schon am Klang ihres »Hallo« erkannte Gudrun, daß der Freundin ein Anruf willkommen war und wahrscheinlich eine erwünschte Unterbrechung irgendeiner ungeliebten Tätigkeit bedeutete. Mit Marianne telefonierte sie besonders gern und lange. Sie hatten es einmal auf fünf Stunden gebracht und waren mittendrin von der Störungsstelle unterbrochen worden, die prüfen wollte, ob Gudruns Telefon in Ordnung sei. Gudrun wußte sofort, daß ihre Schwester dahinterstecken mußte. Sie hatte sie damals deutlich vor Augen gehabt: vor ihrem Telefon sitzend, in regelmäßigen Abständen die Wiederholungstaste drückend, wütend das Besetztzeichen vernehmend und schließlich die Störungsstelle informierend.

Der Vorfall mußte zwei Jahre her sein, denn so lange etwa hatte sie nichts mehr von ihrer Schwester gehört. Auch damals war es ein Montag gewesen, genau wie heute. Gudrun war gerade von einem einwöchigen Aufenthalt aus Worpswede zurückgekommen, wollte unbedingt ihre Erlebnisse loswerden. Ihre Schwester war nicht erreichbar, und so hatte sie Marianne angerufen und mit ihr über das Leben in der Künstlerkolonie geredet, über Paula Modersohn-Becker und ihre großartigen Selbstporträts, über das Leben auf dem Lande, über die Schickeria in Bremen, über ein eigenartiges Rilke-Gedicht, über die Party im Music Palace und vieles mehr. Das Gespräch wurde mehrmals unterbrochen, weil Marianne von ihrem Hund und seinem Treiben abgelenkt worden war. Plötzlich erhielt Gudrun dann keine Antwort mehr und hörte statt dessen die Stimme der Freundin von ferne den Namen des Hundes rufen. Beim letzten Mal hatte sich die Störungsstelle eingeschaltet.

An diesem Montag nun wollte Gudrun mit Marianne über die Ereignisse des vergangenen Wochenendes sprechen. Sie war bei ihrer Schwester gewesen. Marianne war erstaunt darüber, denn sie wußte, daß die beiden Schwestern vor längerer Zeit den Kontakt hatten einschlafen lassen. Es gab keinen abrupten Bruch, keine entschiedene Trennung, sondern eher eine langgezogene Abwendung. Marianne wußte nicht einmal genau, warum, nur, daß es damit zu tun hatte, daß Gudruns Schwester damals aufs Land gezogen war und zusammen mit Freunden einen Bauernhof bewohnte. Gudrun hatte ihr einmal in drastischen Bildern ihren ersten Besuch dort geschildert: das total verfallene Haus, wo in jeder Ecke gearbeitet und renoviert wurde, den Schmutz, die undichten Fenster und den Fußboden im ersten Stock, dem Holzbohlen fehlten, so daß man in die Diele hinunterschauen konnte. Die Diele war riesengroß und vollgestopft mit Geräten, Maschinen und Werkzeug. In den oberen Räumen wohnten ein junger Mann und eine junge Frau, die hochschwanger war und auf einer Matratze lag. Gudrun wäre fast über den gefüllten Nachttopf gestolpert, der mitten im Zimmer stand. Aus dem Fenster sah man auf den großen Garten, der zur Hälfte umgegraben war. Gudrun hatte vergessen, was dort auf welche Weise angebaut werden sollte. Ein paar Hühner und zwei Schafe liefen durcheinander. Der Mann versuchte, die schwangere Frau zum Schwimmengehen zu überreden. Der vierte Bewohner, der Freund der Schwester, war dabei, einen Schrank zu bauen. Er sprach ausführlich über die großen Summen, die er bald mit seiner Tischlerei verdienen würde.

Die Schwester saß im Garten und malte. Gudrun hatte nicht

gewußt, wo sie sich hinsetzen sollte, und war vor der Leinwand stehen geblieben. Neben ihr graste ein Schaf. Die Schwester streichelte es gedankenverloren, und Gudrun verabschiedete sich früh. Die Ruhe, mit der ihre Schwester im Garten saß und malte, die provozierende Gelassenheit, mit der sie über ihre neue Lebensweise sprach, hatten Gudrun abgestoßen. Sie fand kein Thema, über das man reden konnte. Die Schwester hatte auf alles ihre Antwort gefunden und belächelte jeden, der am Suchen war. Danach hatten sie sich vielleicht zwei- oder dreimal zufällig bei gemeinsamen Bekannten getroffen.

Marianne war jedenfalls sehr überrascht, als Gudrun nun ihre Schwester erwähnte. Ja, erklärte Gudrun, sie sei am Sonntag morgen aufgewacht und habe sofort an sie denken müssen, aus für sie unerfindlichen Gründen. Sie habe das unbedingte Drängen verspürt, die verlorene Schwester, wie sie sie einmal bei sich genannt hatte, in ihrem Bauernhaus zu besuchen. Sofort nach dem Frühstück habe sie sich mit ihrem Auto auf den Weg gemacht. Als sie in die riesige Diele eintrat, kam ihr der Freund der Schwester entgegen und erzählte sofort von seinen neuen Projekten, diesmal im Videobereich, und den tollen Chancen, die sich ihm dort bieten würden. In der Küche saßen zwei ihr unbekannte Männer, und eine ihr ebenfalls fremde Frau kam dazu. Sie trug ein Bündel Wolle im Arm, das sie offensichtlich färben wollte. Die Schwester fand sie im Garten sitzend und malend, diesmal nicht so gelassen und ruhig, sondern mit angespanntem Blick und verkrampftem Gesichtsausdruck. Den Grund dafür erfuhr Gudrun sofort: Sie war verletzt. Am Abend zuvor hatte sie, weil ihr kalt gewesen war, einen selbstgebauten Heizlüfter in Betrieb genommen, sich davor gesetzt und gemalt. Plötzlich war sie durch einen stechenden Schmerz aus ihrer Versunkenheit gerissen worden: Ihr Hosenbein hatte Feuer gefangen, alles war sehr schnell gegangen, und als sie es endlich realisierte, hatte sich schon eine riesige Brandwunde an ihrem Bein gebildet, in die sich Kunststoffetzen ihres Strumpfes eingefressen hatten.

Gudrun hatte die ganze Zeit stumm der Erzählung ihrer Schwester zugehört. Erst der Anblick des Beines befähigte sie zu einer Reaktion. Sie entschied, sofort ins Krankenhaus zu fahren, wozu sich die Schwester nach einigen halbherzigen Einwänden schnell überreden ließ. In der Stadt hatten sie die Notaufnahme der Universitätsklinik aufgesucht, wo man das Bein behandelte und der Schwester empfahl, für einige Tage zu bleiben. Gudrun war in ihre Wohnung zurückgekehrt.

Während sie die Begebenheiten des gestrigen Tages nun am Telefon erzählte, fiel ihr ihr eigenes Kopfschütteln auf, mit dem sie ihre Worte begleitete. Plötzlich verspürte sie keine Lust mehr, den Anruf weiter auszudehnen. Obwohl Marianne aufmerksam zugehört und dann und wann ihr Entsetzen geäußert hatte, fürchtete Gudrun plötzlich, die Freundin könne wieder einmal das Telefon verlassen, um ihren Hund zu suchen. Sie wollte jetzt um keinen Preis ins Leere reden und beendete das Telefonat unter einem Vorwand.

Sie setzte sich an den Küchentisch, trank eine Tasse kalten Kaffee aus der Kaffeemaschine und dachte an ihre Schwester. Sie ließ die Gedanken treiben, schickte sie auf eine Reise durch Groll, Wut und Trauer. Erst nachdem sie diese Stationen hinter sich gelassen hatte, gelangte sie zu den schönen Erinnerungen an gemeinsame Erlebnisse im Elternhaus, in der Schule, an der Uni, auf Ferienreisen. Und dann stand er plötzlich vor ihr, der Traum, den sie völlig vergessen hatte. Er traf sie unvorbereitet und konnte sich daher in aller Intensität vor ihr ausbreiten. Er brachte auch das Entsetzen mit, das sie damals beim Aufwachen verspürt hatte. Sie hatte versucht, ihn zu verdrängen, und ihn der Schwester nie erzählt, obwohl sich die beiden oft über Träume unterhielten.

Gudrun hatte geträumt, daß ihre Schwester nach längerer Abwesenheit zu ihr gekommen war und nur noch ein Bein hatte. Auf Gudruns Erschrecken hin versuchte sie, die Situation zu bagatellisieren, sagte nicht, was passiert war, sondern meinte nur, es sei doch nicht so schlimm, kein Grund zur Aufregung. Gudrun war mit klopfendem Herzen aufgewacht und hatte mit niemandem darüber gesprochen. Es hatte lange gedauert, bis der Traum aus ihrem Bewußtsein verschwunden war. Irgendwann war er endgültig weg. Als sie sich jetzt am Küchentisch so deutlich an ihn erinnerte, klangen ihr plötzlich die Worte im Ohr, die ihre Schwester gesagt hatte, als sie gestern aus der Notaufnahme gehumpelt kam: »Der Arzt meinte, wenn ich heute nicht gekommen wäre, hätte ich mein Bein verlieren können. Sag mal, glaubst du das?«

Claudia Meyer

So fern, so nah

Der Zug setzte sich langsam in Bewegung. Sie sahen sich noch einmal mit einer Offenheit an, wie sie es sich nur in solchen Abschiedsmomenten gestatteten. Die Tränen stiegen ihr in die Augen, sie fühlte, wie ihre Mundwinkel zuckten, und schluckte rasch, um nicht die Beherrschung zu verlieren. Sie lächelte und ging ein paar Schritte mit dem fahrenden Zug mit, erhob die Hand, winkte, schickte eine Kußhand hinterher. Die Wärme, die sie für ihre Schwester empfand, die Trauer über die Entfernung zwischen ihnen, der Abschied nach dem gemeinsamen Wochenende taten ihr körperlich weh. Sie biß die Zähne zusammen und lächelte. Zum Glück konnte man die Fenster der neuen Züge nicht mehr aufmachen. Die Winkdauer verkürzte sich deshalb beträchtlich und ebenso die Zeit, in der man die Gefühlswelle eines solchen Abschieds im Zaum halten mußte. Krampfhaft hielt sie sich an ihrem orangenen Regenschirm fest. Während ihr die Tränen über die Wangen liefen, schlich sie halb blind an den sich umarmenden Pärchen vorbei, an aufgeregt erzählenden Großeltern und bierdosenschwenkenden rempelnden Fußballfans. Sie war allein mit ihrer Trauer, die sie selbst überraschte. Vor dem Seitenausgang regnete es in Strömen, doch sie machte sich nicht die Mühe, den Regenschirm aufzuspannen, und lief ohne Hast zum Auto. Als sie die Tür endlich zuschlug, entfuhr ihr ein befreiendes Schluchzen.

Sie wußte, um was sie weinte. Andreas Wochenendbesuch hatte ihr wieder einmal den Spiegel vorgehalten. Wenn sie längere Zeit mit ihrer Schwester zusammen war, begann sie, mit fremden Augen, gleichsam von außen, auf ihr Leben zu blicken. Dann legte sie den Maßstab an, den sie längst hinter sich gelassen zu haben glaubte. Und was sie in dem Spiegel sah, war – eine große Leere.

Es zieht sie nach links. Die Kraft, die den Zug bewegt, überträgt sich auf sie. Klar, Trägheit der Masse, schießt es ihr durch den Kopf. Sie schaut nochmals auf Maria, ihre kleine große Schwester. Angespannt sieht sie aus. Hat sich soviel Mühe gegeben, ihr das Wochenende angenehm zu machen. Doch die Atmosphäre, in der Maria lebt, war – sie weiß nicht genau, warum – deprimierend für Andrea. Sie sehnt sich nach ihren Kindern, ihrem immer beschäftigten, oft genug zynischen Mann, nach ihren ausgefüllten, verplanten Tagen, dem Trott, in dem sie sich geborgen und sicher fühlt. Sie wird gebraucht, und bei allen Konflikten mit den pubertierenden Kindern weiß sie, wozu sie das alles tut.

Der Zug bekommt Fahrt, Maria ist jetzt außer Sichtweite. Andrea läßt sich in den Sitz fallen und sieht sich im Abteil um. Der Mann gegenüber sieht nicht so aus, als wäre er ein interessanter Gesprächspartner. Die beiden Freundinnen am Fenster schnattern über irgendein Computerspiel, das ihr nichts sagt. Maria würde es bestimmt kennen. Sie ist immer auf dem laufenden, was neue Bücher, Filme, Software angeht. Das macht sie zu einer äußerst beliebten Tante bei ihren Kindern. Da sie keine eigenen Kinder hat, ist sie ganz für ihre Nichten und Neffen da, wenn sie zu Besuch kommt. Sie spielt und balgt mit ihnen, bis es ihr und Lars manchmal zuviel wird. Kann die sich nicht eigene Kinder anschaffen, statt unsere so außer Rand und Band zu bringen, blafft er dann. Er weiß nur zu gut, daß Maria keine Kinder bekommen kann und dies ihr großer Kummer ist. Der Zug rollt an Fabrikanlagen, Lagergeländen, tristen Vororten vorbei. Der Regen prasselt gegen das Abteilfenster.

Langsam versiegten die Tränen. Maria nahm den Verkehr wieder wahr, handelte nicht mehr wie ein Automat. Das gleichmäßige nasse Schleifen der Scheibenwischer beruhigte sie. Sie sehnte sich plötzlich nach zu Hause, nach ihrer Wohnung. Aber zugleich wußte sie auch, daß sich Martin, nachdem der Besuch weg war, hinter einer seiner fünf Zeitungen vergraben und völlig in sich selbst zurückziehen würde. Die Rolle des freundlichen witzigen Schwagers hatte ihn angestrengt, das kannte sie schon. Sie malte sich aus, wie es wäre, wenn sie jetzt nach Hause käme und von drei lebhaft plappernden Kindern empfangen würde, die sie mit Fragen und Forderungen bestürmten, die wissen wollten, was es zum Abendessen gäbe. Die sie brauchten. Niemand brauchte sie wirklich – selten fiel ihr das so stark auf wie nach einem längeren Zusammensein mit Andrea, die von Problemen in Mathe, zuviel oder zuwenig schulischem Ehrgeiz, einer zerbrochenen Blockflöte und Mittelohrentzündung erzählte. Es ging einfach nicht ohne sie. Sie selbst dagegen mußte sich ihre Existenzberechtigung Tag für Tag, Jahr für Jahr selbst suchen.

Sie fuhr den Wagen in die Parklücke, stellte den Scheibenwischer ab, griff sich den Regenschirm und stieg aus. Übermorgen würde sie zu einem Kongreß nach Berlin fliegen, dafür mußte sie unbedingt noch ihren Seidenpulli waschen, die Mappe mit den Unterlagen durcharbeiten und zwei E-mails an Kollegen schreiben, die sie treffen wollte. Auf keinen Fall durfte sie vergessen, das Laptop an die Steckdose anzuschließen, der Akku war völlig leer. Und sie wollte auch Michael und Sabine noch anrufen, bei denen sie übernachten würde. Auf diesen Ausflug freute sie sich schon seit Wochen, ein richtiger Lichtblick.

Maria schloß die Haustür auf und stieg die Holztreppe hoch in den zweiten Stock – sie liebte dieses hundert Jahre alte Treppenhaus mit den ausgetretenen blankgebohnerten Stufen. Sie schloß die Wohnungstür auf. »Ich bin wieder da!« Keine Antwort. Sie zog ihre schwarze Lederjacke aus und hängte sie auf einen Bügel. Dann holte sie tief Luft und ging ins Bad. Sie stellte sich vor den

Spiegel und sah in ihr Gesicht. »Sieh an, das sind ja die Augen von Andrea. Hatte ich ganz vergessen. Aber ein bißchen Faltencreme würde nicht schaden«, sagte sie zu sich.

Maria drehte den Heißwasserhahn auf, ließ einen feinen Strahl Badeöl in die Wanne laufen und schloß die Badezimmertür hinter sich ab.

Die schwarze Lederjacke ist schon ein wenig gewagt – sie selbst würde sich so ein Kleidungsstück niemals aussuchen! Rockerlook für eine Vierzigjährige ist doch wohl etwas daneben – dabei ist Maria sogar noch zwei Jahre älter als sie. Tragen kann sie's ja, hat immer die bessere Figur gehabt. Auch das hübschere Gesicht. Und die besseren Noten. Sie war immer der strahlende Mittelpunkt, während sie selbst sich von Kindheit an mit der Rolle der Zweiten begnügen mußte. Selbst neulich beim Klassentreffen, über zwanzig Jahre nach dem Abitur, fragten Französischlehrerin und Englischlehrer, gleich nachdem sie »Hallo Andrea« gesagt hatten, »Wie geht's eigentlich Maria?« Maria hatte das Beste aus ihren Talenten und Möglichkeiten gemacht. Sie hat im Ausland gelebt, hat einen interessanten Beruf, ist ständig auf Reisen, hat Freunde hier und Freunde dort. Immer wieder ertappt Andrea sich, wie sie ihren Nachbarinnen stolz und ein bißchen neidisch erzählt, wie erfolgreich ihre Schwester ist, und ihnen Zeitungen unter die Nase hält, in denen ihr Name steht – der schließlich auch einmal ihr eigener war.

Auf dem Bahnsteig steht Lars mit hochgezogenen Schultern und verkrampft nach unten gebogenen Mundwinkeln. Er hat seine rote Regenjacke an. Sie winkt, aber er sieht sie nicht. Endlich steht der Zug, die Tür öffnet sich zischend. Sie steigt aus und geht auf Lars zu, der prompt in die falsche Richtung schaut. Sie tippt ihm auf die Schulter und legt ihm, als er sich umdreht, die Arme um den Hals. Er gibt ihr einen Klaps auf die Hüfte und einen flüchtigen Kuß auf die Wange, während er nach ihrer Reisetasche greift. »Wo sind die Kinder?« Sie sieht sich suchend um.

»Die Nachbarn haben ›Die Schöne und das Biest‹ aus der Videothek geholt, das wollten sie sich ansehen.«

»Ach, und ich dachte, ich fehle ihnen ein bißchen! Was habt ihr denn den ganzen Tag gemacht?«

»Ich habe angefangen, die Festplatte neu zu formatieren, und bin eigentlich noch mittendrin. Wenn wir nach Hause kommen, muß ich mich gleich wieder dranmachen. Das muß heute fertig werden, damit Sim City endlich mal läuft. Lennart liegt mir schon seit Tagen in den Ohren.«

Sie schluckt ihre Enttäuschung hinunter und trabt neben Lars in Richtung Parkplatz. Es schüttet. Er hat natürlich nicht an einen Schirm gedacht.

»Das Auto steht dort hinten.«

Gut, sie kann ja erzählen, wenn sie zu Hause sind. Er steigt auf der Fahrerseite ein und öffnet ihr von innen die Tür. Dann erzählt er etwas von neuer Soundkarte, Grafiktreibern und seriellen Schnittstellen.

Sie biegen in die Reihenhaussiedlung ein, Lars schließt die Haustür auf, und sofort empfangen sie die vertrauten Gerüche. Ein bißchen nach Kindern, ein bißchen nach Katze – zum Mittagessen hatte es wohl Spaghetti aglio e olio gegeben.

»Ich nehme am besten ein Bad. Bin müde von der Bahnfahrt und völlig durchgefroren.«

Sie stellt sich vor den Badezimmerspiegel und betrachtet ihr Gesicht. »Sieh an, das sind ja die Augen von Maria. Hatte ich ganz vergessen. Aber ein bißchen Faltencreme würde nicht schaden.«

Andrea dreht den Heißwasserhahn auf, läßt einen dicken Klacks Schaumbad in die Wanne platschen und schließt die Badezimmertür hinter sich ab.

Emma Tennant

Philomela

Bevor ich heiratete, damals als wir in Athen lebten, wurde die grelle Leere der langen Tage durch meine Schwester Philomela erträglich gemacht. Sie sprach die Gedanken aus, von denen ich kaum wußte, daß ich sie hatte.

Warum willst du zulassen, daß man dich wie eine Sklavin wegbringt? Wir können Athen verlassen und in den Bergen leben. Wir werden frei sein. Und wenn wir sterben, ist das immer noch besser als das Leben, das vor uns liegt.

Ich wußte, daß sie recht hatte, aber ich fand nicht den Mut zu gehen. Die Nächte in den Bergen waren kalt, und der Tod schien unausweichlich. Tereus kam und heiratete mich, und wir zogen in einer so prachtvollen Prozession nach Thrakien, daß mir klar war, daß ich nie zurückkehren würde. Als mein Sohn Itylus zur Welt kam, hatte ich das Gefühl, in einem weichen Grab beerdigt zu sein.

Ich werde kommen und bei dir leben, hatte Philomela gesagt. Du wirst nicht lange warten müssen.

Aber sie kam nie. Ich ließ den Kopf hängen wie die Vögel, die meine Kinder von ihren Spaziergängen mitbrachten. Tereus bemerkte es, aber es war ihm gleichgültig. Schon damals war der Palast Tag und Nacht vom Gesang junger Männer erfüllt, ständig waren Kriegsvorbereitungen im Gange, und sandalenbekleidete Füße eilten ununterbrochen und ziellos auf dem ausgetretenen Marmorboden hin und her. Ich blieb auf meiner Couch und war fast froh darüber, daß meine Schönheit dahinschwand und ich nachts nicht schlafen konnte. Es war ein langsamer Tod, aber niemand, der lebendig begraben ist, stirbt schnell.

Dann verkündete Tereus eines Tages, er wolle losziehen und meine Schwester suchen. Seit zwei Jahren hatte es keinen Krieg mehr gegeben, und der Glanz der Festlichkeiten begann zu verblassen. Er selbst schien ebenfalls gealtert zu sein. Vielleicht hielt ihn nur das Blutvergießen jung. Auf jeden Fall wollte er reisen, und ihm gefiel die Vorstellung, etwas so Ritterliches und leicht Lächerliches zu tun. Zu seiner großen Freude lachten alle, wenn er ihnen erzählte, er wolle meine Schwester aus ihrem langweiligen Leben in Athen befreien.

Es war Hochsommer, als er aufbrach. Nachdem er weg war, ging ich zum erstenmal seit Jahren wieder in die Gärten hinunter und betrachtete voller Interesse die Blumen und die herumspazierenden Pfauen. Meine Kinder lächelten mich sogar an, als ich zu ihnen trat. Ich redete mir ein, daß sich mein Gesundheitszustand gebessert habe, daß ich lange krank gewesen sei und es mir allmählich einfach bessergehe, aber ich wußte, daß meine veränderte Einstellung in Wirklichkeit an Philomelas Kommen lag. Immer wieder war mein Inneres von ihrem Gesicht und ihrer Stimme erfüllt, während ich den Rest des Tages nervös auf und ab ging und zum Himmel hinaufblickte, um zu sehen, wie hoch die Sonne noch stand. Das war natürlich sehr närrisch von mir. Tereus hatte eine lange Reise vor sich, so daß es Wochen dauern konnte, bis er mir meine Schwester bringen würde.

Eines Wintertages kehrte Tereus zurück. Die Luft war klar, und ich konnte eine Gruppe von Reitern über die Ebene galoppieren sehen. Meine Kehle schmerzte, als hätte ich versucht, ihnen aus der Ferne zuzurufen, und meine Hände wanderten immer wieder an meinen Hals und zerrten an den Goldketten, die ich trug. Ich merkte, wie mir die Tränen in die Augen stiegen, und schickte nach Coda, damit sie mir einen beruhigenden Kräutertrank brachte. Ich überlegte sogar einen Moment, ob ich zum

Tempel hinaufsteigen sollte, ließ es dann aber lieber bleiben. Ich wollte auf jeden Fall dasein, wenn Philomela die breiten Treppen heraufgestiegen kam. Und ich wollte ihr den Garten zeigen, den wir angelegt hatten, und sie in das Haus führen, auf das ich plötzlich stolz war.

Tereus' Kopf wirkte größer, daran kann ich mich noch erinnern. Und die jungen Männer, die ihn begleiteten, blieben hinter ihm zurück, was sie normalerweise nicht tun. Keiner von ihnen rannte mit einem schnellen Gruß an mir vorbei, um sich im Hof am erfrischenden Wein zu laben. Tereus' Kopf ragte über mir auf wie ein runder, auf Hochglanz polierter Schild. Seine Zunge bewegte sich schwerfällig zwischen seinen trockenen Lippen.

Philomela ist tot, sagte er.

Ich verbrachte ein ganzes Jahr in jenem Raum. Wenn draußen vor den Vorhängen die Sonne in den Innenhof lugte, was sie am frühen Morgen tat, wenn die Sklaven die von steinernen Früchten durchsetzten Böden putzten, hob ich zum erstenmal meinen Krug an die Lippen und ließ den Wein durch meine Kehle rinnen. Den ganzen Tag verlangte ich nach mehr Wein – und Coda und Dita brachten ihn mir mit gesenkten Augen.

Ich gebar ein zweites Kind. Manchmal kam Itylus und setzte sich zu mir, aber er lernte allmählich, mehr Zeit mit seinem Vater zu verbringen. Er hatte sogar schon ein eigenes Pferd. Als ich ihn nach dem Garten fragte, den wir angelegt hatten, gab er mir keine Antwort, sondern wechselte verlegen das Thema. Ich nahm an, daß er völlig zugewuchert war oder daß Tereus ihn ganz dem Erdboden gleichgemacht hatte. Nicht, daß es mir wirklich etwas ausgemacht hätte. Der Garten war für Philomela bestimmt gewesen, und jetzt würde sie nie mehr kommen.

Als das neue Kind anfing, auf den weichen Teppichen in meinem Zimmer herumzukrabbeln, stand ich zum erstenmal auf und ging auf die große Terrasse hinaus, von der man die Ebene überblicken konnte. Es war Sommer, und in den Olivenbäumen sangen die Vögel. Meine Augen waren müde vom vielen Weinen:

Sie hatten dadurch sogar ihre Form verändert und waren nicht mehr rund wie früher, sondern wirkten leicht schräg, weil die Augenwinkel nach unten hingen.

Ich blickte auf all die leeren Flächen hinaus, die mich umgaben. Himmel. Erde. Weit entfernte Berge. Nichts davon war mit irgend etwas gefüllt.

Seufzend lehnte ich mich gegen eine Säule. Mein Rücken schmerzte, weil ich so lange untätig in meinem Zimmer gesessen hatte. Ein Sklave kam die Treppe herauf. Überrascht, mich dort anzutreffen, blieb er stehen und warf sich vor mir auf den Boden.

Er hatte etwas für mich, das aussah wie ein Bündel Kleider. Ich nahm es ohne Interesse entgegen – zweifellos ein Geschenk von einer der edlen Damen, die ich nicht mehr empfing. Der Sklave warf mir einen ängstlichen Blick zu und rannte dann ins Haus. Gähnend schlug ich das Bündel auseinander.

Ein Teppich. Meine Augen waren trüb geworden, so daß ich den Teppich ganz nah vor mein Gesicht halten mußte, um zu sehen, was darauf abgebildet war. Streitwagen in Thrakien, dachte ich zunächst, und edle Krieger unter einer stachligen Sonne. Dann sah ich, daß es sich bei der Hauptfigur um Tereus selbst handelte.

Das ist ja amüsant, sagte ich laut. Hat Tereus das verdient? Ich sah genauer hin.

Die erste Szene zeigte Tereus in leidenschaftlicher Umarmung mit einer Frau. Ihr Gesicht war nicht zu sehen. Ich lächelte. In der zweiten Szene sah ich es. Die Frau, der das Gesicht gehörte, wand sich zu Tereus' Füßen und flehte um Gnade. Philomela. In der nächsten Szene hatte er sich bereits an ihr vergangen. Er schnitt ihr die Zunge heraus. In der folgenden Szene war Philomela in einer Burg eingesperrt und blickte aus dem Fenster, während Tereus in der Ferne davongaloppierte. Das war alles. Ich sah mir das Ganze noch einmal genau an. Es bestand kein Zweifel. Philomela.

Ich ging in mein Zimmer und ließ mich mit dem Teppich im

Arm auf die Couch sinken. Als ich draußen im Hof Tereus' Schritte hörte, schob ich den Teppich unter die Couch. Wie all die Monate zuvor saß ich einfach nur da, ohne etwas zu tun. Aber er kam nicht herein.

So war ich in der Lage, einen Plan zu schmieden. Ich ließ Coda und Dita kommen. Ich erzählte ihnen von meinem Verdacht und gab ihnen mein letztes Gold für die Suche nach Philomela. Irgendwo zwischen hier und Athen saß Philomela allein in ihrem Gefängnis und litt. Heimlich wurden Reiter ausgesandt. Es war spätnachts, als sie aufbrachen, und mein Herz schlug wie wild, während ich lauschte, wie sich der Hufschlag ihrer Pferde auf der Ebene verlor.

Sie fanden sie und brachten sie zurück. Die arme, stumme Philomela. Zur Feier des Tages gab es ein Festmahl, bei dem der Rauch vom verbrannten Fleisch der Tiere stundenlang zum Himmel aufstieg, bevor wir uns zum Essen niederließen. Der Brunnen wurde mit Wein gespeist, und Tereus sagte immer wieder lachend, da müsse ihm wohl ein Fehler unterlaufen sein. Er hatte solche Angst, daß ihm nicht einmal eine gute Ausrede einfiel. Also aßen und tranken wir, und die wilden Keiler auf unseren goldenen Bechern jagten sich endlos im Kreis, während das Gold im Licht der Fackeln glitzerte und die runden Köpfe von Tereus' Freunden genauso hell glänzten. Philomela sah Tereus kein einziges Mal vorwurfsvoll an.

Wir lagen zusammen in meinem Zimmer, und ich flüsterte ihr ins Ohr. Sie konnte mir noch immer mit den Augen antworten. Außerdem wußten wir beide, daß wir uns an Tereus rächen würden.

Philomela lag im Bug des Bootes. Die Spitzen ihres schwarzen Haars berührten das Wasser. Ich beobachtete sie die ganze Zeit – um festzustellen, ob sie glücklich oder unzufrieden war, oder um einfach nur zu sehen, was ihre Augen mir zu sagen hatten. Heute lächelte sie, und wir glitten im Rhythmus ihres Atems über

Wasser, das so klar war, daß die kleinsten Kieselsteine auf dem Grund so groß und weiß wie Felsen wirkten.

Wir waren dort, weil im Landesinneren ein Krieg wütete. Am Ufer standen – farbenprächtig wie der Sieg – Tereus' Zelte. Vom Strand stiegen kleine schwarze Rauchfahnen auf: Die Sklaven bereiteten das Abendmahl vor.

Tereus kommt heute abend aus dem Krieg zurück. Seine Finger werden am gebratenen Fleisch zerren. Sein Mund wird vom Bratensaft rot sein. Mit einem dumpfen Grollen werden die Gesänge einsetzen, und am Strand wird man Fackeln anzünden. Tanzende Gestalten, die in den Zelten wie Riesen wirken, draußen auf der weiten Fläche aber klein, werden aus allen Richtungen an den Rand des Meeres laufen. Dank des Weines wird der Mond funkelnd vom Himmel strahlen.

Die vier geschwungenen Paddel unseres Bootes brachten uns sanft zurück an Land. Mit Philomela im Arm stieg ich aus dem Boot und setzte sie auf den Steinen ab. Wir blieben beide einen Moment stehen und ließen den Blick über die Zelte und die wuchtigen Formen der Berge schweifen, sahen aber nur den vor uns liegenden Abend. Es war Monate her, seit Tereus in den Krieg gezogen war. Wir hatten sein Gesicht fast vergessen. Wahrscheinlich war er gegangen, weil er sich zu Hause zu unbehaglich gefühlt hatte – und weil er hoffte, daß wir in seiner Abwesenheit vergessen würden, was er getan hatte. Wir mußten beide an ihn denken, als wir zum Lager hinaufgingen. Ohne einander noch einmal anzusehen, legten wir uns hin, bis die Hitze des Tages vorüber war.

Die Sonne lag auf der Seite des Himmels, und unsere Schatten waren lang, als wir das große Zelt verließen und landeinwärts zu den Olivenhainen gingen. Die Vorbereitungen für das Festessen waren in vollem Gange – und erst als wir von Myrtenbüschen und Thymian umgeben waren, konnten wir weitergehen, ohne uns übergeben zu müssen. Der Geruch des verbrannten Fleisches war so stark.

Philomela sah Itylus zuerst. Ich folgte der Richtung ihres Zeigefingers und konnte in der Dämmerung, dort, wo die Bäume dichter standen, gerade noch eine Gruppe von Jungen ausmachen, die miteinander Krieg spielten. Itylus war mit Pfeil und Bogen bewaffnet und rannte geschäftig von Baum zu Baum, während er den anderen Befehle zurief. Als Tereus' Sohn wurde ihm gehorcht. Das hatte ihn arrogant gemacht, aber er war noch immer ein reizender Junge, auch wenn er bereits den wichtigtuerischen, übertriebenen Gang seines Vaters angenommen hatte.

Nun ließ er einen Regen aus Pfeilen über unseren Köpfen herunterrieseln, und die anderen Jungen rannten lachend auf uns zu, sie wieder zu holen. Sie alle mochten Philomela und taten, als würden sie zu ihren Füßen nach den Pfeilen suchen, damit sie ihnen übers Haar streicheln und zulächeln konnte. Und wie sie lächelte! Währenddessen schlug mein Herz schwer und langsam, und meine Beine fühlten sich so verwurzelt und unförmig an wie die Reihen der Bäume um uns herum.

Itylus!

Natürlich war ich diejenige, die ihn rufen mußte – was hätte ich dafür gegeben, wenn Philomela mir das hätte abnehmen können! Was willst du?

Alles hätte ich dafür gegeben, wenn ich den Klang seiner Stimme nicht hätte hören müssen. Als ich keine Anstalten machte, mich zu bewegen, kam er widerwillig auf mich zu. Er wußte, daß ich gekommen war, um sein Spiel zu stören. Es ist schon fast dunkel, sagte ich. Dein Vater kommt bald. Wir müssen zu den Zelten zurückgehen.

Achselzuckend folgte er uns. Hintereinander gingen wir zum Strand hinunter.

Bei Sonnenuntergang wird Tereus den Gebirgspaß herunterkommen. Er wird die Pracht ausnutzen und den flammenden Himmel wie einen Mantel tragen, den er sich auf dem Schlachtfeld erworben hat. Prahlend wird er durch das Lager stapfen. Dann wird er sich zu Boden werfen, der erschöpfte Krieger, und darauf warten, daß wir – meine zungenlose Schwester und seine Frau – ihn mit unserem Lob überschütten.

Unter dem Vorwand, ihm ein großes Meerestier zeigen zu wollen, das am Vormittag in den Netzen gefangen worden war, führten wir Itylus in die Höhle am anderen Ende des Strandes. Dort war es dunkel, und es roch ranzig. Bis ganz hinauf zur Decke der Höhle hatte die Luft dieselbe dunkelgraue Farbe, und die Felsen waren fein und scharf wie die Zähne eines verfaulenden Fisches. Tagsüber spielten die Kinder mit den zarten Seeanemonen, die wir nun unter unseren Fußsohlen zermalmten. Ihre Schalen hatten die blasse, rosa-bläuliche Farbe eines Ohrläppchens. Philomela und ich standen schweigend daneben, während Itylus das Ungeheuer untersuchte, ohne sich anmerken zu lassen, wie aufgeregt er war.

In einem Netzwerk aus Fangarmen lag ein großes Auge. Die ineinander verschlungenen Arme, die sich jetzt im hinteren Teil der Höhle über den modrig riechenden Sand erstreckten, hatten sich offenbar zur Wehr gesetzt. An manchen Stellen waren sie von Männerhänden abgehackt worden oder wirkten gequetscht wie Schilfrohre, die jemand vergeblich zu brechen versucht hatte. Wir Frauen hatten Angst, dem Ungeheuer zu nahe zu kommen – vielleicht wegen des Auges, das uns ständig zu beobachten schien, wo immer wir auch standen. Nur Itylus, der seinen Mut und seine Männlichkeit unter Beweis stellen mußte, griff nach einem Stück Treibholz und näherte sich dem Tier. Es war schon seit dem Morgen tot, aber der stechende Blick der schwarzen Pupille in dem Tümpel aus Weiß kündete von verborgener Kraft und Energie. Vor unserem geistigen Auge sahen wir das Ungeheuer hochschießen und angreifen. Obwohl seine Arme verdreht und übel zugerichtet waren, besaßen sie eine fiebrige Stärke. Wir konnten fast spüren, wie sie unsere Rippen eindrückten und sich um unseren Hals schlangen.

Wir hoben einen Felsbrocken hoch und schlichen uns von hinten an Itylus heran. Er ging ohne einen Laut zu Boden. Aus Philomelas Augen sprach Entsetzen. Ich war die einzige, die laut aufschrie.

Der Laut, den ich ausstieß, wurde von den Wänden der Höhle voller Wut und Verachtung zurückgeworfen. Es dauerte lange, bis er verhallte. Wie ein Wimmern verharrte er in dem nassen Stein.

Das Auge beobachtete uns auch dann noch, als wir die Leiche von Itylus hochhoben und zum Eingang der Höhle schleppten. Ich blickte zuerst hinaus. Die Sonne ging gerade unter, der Himmel war rot. Von den schwarzen Bergen konnte ich nichts sehen, dafür aber einen Trupp Männer, die bereits Fackeln entzündet hatten, um auf die plötzlich hereinbrechende Nacht vorbereitet zu sein. Wie glühende Käfer bewegten sie sich vom Strand auf die Ausläufer der Berge zu. Demnach war Tereus bereits auf dem Weg nach unten.

Wie schnell und wie langsam wir den großen Topf aus seinem Versteck am Eingang der Höhle zogen, unseren Scheiterhaufen aus trockenem Holz errichteten und das Wasser zum Kochen brachten! Aber als wir auf das Meer hinausblickten, sahen wir sein im Wasser treibendes Haar. Und der Sand hatte im roten Schein der untergehenden Sonne die Farbe seines armen kochenden Fleisches. Wie langsam!

Jahr um Jahr wird vergehen, aber diese Minuten werden trotzdem länger dauern als alle Jahre. Jede Stunde wird sich aus ihnen zusammensetzen. Und wir werden neben dem starrenden Auge hinten in der Höhle stehen, und Tereus wird den Berg herunterkommen, und wir werden an der Mündung der Höhle stehen und auf das Meer hinausblicken, um uns die Zeit zu vertreiben. Wie schnell die Jahre vergehen werden!

Als das Fleisch fertig war, schütteten wir das Wasser weg, bis unten im Topf nur noch ein wenig übrig war. Wir hatten versucht, frisches Wasser zu finden – knapp oberhalb des Strandes gab es einen alten Brunnen –, aber Meerwasser war eingedrungen. Kleine Napfschnecken und Pflanzenstückchen hingen an dem Fleisch. Wir gaben Kräuter und tierisches Fett dazu. Philomela machte einen Teig und knetete ihn mit ihren flinken Fingern, die sie inzwischen auch zum Sprechen verwendete, indem sie sie hochhielt und durch Zahlenkombinationen zum Ausdruck brachte, was sie wollte. Ich beobachtete ihre Hände, während sie die feine Teigkruste über den Topf legte. Wir machten ein Feuer und warteten.

Es war ein schönes Festessen. Ich saß mit gesenkten Augen an Tereus' Seite, mein Gesicht rot vor lauter Stolz auf ihn. Philomela war, wie immer bei solchen Gelegenheiten, ein Geist, ein Schatten, der hin und wieder über Tereus' Gesicht fiel, wenn er sich umdrehte und sie anblickte. Ich war seine Frau, und ich feierte seine Siege mit ihm.

Die Männer schrien und sangen. Als der Mond aufging, rannten einige von ihnen betrunken zum Eingang und starrten zum Himmel hinauf, als würden sie ihn zum erstenmal sehen. Wie Tereus lachte ich nachsichtig über sie. Wie Tereus klatschte ich Beifall, als die gefangenen Sklavenmädchen tanzten. Ihre Körper waren eingefettet, und zwischen ihren Augen funkelten Edelsteine. Zusammen mit Tereus erhob ich mich und trat an den großen Tisch, auf dem der Wein und das Essen bereitstanden. Auf glänzenden Feigenblättern türmten sich Berge von Trauben und Granatäpfeln. Große Stücke gebratenen Ochsenfleisches waren mit Girlanden aus schnell welkenden Blumen geschmückt.

Die Pastete wurde hereingetragen. Tereus ließ sich wie ein Kind nieder und begann zu essen. Nachdem er ein paar Bissen gekostet hatte, nickte er anerkennend. Er bot seinen Günstlingen etwas davon an, und sie stolzierten zu ihm nach vorne und streckten ihre Hände aus. Dann wandte er sich an mich.

Iß! – sagte er. Das habt ihr gut gemacht.

Ich schüttelte den Kopf. Schwarze, schwindelerregende Übelkeit. In meinem Inneren herrschte stürmischer Seegang. Ich konnte den Blick nicht länger gesenkt halten. Zahlreiche Augenpaare starrten mich in einer Mischung aus Neugier und Abneigung an. Wo ist Philomela?

Ihre Augen waren nirgendwo zu sehen. Ich aber wäre beinahe zu Boden gestürzt, als alle Augen im Raum ineinander verschmolzen und sich ein einziges, lidloses Auge auf mich richtete. Tereus, dem der Bratensaft der Pastete am Kinn hinunterlief, zog mich überrascht auf den Platz neben sich zurück. Er hielt mir ein besonders zartes Stück unter die Nase. Iß! meinte er lachend. Was ist los mit dir?

Philomela trat aus dem hinteren Teil des Zeltes nach vorne. Da sie stumm war, hatten die Männer Angst vor ihr und wichen von selbst zurück, um sie durchzulassen. Ich spürte, wie Tereus zusammenzuckte.

Schafft mir diese Frau aus den Augen! murmelte er, aber seine Stimme klang nicht sehr überzeugend. Wie die anderen hatte auch er Angst vor ihr. Sie war im Lager zu einer Art Priesterin geworden, die Priesterin eines Orakels ohne Stimme. Sie war die unfreiwillige Rächerin jeder Sünde. Möglich, daß Tereus als einziger von der Barbarei wußte, die ihr angetan worden war, aber die anderen hatten zumindest einen Verdacht.

Philomela trat an meine Seite und nahm meine Hand, so daß ich mich mit neuer Kraft erheben konnte. Abgesehen von weit entfernten Rufen, die von draußen hereindrangen, hatte sich Schweigen im Zelt ausgebreitet. Alle Augen waren nun voller Angst und Unbehagen auf uns gerichtet. Sie warteten darauf, daß ich etwas sagen würde.

Ich wandte mich an Tereus.

Es ist an dir, deinen Sohn Itylus zu essen, erklärte ich. Du hast uns schon vor langer Zeit zerstört. (Wie langsam! Tereus' lange Jahre des Exils und der Trauer. Wie schnell die Jahre vergehen werden.)

Deutsch von Birgit Moosmüller

Barbara Gowdy

Sylvie

Obwohl Sylvies Gedächtnis sie im Stich läßt, wenn sie versucht, sich an Ereignisse vor ihrem letzten Schultag zu erinnern, ist ihre lückenlose Erinnerung an bestimmte Augenblicke nach diesem Tag ein anerkanntes medizinisches Wunder. Sie erinnert sich nicht nur wortwörtlich an manche Gespräche, sie kann auch sagen, was für ein Geruch in der Luft lag und ob es windig war oder nicht. Sie weiß noch, daß, während ihre Mutter auf eine Antwort ihres Vaters wartete, in der Ferne das Pfeifen eines Zuges zu hören war und in der Wand die Mäuse scharrten. Hatten drei tote Fliegen auf der Fensterbank gelegen und waren sie ihr vor zehn Jahren aufgefallen, dann fielen sie ihr auch in derErinnerung wieder auf. »Es ist, wie wenn man träumt und gleichzeitig weiß, daß man träumt«, sagt sie zu der dicken Frau, Merry Mary. »Man lebt zwei Leben auf einmal.«

»Als würdest du das nicht ohnehin tun«, meint Merry Mary.

Merry Marys Bemerkung bezieht sich darauf, daß Sylvie untrennbar mit ihrer siamesischen Zwillingsschwester Sue verbunden ist. Sue allerdings besteht ausschließlich aus einem Paar Beine. Es sind vollkommene kleine Beine mit Füßen, Knien, Oberschenkeln, Hüften und einem Bauch. Der Bauch wächst knapp unterhalb des Nabels aus Sylvies eigenem Bauch heraus, die Füße reichen bis mehrere Zentimeter unter ihre eigenen Knie und zeigen von ihrem Körper weg, das heißt, sie zeigen in dieselbe Richtung wie ihre eigenen Füße. Über diese kleinen Beine hat sie ebensowenig Kontrolle wie über ihre Ohren, aber sie spürt sie, spürt die Krämpfe, die sie ab und zu bekommen, spürt die Zuckungen, spürt es, wenn die Beine berührt werden. Mehrmals täglich faßt sie die Beine bei den Füßen und beugt und streckt sie. Ihre Mutter hatte ihr eingeschärft, sich dies zur Gewohnheit zu machen. Sie sagte, die Beine würden sonst verfaulen und abfallen.

Die Schulschwester erklärte Sylvie später, daß das nicht stimmte. »So einfach ist es leider nicht«, waren ihre Worte. Trotzdem ermutigte sie Sylvie zu den Übungen, um die Krämpfe unter Kontrolle zu bringen. Sie öffnete ihr auch die Augen in bezug auf die Überzeugung ihrer Mutter, daß in ihrem Bauch genug Platz für zwei Babys gewesen wäre, wenn sie nicht während der Schwangerschaft an Verstopfung gelitten hätte.

»Quatsch mit Soße«, sagte die Krankenschwester dazu.

»Das dachte ich mir schon«, murmelte Sylvie. Aber sie litt weiterhin unter Schuldgefühlen, weil sie mehr Glück gehabt hatte als ihre Schwester.

Für Sylvie gab es keinen Grund anzunehmen, daß ihre Mutter bestürzt darüber war, eine Tochter mit einem zusätzlichen Paar Beine zu haben. Wenn ihre Mutter seufzend auf das Glück der anderen blickte und sarkastische Bemerkungen über deren angebliche Probleme machte, dann lag es daran, daß sie eine Tochter hatte, die nur aus Beinen bestand. Sie strickte blau-weiß oder rotweiß geringelte Strümpfe für Sue (Sylvie mußte schlichte weiße tragen) und kaufte ihr neue Schuhe (Sylvie bekam nur welche aus zweiter Hand vom Kirchenbasar). Als wäre Sylvie gar nicht da, als fühlte sie nicht alles, was Sue fühlte, zwickte ihre Mutter Sue in die Füße und massierte ihr die Waden und sagte: »Wie geht es meinem Schatz? Hatte meine kleine Süße einen schönen Tag?« An Sues runden Knien könne man erkennen, sagte ihre Mutter, daß sie nach ihrer Seite der Familie geschlagen wäre, der schottischen, blonden, molligen Seite. »Die hier«, sagte ihre Mutter und klopfte auf Sylvies eigene knochige Knie, »sehen portugiesisch aus.«

Die offensichtliche Vorliebe ihrer Mutter für Sue verletzte Sylvie, aber gleichzeitig tat ihre Schwester ihr leid, und sie war dem Schicksal dankbar für den Vorzug, einen vollständigen Körper zu besitzen, und dazu noch auf Kosten ihrer Schwester ein zweites Paar Beine. So etwas – selbst wenn es nicht zu gebrauchen war – besaß außer ihr niemand. Durch das Verhalten ihrer Mutter kam Sylvie gar nicht auf den Gedanken, ihre Beine könnten auf andere Menschen erschreckend wirken. Es war niemand da, der es ihr hätte sagen können. Sie war ein Einzelkind, und ihr Vater, der von morgens bis abends in einer Glühbirnenfabrik arbeitete, war kaum je zu Hause und sprach nicht fließend genug Englisch, um viel zu reden. Sie wohnten am Ende eines stark zerfurchten Feldweges auf einem Stück unfruchtbarem Land, wo wild lebende Schäferhunde herumstreunten. Vielleicht ist Sylvie ein paarmal in der Stadt gewesen, bevor sie in die Schule kam, aber sie weiß es nicht mehr. Manchmal verging ein ganzes Jahr, ohne daß jemand sie besuchte.

Der Schulinspektor mußte vorbeigekommen sein. Sie hatten kein Telefon, also blieb den Leuten nichts anderes übrig, als persönlich vorbeizukommen, wenn sie ihnen etwas mitteilen wollten. Ihre Mutter nannte den Inspektor anschließend nur noch Dieser Mann, und als er ein Jahr später starb, sagte sie, wenn die vom Beerdigungsinstitut glaubten, sie würde den Sarg von Diesem Mann polieren, dann hätten sie sich aber gewaltig getäuscht.

Zweimal in der Woche ging ihre Mutter im Beerdigungsinstitut putzen. Sie bekam dafür zwanzig Dollar im Monat, und zusätzlich die verwelkten Blumengestecke. An Sylvies erstem Schultag stammten die roten Bänder in ihren Zöpfen von einer Ruhe-in-Frieden-Schleife; ebenso die weiße Borte, die ihre Mutter noch im letzten Monat an den Saum ihres Rockes annähte, damit ihre kleinen Beine auch bestimmt nicht zu sehen waren.

Ihre Mutter brachte sie am ersten Tag zur Schule, und zwar mit dem Pferdekarren. Manchmal besaßen sie einen Pritschenwagen, aber nicht in jenem Jahr. Als das Schulgebäude am Ende der Straße in Sicht kam, sagte ihre Mutter: »Du behältst Sue unter dem Rock. Zeig sie niemandem. Mach keine Übungen mit ihr, ehe du wieder zu Hause bist.«

Sylvie stand im Pferdekarren auf, um über die Schulter ihrer Mutter sehen zu können. »Spielen sie Fangen?« fragte sie begeistert. In dem Moment hörten die Kinder auf zu spielen, riefen: »Da ist sie!« und »Sie ist es!« und rannten auf die Straße hinaus.

»Setz dich hin«, sagte ihre Mutter.

Der Karren rollte quietschend und holpernd auf die Schule zu. Es versetzte Sylvie einen schmerzlichen Stich, daß die Röcke aller anderen Mädchen kürzer waren als ihrer und daß keines der Mädchen Zöpfe trug. Ihre Mutter fuhr etwa zwanzig Meter an den Kindern vorbei, ehe sie anhielt. »Geh gleich rein«, sagte sie. Ihr Blick war auf einen Jungen gerichtet, der etwas abseits stand und eine Zigarette rauchte.

Sylvie griff nach ihrem Pausebeutel und stieg aus. Als sie näherkam, traten die Kinder zur Seite, um den Weg für sie frei zu machen. Sylvie bemerkte, wie einige der Kinder sie mit einem merkwürdigen Ausdruck auf dem Gesicht anstarrten, und instinktiv hielt sie sich schützend den Pausebeutel vor den Körper, doch sie stellte keinen Zusammenhang zwischen ihren kleinen Beinen und diesen Blicken her. Sie glaubte, ihre Mutter habe mit ihrer Ermahnung, Sue unter dem Rock zu behalten, gemeint: Benimm dich nicht unschicklich, gib nicht an.

Sie war jetzt bei der Treppe zum Schulgebäude angekommen. Den Pausebeutel gegen ihre kleinen Beine gepreßt, drehte sie sich um und winkte ihrer Mutter zu. Ihre Mutter ließ die Zügel knallen. Sylvie hörte dieses Geräusch im linken Ohr, während sie im rechten eine Stimme hörte, die genauso hell klang wie ihre eigene – sie erlebte zum erstenmal, daß ein anderes Mädchen mit ihr sprach.

»Dürfen wir sie sehen?« fragte das Mädchen.

»Was denn?« sagte Sylvie.

»Deine Beine.«

»Meine Mutter hat gesagt, ich darf sie nicht zeigen.«

»Sind sie da drunter?« fragte ein zweites Mädchen und zeigte auf die Stelle, die Sylvie mit ihrem Pausebeutel verdeckte. Das Mädchen hatte einen boshaften Blick und lange Zähne.

»Ich soll gleich reingehen«, murmelte Sylvie und machte Anstalten, an den Kindern vorbeizugehen.

Jemand versuchte, ihren Rock hochzuheben. Als sie herumschwenkte, um zu sehen, wer es war, schoß von vorne eine Hand unter ihren Pausebeutel und schlug klatschend auf das Knie eines ihrer kleinen Beine. »Ich habe sie angefaßt!« schrie das Mädchen mit dem boshaften Blick. Ein Junge zog Sylvie an den Haaren. Der Pausebeutel glitt ihr aus der Hand, und augenblicklich fielen alle über die Vorderseite ihres Rockes her. »Nicht!« jammerte sie. Jemand schubste sie, und sie stürzte zu Boden. Ihr Rock wurde hochgeschoben. Ihre Arme wurden fest auf die Erde gedrückt, eine Hand legte sich über ihren Mund. Die Hand roch nach Tabak. Die Kinder, die etwas sehen konnten, hielten den Atem an und verstummten schlagartig. »Ich muß mich übergeben«, flüsterte ein Mädchen, und Sylvie dachte, es läge daran, daß ihre Unterhosen zu sehen waren, ihre und Sues, aber dann berührte ein Junge mit einem schnellen prüfenden Druck der Fingerspitzen eines ihrer kleinen Beine am Unterschenkel, und Sylvie begriff plötzlich – ihre kleinen Beine waren die weißen Würmer unter einem Stein, den man gerade umgedreht hat .

Als alle sie gesehen hatten, halfen ein paar ältere Mädchen Sylvie hoch. Sie klopften den Schmutz von ihrem Rock, vorsichtig darauf bedacht, die Vorderseite nicht zu berühren. Sie untersuchten die Schürfwunde an ihrem Arm und waren sich darüber einig, daß sie nicht verbunden werden mußte. Ein Mädchen mit Brille hob Sylvies Pausebeutel auf und bewunderte das Erdbeermuster auf dem Stoff. »Wein doch nicht«, sagte sie. »Ich finde, sie sehen aus wie ganz normale Beine.«

»Selber schuld«, sagte das Mädchen mit dem boshaften Blick schnarrend in Sylvies Ohr. »Du hättest sie uns eben zeigen sollen, als wir dich freundlich darum gebeten haben.«

Das war der beste Rat, den Sylvie je erhalten hatte. Von da an zog sie sofort den Rock hoch, wenn jemand sie, ob freundlich oder nicht, bat, ihre Beine sehen zu dürfen. Die Kinder brachten ihre älteren Geschwister und ihre Eltern mit in die Schule, damit sie Sylvie sehen konnten. Ein Junge brachte seine blinde Tante mit, die, nachdem sie Sues Oberschenkel angefaßt hatte, sagte: »Das dachte ich mir. Unecht. Naturkautschuk.«

Es dauerte nicht lange, bis Sylvies Eltern mitbekamen, was vor sich ging. Am meisten regte sich ihre Mutter darüber auf, daß Sylvie so bereitwillig mitspielte. Sie schimpfte Sylvie eine dreckige Schlampe. Sie sagte, eine tägliche Dosis Kratzer und das eine oder andere blaue Auge hätten die Kinder schon sehr bald eines besseren belehrt.

»Aber wenn ich sie nicht zeige, dann kratzen und hauen sie mich«, sagte Sylvie.

»Dann ist das eben dein Los!« brüllte ihre Mutter. »Das Kreuz, das du zu tragen hast! Denk mal darüber nach, was Sue alles mitgemacht hat! Denk mal darüber nach, was ich alles mitgemacht habe!«

In dem Moment kam ihr Vater aus einem der anderen Zimmer. »Warum sie nicht hierbleiben?« sagte er.

»Was?« Ihre Mutter war über diese ungewohnte Einmischung sichtlich verblüfft.

»Du unterrichtest sie«, sagte er.

»Was?« wiederholte ihre Mutter lauter.

»Wie vorher.« Er zuckte die Achseln.

»Ich habe es dir doch erklärt!« schrie ihre Mutter ihn an. »Weißt du nicht mehr, was Dieser Mann gesagt hat? Schule schwänzen verstößt gegen das Gesetz! Gegen das Gesetz! Willst du etwa, daß wir alle im Knast landen?«

Am nächsten Nachmittag tauchte ihre Mutter bei Unterrichtsschluß in der Schule auf und putzte Miss Moote, Sylvies Lehrerin, gehörig herunter, weil sie nicht auf Zack gewesen war. Von da an behielt Miss Moote Sylvie während der Pause drinnen und wartete mit ihr draußen vor der Eingangstür, bis ihre Mutter im Pferdekarren eintraf. Dienstags und freitags, wenn ihre Mutter die Leichenhalle putzte, sollte eigentlich ihr Vater sie abholen, aber meistens kam er aus der Fabrik nicht rechtzeitig weg, und schließlich ging Miss Moote dann einmal um die Schule herum und sagte zaghaft, alle Kinder seien längst weg und Sylvie könne jetzt bestimmt unbehelligt nach Hause gehen.

Sie blieb nie unbehelligt. Die Jungs lauerten ihr auf und pieksten und kitzelten sie, um zu sehen, wie ihre kleinen Beine strampelten. Eines Tages steckte der Junge, der ständig rauchte, seinen Finger zwischen beide Paare ihrer Beine, zuerst zwischen die kleinen und dann zwischen ihre eigenen, und sie mußte ganz schnell nach Hause rennen, um das Blut auszuwaschen, das in ihre Unterhosen getropft war.

Sie legte sie zum Trocknen in den warmen Backofen, aber Sues, aus besserer Baumwolle als ihre eigenen, waren noch feucht, als sie hörte, wie ihre Mutter die Haustür aufschloß. Es blieb ihr nichts anderes übrig, als sie trotzdem anzuziehen (sie und Sue besaßen jede nur ein Paar) und zu hoffen, daß ihre Mutter es nicht merken würde.

Ihre Mutter merkte es nicht nur nicht, sie hatte sogar ein Geschenk für sie aus der Leichenhalle mitgebracht. Nachdem sie Sue gestreichelt und massiert und sie gefragt hatte, ob sie einen schönen Tag gehabt habe, stand sie auf, faßte in ihre Manteltasche und zog ein zusammengelegtes Stück Papier heraus. »Das habe ich neben Mr. Arnett auf der Bahre gefunden«, sagte sie und faltete die Serviette auseinander. Eine tote Gottesanbeterin kam zum Vorschein. »Gleich neben seinem Ohr, als hätte sie für die Seele des alten Geizkragens gebetet und wäre dann von dem Formaldehydgeruch umgekippt. Frag mich bloß nicht, wie sie da hingekommen ist.«

Sylvie nahm das Insekt vorsichtig in die Hand, und plötzlich erschien ihr der Schmerz, den sie empfunden hatte, als der Junge seinen Finger in sie und Sue bohrte, wie die Finsternis vor der

Dämmerung, wie eine schreckliche Prüfung, durch die sie sich diese ansonsten unerklärliche Gnade verdient hatte. Die Gnade bestand nicht nur darin, daß Sylvie noch nie eine Gottesanbeterin gesehen hatte, hinzu kam, daß ihre Mutter seit Monaten vergeblich versuchte, einen Käufer für das Mikroskop zu finden. Ihr Vater hatte es Sylvie zum Geburtstag geschenkt und behauptet, es bei einem Räumungsverkauf billig bekommen zu haben. Für zehn Dollar, gab ihr Vater schließlich zu, und Sylvies Mutter murmelte und brüllte abwechselnd den ganzen Tag lang diesen Betrag, dann heftete sie Zettel an die Telefonmasten in der Stadt, auf denen sie es zum Verkauf anbot. Aber es meldeten sich keine Interessenten, und inzwischen benutzte Sylvie das Mikroskop zum Studium von Insekten.

Mit der Gottesanbeterin begann sie eine Sammlung. Zuerst untersuchte sie jedes Insekt von allen Seiten, dann, nachdem sie es mit einem Stein oder mit einem Bleistift, den sie auf ihm hin- und herrollte, plattgedrückt hatte, säuberte sie es mit Essigwasser. Wenn es trocken war, bügelte sie es zwischen zwei Lagen Wachspapier und klebte es in ein Sammelalbum.

Sie füllte in drei Jahren drei Alben. Beim vierten Album nahm sie auch Larven und Würmer in ihre Sammlung auf. Mittlerweile zog sie ein Buch aus der Bücherei zu Rate, um ihren jeweiligen Fang genau zu bestimmen, und stellte mit ausgeschnittenen Buchstaben aus einem Versandhaus-Katalog Etiketten her. Auf der gegenüberliegenden Seite notierte sie etwas von dem, was sie gelesen oder beobachtet hatte. »Zum Zwecke der Verteidigung verdeckt das Ordensband seine farbenprächtigen Flügel mit einem Paar unscheinbarer Flügel, die sich optisch der Umgebung anpassen.« »Ein schwarzer Strich auf der Unterseite der hinteren Flügel ist der einzige Unterschied zwischen dem Fleckenfalter und dem Monarch.«

Einige Wochen nach ihrem vierzehnten Geburtstag gab sie diese Beschäftigung auf. Eines Tages brachte sie es nicht mehr übers Herz, schon wieder ein Insekt plattzudrücken. Außerdem fand sie kaum je etwas, das sie nicht bereits in ihrer Sammlung hatte, und sie ärgerte sich darüber, besonders weil sie wußte, daß es allein auf dem Stück Land, auf dem sie wohnte, Hunderte, vielleicht Tausende verschiedener Insektenarten gab.

Das aufregende Gefühl des Jagens war damit jedoch nicht erloschen. Genaugenommen kehrte es, hervorgerufen durch ihre Erinnerungsschübe, mindestens einmal die Woche ebenso lebhaft wie früher zurück. Auch andere Erlebnisse kehrten wieder (während dieser Phasen hatte sie keine Kontrolle über das, was ihr in den Sinn kam), aber meistens war sie in ihrer Erinnerung gerade dabei, sich an ein Insekt heranzupirschen oder eines zu konservieren.

Die Schübe hatten ein Jahr zuvor angefangen und traten immer dann auf, wenn sie nervös oder verstört war. Es kam vor, daß ihre Mutter sie anbrüllte und Sylvie jedes Wort verstand und auch sah, wie ihre Mutter mit voller Wucht einen Topf auf den Boden warf, aber sie kniff nur deshalb die Augen zusammen, weil die späte Nachmittagssonne das Scheunendach in eine spiegelnde, blendende Fläche verwandelt hatte, und verspürte nur deshalb den Drang, die Hand zu heben, weil ihre Hand sich tatsächlich gerade hob, um eine Blattlaus vom Rosenspalier zu klauben. Sie hörte ihre Mutter in der Küche, und sie hörte ihre Mutter vor zwei Jahren von der Scheunentür aus rufen.

Auch wenn sie gerade keinen Erinnerungsschub hatte, besaß Sylvie ein ausgezeichnetes Gedächtnis. Sie lernte ihre Schulbücher auswendig und bekam erstklassige Noten und Abzeichen für besondere Leistungen. In den Freistunden oder während des Sportunterrichts (von dem sie befreit war) lernte sie in der Bibliothek oder in einem leeren Klassenzimmer. Da inzwischen alle, die Wert darauf legten, ihre Beine mindestens einmal gesehen hatten, wurde sie in Ruhe gelassen.

In ihrem vorletzten Schuljahr allerdings wurden nicht weit von der Schule entfernt Soldaten stationiert, und jeden Tag warteten zwei oder drei Kadetten vor dem Schultor auf sie. Sie fotografierten sie, um die Bilder ihren Angehörigen zu schicken oder sie in der Brieftasche bei sich zu tragen – als Glücksbringer, sagten sie –, wenn sie nach Europa in den Krieg geschickt wurden.

Sylvie hatte nichts dagegen. Sie hatte sogar eine Schwäche für die Kadetten, weil sie ihr Schokolade mitbrachten und sagten, sie sehe aus wie die Filmschauspielerin Vivien Leigh. Sie witzelten herum und machten sich über sie lustig, aber sie taten es nicht hinter ihrem Rücken, so wie die Heuchler, die angeblich ihre Gefühle nicht verletzen wollten.

Eines Tages kam eine Kirmes in die Stadt, und kein einziger Mensch in der Schule hatte den Mut, ihr gegenüber die Monstrositätenschau zu erwähnen, aber die Kadetten erzählten ihr ohne Umschweife und in allen Einzelheiten davon. Sie verschwiegen auch die in einem Glas ausgestellten Föten von einem siamesischen Zwillingspaar nicht.

»Genau wie du, nur mit vier Armen und einem zweiten Kopf«, berichtete einer der Kadetten. »Und natürlich tot. Können dir aber nicht das Wasser reichen.«

Sylvie drehte sich auf dem Absatz um und lief direkt zur Farm der Browns, wo die Kirmes aufgebaut war. Sie fand das Zelt, indem sie den roten Pfeilen folgte, auf denen stand: »Wer sich gruseln will wie nie, hier entlang!« und: »Noch ein paar Schritte, Gruselfreunde!« Auf einem großen Schild neben dem Zelt stand:

M. T. BEAN AUS NEW YORK CITY PRÄSENTIERT
DIE SCHAU DES JAHRZEHNTS.
DIE GRÖSSTEN, KLEINSTEN, DÜNNSTEN, DICKSTEN,
SELTENSTEN UND SELTSAMSTEN GESTALTEN,
DIE JE AUF GOTTES ERDE WANDELTEN!

Darunter befand sich ein Gemälde von einem dünnen Mann im Frack, einer fetten Frau auf einem Thron mit einer Krone auf dem Kopf und einer großen Frau mit riesigen Händen, die ein Tablett vor sich her trug, auf dem ein Zwerg stand. Die Föten waren nicht auf dem Bild.

»Nächste Vorstellung in einer halben Stunde«, sagte ein Junge. »Du kannst deine Eintrittskarte schon kaufen. Fünfzig Cent.«

Sylvie hatte kein Geld bei sich, sie hatte nicht daran gedacht, daß man Eintritt bezahlen mußte. »Ich komme noch mal wieder«, sagte sie.

Sie war überzeugt, ihre Eltern würden genau wie sie darauf brennen, die Föten zu sehen. Sie irrte sich. Ein merkwürdiger, finsterer Ausdruck trat in das Gesicht ihres Vaters. Ihre Mutter nannte M. T. Bean einen Aasgeier.

»Aber Mutter«, protestierte Sylvie. »Siamesische Zwillinge. Wie ich und Sue.«

»Eben nicht wie du und Sue!« rief ihre Mutter und schwang drohend einen Kochlöffel. »Nackt! Zur Schau gestelltes Fleisch! Davor habe ich dich bewahrt!«

Am nächsten Tag lief Sylvie von zu Hause weg. Sie hatte es nicht so geplant, aber als sie zum Kirmesplatz kam und die Zelte und Buden nicht mehr da waren, machte sie sich zu Fuß auf den Weg nach New York City. Sie erinnerte sich daran, daß Mr. Bean aus New York City stammte. Wenn sie in Richtung Osten ging und den Straßenschildern folgte, müßte sie früher oder später dort ankommen, überlegte sie. Im Hinterkopf hegte sie den Plan, sich in Lokalen zu präsentieren, im Tausch gegen eine Mahlzeit und einen Schlafplatz.

Nach drei Stunden stieß sie auf die Wohnwagen der Schausteller, die auf einer Wiese ihr Lager aufgeschlagen hatten. Ein paar Leute saßen draußen herum und tranken Bier. Ein hellhäutiger Neger pfiff anerkennend durch die Zähne, als er sie sah.

»Ist Mr. Bean da?« fragte sie ihn.

»Süße, bei dem Bean-Typ solltest du dich besser nicht blicken lassen«, sagte er. »Zwei unserer Wagen sin' liegengeblieben, und mit dem Bean-Typ is' heut nich gut Kirschen essen.«

»Er will mich bestimmt sehen«, sagte Sylvie.

Und ob er das wollte. Er bot ihr seinen Sessel und eine Flasche Cola an. Er sagte, er kenne ihre Mutter.

»Meine Mutter ist tot«, erklärte Sylvie. »Mein Vater auch.«

Mr. Bean kniff die Augen zusammen. »Wie alt bist du?«

»Fast achtzehn.«

»Kannst du das beweisen?«

»Als ich geboren wurde, stand es in allen Zeitungen.«

Er lächelte. »Natürlich«, sagte er. »Dann laß mal sehen.«

Er war ein fetter, glatzköpfiger Mann in Unterhemd und Hosenträgern, und er sprach mit britischem Akzent. Er forderte sie auf, Sues Schuhe und Strümpfe auszuziehen, und dann tastete er jedes ihrer nackten Beine von oben bis unten ab. »Kannst du sie bewegen?« fragte er. »Stuhlgang?«

Sie unterschrieb an diesem Nachmittag einen Vertrag. Fünf Jahre, vierzig Dollar die Woche, dazu Kost und Logis und die Hälfte der Unkosten für Garderobe und Requisiten. Ein zweites großes Schild sollte gemalt werden, auf dem nur sie abgebildet war und auf dem sie *Die unglaubliche Mann-Frau* genannt wurde. Aus Sue sollte Bill werden, und Sylvie sollte auf der Bühne komische Geschichten über die Sorgen und Nöte erzählen, die einen plagten, wenn man mit einem Jungen zusammengewachsen war.

Sylvie und Merry Mary teilen sich einen Wohnwagen. Sie teilen ihn sich schon seit sechs Jahren, von Sylvies erstem Arbeitstag an, und waren seitdem nur einmal für kurze Zeit voneinander getrennt, als Mary sich auf ein Abenteuer mit dem Leopardenmenschen eingelassen hatte und Sylvie solange zu einem der Nummern-Girls gezogen war.

Das Ergebnis von Marys Affäre war ein Baby. Es war ein Überraschungsbaby, denn Mary hatte keine Ahnung von ihrer Schwangerschaft, bis sie eines Tages auf ihrem Klo, das eine Sonderanfertigung war, niederkam. Sylvie war zu der Zeit im Wohnwagen und zog das Baby heraus, während Mary unbehaglich grunzte und sich an den Stützstangen des Klos festhielt. Es war ein Mädchen. Winzig, normal. Vollkommen.

»Also, was sagt man dazu?« Mary lachte und nannte ihre Tochter auf der Stelle Sue, nach Sylvies Beinen. Mr. Bean legte sich schwer ins Zeug, plante eine Hochzeit und ließ Flugblätter drucken. Aber bevor die Flugblätter verschickt waren, lief Sue blau an und starb.

»Die fette Frau weint nicht«, sagte Mary, als Mr. Bean ihr den Rat gab, den Tränen freien Lauf zu lassen. Sue hatte vor zwei Stunden aufgehört zu atmen, und Mary hielt sie immer noch im Arm. Sie trennte sich erst von ihr, als das Abendessen fertig war. Nach dem Essen setzte sie ihre Krone für die Vorstellung auf und sagte: »Wie gewonnen, so zerronnen«, um Sylvie zu trösten, die in einen Stapel frischgewaschener und gebügelter Windeln weinte und in einem Erinnerungsschub gerade einen Schwammspinner einklebte.

Es dauerte Wochen, bis Sylvie aufhörte zu weinen. Sie konnte einfach nicht begreifen, daß sie und Mary und die anderen Mißgeburten am Leben waren, während ein vollkommen geformtes Baby gestorben war. Schon beim ersten Anblick von Sue war ihr klargeworden, daß es nicht so schlimm war, mißgebildet zu sein, wenn es Mißbildungen geben mußte, um solche Vollkommenheit möglich zu machen. Sues Tod brachte sie völlig aus dem Gleichgewicht. »Das ergibt doch keinen Sinn«, sagte sie immer wieder. Und Mary sagte: »Allerdings nicht«, und: »So ist nun mal das Leben«, und dann sagte sie: »Wer sagt denn, daß es einen Sinn ergeben muß«, und schließlich sagte sie, Sylvie solle sich endlich am Riemen reißen und damit aufhören.

Mary vergoß nicht eine Träne. Sie hatte angekündigt, sie würde nicht weinen, und sie weinte nicht. Statt dessen nahm sie weitere achtzig Pfund zu, hauptsächlich unterhalb der Taille.

Jetzt kann Mary gerade noch fünf Meter weit laufen, und mehr denn je setzt sie Sylvie zu, in die Stadt, in der sie gerade auftreten, zu gehen, sich dort alles anzuschauen und ihr dann haarklein darüber zu berichten. »Nimm dir mal frei«, sagt sie, und spielt damit auf Sylvies Fähigkeit an, als normal durchzugehen. Es macht Mary schwer zu schaffen, daß ausgerechnet diejenige Mißgeburt, die am meisten Besucher anzieht, unerkannt herumlaufen kann.

Alle anderen aus der Truppe haben Sylvie irgendwann einmal gefragt, wie es ist, als normal durchzugehen. Wie es wirklich ist. Sie weiß, daß sie hören wollen, was für ein wunderbares Gefühl es ist, denn als normal durchzugehen ist ihr Traum, aber sie wollen auch hören, daß es eigenartig und manchmal unangenehm ist, denn dieser Traum wird sich für sie niemals erfüllen. Tatsächlich ist es beides. Einerseits liebt Sylvie das Gefühl, zu sein wie alle anderen, also niemand Besonderes. Andererseits fühlt sie sich in Situationen, in denen sie so tut, als sei sie normal, und damit auch durchkommt, mehr denn je wie eine Mißgeburt.

Im übrigen ist sie gar nicht so unauffällig, wie ihre Kollegen gerne vermuten. Zu ihrem unmodisch langen, weiten Rock, der ein Schauspiel für sich ist, kommt auch noch die Ähnlichkeit mit Vivien Leigh. Wo sie hingeht, starren die Männer sie an. Natürlich wehrt sie alle Annäherungsversuche fremder Männer ab, aber eines Tages, während sie in einem Lokal zu Mittag ißt, läßt sich der Mann am Nebentisch durch ihren falschen Ehering und ihre ärgerlichen Blicke nicht im geringsten entmutigen. Er lächelt sie weiterhin an, mit einem seltsam beschwörenden Lächeln, und in ihrer Empörung erlebt Sylvie noch einmal, wie sie vor vierzehn Jahren eine Mischung aus scharfem Senf und Wasser in Wurmlöcher schüttet, während sie hier und jetzt ihre Cola umstößt.

Der Mann ist im Handumdrehen bei ihr, bietet ihr seine Serviette an und stellt sich vor. Dr. John Wilcox.

Sylvie sitzt in der Falle, denn er versperrt ihr den Weg. Sie ist gefangengenommen vom Körper dieses Mannes, von seinen bewundernden Blicken und seinen vielen Fragen. Sie verrät ihm ihren Namen und gesteht zu ihrer eigenen Überraschung, daß der Ring gar kein Ehering ist. Der eine Teil von ihr spült die zuckenden Würmer in einem Krug Wasser ab, der andere Teil erzählt Dr.

John Wilcox, sie sei in der Reisebranche tätig. Wenn man bedenkt, wie viele Kilometer sie schon auf dem Buckel hat, ist das nicht direkt gelogen.

»Ich muß jetzt gehen«, sagt sie wiederholt, aber nicht sehr entschlossen. Sie hat das Gefühl, mit dem Stuhl verschmolzen zu sein. Zwischen ihren kleinen Beinen spürt sie einen milden Schmerz, und sie kann ihre Augen nicht von seinem Mund abwenden. Sein Mund ist wunderschön, eine Rosenknospe, ein Engelsmund. Er hat blondes, lockiges Haar. Sieben Jahre im Showgeschäft, und wie viele Männer hat sie betrachtet, während sie gleichzeitig von ihnen betrachtet wurde? Genügend, um zu wissen, daß es solche wie ihn nicht wie Sand am Meer gibt.

Plötzlich schweigt er. Er nimmt ihre Hand vom Tisch und hält sie minutenlang fest, dreht sie um, untersucht sie genau. Wann werden sie sich wiedersehen? Gar nicht, antwortet sie, sie ist anders, als er glaubt. Nein, sie liebt niemand anderen, aber sie ist nicht frei ... nicht so, wie er glaubt. Sie preßt ihre Handtasche gegen die kleinen Beine, um sie ruhig zu halten, steht auf und geht weg.

Ein paar Stunden später steht sie auf der Bühne. Wie gewöhnlich steckt sie mitten in einem Erinnerungsschub und ist gleichzeitig in der Lage, ihren Text vorzutragen und das Publikum in Augenschein zu nehmen, alles zu sehen und mitzubekommen und es wie durch bleigeränderte Löcher, die ihre Venen, Arterien und Organe austricksen, in sich aufzusaugen.

»Wenn Bill den Ruf der Natur verspürt, was mache ich dann? Gehe ich für Damen oder für Herren?« Sie wartet auf das Gelächter, das prompt einsetzt, wartet, bis es verebbt, und fährt fort. Vor fünfzehn Jahren beschimpfte ihre Mutter gerade eine Frau namens Velma Hodge. »Diese fette, schielende Sau«, sagt ihre Mutter. Zufällig sitzt im Publikum eine Frau, die Velmas Zwillingsschwester sein könnte. Das Gesicht dieser Frau spiegelt die Mischung von Abscheu und Schaulust, die auf allen Gesichtern zu sehen ist, und in der rauchigen Luft zwischen Sylvie und diesen

Gesichtern findet der Austausch statt: Sie schaut sich an, wie die Gesichter sie anschauen.

So geht es hin und her, raus und rein wie Atem.

Und dann fällt ihr Blick auf blondes, lockiges Haar, und ihr ist, als hätte ein Hypnotiseur mit den Fingern geschnippt. Die Stimme ihrer Mutter verschwindet aus ihrem Kopf. Sylvie hört jetzt nur noch ihre eigene Stimme, die den üblichen Text herunterrasselt. »Ich habe mal versucht, Bill Mädchenstrümpfe anzuziehen, aber er hat so wild um sich gestrampelt, daß ich sie nicht hochziehen konnte.« Sie fühlt sich auf rätselhafte Weise allein gelassen, als sei ein Verbindungsglied zerbrochen.

Sie sitzt hinter der Bühne auf einer Holzkiste. Der Schock flaut langsam ab, und eine wohlbekannte Verzweiflung überfällt sie. »Ich kann dir helfen«, sagt eine Stimme. Er ist es. Dr. John Wilcox. Die Erinnerung an die Würmer kehrt zurück. Mit dem abgeschnittenen Ende eines alten Besenstiels quetscht sie den letzten Rest Leben aus den Würmern.

Dr. John Wilcox kniet sich vor sie hin und ergreift ihre rechte Hand. Er sagt, sie wird noch heute abend diesen Ort verlassen. Sie wird in seinem Haus wohnen. Sie wird nie wieder in einer Monstrositätenschau auftreten müssen. Er wird mit Chirurgen über die Möglichkeit einer Operation sprechen. Für diese Operation wird er mit ihr sogar bis ans Ende der Welt fahren, wenn es sein muß. Er liebt sie. Das hat er vom ersten Augenblick an gewußt, und jetzt liebt er sie nur um so mehr. Er will sie heiraten.

Das Wunder ist viel zu groß, um es in Frage zu stellen. Es sind die näheren Einzelheiten, die Sylvie in Frage stellt. Du brauchst dir keine Sorgen zu machen, sagt er. Du brauchst dir nie wieder Sorgen zu machen. Aus ihrem Vertrag wird er sie freikaufen. Ihre Freunde kann sie besuchen. Also geht sie zu Merry Mary, um ihr die Neuigkeiten zu berichten, während er zu Mr. Bean geht, um alles zu regeln. »Heiliges Kanonenrohr«, ist Marys einziger Kommentar. »Heiliges Kanonenrohr.«

John hat eine Haushälterin und eine Köchin, die beide in mittlerem Alter sind und Sylvies Auftauchen höflich und gelassen hinnehmen. Ihr Schlafzimmer liegt neben seinem, und an diesem Abend gibt er ihr einen Gute-Nacht-Kuß auf die Stirn und sagt, sie solle an die Wand klopfen, wenn sie etwas brauche.

»Wissen deine Hausangestellten über mich Bescheid?« fragt sie.

»Ich erkläre es ihnen morgen früh«, sagt er, und er tut es offenbar gleich nach dem Aufstehen. Der nervöse, erstaunte Ausdruck auf dem Gesicht der Haushälterin, als sie das Frühstück serviert, kommt Sylvie nur allzu bekannt vor. Gewohntes Terrain, fast eine Erleichterung. Sylvie hat die ganze Nacht damit verbracht, sich selbst davon zu überzeugen, daß all dies – dieser unglaubliche Mann, dieses Haus und die Wendung, die ihr Leben genommen hat – tatsächlich wahr sein kann. »Er liebt mich«, hat sie sich immer wieder gesagt. »Dr. John Wilcox liebt mich.«

Nach dem Frühstück führt John sie in sein Büro und bittet sie, einen bitter schmeckenden Tee zu trinken, um ihre Nerven zu beruhigen. Als er ihr die Tasse reicht, zittert seine Hand. Sie ist gerührt und erleichtert zugleich. Er setzt sich neben sie auf das Sofa, legt seinen Arm um ihre Schulter und sagt, er wisse natürlich, daß ihre kleinen Beine weiblich sind; schließlich sei er ja Arzt. Aber sonst will er alles erfahren – alles über sie.

Er löchert sie mit behutsamen Fragen. Er riskiert Antworten, die so nah an die Wahrheit heranreichen, daß es ihr vorkommt, als sei etwas Heiliges um ihn. Ihr Kopf fällt auf seine Schulter. Sie ist wunderbar entspannt und voller Vertrauen. Nichts von dem, was sie erzählt, scheint ihn zu überraschen, geschweige denn zu beeindrucken, bis sie ihre Erinnerungsschübe erwähnt. »Bemerkenswert«, sagt er, und sie spürt die Anspannung in seinem Körper. »Phantastisch.«

Schließlich schweigt sie. John streichelt ihren Arm und fragt: »Darf ich die Beine sehen?« Ihr fällt auf, wie förmlich das klingt – »die Beine« –, als trüge sie sie in ihrer Handtasche bei sich, als hätte er nicht gehört, wie sie Sue zu ihnen sagt. Nicht, daß es ihr etwas ausmacht. Sie ist vollkommen gelassen. Sie zieht ihren Rock bis zur Taille hoch.

Ihre Augen sind auf sein Gesicht geheftet. Sie ist ständig auf der Hut vor dem Abscheu anderer und erkennt ihn an einem Wimpernzucken. Aber sein Blick ist ebenso versunken und professionell wie der von Mr. Bean und hat nichts mit ihr persönlich zu tun.

»Darf ich sie anfassen?« fragt John.

Sie nickt.

Er kniet vor ihr nieder und fängt an, das rechte Bein zu drücken, als wolle er feststellen, ob es irgendwo gebrochen ist. Er kneift leicht in die Haut und fragt, ob sie es fühlen kann? Und das? »Ja«, haucht sie.

»Und das?«

»Ja.«

Er klopft auf ihr Knie, und der Fuß schnellt nach oben. Er drückt und kneift das Bein bis zu der Stelle, wo der weiße Strumpf endet, dann bis zu dem nackten Oberschenkel und hinauf zu den kleinen Hüften in dem Kinderunterhöschen. Sie schließt die Augen. Sofort zieht er ihren Rock herunter.

Sie sprechen an dem Tag nicht mehr über ihre Beine. Jedenfalls sprechen sie nicht direkt darüber. Um jede Minute mit ihr verbringen zu können, hat John alle seine Termine abgesagt. Sie gehen im Park spazieren. Sie halten sich an den Händen. Er erzählt ihr, daß er das einzige Kind seiner verstorbenen Eltern ist. Sein Vater hat die Klemmvorrichtung für Haarspangen erfunden, daher stammt sein Vermögen. Nach dem Mittagessen in einem vornehmen Restaurant gehen sie in einen Laden für Brautmoden, und er sucht ein enges weißes Brautkleid aus und besteht darauf, es zu kaufen. »Kommt nicht in Frage«, sagt sie, denn sie braucht ein paar Sekunden, bis ihr klar wird, daß sie zum Zeitpunkt der Hochzeit in der Lage sein wird, enge Kleider zu tragen. Er lacht, denn er glaubt, sie sei nur entsetzt über den Preis. An diesem Abend liegt sie im Bett und sagt sich: »Ich werde normal sein«, aber sie kann sich darunter nichts vorstellen, außer daß sie dann in der Lage sein wird, das enge weiße Brautkleid zu tragen und auf dem Bauch zu schlafen.

Am nächsten Tag hat John bis zum Mittagessen Sprechstunde. Dann gibt er ihr zwei Tassen von dem Beruhigungstee zu trinken, bevor sie ans andere Ende der Stadt fahren, um einen anerkannten Spezialisten für angeborene Mißbildungen aufzusuchen.

»Ich kann die Operation nicht selber durchführen«, sagt John. »Ich bin kein Chirurg. Aber ich werde assistieren. Ich werde an deiner Seite sein.«

Der Chirurg erklärt Sylvie, sie sei ein Autosit-Parasit. »Sie sind der Autosit«, sagt er. »Das, da« – er zeigt auf ihren Schoß – »ist der Parasit.« Er zeigt ihr Bilder von anderen Autosit-Parasiten: ein Junge mit einem Turban auf dem Kopf, aus dessen Bauch ein kopfloser Körper wächst, und die Zeichnung von einem Mann, aus dessen Mund ein Fuß ragt. Dann bittet er Sylvie, ihre beiden Unterhosen auszuziehen und sich auf einen Tisch zu legen. Sie winkelt ihre eigenen Knie an, und der Arzt deckt sie mit einem Laken zu. John steht neben dem Chirurgen und berichtet ihm, daß beide Därme normal arbeiten, beide Monatszyklen regelmäßig sind und nicht unbedingt übereinstimmen, und daß Sylvie, obwohl beide Vaginen penetriert wurden, strenggenommen noch Jungfrau ist.

Er hat ihr gestern, als sie ihm von dem Jungen erzählte, der seinen Finger in sie hineingebohrt hatte, versichert, sie sei noch Jungfrau. Die Finger des Chirurgen stecken in gefetteten, durchsichtigen Gummihandschuhen. Es muß an dem Tee liegen, denkt Sylvie, die sich über ihre Furchtlosigkeit wundert. Warum hat sie keinen von ihren Erinnerungsschüben? Sie ist so entspannt, sie könnte glatt einschlafen. Sie schließt die Augen, und ihre Gedanken streifen zum gestrigen Abend und Johns Kuß vor ihrer Schlafzimmertür, einem langen Kuß, der ein Prickeln in ihren kleinen Beinen auslöste.

Der Chirurg ist zuversichtlich, daß er in der Lage sein wird, nicht nur ihre Beine und Hüften zu entfernen, sondern sie auch von dem zu befreien, was er ihre überschüssigen Rohrleitungen nennt. In den nächsten Wochen suchen Sylvie und John ihn noch zweimal in seiner Praxis auf, und dann fliegen sie alle drei nach New York, um dort einen weiteren Spezialisten zu konsultieren. Zufällig ist die Schaustellertruppe gerade in New Jersey, und nach ihrer Untersuchung fährt Sylvie, während John und die Ärzte sich beraten, mit einem Taxi zum Kirmesplatz.

Sie muß weinen, während sie von allen umarmt und beglückwünscht wird. Ihr ist nicht bewußt gewesen, daß sie solches Heimweh gehabt hat. Mr. Bean gibt zu, den größten Fehler seines Lebens gemacht zu haben, als er Johns Angebot, sie aus ihrem Vertrag freizukaufen, annahm. Halb im Scherz versucht er, ihr die Operation auszureden. »Welches vierblättrige Kleeblatt will schon ein gewöhnliches dreiblättriges sein?« fragt er.

Er ist verstimmt, weil die Besucherzahlen gesunken sind. Sobald Sylvie und Merry Mary in ihrem alten Wohnwagen allein sind, sagt Mary, er solle sich besser damit abfinden, denn solche Shows würden schon bald der Vergangenheit angehören. »Ich überlege mir schon, ob ich eine Diät machen soll«, sagt sie.

»Scheint, als hätte ich mich im richtigen Moment aus dem Staub gemacht«, sagt Sylvie. Sie erzählt Mary von Johns Bibliothek, wo sie oft stundenlang sitzt und liest. Sie beschreibt das enge weiße Brautkleid.

»Junge, Junge, du hast wirklich das große Los gezogen«, sagt Mary.

»Ich liebe John von ganzem Herzen«, sagt Sylvie aufrichtig.

Mary zieht ihren Unterrock hoch, damit Luft an ihre Oberschenkel gelangen kann. Die rosigen Erhebungen ihrer Knie sind Sylvie schon immer verletzlich vorgekommen, sie erinnerten sie an die kahlen Köpfe alter Männer. In ihrer Nummer berichtet Mary dem Publikum, jeder ihrer Oberschenkel habe den gleichen Umfang wie die Brust eines beleibten Mannes. Sylvie denkt mit einem wohligen Schaudern an Johns schlanke Brust, die sich mit

Marys Oberschenkel nicht messen könnte. »Ich bin ja so glücklich«, sagt sie zu Mary.

Mary fächelt sich mit dem Saum ihres Unterrocks Luft zu. »Was passiert denn eigentlich mit Sue?« fragt sie.

»Wie meinst du das?« sagt Sylvie.

»Nach der Operation. Was wird der Arzt mit ihr machen?«

Sylvie fühlt sich etwas benommen.

»Weißt du«, sagt Mary, »ich frage, weil ich auf dem Friedhof, wo das Baby liegt, vier Grabstellen gekauft habe. Eine für mein Kind, zwei für mich, und dann haben sie mir noch eine vierte zum halben Preis dazugegeben, also habe ich eine übrig. Du kannst sie gerne haben, wenn du einen Platz für Sue brauchst.«

Marys riesiges Mondgesicht überlagert jetzt, ohne es jedoch zu verdecken, das Gesicht des Chirurgen, der vor zwei Wochen ihr Herz abhörte und sagte: »In Frankfurt habe ich einen Unterleibstumor entfernt, der, wie sich herausstellte, Zähne, Haare und eine nicht entwickelte Wirbelsäule besaß.«

»Natürlich umsonst«, fügt Mary hinzu. »Ich will kein Geld dafür.«

Sylvie kann Mary nicht ansehen. Sie schaut auf ihre neue goldene, diamantbesetzte Uhr und stellt verblüfft fest, wie spät es geworden ist. »Fünf Uhr!« ruft sie aus. In ihrer Erinnerung zeigt die Uhr am Handgelenk des Chirurgen halb fünf, die Zeit, zu der sie den Kirmesplatz hätte verlassen sollen. Fünf Minuten später steigt sie an der Straße in ein Taxi.

Die Fahrt zurück ins Hotel dauert lange, denn das Taxi bleibt im Berufsverkehr stecken. »Zwei Beine machen noch keinen Menschen«, sagt sie zu sich selber. Vorgestern abend hat John gesagt: »Das mußt du dir immer wieder klarmachen.« Er sagte: »Es gibt keine Sue.«

Sie saßen in einem Restaurant und tranken Champagner, um die zukünftige Sylvie zu feiern. Als sie wiederholte: »Es gibt keine Sue«, küßte er ihre Fingerspitzen eine nach der anderen und schenkte ihr dann die goldene, diamantbesetzte Uhr. Später, als sie über den Parkplatz gingen, blieb er stehen, drückte sie gegen eine Wand, drückte seine Hüften gegen ihre kleinen Beine und küßte sie auf den Mund.

Auf der Heimfahrt fingen Sylvies kleine Beine an zu zucken, aber dann wurden daraus langsame, rhythmische Tritte unter ihrem Rock. Sie hatte ein flaues Gefühl, als sie ihre kleinen Knie festhielt. Sie und John redeten während der Fahrt nicht, nur einmal sagte sie: »Oh, sieh mal da!« zu dem feierlichen Aufgebot leuchtender Glühwürmchen am Straßenrand. Sie dachte an die Glühwürmchen, die sie gefangen und in ihr erstes Album eingeklebt hatte – eine ganze Seite voll. So lange bis ihre Mutter sagte: »Sie müssen am Leben sein, du Dummkopf«, hatte sie Abend für Abend die Seite aufgeschlagen und sich gefragt, warum sie nicht leuchteten.

John war nervös. Er hielt ihre Hand zu fest, als sie vom Auto zur Haustür gingen. Sylvie war nicht nervös, sie wußte selber nicht, warum. Sie versuchte, sich mit dem Gedanken: »In ein paar Minuten werde ich in seinem Schlafzimmer sein« zu erschrecken, aber drinnen führte John sie nicht nach oben, sondern in sein Büro.

Er warf die Kissen vom Sofa und klappte es zu einem Bett aus. Dann drehte er sich zu ihr um und küßte sie auf den Mund, während er ihre Bluse aufknöpfte. Seine Hände zitterten. Dadurch wurde sie daran erinnert, wie er ihr die Teetasse gereicht hatte, und daran, daß er kein Chirurg war. Weil es viele Knöpfe waren (sie trug eine hochgeschlossene viktorianische Bluse), machte sie ebenfalls einige Knöpfe auf. Sie wollte ihm zeigen, daß sie willig war. Er zerrte an seinen eigenen Kleidern, als stünden sie in Flammen.

Sobald er selber nackt war, half er ihr wieder. Er zog die Strümpfe über ihre Knöchel und riß ihr den Rock herunter, ehe sie ihn aufknöpfen konnte. Ein Knopf sprang ab. Noch immer sagten sie kein Wort. Er war außer Atem. Er zog die Kämme aus ihrem Haar und ließ sie auf den Boden fallen.

Dann hielt er inne. Vor ihr kniend, die Hände auf ihren Knien, hielt er inne.

Sylvie schloß die Augen. »Nennst du zehn Dollar etwa ein Sonderangebot?« schrie ihre Mutter. »Klar doch«, sagte ihr Vater achselzuckend und wich vor ihr zurück, »Sonderangebot.« »Zehn Dollar?« schrie ihre Mutter. »Zehn Dollar?«

»O Gott.« Das war nicht in ihrem Kopf, das kam von John. Er riß Sues Unterhose herunter und zog mit einer einzigen Bewegung ihre Strümpfe und Schuhe aus.

Ein heftiges Zittern durchfuhr Sylvies kleine Beine, die gleich darauf seine Schenkel umschlangen, sich wieder öffneten, seine Schenkel erneut umschlangen und sich wieder öffneten. Der kurze Schmerz zählte nicht, verglichen mit ihrer unglaublichen Erleichterung. Sylvie hatte das Gefühl, ihre kleine Vagina sei ein meterlanger saugender Schlauch, durch den er ganz hindurchdrang, bis in ihre eigene Vagina. Sie spürte erneut einen kurzen Schmerz, als er, so nahm sie an, in ihre eigene Vagina eindrang, und dann empfand sie ihn wie einen zuckenden Blitz, der Hitze und Lust von Sue auf sie selber überspringen ließ.

Als er ejakulierte, grub er seine Finger in ihre Hüften und hob sie hoch. Ihr kleiner Schoß wurde gegen seinen gepreßt, und sie erlebte ihren ersten Orgasmus. Die Wellen des Orgasmus rollten seinen Blitzstrahl-Penis entlang nach oben in ihre eigene Vagina, und weiter zu ihrer eigenen Klitoris, wo sie einen zweiten, noch herrlicheren Orgasmus hatte.

Ihre kleinen Beine strampelten noch ein paar Sekunden lang weiter. Er schien zu warten, bis sie zur Ruhe gekommen waren. Dann zog er sich zurück und ließ sich auf den Rücken fallen. Sie strich mit der Hand über die Gänsehaut auf ihrem kleinen Oberschenkel.

»O Gott«, sagte er. »O Sylvie, o Gott.« Es klang ergriffen. Ihre Hand hielt in der Bewegung inne. »Was ist?« sagte sie.

»Es ist mit uns durchgegangen«, sagte er.

»Ja«, sagte sie unsicher.

»Ich hatte ja keine Ahnung«, sagte er.

Sie wartete angstvoll.

»Natürlich läßt das die Sache in einem ganz anderen Licht erscheinen«, sagte er, als wäre ihm etwas Beruhigendes eingefallen.

Alle Türen schlugen zu. Er wollte sie nicht heiraten. Er konnte nicht zulassen, daß sie operiert wurde, jetzt nicht mehr, und wenn sie nicht operiert würde, würde er sie nicht heiraten.

»Neuland«, sagte er. »Neue Information.«

Ihre Füße wurden kalt; sie steckten im Schlamm am Rande des Ententeichs. Ihre kleinen Füße waren in die Falten ihres weiten Flanellnachthemds eingewickelt. Grillen zirpten.

»Aber vielleicht bin ich vermessen«, sagte er. Er schwieg einen Moment. »Sag mir, ist ... das, was ich vermute, tatsächlich geschehen?«

Sie wandte ihm das Gesicht zu und sah ihn an. »Ist was tatsächlich geschehen?«

Er schaute weiterhin die Decke an. »Hattest du einen Orgasmus in ...«

Sie blickte auf seine linke Hand. Er rieb Daumen und Zeigefinger so hart aneinander, daß es ein Geräusch machte, von dem sie einen Augenblick lang glaubte, sie höre es in ihrem Erinnerungsschub – ein Geräusch am Teich. »Zwei«, sagte sie ruhig. »Ich hatte zwei, glaube ich. Ich meine, ich weiß es genau.«

»Zwei?«

»An jeder Stelle einen.«

Er griff nach ihrer Hand und drückte sie, hielt aber den Blick weiter auf die Decke geheftet. Kurz danach sagte er: »Wir könnten so tun, als sei es nie geschehen, weißt du. Siehst du, technisch betrachtet hattest du keinen Geschlechtsverkehr. Mit du meine ich dich, den Autosit, den Wirtskörper.«

»Nichts hat sich verändert«, sagte sie, aber sie meinte es als Frage.

»Nein, nein«, sagte er. »Nicht, soweit es dich betrifft.«

Er wartet auf dem Bürgersteig vor dem Hotel auf sie. Er bezahlt das Taxi und führt sie hinauf in ihr Zimmer. Er ist sehr aufgeregt. Die Amputation (er benutzt das Wort zum erstenmal) soll heute in drei Wochen stattfinden, hier in New York. Wie wunderbar, sagt sie. Er greift nach ihrer Hand und hebt sie an die Lippen. Er will ihr nichts vormachen: Die erste Operation ist nicht ganz ungefährlich, und die langwierige Genesung wird nicht immer angenehm sein. Aber die Folgeoperationen werden weniger anstrengend sein und so gut wie kein Risiko beinhalten. Wenn der Verband abgenommen wird, darf sie nicht erschrecken. Die Narben werden später durch plastische Chirurgie korrigiert.

»Ich werde nicht erschrecken«, verspricht sie.

In den nächsten drei Wochen wird sie, solange sie bei ihm ist, nicht mehr von Zweifeln geplagt. Aber nachts, wenn sie allein in ihrem Schlafzimmer ist, macht sie sich Sorgen. Ihre kleinen Beine strampeln und reiben sich an ihr. Sie wissen es, denkt sie entsetzt. Sie wissen es. Sie benehmen sich zügellos. Zwischen ihren eigenen Beinen tut sich nichts, aber zwischen ihren kleinen Beinen spürt sie ein beinahe unerträgliches Verlangen nach ihm. Sie wird von fürchterlichen Erinnerungen heimgesucht – ihre Mutter verbrennt ihre Alben, verbrennt das Bild der Mutter ihres Vaters mitsamt dem Zierrahmen ... Brandblasen an den Händen ihres Vaters. Sie weiß nicht, warum, vielleicht weil Merry Mary ihr die Grabstelle angeboten hat, aber Baby Sues makelloses Gesicht erscheint wiederholt vor ihrem inneren Auge. Wird sie Baby Sues Gesicht vergessen? Was, wenn die Monstrosität ihres Gedächtnisses untrennbar mit der Monstrosität ihrer Beine zusammenhängt? Was, wenn aus ihr eine andere wird, für die nichts von dem mehr eine Rolle spielt, was der Person, die sie einmal war, zugestoßen ist?

Sie kann nach solchen Nächten morgens kaum glauben, was für Gedanken ihr noch wenige Stunden zuvor im Kopf herumgegangen sind. »Du gehörst wirklich in die Klapsmühle«, sagt sie sich. Die Haushälterin bringt ihr den Tee, diesen bitteren Tee, an dem sie allmählich Geschmack findet. John schenkt ihr ein. Falls er irgendwelche Befürchtungen wegen der Operation hat, so zeigt er es jedenfalls nicht. Er spricht von der Zukunft. Sie werden vier Kinder haben. Sie werden das Heimatdorf ihres Vaters in Portugal besuchen.

Zwei Tage vor der Operation fliegen sie gemeinsam mit dem Chirurgen zurück nach New York. Es müssen Blutuntersuchungen und weitere Röntgenaufnahmen gemacht werden, und John und der Chirurg geben eine Pressekonferenz. Der Chirurg möchte, daß Sylvie auch dabei ist, aber John befürchtet, einige der Fragen könnten sie beunruhigen. Also nimmt sie nicht teil, was ihr auch ganz recht ist.

Da die Pressekonferenz für den Nachmittag ihrer Ankunft angesetzt ist, hat John nur genug Zeit, sie in ihr Zimmer im Krankenhaus zu bringen. Nachdem er gegangen ist, liegt sie auf dem Bett und hört sich »Vic and Sade« im Radio an.

Etwa zehn Minuten vergehen, dann platzt eine Krankenschwester herein und gibt ihr ein Krankenhaus-Nachthemd zum Anziehen. Während sie die Vorhänge aufreißt, sagt die Krankenschwester, Donnerstag sei der große Tag. Sie tut so, als sterbe sie nicht vor Neugier, aber Sylvie läßt sich nicht täuschen und stellt sich beim Umziehen so hin, daß die Krankenschwester einen Blick erhaschen kann.

Den ganzen Nachmittag erscheinen Schwestern und Assistenten, um Blut abzunehmen und Fieber zu messen oder einfach die Kissen aufzuschütteln, und das Reinigungspersonal kommt wiederholt herein, um den Fußboden zu wischen und die leeren Papierkörbe zu leeren. Sylvie sitzt auf dem Bett, das Nachthemd bis über ihre kleinen Beine hochgezogen. Warum sollen sie nicht auf ihre Kosten kommen, denkt sie wehmütig.

Gegen sechs Uhr kommt John zurück und bringt auf einem Tablett ihr Abendessen mit. Sie essen am Tisch. »Die Pressekonferenz verlief sehr, sehr gut«, sagt er. Er schiebt seinen halb leergegessenen Teller von sich, steht auf und geht im Zimmer auf und ab. »Diese Operation ist sehr, sehr wichtig, auch im Hinblick auf bestimmte vorhergehende Fälle«, sagt er. Sein Verhalten erinnert sie an das von Mr. Bean vor der Premiere in einer großen Stadt. Ehe er in sein Hotel geht, füllt er ihre Kaffeetasse mit Wasser und läßt sie zwei Schlaftabletten nehmen.

Am nächsten Tag, am Mittwoch, sind es hauptsächlich Ärzte, die ins Zimmer kommen, um nach ihr zu sehen. Sie haben es nicht nötig, ihr irgendein Theater vorzuspielen. Sie heben ihr Krankenhaus-Nachthemd hoch und betrachten sie eingehend, und wenn zwei von ihnen gleichzeitig hereinkommen, unterhalten sie sich über ihre kleine Gebärmutter und ihre Menstruationszyklen und ihre Verdauung. Manchmal stellen sie ihr ein paar Fragen, manchmal sagen sie nicht einmal guten Tag. Ab und zu schaut John herein und fragt, wie es ihr geht. Er ist nervlich nicht so angespannt wie am Tag zuvor, aber er muß an Sitzungen teilnehmen und kann nicht lange bleiben.

Sie wird zum Röntgen hinausgerollt. Andere Patienten stehen auf den Fluren herum und warten auf sie. Sie kommt sich vor wie ein Festwagen in einem Umzug. Schließlich kehrt sie in ihr Zimmer zurück, wo John gerade zu Abend ißt. Für sie steht kein Teller auf dem Tisch, denn sie darf vor der Operation nichts mehr essen. »Darf ich denn Schlaftabletten nehmen?« fragt sie ängstlich, denn sie fürchtet sich vor den Gedanken und Erinnerungen, die ihr vielleicht in den Sinn kommen werden, wenn sie wachliegt. John zieht ein Fläschchen aus seinerManteltasche. »Was meinst du, wie viele du brauchen wirst?« fragt er.

Eine Krankenschwester weckt sie vor Morgengrauen, um sie zu waschen und ihr und Sue die Schamhaare abzurasieren. Einige Minuten später kommen John, eine zweite Krankenschwester und ein Assistenzarzt herein.

»Es ist soweit«, sagt John.

Er hält zur Beruhigung ihre Hand, während sie durch die Flure zum Operationssaal geschoben wird. Sie wird in die Mitte einer Art Bühne geschoben. John läßt seinen Blick über die zahlreichen Ärzte schweifen, die auf den Rängen hinter einer Glaswand sitzen. »Es sind ein paar berühmte Kollegen«, sagt er bedächtig.

»John?« sagt sie.

Er beugt sich zu ihr hinunter. »Ja?«

Sie betrachtet sein schönes Gesicht. Sie weiß nicht mehr, was sie sagen wollte.

»Bist du bereit, Liebling?« fragt er.

Sie nickt.

Ein Arzt legt ihr die Äthermaske auf Mund und Nase und beginnt zu zählen. John, der immer noch ihre Hand festhält, beugt sich über sie und schaut ihr in die Augen. Der Arzt sagt neun. Johns Blick durchbohrt sie. Der Arzt sagt acht, sieben. Sylvies Augenlider fallen zu.

Ein Lichtstrahl trifft auf eine Glasplatte, und darunter erscheint eine Vergrößerung. Ein Pflaumenspinner, denkt sie entzückt. Das Licht und die Vergrößerung werden immer stärker, bis ihr schließlich klar wird, daß sie etwas betrachtet, was unendlich viel kleiner ist als die Atomteilchen des Falters. Es ähnelt einem riesigen Kiefernwald. Eine Nadel an einem der Bäume wird unter der Lupe vergrößert und verwandelt sich in einen riesigen Schwarm exotischer Fische. Dann wird eine Schuppe auf einem der Fische vergrößert und verwandelt sich in ein Heer von Glühwürmchen.

Dann geht die Vergrößerung nicht mehr weiter. Die Glühwürmchen erstrahlen. »Sie müssen am Leben sein«, denkt sie, und später, Wochen später, wird John versuchen, sie aufzuheitern, indem er ihr erzählt, sie habe diese Worte mit lauter Stimme gesagt, bevor sie bewußtlos wurde, und damit die Ärzte auf den Zuschauerrängen zum Lachen gebracht.

Deutsch von Sigrid Ruschmeier, Ulrike Becker und Claus Varrelmann

Virginia Woolf

Phyllis und Rosamond

In diesem äußerst merkwürdigen Zeitalter, da wir anfangen, nach Bildern von Menschen zu verlangen, nach ihren Ansichten und ihren Überkleidern, mag eine getreue Skizze, die weniger gekonnt als wahrhaftig gezeichnet ist, eventuell von einigem Wert sein.

Ein jeder sollte, habe ich neulich gehört, die Einzelheiten seines Tagewerks aufschreiben; die Nachwelt wird sich über das Verzeichnis genauso freuen, wie wir uns freuen würden, hätten wir Aufzeichnungen darüber, wie der Türhüter des Globe Theaters und der Mann, der den Parkeingang bewachte, am 18. März im Jahre des Herrn 1568 den Samstag verbrachten.

Und da die Porträts, die wir haben, fast ausnahmslos dem männlichen Geschlecht angehören, das mit größter Auffälligkeit über die Bühne stolziert, scheint es sich zu lohnen, eine der vielen Frauen als Modell zu nehmen, die sich im Schatten drängen. Denn das Studium der Geschichte und Biographie überzeugt jeden vernünftigen Menschen davon, daß diese obskuren Gestalten eine ganz ähnliche Stelle einnehmen wie die Hand des Puppenspielers beim Tanz der Marionetten; und der Finger legt sich aufs Herz. Es stimmt, daß unsere einfältigen Augen jahrhundertelang geglaubt haben, die Figuren würden von selbst tanzen und ihre Schritte eigenständig wählen; und das bißchen Licht, das die Romanciers und die Historiker auf diesen dunklen, überfüllten Ort hinter den Kulissen zu werfen begonnen haben, hat uns bisher nur gezeigt, wie viele Fäden dort sind, die von obskuren Händen gehalten werden, von deren Rucks und Drehungen die ganze Tanzfigur abhängt. Diese einleitenden Worte führen uns an unseren Ausgangspunkt zurück; wir haben vor, so unverwandt wie möglich eine kleine Gruppe zu betrachten, die hier und heute lebt (am 20. Juni 1906); und die aus verschiedenen Gründen, die noch zu nennen sind, die Eigenschaften vieler zu verkörpern scheinen. Ihr Fall ist weit verbreitet, weil es schließlich viele junge Frauen gibt, die die Kinder wohlhabender, angesehener und hochgestellter Eltern sind; und sie alle müssen mit sehr ähnlichen Problemen konfrontiert sein, und leider kann es nur eine kleine Anzahl von Antworten für sie geben.

Sie seien zu fünft, allesamt Töchter, werden sie Ihnen trübselig erklären: ihr Leben lang anscheinend voller Bedauern über diesen Anfangsfehler ihrer Eltern. Überdies teilen sie sich in zwei Lager: zwei Schwestern stehen gegen zwei andere; die fünfte wechselt zwischen ihnen hin und her. Die Natur hat zweien ein robustes, kampflustiges Gemüt mitgegeben, das sich erfolgreich und recht glücklich politischer Ökonomie und sozialen Problemen widmet; während die anderen beiden leichtfertiger, häuslicher geraten sind, von weicherem und sensiblerem Temperament. Diese beiden sind folglich dazu verdammt, das zu sein, was man mit dem Jargon der Zeit als »höhere Töchter« bezeichnet. Ihre Schwestern, die sich für die Schulung ihres Intellekts entschieden haben, gehen auf die Universität, sind dort erfolgreich und heiraten Professoren. Ihre Karrieren ähneln denen der Männer so sehr, daß es sich kaum lohnt, sie eigens zum Gegenstand einer Untersuchung zu erheben. Die fünfte Schwester hat keinen so ausgeprägten Charakter wie die anderen vier; aber sie heiratet mit zweiundzwanzig, so daß ihr kaum Zeit bleibt, die charakteristischen Merkmale des höheren Töchtertums zu entwickeln, die zu beschreiben wir uns vorgenommen haben. In den beiden »höheren Töchtern« Phyllis und Rosamond, wie wir sie nennen wollen, findet sich ausgezeichnetes Material für unsere Untersuchung.

Ein paar Fakten werden uns helfen, ihren Standort zu bestimmen, bevor wir mit den Untersuchungen beginnen. Phyllis ist achtundzwanzig, Rosamond ist vierundzwanzig. Sie sehen hübsch, rotbackig und lebhaft aus; ein neugieriger Blick wird keine ebenmäßig schönen Züge finden; aber Kleidung und Haltung verleihen ihnen die Wirkung der Schönheit ohne deren Substanz. Ihre Heimat ist anscheinend der Salon, so als seien sie in seidenen Abendkleidern geboren und hätten niemals härtere Erde beschritten als den türkischen Teppich oder sich auf rauheren Boden zurückgelegt als den Lehnstuhl oder das Sofa. Wenn man sie in einem Salon sieht, der voll mit gutgekleideten Männern und Frauen ist, sieht man den Makler an der Börse oder den Rechtsanwalt im Temple. Dies, verkündet jede Bewegung und jedes Wort, ist Heimatluft für sie; ihr Geschäftslokal, ihre Berufsarena. Eindeutig üben sie hier die Künste aus, in denen sie seit ihrer Kindheit unterwiesen worden sind. Vielleicht erringen sie hier ihre Siege und verdienen sich ihr Brot. Aber es wäre ebenso ungerecht wie leicht, diese Metapher so zu strapazieren, daß sie suggeriert, der Vergleich sei durchweg angemessen und vollständig. Er hinkt; aber wo er hinkt und warum, dies herauszufinden wird etwas Zeit und Aufmerksamkeit benötigen.

Man muß in der Lage sein, diesen jungen Damen bis nach Hause nachzugehen und ihre Kommentare bei brennender Schlafzimmerkerze zu hören. Man muß bei ihnen sein, wenn sie am nächsten Morgen aufwachen; und man muß den ganzen Tag über dabeisein, während sie sich fortbewegen. Wenn man das nicht nur einen Tag, sondern viele Tage getan hat, dann wird man den Wert jener Eindrücke ermessen können, die man abends im Salon erhalten wird.

Folgendes kann von der hier verwendeten Metapher beibehalten werden; daß die Szene im Salon Arbeit für sie bedeutet und nicht Spiel. Soviel wird ziemlich deutlich an der Szene auf der Heimfahrt im Wagen. Lady Hibbert ist eine strenge Kritikerin solcher Aufführungen; sie hat bemerkt, ob ihre Töchter gut ausgesehen, gut gesprochen, sich gut benommen haben; ob sie die richtigen Leute angezogen und die falschen abgestoßen haben; ob der Eindruck, den sie insgesamt hinterlassen haben, günstig war. An der Vielzahl und Genauigkeit ihrer Kommentare läßt sich leicht erkennen, daß zwei Stunden Unterhaltung für Künstler dieser Art ein sehr heikles und kompliziertes Stück Arbeit sind. Vieles scheint davon abzuhängen, wie sie die Kommentare aufnehmen. Die Töchter antworten gehorsam und schweigen dann, ganz gleich, ob die Mutter lobt oder schimpft: und ihr Tadel ist scharf. Wenn sie endlich allein sind, und sie haben ganz oben in einem großen häßlichen Haus ein gemeinsames Schlafzimmer von bescheidener Größe, breiten sie die Arme aus und fangen vor Erleichterung zu seufzen an. Ihr Gespräch ist nicht sehr erbaulich; es ist der »Laden« der Geschäftsleute; sie rechnen ihren Gewinn und ihren Verlust aus, und offenbar liegt ihnen nichts als das eigene Interesse am Herzen. Und trotzdem hätte man sie über Bücher und Theaterstücke und Gemälde plaudern hören können, als seien dies die Dinge, die ihnen am meisten bedeuteten; als seien Diskussionen darüber das einzige Motiv für eine »Gesellschaft«.

Dennoch wird man auch in dieser Stunde unschöner Ehrlichkeit etwas beobachten, was ebenfalls sehr aufrichtig, aber keineswegs häßlich ist. Die Schwestern hatten sich wahrhaftig gern. Ihre Zuneigung hat großenteils die Form des Freimaurertums angenommen, die alles andere als sentimental ist; alle ihre Hoffnungen und Ängste tragen sie gemeinsam; aber es ist ein echtes Gefühl, tief, trotz seines prosaischen Äußeren. Sie sind absolut redlich im Umgang miteinander; und es liegt sogar etwas Ritterliches in der Haltung der jüngeren Schwester gegenüber der älteren. Sie, als die Schwächere aufgrund ihres höheren Alters, muß immer das Beste haben. Auch liegt ein gewisses Pathos in der Dankbarkeit, mit der Phyllis den Vorrang akzeptiert. Aber es wird spät, und mit Rücksicht auf ihren Teint erinnern sich diese geschäftstüchtigen jungen Frauen gegenseitig, daß es Zeit ist, das Licht auszumachen.

Trotz dieser Vorsorge schlafen sie morgens nach dem Wecken gerne weiter. Doch Rosamond springt auf und schüttelt Phyllis.

»Phyllis, wir kommen zu spät zum Frühstück.«

Dieses Argument mußte von einiger Überzeugungskraft gewesen sein, denn Phyllis stand auf und begann sich schweigend anzukleiden. Aber ihre Eile gestattete ihnen doch, die Kleider mit viel Geschick und Sorgfalt anzulegen, und beide Schwestern begutachteten abwechselnd das Ergebnis mit peinlicher Genauigkeit, bevor sie nach unten gingen. Die Uhr schlug neun, als sie das Frühstückszimmer betraten: ihr Vater war schon da, küßte die Töchter flüchtig, streckte die Tasse nach Kaffee aus, las seine Zeitung und verschwand. Es war eine schweigende Mahlzeit. Lady Hibbert nahm das Frühstück in ihrem Zimmer ein; aber nach dem Frühstück mußten sie ihr einen Besuch abstatten, um die Anweisungen für den Tag von ihr entgegenzunehmen, und während die eine Notizen für sie machte, plante die andere Mittag- und Abendessen mit der Köchin. Gegen elf waren sie vorübergehend frei und trafen sich im Schulzimmer, wo die jüngste Schwester Doris, die sechzehn Jahre alt war, einen Aufsatz über die Magna Charta auf französisch schrieb. Ihre Klagen über die Unterbrechung – denn sie träumte bereits von einer Eins im Examen – wurden mit wenig Respekt aufgenommen. »Wir müssen hier sitzen, weil wir sonst nirgends sitzen können«, bemerkte Rosamond. »Du brauchst nicht zu denken, daß wir ohne dich nicht sein können«, fügte Phyllis hinzu. Aber diese Bemerkungen wurden ohne Bitterkeit gesprochen und waren bloß Plattheiten des täglichen Lebens.

Aus Achtung vor ihrer Schwester nahm Phyllis jedoch einen Band Anatole France zur Hand, und Rosamond klappte die *Greek studies* von Walter Pater auf. Eine Weile lasen sie schweigend; dann klopfte ein Dienstmädchen, ganz außer Atem, und teilte mit, daß »Ihre Ladyschaft die jungen Damen im Salon zu sehen wünsche«. Sie stöhnten. Rosamond erbot sich, allein zu gehen; Phyllis sagte nein, sie seien beide die Opfer; und schmollend gingen sie nach unten und fragten sich dabei, was man wohl von ihnen wollte. Lady Hibbert erwartete sie ungeduldig.

»Oh, da seid ihr ja endlich«, rief sie aus. »Euer Vater läßt euch ausrichten, daß er Mr. Middleton und Sir Thomas Carew zum Mittagessen gebeten hat. Was für eine unangenehme Idee von ihm! Ich weiß wirklich nicht, wie er darauf kommt, sie herzubitten, und wir haben noch kein Mittagessen – und wie ich sehe, hast du dich nicht um den Blumenschmuck gekümmert, Phyllis; und Rosamond, ich möchte, daß du einen sauberen Latz in mein kastanienbraunes Kleid nähst. Meine Güte, wie rücksichtslos die Männer sind.«

Die Töchter waren an solche Insinuationen gegen ihren Vater gewöhnt: im großen und ganzen ergriffen sie Partei für ihn, sagten es aber nie.

Sie gingen nun schweigend ihren unterschiedlichen Aufträgen nach: Phyllis mußte Blumen kaufen und einen zusätzlichen Gang für das Mittagessen; und Rosamond setzte sich an ihre Näharbeit.

Als sie ihre Aufgaben endlich erledigt hatten, blieb ihnen kaum noch Zeit, sich fürs Mittagessen umzukleiden; aber um halb zwei kamen sie rosig und lächelnd in den prunkvollen großen Salon. Mr. Middleton war Sir William Hibberts Sekretär; ein recht angesehener junger Mann mit Zukunft, wie Lady Hibbert ihn charakterisierte; den man vielleicht ermutigen könnte. Sir Thomas war Beamter im selben Amt, solide und gichtig, eine hübsche Portion auf dem Parkett, aber ohne eigene Bedeutung.

Beim Mittagessen ergab sich dann eine lebhafte Unterhaltung zwischen Mr. Middleton und Phyllis, während die Älteren mit sonoren tiefen Stimmen Banalitäten austauschten. Rosamond saß ziemlich schweigend da, wie es ihrer Gewohnheit entsprach; und spekulierte dabei heftig über den Charakter des Sekretärs, der vielleicht ihr Schwager werden würde; und überprüfte bestimmte Theorien, die sie aufgestellt hatte, an jedem neuen Wort, das er sprach. Es bestand offenes Einvernehmen darüber, daß Mr. Middleton die Partie ihrer Schwester war; sie griff nicht ein. Wenn man ihre Gedanken hätte lesen können, während sie Sir Thomas' Geschichten über das Indien der sechziger Jahre lauschte, hätte man festgestellt, daß sie mit etwas abstrusen Kalkulationen beschäftigt war; Klein-Middleton, wie sie ihn nannte, war ganz in Ordnung; er hatte Verstand; er war, das wußte sie, ein guter Sohn und würde einen guten Ehemann abgeben. Auch war er wohlhabend und würde seinen Weg im Staatsdienst machen. Andererseits sagte ihr ihr psychologischer Scharfsinn, daß er engstirnig war, ohne eine Spur von Phantasie oder Intellekt, in dem Sinne, wie sie Intellekt verstand; und sie kannte ihre Schwester gut genug, um zu wissen, daß sie diesen tüchtigen aktiven kleinen Mann niemals lieben, wenn sie ihn auch achten würde. Die Frage war, sollte sie ihn heiraten? An diesem Punkt war sie angelangt, als Lord Mayo einem Attentat zum Opfer fiel; und während leise Ohs und Ahs des Grauens über ihre Lippen drangen, telegraphierten ihre Augen über den Tisch, »ich habe meine Zweifel«. Hätte sie genickt, so hätte ihre Schwester mit der Ausübung derjenigen Künste begonnen, durch die schon viele Heiratsanträge garantiert worden waren. Rosamond wußte jedoch noch nicht genug, um eine Entscheidung zu treffen. Sie telegraphierte nur, »Halte ihn bei der Stange«.

Die Herren gingen bald nach dem Mittagessen, und Lady Hibbert machte Anstalten, sich zur Ruhe zu begeben. Aber bevor sie ging, rief sie Phyllis zu sich.

»Nun, meine Liebe«, sagte sie mit größerer Zuneigung, als sie bisher gezeigt hatte, »war es ein erfreuliches Essen für dich? War Mr. Middleton ansprechend?« Sie tätschelte die Wange ihrer Tochter und sah ihr tief in die Augen.

Eine Laune des Mutwillens kam über Phyllis, und sie antwortete lustlos: »Oh, der kleine Mann ist nicht schlecht, aber begeistern tut er mich nicht.«

Lady Hibberts Gesichtsausdruck veränderte sich auf der Stelle: war sie zuvor noch als wohlwollende Katze erschienen, die aus philanthropischen Motiven mit einer Maus spielte, so war sie jetzt das bitterernste wirkliche Tier.

»Denk daran«, sagte sie barsch, »es kann nicht ewig so weitergehen. Versuch ein bißchen weniger selbstsüchtig zu sein, meine Liebe.« Wenn sie laut geflucht hätte, hätten ihre Worte kaum unangenehmer klingen können.

Sie rauschte davon, und die beiden Mädchen sahen sich mit ausdrucksvoll verzerrten Mündern an.

»Ich konnte nicht anders«, sagte Phyllis schwach lachend. »Laß uns jetzt eine Ruhepause einlegen. Ihre Ladyschaft braucht uns erst wieder um vier.«

Sie gingen ins Schulzimmer hinauf, das jetzt leer war; und warfen sich in tiefe Sessel. Phyllis zündete sich eine Zigarette an, und Rosamond lutschte Pfefferminzbonbons, als würden sie Gedanken auslösen.

»Also, meine Liebe«, sagte Phyllis schließlich, »zu welchem Entschluß kommen wir? Wir haben jetzt Juni; die Eltern geben mir bis Juli Zeit: Klein-Middleton ist der einzige.«

»Außer –«, fing Rosamond an.

»Ja, aber an ihn zu denken ist zwecklos.«

»Arme Phyllis! Na, er ist ja kein schlechter Mann.«

»Anständig, nüchtern, aufrichtig, fleißig. Oh, wir würden ein Musterpaar abgeben! Du solltest bei uns in Derbyshire wohnen.«

»Vielleicht findest du einen besseren«, fuhr Rosamond fort; mit der nachdenklichen Miene eines Richters. »Andererseits werden sie das nicht mehr lange mitmachen.« »Sie« bedeutete Sir William und Lady Hibbert.

»Vater hat mich gestern gefragt, was ich anfangen wollte, wenn ich nicht heiraten würde. Ich wußte nichts zu sagen.«

»Nein, wir sind für die Ehe erzogen worden.«

»*Du* hättest etwas Besseres tun können. Ich bin natürlich ein Dummkopf, also ist es egal.«

»Und ich halte die Ehe für das Beste, was es gibt – wenn man den Mann heiraten dürfte, den man will.«

»Oh ich weiß: es ist gemein. Trotzdem müssen wir den Tatsachen ins Auge sehen.«

»Middleton«, sagte Rosamond kurz. »Er ist im Moment die Tatsache. Bedeutet er dir etwas?«

»Nicht das geringste.«

»Könntest du ihn heiraten?«

»Wenn Ihre Ladyschaft mich dazu zwänge.«

»Es wäre jedenfalls ein Ausweg.«

»Was hältst du denn nun von ihm?« fragte Phyllis, die jeden Mann auf den Rat ihrer Schwester hin akzeptiert oder abgewiesen hätte. Rosamond, die über einen durchaus scharfen und fähigen Verstand verfügte, war gezwungen, ihn ausschließlich mit dem menschlichen Charakter zu ernähren, und da ihre Wissenschaft nur in geringem Maße von persönlichen Vorurteilen getrübt war, waren ihre Ergebnisse im allgemeinen verläßlich.

»Er ist sehr gut«, fing sie an; »ausgezeichnete moralische Qualitäten: klarer Verstand: er wird natürlich Erfolg haben: kein Fünkchen Phantasie oder Romantik: er würde dich sehr gerecht behandeln.«

»Kurzum, wir wären ein würdiges Paar: ungefähr wie unsere Eltern!«

»Die Frage ist«, fuhr Rosamond fort, »lohnt es sich, noch ein Jahr in Knechtschaft zu verbringen, bis der nächste auftaucht? Und wer ist der nächste? Simpson, Rogers (Leiscetter)?«

Bei jedem Namen verzog ihre Schwester das Gesicht.

»Das Fazit ist anscheinend: auf der Stelle treten und den äußeren Schein wahren.«

»Ach, wir wollen uns doch amüsieren, solange es noch geht! Wenn du nicht wärst, Rosamond, hätte ich schon ein dutzendmal geheiratet.«

»Du hättest bereits die Scheidung eingereicht, meine Liebe.«

»Dafür bin ich zu rechtschaffen. Ich bin sehr schwach ohne dich. Und jetzt laß uns über deine Angelegenheiten sprechen.«

»Meine Angelegenheiten können warten«, sagte Rosamond

entschlossen. Und die beiden jungen Frauen sprachen mit Scharfsinn und ohne die geringste Barmherzigkeit über die Charaktere ihrer Freunde, bis es an der Zeit war, sich von neuem umzukleiden. Aber zwei Dinge sind an ihrem Gespräch bemerkenswert. Erstens, daß sie den Intellekt hoch in Ehren hielten und zum Angelpunkt ihrer Untersuchung machten; zweitens, daß immer dann, wenn sie ein unglückliches Zuhause oder eine enttäuschte Liebe vermuteten, ihr Urteil sogar im unattraktivsten Falle immer gleichermaßen liebenswürdig und verständnisvoll ausfiel.

Um vier fuhren sie mit Lady Hibbert aus, um Besuch zu machen. Diese Vorführung bestand darin, daß man feierlich von einem Haus zum nächsten fuhr, dorthin, wo man zum Abendessen gewesen war oder zu Abend zu essen hoffte, und dem Dienstboten zwei oder drei Karten in die Hand drückte. In ein Haus gingen sie hinein und tranken eine Tasse Tee und redeten genau fünfzehn Minuten lang über das Wetter. Zum Schluß fuhren sie langsam durch den Park, als eine der fröhlichen Kutschen, die sich um diese Zeit in einer Prozession im Schrittempo um das Achillesstandbild bewegten. Lady Hibbert lächelte in einem fort dasselbe unwandelbare Lächeln.

Um sechs Uhr waren sie wieder zu Hause und fanden Sir William vor, der einen älteren Cousin und seine Frau zum Tee zu Gast hatte. Bei diesen Leuten konnte man auf alle Förmlichkeit verzichten, und Lady Hibbert ging weg, um sich hinzulegen; und überließ es ihren Töchtern, sich danach zu erkundigen, wie es John ging und ob Milly die Masern gut überstanden hätte. »Denk daran; wir sind um acht zum Essen eingeladen, William«, sagte sie, als sie aus dem Zimmer ging.

Phyllis begleitete die beiden; Gastgeber der Gesellschaft war ein Richter von hohem Rang, und sie hatte einen angesehenen K. C. zu unterhalten; in eine Richtung zumindest konnten ihre Bemühungen zwanglos sein; und der Blick ihrer Mutter ruhte gleichgültig auf ihr. Es war wie ein Schluck klares kaltes Wasser, überlegte Phyllis, dieses Gespräch über unpersönliche Gegenstände mit einem intelligenten älteren Herrn. Sie theoretisierten nicht, sondern er erzählte von Tatsachen, und sie war froh über die Erkenntnis, daß die Welt voller handfester Dinge war, die nicht von ihrem Leben abhängig waren.

Als sie gingen, sagte sie zu ihrer Mutter, sie sehe noch bei den Tristrams vorbei, wo sie Rosamond treffen wolle. Lady Hibbert machte einen Schmollmund, zuckte die Schultern und sagte, »nun gut«, so als hätte sie Einspruch erhoben, wenn sie eine ausreichend gute Begründung zur Hand gehabt hätte. Aber Sir William wartete, und ein Stirnrunzeln war ihr einziger Kommentar.

So ging Phyllis allein in das entfernte und wenig gefragte Londoner Viertel, in dem die Tristrams wohnten. Das war eine der vielen beneidenswerten Seiten an ihrem Schicksal. Die Stuckfassaden, die Häuserreihen von Belgravia und South Kensington erschienen Phyllis als Sinnbild ihres eigenen Schicksals; eines Lebens, das am Spalier gezogen wird, damit es in einem häßlichen Muster wächst und zur seriösen Häßlichkeit seiner Gefährten paßt. Aber wenn man hier in Bloomsbury leben würde, fing sie an zu theoretisieren und wedelte mit der Hand, als die Droschke über die großen ruhigen Plätze, unter dem zarten Grün schattenspendender Bäume, dahinfuhr, könnte man aufwachsen, wie man wollte. Da war Raum und Freiheit, und im prächtigen Tosen der Stadt erkannte sie die Lebenswirklichkeit der Welt, von der ihr Stuck und ihre Säulen sie so vollständig abschirmten.

Ihre Droschke hielt vor ein paar erleuchteten Fenstern, die offen waren in der Sommernacht und von der Unterhaltung und dem Leben drinnen etwas aufs Trottoir schwappen ließen. Sie wartete ungeduldig, daß die Tür aufging, auf daß sie eintreten und teilnehmen könnte. Als sie jedoch im Zimmer stand, wurde sie sich ihres Äußeren bewußt, das, wie sie auswendig wußte, bei solchen Anlässen dem der Damen glich, die Romney gemalt hatte. Sie sah sich den verrauchten Raum betreten, wo Leute auf dem Boden saßen und die Gastgeberin einen Jagdrock trug, den schelmischen kleinen Kopf erhoben hielt und den Mund spitzte, wie um eine Sentenz von sich zu geben. In ihrem weißen Seidenkleid mit den kirschroten Bändern fiel sie auf. Mit dem Gefühl, anders als die anderen zu sein, saß sie sehr schweigsam da und nutzte die Anknüpfungspunkte kaum, die man ihr in der Unterhaltung bot. Mit einem Gefühl der Verwirrung sah sie sich immer wieder das Dutzend Leute an, das dort saß. Man sprach über bestimmte Bilder, die gerade ausgestellt waren, und diskutierte ihren Gehalt von einem eher technischen Standpunkt aus. Wo sollte Phyllis anfangen? Sie hatte sie gesehen; aber sie wußte, daß ihre Platitüden niemals die Prüfung aus Fragen und Kritik bestehen würden, der sie ausgesetzt wäre. Und es gab hier, das wußte sie, auch nicht die Möglichkeit, jene weibliche Anmut zu entfalten, mit der man so viel verschleiern konnte. Die Zeit ging vorbei; denn die Diskussion war hitzig und ernst, und keiner der Streitenden wollte von unlogischen Sprüchen ein Bein gestellt bekommen. Also saß sie da und sah zu und fühlte sich dabei wie ein Vogel mit gestutzten Flügeln; und wesentlich unbehaglicher, da es diesmal ernst war, als sie sich je auf einem Ball oder bei einem Stück gefühlt hatte. Sie wiederholte sich das kleine bittere Axiom, daß sie sich zwischen zwei Stühle gesetzt habe; und versuchte inzwischen, ihren Kopf zu gebrauchen und nüchtern dem zu folgen, was gesagt wurde. Rosamond gab ihr aus der anderen Ecke des Zimmers zu verstehen, daß sie sich im selben Dilemma befand.

Schließlich löste sich der Disput auf, und das Gespräch wurde wieder allgemein; aber niemand entschuldigte sich für den konzentrierten Charakter, den es gehabt hatte, und die allgemeine Unterhaltung hatte, fanden die Miss Hibberts, wenn sie sich trivialeren Themen zuwandte, die Tendenz, das Banale zu verachten, und man zögerte nicht, das auch zu sagen. Aber es war amüsant; und Rosamond machte ihre Sache lobenswert, als sie über einen bestimmten Charakter redete, der zur Sprache kam; obwohl sie überrascht war, daß ihre tiefgründigsten Entdeckungen als Ausgangspunkt für weitere Fragestellungen genommen wurden und keinerlei Ergebnisse darstellten.

Zudem waren die Miss Hibberts überrascht und ein wenig bestürzt darüber zu entdecken, wieviel Erziehung an ihnen hängengeblieben war. Phyllis hätte sich im nächsten Augenblick schlagen können, als sie instinktiv einen Witz über das Christentum mißbilligte, den die Tristrams von sich gaben, und applaudierte so obenhin, als sei die Religion etwas ganz Unwichtiges.

Noch erstaunter waren die Miss Hibberts jedoch über die Art, auf die in ihrem eigenen Geschäftsbereich verhandelt wurde; denn sie glaubten, daß selbst in dieser seltsamen Atmosphäre »die Tatsachen des Lebens« zählten. Miss Tristram, eine junge Frau von großer Schönheit und eine wirklich vielversprechende Künstlerin, diskutierte mit einem Herrn über die Ehe, der, soweit man das beurteilen konnte, durchaus ein persönliches Interesse an der Frage hätte haben können. Aber die Freiheit und Offenheit, mit der die beiden ihre Ansichten darlegten und über das gesamte Thema Liebe und Ehe theoretisierten, schien die ganze Sache in ein neues Licht zu stellen, das erschreckend genug war. Es faszinierte die jungen Damen mehr als alles andere, was sie bisher gesehen oder gehört hatten. Sie hatten sich eingebildet, das Thema von allen Seiten und unter allen Gesichtspunkten zu kennen; aber das hier war nicht nur etwas Neues, sondern ohne Frage etwas Authentisches.

»Mir ist noch nie ein Heiratsantrag gemacht worden; ich frage mich, wie das ist«, sagte die offene nachdenkliche Stimme der jüngeren Miss Tristram; und Phyllis und Rosamond hatten das Gefühl, sie müßten zur Belehrung der Gesellschaft von ihren Erfahrungen erzählen. Aber sie konnten diese seltsame neue Sicht der Dinge auch nicht übernehmen, und ihre Erfahrungen waren schließlich von ganz anderer Art. Die Liebe war für sie etwas, das von bestimmten kalkulierten Handlungen hervorgerufen wurde; und man pflegte sie in Ballsälen, in duftenden Wintergärten, durch Augen-Blicke, Fächerblitze und einen stockenden zweideutigen Tonfall. Die Liebe hier war eine widerstandsfähige, aufrichtige Sache, die im Tageslicht hervorstach, nackt und handfest, die beklopft und untersucht werden konnte, wie man es für richtig hielt. Selbst wenn es ihnen freigestanden hätte zu lieben, wie sie wollten, hatten Phyllis und Rosamond starke Zweifel, ob sie auf diese Weise lieben konnten. In ihrer jugendlichen Impulsivität verdammten sie sich selbst zutiefst und kamen zu dem Schluß, daß alle ihre Freiheitsbestrebungen vergeblich wären: die lange Gefangenschaft hatte sie innen und außen gleichermaßen vergiftet.

So saßen sie, ohne sich ihres Schweigens bewußt zu sein, wie Menschen, die man von einem Fest ausgeschlossen hat in der Kälte und im Wind; unsichtbar für die Feiernden im Haus. Aber in Wirklichkeit wurde die Gegenwart dieser beiden schweigenden jungen Frauen mit den hungrigen Augen von allen Anwesenden als bedrückend empfunden; obwohl sie nicht genau wußten, warum; vielleicht langweilten sie sich. Die Miss Tristrams fühlten sich jedoch verantwortlich; und Miss Sylvia Tristram, die jüngere, ließ sich auf ein Flüstern hin auf ein vertrauliches Gespräch mit Phyllis ein. Phyllis schnappte danach wie ein Hund nach dem Knochen; tatsächlich trug ihr Gesicht einen abgezehrten und heißhungrigen Ausdruck, während sie die Augenblicke vorüberfliegen sah, und die Essenz dieses merkwürdigen Abends ging über ihren Verstand. Wenn sie schon nicht Anteil nehmen konnte, konnte sie wenigstens erklären, was sie daran hinderte. Sie wollte sich zu gern beweisen, daß es gute Gründe für ihre Ohnmacht gab; und wenn sie merken würde, daß Miss Sylvia trotz ihrer unpersönlichen Verallgemeinerungen eine handfeste Frau war, bestand die Hoffnung, daß sie sich vielleicht eines Tages auf einer gemeinsamen Basis begegneten. Als Phyllis sich vorbeugte, um zu sprechen, hatte sie das seltsame Gefühl, fieberhaft durch eine Masse künstlicher Leichtfertigkeiten zu dringen, um den festen Kern des wahren Selbst zu erfassen, der ihrer Vermutung nach irgendwo versteckt lag.

»O Miss Tristram«, begann sie, »Sie alle hier sind so brillant. Ich habe wirklich Angst.«

»Machen Sie sich über uns lustig?« fragte Sylvia.

»Warum sollte ich mich über Sie lustig machen? Sehen Sie nicht, wie dumm ich mir vorkomme?«

Sylvia fing zu sehen an, und was sie sah, interessierte sie.

»Sie haben doch ein so wunderbares Leben; uns erscheint es so fremd.«

Sylvia, die schrieb und ein literarisches Vergnügen daran hatte, sich in fremden Spiegeln zu sehen und dem Leben anderer ihren eigenen Spiegel vorzuhalten, machte sich mit Genuß an die Arbeit. Zuvor hatte sie die Hibberts nie als menschliche Wesen betrachtet; sondern sie die »jungen Ladies« genannt. Deshalb war sie jetzt um so bereiter, ihren Fehler zu korrigieren; aus Eitelkeit wie auch aus echter Neugier.

»Was machen Sie?« fragte sie plötzlich, um sofort zur Sache zu kommen.

»Was ich mache?« sprach Phyllis nach. »Oh, ich gebe das Essen in Auftrag und kümmere mich um den Blumenschmuck!«

»Ja, aber was sind Sie von Beruf«, insistierte Sylvia, die entschlossen war, sich nicht mit Floskeln abspeisen zu lassen.

»Das *ist* mein Beruf; ich wünschte, es wäre nicht so. Wirklich, Miss Tristram, Sie müssen bedenken, daß die meisten jungen Ladies Sklavinnen sind; und Sie dürfen mich nicht beleidigen, nur weil Sie zufälligerweise frei sind.«

»Oh, sagen Sie mir doch«, platzte Sylvia heraus, »was Sie genau meinen. Ich will es wissen. Ich weiß gerne etwas über Menschen. Schließlich ist ja die menschliche Seele das Eigentliche.«

»Ja«, sagte Phyllis, darauf bedacht, sich von Theorien fernzuhalten. »Aber unser Leben ist so simpel und gewöhnlich. Sie kennen wahrscheinlich Dutzende wie uns.«

»Ich kenne eure Abendkleider«, sagte Sylvia; »ich sehe euch in schönen Prozessionen an mir vorüberziehen, aber ich habe euch noch nie sprechen hören. Seid ihr durch und durch aus Fleisch und Blut?« Ihr kam zu Bewußtsein, daß dieser Ton Phyllis einen Schock versetzte: also änderte sie ihn.

»Ich darf doch behaupten, daß wir Schwestern sind. Aber warum sind wir äußerlich so verschieden?«

»O nein, wir sind keine Schwestern«, sagte Phyllis bitter; »zumindest würde mir das leid tun für Sie. Wissen Sie, wir sind dazu erzogen, uns nur abends zu zeigen und hübsche Reden zu halten und, nun ja, vermutlich zu heiraten, und natürlich hätten wir auf die Universität gehen können, wenn wir gewollt hätten; da wir das aber nicht wollten, haben wir eben unsere Fertigkeiten ausgebildet.«

»Wir sind auch nie auf die Universität gegangen«, sagte Sylvia.

»Und Sie haben keine Fertigkeiten? Natürlich sind Sie und Ihre Schwester wirklich, und Rosamond und ich sind Talmi: ich zumindest. Aber verstehen Sie jetzt mehr, und verstehen Sie, was für ein ideales Leben Sie führen?«

»Ich verstehe nicht, warum Sie nicht machen sollten, was Sie wollen, so wie wir«, sagte Sylvia und sah sich im Zimmer um.

»Glauben Sie, wir könnten solche Menschen um uns haben? Wir können ja nicht einmal eine Freundin einladen, es sei denn, unsere Eltern sind nicht da.«

»Warum nicht?«

»Erstens haben wir kein Zimmer: und außerdem bekämen wir nie die Erlaubnis dazu. Wir sind Töchter, bis wir zu verheirateten Frauen werden.«

Sylvia betrachtete sie ein wenig grimmig. Phyllis merkte, daß sie mit der falschen Art von Offenheit über die Liebe gesprochen hatte.

»Wollen Sie heiraten?« fragte Sylvia.

»Das fragen Sie noch? Sie Unschuldslamm! – aber natürlich haben Sie vollkommen recht. Man sollte es aus Liebe tun und so weiter und so fort. Aber«, fuhr Phyllis, verzweifelt die Wahrheit sagend, fort, »wir können nicht auf diese Weise darüber denken. Wir wollen so viele Dinge, daß wir die Ehe nie für sich sehen können, so wie sie wirklich ist oder sein sollte. Sie ist immer mit so viel anderem vermischt. Sie bedeutet Freiheit und Freunde und ein eigenes Haus und, ja, all die Dinge, die Sie schon haben! Kommt Ihnen das sehr schrecklich und sehr gewinnsüchtig vor?«

»Es hört sich ziemlich schrecklich an; aber nicht gewinnsüchtig, finde ich. An Ihrer Stelle würde ich schreiben.«

»Oh, Sie fangen ja schon wieder an, Miss Tristram!« rief Phyllis in komischer Verzweiflung aus. »Wie soll ich Ihnen klarmachen, daß es uns zum einen an Verstand fehlt; und daß wir ihn zum anderen, wenn wir ihn hätten, nicht gebrauchen könnten. Der liebe Gott hat uns in seiner Gnade für unsere Stellung in der Welt gerüstet. Rosamond hätte etwas machen können; jetzt ist sie zu alt.«

»Mein Gott«, rief Sylvia, »was für ein schwarzes Loch! Ich würde Feuer legen, schießen, aus dem Fenster springen; zumindest irgend etwas machen!«

»Was?« fragte Phyllis höhnisch. »Wenn Sie da stünden, wo wir stehen, vielleicht; aber ich glaube nicht, daß Sie dort stehen könnten. O nein«, sagte sie in leichterem und zynischerem Ton, »es ist unser Leben, und wir müssen das Beste daraus machen. Ich möchte, daß Sie verstehen, weshalb wir hierherkommen und schweigend dasitzen. Sehen Sie, das hier ist das Leben, das wir gerne führen würden; und jetzt bezweifle ich eher, daß wir es können. Sie«, sie zeigte auf alle im Zimmer, »glauben, wir seien Modepuppen; das sind wir auch, beinah. Aber vielleicht hätten wir etwas Besseres sein können. Ist das nicht rührend?« Sie lachte ihr kurzes trockenes Lachen.

»Aber versprechen Sie mir eines, Miss Tristram: daß Sie uns besuchen kommen und daß wir manchmal hierherkommen dürfen. Jetzt müssen wir aber wirklich gehen, Rosamond.«

Sie gingen, und in der Droschke wunderte sich Phyllis ein wenig über ihren Ausbruch; spürte aber, daß sie ihn genossen hatte. Sie waren beide ein bißchen aufgeregt; und darauf aus, ihr Unbehagen zu analysieren und herauszufinden, was es bedeutete. Letzte Nacht um diese Zeit waren sie mißmutiger und gleichzeitig selbstzufriedener gestimmt nach Hause gefahren; was sie gemacht hatten, langweilte sie, aber sie wußten, daß sie es gut gemacht hatten. Und sie hatten das befriedigende Gefühl, daß sie sich für etwas weitaus Besseres eigneten. Diese Nacht langweilten sie sich nicht; aber sie hatten nicht das Gefühl, daß sie ihre Sache gut gemacht hatten, als sich ihnen die Gelegenheit dazu bot. Die Schlafzimmerkonferenz verlief ein wenig niedergeschlagen; beim Vorstoß auf ihr wahres Selbst hatte Phyllis einen eisigen Windstoß in diesen streng beachteten Ort gelassen; was wollte sie wirklich, fragte sie sich? Wofür eignete sie sich? Beide Welten kritisieren und merken, daß keine von beiden ihr das gab, was sie brauchte. Sie war zu tief deprimiert, um den Fall ihrer Schwester darlegen zu können: und ihr Ehrlichkeitsanfall ließ sie in der Überzeugung zurück, daß das Reden nichts half; und wenn sie überhaupt etwas tun könnte, müßte sie es selbst tun. Ihre letzten Gedanken in dieser Nacht waren, daß es eine ziemliche Erleichterung bedeutete, daß Lady Hibbert für den nächsten Tag ein volles Programm für sie aufgestellt hatte: zumindest brauchte sie nicht zu denken; und Gesellschaften am Wasser waren amüsant.

Deutsch von Claudia Wenner

Zu den Autorinnen/Quellennachweise

Anjana Appachana wurde in Mesara, Südindien, geboren und studierte Englisch und Soziologie an der Delhi und der Jawaharlal Nehru Universität. 1984 verließ sie Indien, um an der Pennsylvania State University weiterzustudieren. Seit 1989 wohnt sie mit ihrer Familie in Tempe, Arizona, und lehrt Creative Writing. 1991 veröffentlichte sie ihren ersten Band mit Kurzgeschichten, der 1994 in deutscher Sprache erschien.

Beschwörungen – Aus: Anjana Appachana, *Meine einzigen Götter*. Deutsch von Irene Roelen. Copyright © der Originalausgabe 1991 by Anjana Appachana. Copyright © der deutschsprachigen Ausgabe 1994 by Unionsverlag, Zürich. Abdruck mit freundlicher Genehmigung.

Margaret Atwood wurde 1939 in Ottawa geboren. Romane wie »Report der Magd« (verfilmt von Volker Schlöndorff), »Katzenauge«, »Die Räuberbraut« und »Alias Grace« sowie ihre Erzählungen und Gedichte machten sie zu einer der wichtigsten und prominentesten Autorinnen Kanadas. Margaret Atwood lebt mit ihrem Mann Graeme Gibson, der ebenfalls Schriftsteller ist, und ihrer Tochter Jess in Toronto.

Tips für die Wildnis – Aus: Margaret Atwood, *Tips für die Wildnis*. Deutsch von Charlotte Franke. Copyright © der Original-

Jane Austen (1775–1817) wurde als Tochter eines englischen Landgeistlichen geboren und blieb zeit ihres Lebens ledig. Ihre Romane wie »Stolz und Vorurteil«, »Emma« oder »Vernunft und Gefühl« (der unter dem Titel »Sinn und Sinnlichkeit« mit Hugh Grant und Emma Thompson verfilmt wurde) zeichnen sich durch Witz, Ironie und psychologisches Feingefühl aus. Jane Austens Werk gehört heute zur Weltliteratur.

Elizabeth Bishop wurde am 8. Februar 1911 in Worcester, Massachusetts, geboren. Einen Namen machte sie sich vor allem als Lyrikerin. Der erste Gedichtband erschien 1946, weitere folgten 1955 , 1965 und 1976. Für ihre Gedichte wurde Elizabeth Bishop mit fast allen amerikanischen Literaturpreisen ausgezeichnet, während ihr ebenfalls hervorragendes erzählerisches Werk eher unbeachtet blieb. Erst mehrere Jahre nach ihrem Tod am 6. Oktober 1979 erschienen ihre gesammelten Erzählungen in Buchform.

Doris Dörrie, geboren 1955 in Hannover, war nach dem Abitur längere Zeit in den USA und studierte dann an der Münchner Filmhochschule. Sie hat mehrere Erzählbände veröffentlicht, u.a. »Für immer und ewig«, »Bin ich schön« und zuletzt »Samsara«. Außerdem gilt sie mit Filmen wie »Männer«, »Keiner liebt mich« und »Bin ich schön?« als bedeutendste deutsche Filmemacherin der Gegenwart.

Der Mann im Supermarkt – Aus: Doris Dörrie, *Für immer und ewig. Eine Art Reigen.* Copyright © 1991 by Diogenes Verlag AG Zürich. Abdruck mit freundlicher Genehmigung.

Janet Frame, geboren 1924 in Dunedin, Neuseeland, ist Autorin zahlreicher, vielfach preisgekrönter Romane, darunter »Wenn Eulen schrein«, »Auf dem Maniototo« und »Gesichter im Wasser«. Ihr autobiographischer Roman »Ein Engel an meiner Tafel« wurde mit großem Erfolg von Jane Campion (»Das Piano«) verfilmt.

Keel und Kool – Aus: Janet Frame, *The Lagoon and other Stories.* Deutsch von Monika Schlitzer. Copyright © der Originalausgabe 1994 by Janet Clutha. Copyright © der deutschsprachigen Ausgabe 1999 by Wilhelm Goldmann Verlag, München, in der Verlagsgruppe Bertelsmann GmbH. Abdruck mit freundlicher Genehmigung der Curtis Brown Group, London, und Agence Hoffman, München.
Deutsche Erstveröffentlichung

Barbara Gowdy, geboren 1950 in Windsor, Kanada, studierte Theaterwissenschaften und Musik. Ab 1974 arbeitete sie als Lektorin in einem literarischen Verlag, seit 1979 ist sie freie Autorin für Zeitungen und Fernsehen. Barbara Gowdy lebt heute in Toronto. Ihre Romane »Fallende Engel« und »Mister Sandman« sowie der Band mit Erzählungen »Seltsam wie die Liebe« sind in viele Sprachen übersetzt worden.

Sylvie – Aus: Barbara Gowdy, *Seltsam wie die Liebe*. Deutsch von Sigrid Ruschmeier, Ulrike Becker und Claus Varrelmann. Copyright © der Originalausgabe 1992 by Barbara Gowdy. Copyright © der deutschsprachigen Ausgabe 1993 by Verlag Antje Kunstmann GmbH, München. Abdruck mit freundlicher Genehmigung.

Doris Lessing, geboren 1919 als Tochter eines Kolonialoffiziers im heutigen Iran, zog mit ihrer Familie 1924 nach Rhodesien und lebt seit 1949 in England. Mit der »Afrikanischen Tragödie«, ihrem ersten Roman, legte sie 1950 den Grundstock zu einem umfangreichen literarischen Werk, zu dem Höhepunkte zählen wie »Das goldene Notizbuch«, der Zyklus »Kinder der Gewalt« und »Die Memoiren einer Überlebenden«. In den letzten Jahren erschienen die beiden Bände ihrer Autobiographie »Unter der Haut« und »Schritte im Schatten«. Doris Lessing lebt in London und gilt seit einigen Jahren als aussichtsreiche Kandidatin für den Literaturnobelpreis.

Liebe 1988 – Aus: Doris Lessing, *Der Preis der Wahrheit*. Deutsch von Anette Grube. Copyright © der Originalausgabe 1991 by Doris Lessing. Copyright © der deutschsprachigen Ausgabe 1991 by Hoffmann und Campe Verlag, Hamburg. Abdruck mit freundlicher Genehmigung.

Katherine Mansfield wurde 1888 als Kathleen Mansfield Beauchamp in Wellington/Neuseeland geboren. 1908 zog sie nach London, um dort Musik zu studieren. Ihren ersten Mann, den Gesangslehrer George Bowden, verließ sie bereits nach der ersten Nacht. 1918 heiratete sie den Schriftsteller John Middleton Murry, mit dem sie bis zu ihrem Tod eine stürmische, von vielen Trennungen und Versöhnungen geprägte Beziehung hatte. Katherine Mansfield hat sich vor allem als Künstlerin der Kurzgeschichte einen Namen gemacht. 1911 erschien ihre erste Erzählsammlung »In einer deutschen Pension«, weitere folgten. Sie starb am 13. Januar 1923 in Paris an den Folgen einer Tuberkulose.

Die Töchter des jüngst verstorbenen Colonel Pinner – Aus: Katherine Mansfield, *Sämtliche Erzählungen in 2 Bänden*. Deutsch von Elisabeth Schnack. Copyright © der deutschsprachigen Ausgabe 1980 by Büchergilde Gutenberg, Frankfurt am Main und Wien. Abdruck mit freundlicher Genehmigung.

Claudia Meyer, Jahrgang 1958, studierte Romanistik und Anglistik in Tübingen und Paris. Seit 1984 arbeitet sie als Verlagslektorin, Publizistin und Übersetzerin. Schwerpunkt ihrer Übersetzertätigkeit sind Romane von Autorinnen aus dem 19. Jahrhundert. Außerdem schrieb sie Texte für verschiedene Bildbände und Anthologien. Über das Thema Schwestern äußerte sie sich bisher nur mündlich, die Erzählung in diesem Band ist ihre erste literarische Veröffentlichung.

So nah, so fern – Copyright © 1999 by Claudia Meyer.
Originalveröffentlichung

Nele Moost wurde 1952 in Berlin geboren und hat einen Teil ihrer Kindheit in Schweden verbracht. Sie studierte Germanistik und arbeitete acht Jahre lang als Lektorin in einem Verlag. Heute schreibt sie Kinderbücher wie »Alles meins!« und weitere Geschichten vom kleinen Raben, die in viele Sprachen übersetzt werden. 1997 erschien die Komödie »Villa Alzheim«.

Ahnungen – Copyright © 1999 by Nele Moost.
Originalveröffentlichung

Lidia Ravera ist in Italien eine bekannte und geschätzte Journalistin, die für große Zeitschriften politische und kulturelle Beiträge schreibt. In Deutschland wurde sie mit ihren Büchern »Schweine mit Flügeln« (Pseud.) und »Abgefahren« bekannt.

Stiefschwestern – Aus: Lidia Ravera, *Schwestern*. Deutsch von Bettina Dürr. Copyright © der Originalausgabe 1994 by Arnoldo Mondadori Editore S.p.A., Milano. Copyright © der deutschsprachigen Ausgabe 1996 by Rowohlt Taschenbuch Verlag GmbH, Reinbek. Abdruck mit freundlicher Genehmigung.

Kate Saunders, geboren 1960 in London, verfolgte zunächst eine Schauspielerkarriere, bevor sie 1986 ihren ersten Roman »The Prodigal Father« veröffentlichte. Ihr Roman »Der Wind der Zeit« erschien 1997 in deutscher Sprache. Saunders lebt und arbeitet heute als Publizistin in London.

Jims Engel – Deutsch von Elke Link. Copyright © der Originalausgabe 1990 by Kate Saunders. Copyright © der deutschsprachigen Ausgabe 1992 by Wilhelm Goldmann Verlag, München, in der Verlagsgruppe Bertelsmann GmbH. Abdruck mit freundlicher Genehmigung der Mohrbooks Literary Agency, Zürich.

Asta Scheib, 1939 in Bergneustadt geboren, arbeitete als Redakteurin bei verschiedenen Zeitschriften. Ihre literarische Arbeit begann sie mit Kurzgeschichten, die unter anderem von Rainer Werner Faßbinder verfilmt wurden. Zu ihren erfolgreichen Romanen zählen »Beschütz mein Herz vor Liebe«, »Langsame Tage«, »Kinder des Ungehorsams« und zuletzt »Eine Zierde in ihrem Hause. Die Geschichte der Ottilie von Faber-Castell«. Asta Scheib lebt heute in München.

Ohne Noblesse – Copyright © 1999 by Asta Scheib.
Originalveröffentlichung

Franziska Sperr, geboren 1949 in München, studierte Politikwissenschaften und Philosophie. Nach achtjähriger Tätigkeit als Redakteurin der Zeitschrift L'80 arbeitete sie lange als freie Journalistin. Heute ist sie Pressereferentin in München. Zahlreiche Veröffentlichungen in Anthologien und Zeitschriften, Hörspiele und Drehbücher. 1995 erschien im Goldmann Verlag ihr erster Roman »Die kleinste Fessel drückt mich unerträglich. Das Leben der Franziska zu Reventlow«. Franziska Sperr lebt mit ihrem Mann und ihren beiden Kindern am Starnberger See.

Nulldiät – Copyright © 1999 by Franziska Sperr.
Originalveröffentlichung

Amy Tan wurde 1952, zwei Jahre nachdem ihre Eltern in die USA eingewandert waren, in Oakland, Kalifornien, geboren. Ihre drei Romane, »Töchter des Himmels« (verfilmt von Wayne Wang), »Die Frau des Feuergottes« und zuletzt »Die hundert verborgenen Sinne« waren weltweit Bestseller. Amy Tan lebt mit ihrem Mann, ihrer Katze Sagwa und ihrem Terrier Mr. Zo abwechselnd in San Francisco und New York.

Das Mädchen mit den Yin-Augen – Aus: Amy Tan, *Die hundert verborgenen Sinne.* Deutsch von Sabine Lohmann. Copyright © der Originalausgabe 1995 by Amy Tan. Copyright © der deutschsprachigen Ausgabe 1996 by Wilhelm Goldmann Verlag, München, in der Verlagsgruppe Bertelsmann GmbH. Abdruck mit freundlicher Genehmigung der Sandra Dijkstra Literary Agency und Agence Hoffman, München.

Emma Tennant, in London geboren, wuchs während des Kriegs im Süden Schottlands auf. Ihre außergewöhnliche Vorstellungskraft und Experimentierfreudigkeit kommt in der Bandbreite ihres erzählerischen Werkes, das die klassische Romantradition des 18. Jahrhunderts bis hin zum psychologisch ausgefeilten Horrorroman umfaßt, zum Ausdruck. In Deutschland erschienen zuletzt die Romane »Heiratsfieber« und »Die Erben von Pemberley«. Emma Tennant lebt heute im Westen Londons.

Philomela – Deutsch von Birgit Moosmüller. Copyright © der Originalausgabe 1977 by Emma Tennant. Copyright © der deutschen Ausgabe 1999 by Wilhelm Goldmann Verlag, München, in der Verlagsgruppe Bertelsmann GmbH. Abdruck mit freundlicher Genehmigung der Mohrbooks Literary Agency, Zürich.
Deutsche Erstveröffentlichung

Melanie Rae Thon ist in Montana geboren und aufgewachsen. Sie studierte Creative Writing an der Boston University. Für ihre Romane und Kurzgeschichten hat sie bereits zahlreiche Auszeichnungen erhalten. 1999 erschien in Deutschland ihr Roman »Das zweite Gesicht des Mondes« sowie ein Band mit Erzählungen »Niemandes Töchter«. Thon lebt heute in Cambridge, Massachusetts.

Schwestern – Aus: *Girls in the Grass. Short Stories.* Deutsch von Uda Strätling. Copyright © der Originalausgabe 1999 by Melanie Rae Thon. Copyright © der deutschsprachigen Ausgabe 1999 by Wilhelm Goldmann Verlag, München, in der Verlagsgruppe Bertelsmann GmbH. Abdruck mit freundlicher Genehmigung der Agence Hoffman, München.
Deutsche Erstveröffentlichung

Gunna Wendt, geboren 1953 in Hannover, studierte Soziologie und Psychologie. Seit 1981 lebt und arbeitet sie als Dramaturgin, Librettistin und Publizistin in München. Zahlreiche Veröffentlichungen, Theaterarbeiten und Ausstellungen. Letzte Buchveröffentlichungen: »Zerlegen und Zusammensetzen. Gert Hofmanns literarische Welten« (1995), »Liesl Karlstadt. Ein Leben« (1998) und »Helmut Qualtinger. Ein Leben« (1999).

Virginia Woolf wurde am 25. Januar 1882 als Tochter des Biographen und Literaten Sir Leslie Stephen in London geboren. Bereits mit 22 Jahren bildete sie zusammen mit ihrem Bruder den Mittelpunkt der intellektuellen »Bloomsbury Group«. 1912 heiratete sie den Kritiker Leonard Woolf, mit dem sie 1917 den Verlag »The Hogarth Press« gründete. Ihre Romane, die zur Weltliteratur gehören, stellen sie als Schriftstellerin neben James Joyce und Marcel Proust. Zu den bekanntesten Werken gehören »Die Fahrt zum Leuchtturm« (1927), »Orlando« (1928) und »Die Wellen«(1931). Schon sehr früh engagierte sich Virginia Woolf für die Frauenbewegung. Am 28. März 1941 nahm sie sich das Leben.